普通高等学校经济管理类精选教材

广告与消费心理学

（修订本）

王雁飞　朱　瑜　编著

清华大学出版社
北京交通大学出版社
·北京·

内容简介

《广告与消费心理学》是目前国内具有一定原创性的市场营销管理类基础课教材，是作者根据多年的教学经验并结合企业管理咨询实践编写而成。全书详细阐述了广告与消费心理学的理念、方法和流程及其在广告与营销管理实践中的应用。全书共19章。本书在内容安排上，力求突出前沿性、实用性、创新性、趣味性和系统性等特征；在表述风格上，追求形式活泼，通俗易懂，引人入胜；在编写体例上，注重教辅合一，每章均有学习要点、章末案例和复习思考题，不仅增强了学习过程中的互动性，提高了学习效率，也可以帮助读者理解与解决广告与营销管理实践中的心理学问题，是一本理论与实践紧密结合的教材。

本书可以作为高等学校市场营销管理和相关经济管理类专业学生的教材使用，对于企业来说，不仅可以作为各级广告与营销管理人员在职学习和培训用书，也可以作为研究解决广告与消费者心理管理实践问题的专业参考书。

本书封面贴有清华大学出版社防伪标签，无标签者不得销售。
版权所有，侵权必究。侵权举报电话：010－62782989　13501256678　13801310933

图书在版编目（CIP）数据

广告与消费心理学／王雁飞，朱瑜编著．—修订本．—北京：北京交通大学出版社：清华大学出版社，2011.1（2020.8修订）
（普通高等学校经济管理类精选教材）
ISBN 978－7－5121－0456－3

Ⅰ.①广…　Ⅱ.①王…　②朱…　Ⅲ.①广告心理学-高等学校-教材　②消费心理学-高等学校-教材　Ⅳ.①F713.80　②F713.55

中国版本图书馆CIP数据核字（2011）第002223号

广告与消费心理学
GUANGGAO YU XIAOFEI XINLIXUE

责任编辑：王晓春　　特邀编辑：全志云					
出版发行：	清华大学出版社	邮编：100084	电话：010－62776969	http：//www.tup.com.cn	
	北京交通大学出版社	邮编：100044	电话：010－51686414	http：//www.bjtup.com.cn	
印　刷　者：	北京时代华都印刷有限公司				
经　　　销：	全国新华书店				
开　　　本：	185 mm×230 mm　　印张：22　　字数：494千字				
版　印　次：	2020年8月第1版第1次修订　2020年8月第3次印刷				
印　　　数：	5 001～6 000册　　定价：55.00元				

本书如有质量问题，请向北京交通大学出版社质监组反映。对您的意见和批评，我们表示欢迎和感谢。
投诉电话：010－51686043，51686008；传真：010－62225406；E-mail：press@bjtu.edu.cn。

序 言

广告是随着社会经济的发展而逐步产生的，并在其迅猛的发展过程中形成了一个具有巨大经济和社会贡献的产业。在当今市场经济高度发达的社会中，广告可以说是比比皆是，其铺天盖地的商业传播，已经和社会的经济文化生活紧密地交织在一起。广告是信息传播的一种方式，它既是一门科学，又是一门艺术，同时又是一种义化。广告作为一种经济行为，它研究的是如何通过广而告之来达到产品和服务的营销目标，同时，一种产品和服务的形象不仅仅取决于其使用价值，同时也取决于它的心理价值和文化价值。

消费者的购买行为是一个理性的过程（消费者的购买行为可以不理智，但一定是理性的），这个过程受到多种心理效应的影响。广告一方面要抓住产品和服务的主要价值特征，进行全方位，多角度的信息传播；另一方面，广告也要考虑消费者消费心理的特性，在两者之间建立起缘分的桥梁，就好像父母与子女间的血缘关系一样，哪怕他们从未见过面，但仍然会有某种奇妙的感应力量将他们吸引到一起。从这个意义上说，能否将产品和服务的特征与消费者消费心理效应有机联系的考量是广告设计的前提，也是广告成功的重要标志。所以，作为一个知识密集、技术密集、人才密集的新兴行业，谈广告，无论是谈广告的需求，还是谈广告的策划、广告的运作、广告的受众或者广告目标或效果的达成，都离不开人。所以，要提升广告的传播效果势必要考虑人的因素，心理学特别是消费心理学就成为广告学的基础。

在过去 20 年里，我国人均广告接受量迅速增长，其结果是消费者对广告的注意程度、敏感程度和信赖程度都大大降低。如何提升广告传播的效果，如何在广告管理中恰当考虑消费者心理因素以提升广告传播效果，已成为营销管理理论界与实务界关注的重要问题。随着广告业主对广告传播效果的要求和标准越来越苛刻，随着消费者被说服和被影响的难度越来越大，广告学与消费者心理学的结合已成广告与营销管理人员的共识。

广告与消费心理学的学科体系来源于广告学、广告心理学、心理学、消费者行为学（消费心理学）等学科理论与知识体系的相关内容，它不仅是各个学科理论与知识的融合，也有创新与发展。广告与消费心理学学科的理论与知识体系，综合考虑了从广告设计到消费心理管理，到企业形象提升过程中各个主体的心理与行为规律，有利于广告与营销管理人员在其广告与营销管理过程中，抓住重点，强化管理，提高管理的针对性与有效性，最终形成多赢的局面，实现多方目标的达成。首先，成功的广告宣传必然是对有关心理学原理的自觉的或不自觉的应用，作为广告从业人员，了解广告宣传中的心理学规律，可以学习与借鉴前人的经验，在广告设计中有效地把握一切可以控制的因素，使广告效果更接近广告营销管理人员与消费者的期望，达到促进销售与提高组织知名度的目标；其次，作为广告与营销管理人员来说，把握广告设计与消费者消费心理的规律，有利于对广告策划、设计、开发和评估等环节提出有针对性的意见，提高广告开发过程管理的有效性，维护广告与营销管理人员及所代表的组织利益；再次，对于消费者来说，通过对广告与消费心理学的学习，有利于避免盲目被动地接受或简单地回避广告，成为清醒的广告欣赏者和评判者，进而指导自己的消费行为。同时，广告与消费心理学也强调，在社会环境从工业经济向知识经济转变，从计划经济向市场经济转变，企业之间竞争越来越激烈，特定产品与服务的消费群体越来越小，消费行为越来越理性的大趋势下，广告与消费心理的管理就变得非常关键，企业对广告与营销管理的针对性和有效性提出了更高要求。这要求广告与营销管理人员能够发挥出更大的作用，并且具有很强的专业知识和技能。广告与营销管理人员不仅需要了解企业面临的竞争环境和企业的需要，还需要了解和掌握现代广告与消费心理管理的原理、观念、方法与技术。

作为市场营销管理专业课程体系中的一门核心课程，在本书——广告与消费心理学（Advertisement and Custmer Psychology，ACP）编写的过程中力求体现以下特点：

1. 较强的理论性。本书在内容体系设计中强调借鉴广告学、广告心理学、心理学、消费者行为学（消费心理学）、社会学、文化人类学和经济学等学科的理论基础，并有机地融入到本书相应的章节中，使各章节的内容更加充实与丰满。

2. 较强的系统性。本书尽最大可能以更加细化的方式呈现广告与消费心理学的内容，使读者能够全面地把握、理解、认识与广告相关的消费心理学的知识，另外，本书试图从理论到实践、从经济到文化、从国外到国内，给学生提供一种尽可能全面的，也是新颖的透视和观察的角度。

3. 较强的技术性和操作性。本书力求不仅介绍知识，更将实际操作的技术和方法作为撰写的重点，它将充分反映我们对广告与消费心理学的理解和运用，乃至于一些新的知识和技术的特点，可供相关人士参阅。

4. 较强的实践应用与本土化导向。本书也非常关注广告与消费心理学在中国的实施应用问题，力求体现本土化导向，使广告与消费心理学的理论与实践能与中国市场营销情境相结合，这可以说是本书最大的特色。

本书共分为19章，由华南理工大学工商管理学院王雁飞博士和暨南大学管理学院朱瑜博士共同完成。在资料收集与整理过程中，研究生梁萍锋、陈静静、林桂锐、何熙、闫小霞和张浠铃等同学做了大量的工作，在此表示感谢。本书的出版受到国家自然基金项目（70702023）、国家软科学项目（2010GXS5D247）教育部博士点基金项目（20070561018），广东省哲学社会科学"十一五"规划项目（07YO03，09O-25）和广东省自然科学基金的（9451063201003287）资助。北京交通大学出版社的王晓春女士为本书的出版付出了大量的时间与精力，在此一并表示由衷的感谢。本书在编写的过程中参考和吸收了大量的资料和文献，由于篇幅所限不能一一列出，在此表示深深的感谢。

华南理工大学工商管理学院　王雁飞
2010年8月于汕头校友楼

目 录

第1章 广告与消费心理学导论 ·· (1)
  1.1 广告与消费心理学概述 ·· (2)
    1.1.1 广告与消费心理学的概念 ·································· (2)
    1.1.2 广告与消费心理学的学科性质 ······························ (2)
    1.1.3 广告与消费心理学的研究内容 ······························ (4)
  1.2 广告与消费心理学的发展过程 ···································· (5)
    1.2.1 广告与消费心理学发展的历史 ······························ (5)
    1.2.2 我国广告与消费心理学研究的现状 ·························· (7)
    1.2.3 广告与消费心理学的发展趋向 ······························ (9)
  1.3 广告与消费心理学的研究方法与设计 ······························ (10)
    1.3.1 广告与消费心理学的研究方法 ······························ (10)
    1.3.2 广告与消费心理学的研究设计 ······························ (14)
  ◇ 思考题 ·· (15)
  ◇ 案例分析 ·· (15)

第2章 广告与消费心理学的理论基础 ···································· (18)
  2.1 心理学概述 ·· (18)
    2.1.1 心理学的结构 ·· (18)
    2.1.2 心理学的派别 ·· (21)
  2.2 广告概述 ·· (24)
    2.2.1 广告的概念及特征 ·· (24)
    2.2.2 广告的主要功能 ·· (26)
    2.2.3 广告的核心内容 ·· (28)
  2.3 消费者行为学 ·· (29)
    2.3.1 消费者行为的一般特征 ···································· (29)
    2.3.2 影响消费者行为的主要因素 ································ (31)
    2.3.3 当前消费心理和行为的发展趋势 ···························· (32)
  ◇ 思考题 ·· (34)

◇ 案例分析 (34)

第3章 消费者的一般心理过程 (37)
3.1 消费者的认识过程 (37)
　　3.1.1 感觉 (37)
　　3.1.2 知觉 (39)
　　3.1.3 记忆 (40)
　　3.1.4 想象 (41)
　　3.1.5 思维 (41)
3.2 消费者的情感过程 (42)
　　3.2.1 情绪、情感、感情概述 (42)
　　3.2.2 消费者购买活动的情绪过程 (42)
　　3.2.3 影响消费者情感变化的因素 (43)
　　3.2.4 情绪、情感的分类 (44)
3.3 消费者的意志过程 (45)
　　3.3.1 意志的概念与特征 (45)
　　3.3.2 消费者心理活动的意志过程 (46)
　　3.3.3 消费者的意志品质 (46)
◇ 思考题 (48)
◇ 案例分析 (48)

第4章 消费者的个性心理 (51)
4.1 消费者的能力 (51)
　　4.1.1 能力的含义 (51)
　　4.1.2 能力的种类 (52)
　　4.1.3 能力的差异 (52)
　　4.1.4 能力与消费行为表现 (53)
　　4.1.5 购买活动中的消费者能力分析 (54)
4.2 消费者的气质 (56)
　　4.2.1 气质的含义 (56)
　　4.2.2 气质的类型 (56)
　　4.2.3 气质与消费者行为 (57)
4.3 消费者的性格 (58)
　　4.3.1 性格的实质及特征 (58)
　　4.3.2 性格与气质的关系 (59)

  4.3.3 性格类型的理论 ·· (59)
  4.3.4 购买活动中的消费者性格类型 ·································· (61)
◇ 思考题 ··· (63)
◇ 案例分析 ··· (63)

第5章 消费者的需要与动机 ··· (66)
5.1 消费者需要分析 ··· (66)
  5.1.1 消费者的需要 ·· (66)
  5.1.2 市场营销活动中的消费需求分析 ································ (68)
  5.1.3 需求对消费者心理的影响 ·· (70)
  5.1.4 需求对消费者购买行为的影响 ·································· (72)
  5.1.5 需要与广告活动 ·· (72)
  5.1.6 消费者需求的广告诉求心理策略 ································ (73)
5.2 消费者的动机分析 ·· (75)
  5.2.1 动机概述 ··· (75)
  5.2.2 消费者的购买动机分析 ··· (77)
  5.2.3 影响消费者购买动机的因素 ····································· (80)
  5.2.4 广告与消费者动机 ··· (82)
◇ 思考题 ··· (83)
◇ 案例分析 ··· (83)

第6章 消费者的态度 ·· (85)
6.1 消费者态度概述 ··· (85)
  6.1.1 消费者态度的基本构成 ··· (85)
  6.1.2 消费者态度的一般特性 ··· (87)
  6.1.3 态度在消费者购买行为中的作用 ································ (87)
6.2 消费者态度的变化 ·· (88)
  6.2.1 消费者态度的形成 ··· (88)
  6.2.2 消费者态度的改变 ··· (89)
  6.2.3 消费者态度的测量 ··· (91)
6.3 消费者的特殊心理表现 ··· (92)
  6.3.1 消费者的逆反心理 ··· (92)
  6.3.2 消费者的预期心理 ··· (95)
◇ 思考题 ··· (98)
◇ 案例分析 ··· (98)

第 7 章　群体消费心理 (101)
7.1　群体及其影响 (101)
7.1.1　群体概述 (101)
7.1.2　消费活动中的从众行为 (106)
7.1.3　消费活动中的模仿与暗示 (108)
7.1.4　消费活动中的流行 (110)
7.2　不同年龄群体的消费心理特点 (113)
7.2.1　婴幼儿群体的消费心理特点 (113)
7.2.2　青少年群体的消费心理特点 (114)
7.2.3　青年群体的消费心理特点 (114)
7.2.4　中年群体的消费心理特点 (115)
7.2.5　老年群体的消费心理特点 (115)
7.3　性别群体的消费心理特点 (116)
7.3.1　女性的消费心理 (116)
7.3.2　男性的消费心理 (117)
7.4　不同职业群体的消费心理特点 (118)
7.4.1　农民的消费心理特点 (118)
7.4.2　工人的消费心理特点 (119)
7.4.3　知识分子的消费心理特点 (120)
7.4.4　行政单位工作人员的消费心理特点 (121)
7.4.5　职业对消费心理的影响 (121)
7.5　家庭消费心理特点 (122)
7.5.1　家庭概述 (122)
7.5.2　家庭的结构、购买力、生命周期对家庭消费的影响 (123)
7.5.3　一般的家庭消费特点 (125)
- ◇ 思考题 (126)
- ◇ 案例分析 (126)

第 8 章　消费者的购买行为与购买决策 (129)
8.1　消费者购买行为的一般模式 (129)
8.1.1　恩格尔-科拉特-布莱克威尔模式（EKB 模式） (130)
8.1.2　霍华德-谢思模式 (131)
8.2　消费者的购买行为过程与类型 (132)
8.2.1　消费者的购买行为过程 (132)
8.2.2　消费者的购买行为类型 (133)

8.3 消费者购买决策 ··· (136)
 8.3.1 消费者购买决策的概念和特点 ································· (136)
 8.3.2 消费者购买决策的内容和方式 ································· (137)
 8.3.3 消费者的决策原则 ··· (138)
8.4 消费者行为的效用评价 ··· (139)
 8.4.1 商品的效用 ··· (139)
 8.4.2 消费者行为的边际效用 ··· (140)
 8.4.3 消费体验 ··· (141)
 8.4.4 购买后评价 ··· (141)
◇ 思考题 ··· (142)
◇ 案例分析 ··· (142)

第9章 市场定位与消费者购买心理 ································· (145)

9.1 市场细分的心理因素 ··· (145)
 9.1.1 市场细分的概念和意义 ··· (145)
 9.1.2 市场细分的心理变数 ··· (148)
9.2 市场定位与消费者购买心理 ··· (150)
 9.2.1 市场定位的含义 ··· (150)
 9.2.2 市场定位的作用 ··· (151)
 9.2.3 市场定位三要素 ··· (151)
 9.2.4 市场定位四原则 ··· (152)
 9.2.5 市场定位与消费者购买心理 ····································· (153)
9.3 市场定位的心理策略 ··· (154)
 9.3.1 市场定位的方式 ··· (154)
 9.3.2 市场定位的传播 ··· (155)
 9.3.3 市场定位的步骤 ··· (156)
 9.3.4 4种主要的定位错误 ··· (157)
◇ 思考题 ··· (158)
◇ 案例分析 ··· (158)

第10章 商品特征与消费者购买心理 ······························· (161)

10.1 新商品与消费者心理 ··· (161)
 10.1.1 新商品的概念及消费者的心理要求 ······················· (161)
 10.1.2 新商品设计的心理策略 ··· (163)
 10.1.3 新商品推广的心理策略 ··· (164)

10.2 商品命名、品牌、商标设计与消费者心理 ……………………………………… (166)
10.2.1 商品的命名与消费者心理 ……………………………………………… (166)
10.2.2 商品的品牌、商标与消费者心理 ………………………………………… (168)
10.2.3 品牌和商标设计的心理要求 …………………………………………… (169)
10.2.4 品牌和商标运用的心理策略 …………………………………………… (170)
10.3 包装与消费者心理 …………………………………………………………… (171)
10.3.1 包装的作用及心理功能 ………………………………………………… (171)
10.3.2 包装设计的心理策略 …………………………………………………… (172)
10.4 价格与消费者心理 …………………………………………………………… (173)
10.4.1 价格的心理功能 ………………………………………………………… (173)
10.4.2 消费者的价格心理与价格判断 ………………………………………… (175)
10.4.3 价格制定的心理策略 …………………………………………………… (176)
10.4.4 价格调整的心理策略 …………………………………………………… (177)
- ◇ 思考题 …………………………………………………………………………… (179)
- ◇ 案例分析 ………………………………………………………………………… (179)

第11章 营销环境与消费者购买心理 …………………………………………… (181)
11.1 商店类型与招牌的心理影响 ………………………………………………… (181)
11.1.1 商店类型与地理位置 …………………………………………………… (182)
11.1.2 商店招牌与标志 ………………………………………………………… (184)
11.2 橱窗设计的心理艺术 ………………………………………………………… (186)
11.2.1 橱窗布置的心理功能 …………………………………………………… (186)
11.2.2 橱窗设计的心理策略 …………………………………………………… (187)
11.3 柜台设置与商品陈列的心理效应 …………………………………………… (188)
11.3.1 柜台设置方式的心理选择 ……………………………………………… (189)
11.3.2 商品陈列的心理艺术 …………………………………………………… (190)
11.4 商店内部装饰的心理效应 …………………………………………………… (192)
11.4.1 商店店门 ………………………………………………………………… (192)
11.4.2 建筑的使用功能和辅助设施 …………………………………………… (192)
11.4.3 色彩 ……………………………………………………………………… (193)
11.4.4 照明 ……………………………………………………………………… (193)
11.4.5 音响 ……………………………………………………………………… (194)
- ◇ 思考题 …………………………………………………………………………… (194)
- ◇ 案例分析 ………………………………………………………………………… (195)

第12章 广告心理的认知诉求 (197)
12.1 感觉与知觉概述 (197)
12.1.1 感觉、知觉及其在认知过程中的地位 (197)
12.1.2 感觉的种类及感觉现象 (199)
12.1.3 知觉的特性及影响因素 (201)
12.1.4 社会知觉 (205)
12.1.5 影响社会认知的因素 (206)
12.2 广告与消费者的注意 (207)
12.2.1 注意的概念 (207)
12.2.2 注意的功能 (208)
12.2.3 注意的品质 (208)
12.2.4 注意规律在广告设计中的应用 (209)
12.3 记忆和联想规律对广告设计的启示 (212)
12.3.1 记忆概述及其在广告设计中的运用 (212)
12.3.2 联想概述及其广告设计中的运用 (215)
◇ 思考题 (216)
◇ 案例分析 (217)

第13章 广告心理的情感诉求 (219)
13.1 情绪和情感概述 (219)
13.1.1 情绪和情感的概念 (220)
13.1.2 情绪与情感的区别和联系 (220)
13.1.3 情绪和情感的种类 (221)
13.1.4 情绪和情感对人行为的影响 (223)
13.2 广告中的情感诉求 (224)
13.2.1 消费者对广告的情感反应 (224)
13.2.2 情感诉求及其特点 (225)
13.2.3 情感诉求的作用 (226)
13.3 情感广告作用的机制与条件 (227)
13.3.1 情感广告的作用机制 (227)
13.3.2 情感广告发挥作用的条件 (228)
13.4 广告设计中的情感作用及特征 (229)
13.4.1 广告中情感设计的作用 (230)
13.4.2 广告中情感设计的特征 (230)
13.4.3 广告语情感诉求的11种方式 (231)

- ◇ 思考题 ·· (233)
- ◇ 案例分析 ·· (234)

第 14 章 广告心理的理性诉求 ··· (236)
14.1 广告的理性诉求及独特销售点（USP）理论 ······································ (236)
- 14.1.1 什么是广告的理性诉求 ··· (236)
- 14.1.2 广告理性诉求中应该注意的问题 ·· (237)
- 14.1.3 独特的销售主张或销售点说——USP 理论 ··· (238)

14.2 广告理性诉求的需要基础 ·· (239)
- 14.2.1 人类的基本需要 ·· (240)
- 14.2.2 消费者的需要与广告诉求策略 ··· (242)

14.3 理性广告的说服理论及心理策略 ··· (243)
- 14.3.1 理性广告的说服理论 ·· (243)
- 14.3.2 制约理性广告效果的因素 ·· (245)
- 14.3.3 理性广告的心理策略 ·· (246)

- ◇ 思考题 ·· (248)
- ◇ 案例分析 ·· (248)

第 15 章 广告心理的形象诉求 ··· (250)
15.1 企业形象诉求 ··· (250)
- 15.1.1 形象与形象力 ··· (251)
- 15.1.2 企业形象的重要性 ··· (251)
- 15.1.3 企业形象诉求 ··· (253)
- 15.1.4 企业形象诉求广告的创作 ·· (254)

15.2 商品与品牌形象诉求 ··· (256)
- 15.2.1 商品形象诉求 ··· (256)
- 15.2.2 品牌形象诉求 ··· (257)

15.3 明星形象代言广告策略 ··· (258)
- 15.3.1 明星广告效应 ··· (258)
- 15.3.2 明星广告的不利因素 ·· (259)
- 15.3.3 明星形象代言广告策略 ·· (260)

- ◇ 思考题 ·· (261)
- ◇ 案例分析 ·· (262)

第16章　广告策划心理 ·································· (264)
16.1　广告策划的内容和作用 ························· (264)
16.1.1　广告策划的内容 ··························· (265)
16.1.2　广告策划与企业市场营销策划的关系 ······ (266)
16.2　广告策划的最根本出发点——消费者分析 ···· (267)
16.2.1　尊重消费者是广告活动的出发点和归宿 ··· (267)
16.2.2　市场细分——消费者研究的核心概念 ······ (268)
16.2.3　锁定目标消费者 ··························· (268)
16.2.4　聚合之后的分离——消费类型分析 ········· (269)
16.2.5　消费行为的双重性 ························· (270)
16.2.6　消费者购买过程研究 ······················· (271)
16.2.7　消费者的关心点 ··························· (272)
16.2.8　消费理由的提出 ··························· (272)
16.3　广告策划的心理策略 ························· (273)
16.3.1　广告受众心理特征分析 ···················· (274)
16.3.2　广告策划中常用的心理学原理 ············· (275)
16.3.3　影响广告策划的消费心理 ·················· (278)
◇　思考题 ··· (279)
◇　案例分析 ·· (279)

第17章　广告创意心理 ·································· (282)
17.1　广告创意的含义与特征 ························· (282)
17.1.1　广告创意的具体含义 ························· (283)
17.1.2　广告创意的特征 ····························· (285)
17.1.3　广告创意的基本原理 ························· (286)
17.2　广告创意的原则和过程 ························· (289)
17.2.1　广告创意的基本原则 ························· (289)
17.2.2　广告创意过程 ······························· (290)
17.3　广告创意的思维方法和技巧 ······················ (292)
17.3.1　广告创意的思维方法 ························· (292)
17.3.2　广告创意的技巧 ····························· (293)
17.4　社会文化背景对广告创意的影响 ·················· (294)
◇　思考题 ··· (296)
◇　案例分析 ·· (296)

第 18 章　广告消费心理与企业形象战略 (299)
18.1　CIS——企业识别系统 (299)
18.1.1　CIS 的组成 (299)
18.1.2　CIS 的作用 (302)
18.2　企业形象与广告 (303)
18.2.1　企业形象与广告的关系 (303)
18.2.2　通过广告塑造企业形象 (304)
18.2.3　企业形象对广告效果的影响 (305)
18.2.4　广告创意与 CIS (306)
18.3　如何树立良好的企业形象 (306)
18.3.1　企业形象的内容 (306)
18.3.2　如何设计企业形象 (309)
18.3.3　传播企业形象的手段 (313)
18.3.4　危机处理——企业形象的保卫战 (314)
18.3.5　企业文化与企业形象识别系统的关系 (317)
◇ 思考题 (318)
◇ 案例分析 (318)

第 19 章　品牌战略 (321)
19.1　品牌战略内涵及意义 (321)
19.1.1　品牌的心理功能 (322)
19.1.2　品牌构成的 6 层含义 (324)
19.2　从广告心理学角度谈创建强势品牌 (324)
19.2.1　创建品牌的基本步骤 (325)
19.2.2　品牌定位的原则 (326)
19.2.3　品牌定位的要点 (326)
19.2.4　树立品牌形象 (327)
19.3　品牌战略与广告策略 (328)
19.3.1　品牌建设的心理机制 (328)
19.3.2　品牌经营策略 (330)
19.3.3　品牌建设的广告策略 (331)
◇ 思考题 (333)
◇ 案例分析 (333)

第1章
广告与消费心理学导论

> **本章要点**
> - 掌握广告与消费心理学的内涵与外延
> - 掌握广告与消费心理学的研究内容
> - 了解广告与消费心理学的发展演变的过程
> - 掌握广告与消费心理学的研究方法与设计
> - 了解当前广告与消费心理学面临的挑战与未来发展趋势

人类生存离不开消费。消费行为是社会的一种普遍现象。在日常生活中,无论是物质生活需要的满足,还是社会文化生活的享受,每个人都离不开这些消费行为。

如果说在商品经济发展的早期阶段,厂商关注的只是通过广告达到销售产品的目的,那么,随着商品经济的进一步发展,今天的市场就必须以消费者为中心了。在市场经济的条件下,企业之间的竞争越来越激烈,消费者可以得到的信息越来越多,消费者可以按照自己的意愿和偏好自由选择商品和服务,并通过各种信息渠道把这种意愿和偏好传递给各个厂商,厂商在获得这些信息后,就须调整生产和经营,以最大限度地满足消费者的需要。因而,只有搜集和了解消费者的需要、愿望及心理—行为特征,厂商才可能确定什么样的产品及产品的哪些特性是最受消费者欢迎的。同时,由此形成的市场营销策略诸如价格策略、产品与服务的设计和命名、包装、广告、促销等方可有望获得成效,从而在激烈的市场竞争中赢得主动,获得发展。广告与消费心理学正是顺应这一需要而产生的。

1.1 广告与消费心理学概述

1.1.1 广告与消费心理学的概念

广告与消费心理学是广告学、心理学和消费者行为学的交叉学科，主要探索心理学、消费者行为学的理论如何应用于广告传播的具体实践活动。有学者把广告与消费心理学定义为"说服消费者购买商品和服务，为促使其购买行为，而研究其心理与行为的学问"。还有研究者把它定义为"研究广告活动中有关信息传递、说服购买心理规律的一门学科"。

在广告营销过程中，主要包括3个环节：生产所要销售的商品、利用各种手段进行销售，以及消费者进行消费。这3个环节的流转能否实现，既取决于生产者生产的各种商品及构成商品的各种因素能否满足消费者的需要及满足需要的程度，又取决于销售的方式和手段能否为消费者所接受。

广告与消费心理学就是要对以上这些环节中可能出现的心理问题作出分析和研究，因此，广告与消费心理学主要是指专门研究在市场营销活动中，广告等营销手段对消费者心理的影响及其规律的科学。

1.1.2 广告与消费心理学的学科性质

广告与消费心理学作为一门学科具有显著的多学科或跨学科的性质，与其关系密切的学科主要有心理学、广告学、社会学、文化人类学、经济学等。

1. 心理学

心理学是研究心理的发生、发展和活动规律的科学。广告与消费心理学把人看作消费者，研究他的消费行为的心理规律。因此，心理学有关感知觉、学习记忆、需要、动机、情绪、情感和个性的研究成果和相关理论，必能为解释人的消费行为提供帮助。多年来，心理学积累的研究方法，也为广告与消费心理学的研究提供了有效的手段。

社会心理学是心理学的一个主要分支，也是心理学和社会学相结合的产物。社会心理学研究个体和群体的社会心理与社会行为及它们的规律。社会心理学关于个体社会化及群体对个体行为的影响的研究，更直接地为了解消费者的行为如何受社会和社会群体，特别是受家庭的影响提供了理论基础。

2. 广告学

广告学的研究对象是广告在市场经济活动中取得最大成效的规律。它研究的任务是阐述广告的基本原理，分析广告的社会经济功能，总结广告事业发展演变的历史，研究广告艺术形式和表现技巧。广告学的有关广告目标市场需求特点及其实施策略与战略、广告媒体及媒体的选择原则、广告的设计制作程序与技巧、商标和包装装潢的广告作用与设计要求的研究,以及对市场和消费者的调查研究,对广告效果的测定,既为研究环境因素对消费心理与消费行为的影响提供帮助,也为广告与消费心理学的研究提供了有效的手段。

3. 社会学

社会学从变动着的社会整体出发,通过人与人之间的社会关系和社会交往来研究社会的结构、功能和发生发展的规律。社会学关于人际交往和社会中信息流传的理论,风俗习惯的形成和发展的理论,社会群体对人的行为和性格的影响,以及社会生活方式和家庭结构变化的研究,是广告与消费心理学关于社会因素对人的消费行为影响的重要理论来源。

4. 经济学

对消费者的研究是经济学的一个组成部分。经济学把人与人之间的经济关系作为自己的研究对象,是一门研究人与社会寻求满足他们的物质需求和欲望的方法的科学。经济学关于商品生产与流通的理论,关于商品的价值和价格的理论,以及效用理论是广告与消费心理学有关营销心理、价格心理、消费者决策研究的理论来源。

5. 文化人类学

文化人类学研究人类的社会行为、社会组织,以及风俗习惯、信仰、价值观、伦理、艺术等的起源、演进和传播。它的有关文化对人类行为的影响,特别是关于不同地区、不同国家和不同民族的文化传统、生活方式,以及风俗习惯对人类行为影响的研究,为探讨社会因素对消费行为的影响,为营销心理的研究,提供了重要的理论依据。

心理学、广告学、社会学、经济学和文化人类学是广告与消费心理研究的重要理论来源。这些学科在消费行为领域中的渗透,不断引出一些重要的理论见解。这些理论见解概括起来可以分为两大类:理性的和非理性情感的。

购买行为的理性观点认为,消费者要获取必要的信息,再仔细地衡量可供选择的物品,然后才从理性上作出购买的决策。属于这类观点的有"经济人"、问题解决或决策、回避风险和学习等几种理论。

"经济人"理论认为,消费者的购买完全根据现有的有关信息,而没有明显的个人努力。消费者的需要是稳定的、实在的,也就是说,购买的物品是为满足消费者生理上的需要,在选购物品和确定购买场所上总是明智的、细心的。

问题解决或决策理论是假设消费者不完全具有可供选择的信息,而获得这些信息需要花费精力。消费者的需要不完全稳定、实在。多数购买活动包含着经济上和心理上的冒险性。买主总是仔细地利用选择物品所需要的信息,以达到需要的满足。

回避风险的概念也是把消费者看作是决策者。它试图通过决策过程来解决购买问题。这种理论强调消费者很少具有可供选择物品的信息,而不得不面临购买后果的很大不确定性,在购买时必定冒风险。它把消费行为看作是对含有风险的购买决策所作的理性反应,把挑选活动解释为使冒险减少到最小的一种努力。

学习的概念是根据巴甫洛夫和斯金纳的理论提出的。依据学习的理论，消费者主要从他们的实际购买产品和劳务的体验中得到学习，并逐渐形成和发展了他们的购买习惯模式，从而使购买过程简化。

购买行为的非理性观点认为，消费者对于多数产品缺乏应有的信息，许多消费者不愿费精力去比较、评价可供选择的物品。它强调购买活动是满足情感的、非实体的需要。属于该理论见解的有心理分析、社会活动、冲动和随机挑选等。

心理分析的观点来自弗洛伊德的精神分析理论。该理论认为，消费者的购买动机常常不为自己察觉，因为其真实动机隐藏在消费者的内心深处无意识层。消费者的行为是很难预测的，甚至是难以解释的。持此观点的人主张物内亦有精神。消费者把自我投射到各个商品中，即购买的商品和劳务项目成了自己人格的延伸部分。

社会活动的概念认为，每个人都生活在社会之中，并受其他个体或群体的影响。群体中的成员都可能需要某种或某些产品。因此，某些物品成了反映不同群体的生活方式和地位的象征，而购买也便成了带有象征性的社会行为。冲动的观点是把购买看作是事先无考虑、无计划、即刻产生的活动。这种没有想法，不去寻求信息而进行的购买被看作是非理性的。

随机选择的概念认为，许多购买是琐碎的，而且彼此间的商品差别甚小。购买最好解释为随机的活动。

上述理论观点各在不同的方面对消费行为作出了一些有价值的解释，但它们都是不完善的，有待更多的实证资料和理论加工才能深化和完善。

1.1.3　广告与消费心理学的研究内容

消费者从接触广告到购买商品的全过程，始终贯穿着心理活动。消费者对商品的认识过程，是从感觉开始的。广告，作为宣传商品服务价值的方法之一，直接作用于消费者的眼、耳等感觉器官，刺激引起神经兴奋，然后传入大脑皮层的神经中枢，形成对被宣传商品个别属性的反应，这是由广告作用引起的感觉过程。随着感觉的深入，神经中枢把感觉的信息资料汇总进行综合和分析，对商品的各种属性再作整体的反应，即知觉过程。

换句话说，消费者对商品的认识过程，是从感觉到知觉、从感性到理性的一个心理过程。也就是说，消费者作出购买商品这一行动，是一个心理过程，也是一个思维过程，是经过认识和思考后的一个理智行动。而在影响消费者对商品的认识的诸因素中，广告的作用是不可忽视的。

消费者在购买商品前，他们是怎么认识商品和进行思考的，有什么规律，他们中的个别差异、动机以及社会行为的影响和广告的作用效果，等等，都是广告与消费心理学研究的问题。

1. 研究消费者购买行为的心理过程和心理状态

人类的消费心理与行为有一个产生—形成—发展—实施的过程。这是人们消费心理的共性，是导致消费者采取某种行为的因素。而这些行为与他们的心理活动过程又有着密切的联系。对消费者心理状态的研究包括以下3个方面的内容：① 消费者对商品（服务）的认识过程、情绪过程和意志过程及三者的融合、交汇和统一的表现及其规律。② 消费者的需求、动机、行为等心理活动的普遍倾向。③ 消费者的需求动态及消费心理趋势等。

2. 研究消费者的个性心理特征对购买行为的影响和制约作用

通过对消费者的个性心理研究，可以了解不同消费者的消费观念、消费习惯、消费方式、消费结构、购买行为模式、购买决策等，并发现它们形成的心理基础。具体可包括以下两方面内容：① 消费者气质、性格上的差异并由此而形成某些购买心理特征，购买活动中表现出来的行为原因与结果。② 消费者对商品的识别、评估、鉴定能力及其对购买行为产生的影响。

3. 研究消费心理与广告营销之间的关系

广大的消费者是企业开展市场营销活动的对象，不同的消费群体是企业开展市场细分活动后发现的目标市场。每个目标市场的消费心理与行为有其共性与个性。企业在进行广告营销时，必须认真研究目标市场中消费者的消费心理与行为，发现他们的需要，努力设法去满足他们的需要。这方面的研究主要包括：研究产品开发设计、命名、品牌、包装及商店的装潢、布置等对消费者消费心理产生的影响，以及如何通过这些方面的改进与提高来激发消费者的购买愿望与行为；研究商品款式、广告方式、促销手段、购物环境、商品价格、服务方式与态度等因素对消费心理的影响。

1.2 广告与消费心理学的发展过程

1.2.1 广告与消费心理学发展的历史

广告与消费心理学是在广告学、广告心理学、消费行为学、消费心理学等学科发展的基础上而产生的。

广告是商品经济发展的产物，它随着商品生产的出现而产生，随着科技进步的发展而发展，同时它也受制于一定的社会制度和社会经济文化发展水平。而消费心理学作为系统研究消费者心理现象的一门应用学科，是在资本主义工业革命之后，商品经济充分发展、市场问题日益尖锐、竞争日益加剧的过程中形成和发展起来的。广告与消费心理学的发展是一个相互促进与交叉的过程，如今，在西方国家，广告心理成了消费心理学中的重要内容，并多以广告与消费心理命名，很少单独以广告心理学称谓了。

广告与消费心理学的发展大体可以分为以下几个阶段。

1. 原始广告时期

这一时期从远古时代到1450年西方活字印刷术出现。此时的广告一般是手工抄写，数量有限，传播范围也不广泛。早期形式主要有叫卖、实物陈列、店面标记、招牌、旗帜和彩楼等。其特征是以现场宣传为主要形式，即卖主在买卖现场以各种形式招徕顾客，其信息传播区域很有限。这一方面是由于当时商品交换区域还比较狭窄，主观上没有使信息传播到很远的必要；另一方面则是因为在印刷术发明之前，信息无法大量复制，客观上缺乏将信息广为传播的手段。

2. 早期印刷广告时期

这一时期是从1450年到1850年。西方活字印刷术发明应用以后，1475年英国人威廉·卡克斯在本国创办了一家印刷所，印出了第一本英文书籍和推销该书的广告；16世纪欧洲文艺复兴运动促进了经济发展，出现了现代形式的广告媒介——报纸；1622年，英国托马斯·阿切尔创办了《每周新闻》，并载有一份书籍广告；1704年美国的第一份报纸《波士顿新闻报》创刊，创刊号上刊登了美国第一份报纸广告；1706年，德国人重菲尔发明了石印，开创了印刷五彩缤纷的招贴广告历史。

3. 媒体大众化与消费心理学早期萌芽的时期

这一时期从1850年到1911年。此时，报纸已经大量发行，世界上有影响的报纸相继问世。例如，英国《泰晤士报》、美国的《纽约时报》、日本的《朝日新闻》等，当时几乎所有报纸的主要收入都来源于广告。企业也利用广告来推销商品，从而推进了报刊广告的大众化过程。与此同时，专业广告公司也蓬勃兴起。1841年费城出现了由帕默创办的世界上最早的广告公司；1869年第一家具有现代意义的广告公司——艾耶父子公司在费城诞生。此后，世界各地不同规模的广告公司如雨后春笋，层出不穷地建立起来，同时一些人还开展了广告理论的研究。

与此同时，有关研究消费者心理与行为的理论开始出现，并且得到了初步的发展。但由于此时消费心理与行为的研究还刚刚开始，研究的重点是企业如何促进产品销售，而不是如何满足消费者的需要，加上这种研究基本上局限于理论阐述，并没有具体应用到市场营销活动中来，所以尚未引起社会的广泛重视。

4. 广告行业化与消费心理学的中期应用阶段

1911年至20世纪70年代是广告逐渐成熟的时期。这个时期广告业的重大进展是广播、电视、电影、摄像、卫星通信、电子计算机和电信设备的发明创造及广泛应用，从而使广告行业进入了现代化的电子技术时代。尤其是20世纪50年代美国首创彩色电视机以后，由于电视广告集语音、音乐、画面于一体，使电视在广告业中独占鳌头，成为最理想的广告媒介。此外，广告管理水平不断提高，广告理论研究也日益深入，广告学开始独立成为一门具有完整性、系统性的综合学科。

随着广告逐渐成熟，消费行为学研究也被广泛应用于营销活动中，并得到了迅速发展。随着人们越来越对消费者的心理现象及其活动规律产生兴趣，特别是心理学科在各个领域的应用都取得了重大成果，越来越多的心理学家、经济学家、社会学家都转入这一领域进行研究，并相继提出了许多理论，消费心理学的学科体系也逐步建立和形成了。

5. 信息广告产业与消费心理学的后期发展时期

20世纪80年代以来，现代工商业迎来了信息革命的新时代，广告行业也发生了深刻的变化。广告业不再是一种单纯的商业宣传工具，而发展成为一门综合性的信息产业，广告活动最终走向整体化。

这一阶段也是消费心理学的发展变革阶段。这一时期，消费心理学随着社会经济的发展而不断深化，门类越来越多，与相关学科的联系越来越紧密，研究方法也越来越科学。

纵观广告与消费心理学的发展史，可以看到：一方面，广告与消费心理学是商品经济的产物，随着商品经济的发展而发展；另一方面，广告与消费心理学也是社会经济文化的组成部分，社会经济文化的发展，特别是现代传播技术的发展，是推动广告与消费心理学发展的基本动力之一。因此，商品经济的发展决定了广告与消费心理学研究的必要性，科学技术发展也提供了这种可能性。

从单纯宣传商品信息、说服消费者购买的广告心理，进而发展到以研究消费者为主体，这一发展趋向最终导致了消费心理学的问世。

1.2.2 我国广告与消费心理学研究的现状

我国科学系统地研究消费者心理行为的规律始于20世纪初。当时，国内学者开始介绍西方的有关研究结果，吴应国曾经翻译过斯科特的《广告心理学》，在我国学者自己撰写的著作中，也开始出现对消费者心理和行为的专门论述，其中比较有影响的有潘菽的《心理学概论》和孙科的《广告心理学概论》等。1949年之后，我国进行了工商业的社会主义改造，从社会主义改造的完成，到改革开放前后的一段时间里，我国绝大部分商业经营单位为国家所有。这段时期消费行为受到了许多限制，商品供应基本上是处于供不应求的状况，国营企业对待自己所生产的商品普遍存在那种"皇帝的女儿不愁嫁"的思想，商业零售单位的服务态度也谈不上对消费者的重视，消费者许多愿望难于实现。由于商品供应不足，态度傲慢的售货人员常常对顾客作出失礼的行为，至于消费者的权益，那只是人们的一种奢望了。

改革开放之后，我国国民经济得到了飞速的发展，商品供应越来越丰富，消费愿望也就得以较好的满足。在越来越丰富的商品市场上，消费者挑选商品的余地大大增加，购买商品也就有了个性化，带有个人偏好，因此消费者偏爱某种品牌的人数越多，购买量越大，商品销售量就越大，企业获得的经济效益也就越大。消费者成为企业生存与发展的决定性因素。企业为了获得更多的经济利益，在市场上表现为对消费者的争夺，在这样的背景之下，企业研究消费者便成为经营管理工作中极为重要的内容，对消费者的心理研究得越详细，广告与营销策略就越有针对性，企业在市场竞争中就能真正赢得消费者并最终获得经济利益。

改革开放以来，国内有关专家和学者除了翻译和介绍西方的有关著作之外，还自己组织编著了一些涉及消费者心理与广告方面的专著，这些著作为工商企业研究消费者心理提供了有益的理论支持，影响较大的是马谋超先生编著的一系列《消费者心理学》、《广告心理理论》等著作，这些著作中包含了国内研究消费者心理行为的案例和具有特色的研究方法，所引用的案例也具有很强的针对性。

20世纪90年代初，国外市场研究机构逐渐进入中国市场，把科学、系统的研究方法和研究经验也带入了中国，这对提高我国研究消费者心理行为的质量和研究水平有较大的促进作用；同时也应该看到，在引进国外的研究方法和研究经验的时候，还需要针对我国本身的特殊情况，发展出适合我国特色的消费者心理行为研究模式和研究方法。在适应市场经济的过程中，我们还需要不断建设该学科的基本理论，并充实那些对于市场经济真正有指导价值的内容；需要更多专家和学者共同努力，把广告与消费心理学这门学科发展成为对于中国经济发展必不可少的、有指导意义的一门学科。

由于我国系统地研究消费者的工作起步较晚，各企业和各研究机构的研究手段和研究质量相差悬殊。虽然个别合资企业研究人员的研究质量与研究水平已经接近发达国家（他们是直接系统地引进国外研究方法和研究质量控制的先行者，他们在经营管理活动中逐步地体现了"以消费者为中心"的营销理念），但是大部分国内企业的研究工作还刚刚起步，对于经营管理的认识仍然直接或间接地停留在"以产品为中心"的时代，对于消费者的研究也停留在口头传说阶段，"以消费者为中心"的管理体制与策略实施并没有在企业中普及，许多处于转型期的企业还没有真正地从本质上转变过来，企业投入这类研究的费用还不是太高，管理体制方面的问题仍然是制约消费者心理研究的主要问题。许多企业在进行经营决策时，主要是依据个人的经验来判断市场，这样的经营决策只是在个人经验与市场、消费者的特点完全吻合时才可能有效，而事实上这种巧合的概率很低，失败更具有必然性。这种做法是错误地理解了对消费者心理的研究。

时至今日，在对待消费者心理研究这个问题上，许多企业还存在着模糊的、不科学的，甚至是错误的观念和态度。比如广告对于企业提高销售业绩具有巨大的积极作用，有的人认为"产品质量+广告"无敌天下，这是对于消费者研究的错误认识，也是对于广告功能的错误认识。有些企业在研究消费者的决策并进行市场细分的过程中，认为"女人的钱好挣"或"儿童的钱好挣"，因为女人好花钱，儿童在花钱方面没有节制。由于我国独特的独生子女政策，家长一般对于儿童的花费没有过多的限制，所以某些企业便在市场开发方面利用女人和儿童的这些消费特点。

就国内专业性的研究机构而言，对于消费者心理的研究质量和研究水平已经拉开了距离。部分研究机构尤其是一些具有国际声望的合资研究公司，已经接近国外的研究质量和研究水平，而大部分国内研究机构的研究质量，还难以用一整套科学系统的程序来控制，所以他们可以满足一些刚刚对消费者心理行为研究有启蒙认识的企业，但不能满足国际性大公司的研究要求，在推行科学的操作规则与先进的研究方法方面，还需要有较长时间探索和实践，这与我国社会主义初级阶段的国情有密不可分的联系。

1.2.3　广告与消费心理学的发展趋向

自从 20 世纪 70 年代以来，有关广告与消费者心理的研究进入全面发展阶段。前人的研究成果经过归纳、综合，逐步趋于系统化，一个独立的学科体系开始形成。有关的研究机构和学术刊物不断增多，有关消费者心理与行为理论知识的传播范围日益广泛，并且越来越受到社会各界的高度重视。综观近年来消费者心理与行为的研究现状，发现有如下新的发展趋势。

1. 研究队伍与范围不断扩大

除了心理学家外，还有社会学家、人类学家、管理学家、经济学家等，纷纷加入到管理心理学的研究队伍中来；同时，广告与消费心理学的研究范围也由工业组织扩大到商业组织、政治团体、公共机构、政府机关、军队、医院等各种组织。

2. 研究角度趋向多元化

在相当一段时间以来，人们从商品生产者和经营者的单一角度研究消费者心理，关注点集中在帮助企业通过满足消费需要来扩大销售，增加盈利。目前，许多学者开始把消费者心理，同广泛的社会问题联系在一起，从宏观经济，自然资源和环境保护，消费者利益，生活方式等多种角度进行研究。例如，研究作为买方的消费者心理与行为对市场供求变动的影响，各种宏观调控措施对消费者的心理效应，政府部门在制定经济规划时如何以消费者心理作为重要参考依据等。又如，顺应 20 世纪 70 年代以来消费者权益保护运动的广泛兴起，许多学者注重从消费者利益角度研究消费者心理，以便帮助消费者提高消费能力，学会保护自身权益不受损害。再如，开展有关生活方式的专门研究，即把消费者作为"生活者"，研究不同类型消费者生活方式的特点及其与消费意识、消费态度、购买行为之间的关系，从而帮助消费者提高生活质量。上述方面的探讨为消费者心理的研究提供了更为广阔、新颖研究的全新视角。

研究角度的多元化也导致了广告与消费心理学研究方向的日趋综合化。既要研究个体，又要以个体为单元，研究社会环境对个人动机、态度和行为的影响，还要以社会系统为单元，研究工业系统的结构和功能、企业内部上下级关系、生产班组等各类群体和组织系统的社会心理问题。

3. 研究参数趋向多样化

在最初的研究中，人们主要利用社会学、经济学的有关概念作为参数变量，根据年龄、性别、职业、家庭、收入、人口统计因素等来分析和解释各种消费心理与行为的差异。以后，随着研究的深入，与心理因素和社会因素有关的变量被大量引入，如需要、动机、个性、参照群体、社会规范、人际沟通等。今天，由于社会环境急剧变化和消费者自身素质的提高，消费者心理比以往任何时期都更为复杂，已有的变量已很难对此做出全面的解释。为准确把握日益复杂的消费行为，研究者开始引入文化、历史、地域、民族、道德传统、价值观念、信息化程度等一系列新的变量。新变量的引入为研究的精细化提供了可能性，同时也使参数变量在数量和内容上更加丰富多样。而这一现象正是广告与消费者心理学研究向多学科、综合性趋势进一步加强的反映，也是该领域进一步发展的生动显现。

4. 研究方法趋于定量化

随着对广告与消费心理学研究的深入，研究的方法也逐渐多元化，从单因素分析发展到多因素的综合分析，从过去传统的实验室实验方法发展为现场实验，参与观察以及大规模的问卷调查和统计分析等。由于新变量的加入使各参数变量之间的相互关系更加复杂，单纯对某一消费现象进行事实性记述和定性分析显然是不够的。为此，当代学者越来越倾向于采用定量分析方法，运用统计分析技术、信息处理技术及运筹学、动态分析等现代科学方法和技术手段，揭示变量之间的内在联系，如因果关系、相关关系等。定量分析的结果使建立更加精确的消费者心理与行为模式成为可能。而各种精确的消费者心理与行为模式的建立，又进一步推动了对消费现象的质的分析，从而把此领域的研究提高到了一个新的水平和更高的阶段。

随着消费者心理学研究的运用和拓展，近期的广告与消费者心理学研究在内容上更为全面，在理论分析上更加深入，其学科体系趋于完善，研究成果在实践中得到越来越广泛的应用。广告与消费者心理学研究已经真正成为学者和经营管理者共同关注的一项理论与实践紧密结合的研究课题。

1.3 广告与消费心理学的研究方法与设计

1.3.1 广告与消费心理学的研究方法

广告与消费心理学研究中最常用的方法有：观察法、实验法和调查法。

1. 观察法

观察法就是指在一定的时间内用感觉器官或其他工具对特定的行为表现进行考察而收集研究资料的一种方法。

1）观察法的类型

（1）按事先是否设定具体的观察项目分为"有结构观察"和"无结构观察"。

在有结构观察中，观察者有比较详细的观察计划和记录，观察者明确要观察的行为特征，这种方法一般是为消除观察者的偏见而采取的。

无结构观察一般没有详细的资料收集计划，这种方法一般用于对情况进行探索，为以后的研究做准备。

（2）按照对行为的不同取样方式分为"事件取样观察"和"时间取样观察"。

事件取样观察只对与研究目的有关的预先确定的行为进行观察；时间取样观察则是在一定时间间隔内进行观察，要对这一时间内发生的各种行为表现做全面的记录。

2）观察法中应注意的问题

（1）观察法是一种直观的方法，在使用时首先要明确观察的对象，否则一切结果都是无用功；

（2）要客观，避免观察评定中的反向偏向。

3）观察法的优缺点

作为一种数据的收集方法，观察法有其优点和缺点，我们在研究中应该注意扬长避短。观察法的优点是：① 对数据的采集具有直接性，可以取得被观察者不愿意或者没有报告的行为数据；② 获得的数据较为准确、真实、可靠，而且具有及时性；③ 在观察的基础上，比较有把握作出有关心理因果关系的推论，因此观察结果具有自然性。观察法的缺点是观察的质量在很大程度上依赖于观察者的观察能力，观察者需要接受严格的培训才能保证观察的质量，成本比较高。

2. 实验法

实验法是指人为地、有目的地控制和改变某种条件，使被试者产生所要研究的某种心理现象，然后进行分析研究，以得出这一心理现象发生的原因或起作用的规律性结果。实验者在进行实验研究时，必须考虑到3种变量：① 自变量，即实验者安排的刺激情境或实验情境；② 因变量；③ 控制变量，即实验变量之外的其他可能影响实验结果的变量。虽然实验者的目的不是研究它们，但是为了避免它们对实验结果产生影响，需要设法予以控制。总之，采用实验法研究个体行为时，主要目的是在控制的情境下探究自变量和因变量之间的内在关系。

实验法有两种：自然实验法和实验室实验法。

1）自然实验法

自然实验法是指在实际生活情境中，由实验者创造或改变某些条件，以引起被试者某些心理活动而进行研究的方法。在这种实验条件下，由于被试者摆脱了实验可能产生的紧张心理而始终处于自然状态中，因此，得到的资料比较切合实际。但是，自然实验中由于实验情境不易控制，在许多情况下还需要由实验室实验来加以验证和补充。

2）实验室实验法

实验室实验法是指在实验条件严格控制下，借助于专门的实验仪器，引起并记录被试者的心理现象的研究方法。广告心理学的许多课题都可以在实验室进行研究，通过实验室严格人为条件的控制，可以获得较精确的研究结果。另外，由于实验条件严格控制，运用这种方法有助于发现事件的因果关系，并可以对实验结果进行反复验证。但是，由于实验者严格控制实验条件，使实验情境带有很大的人为性质，被试者处在这种情境中，意识到正在接受实验，就有可能干扰实验结果的客观性，并影响到将实验结果应用于日常生活，因而有一定的局限性。

3. 调查法

调查法是发现和了解问题、搜集资料、检验理论和总结经验所不能缺少的。

1）抽样调查法

抽样调查法是指从研究对象的全部单位中抽取部分单位进行考察和分析，并用这部分单位的数量特征去推断总体数量特征的一种调查方法。其中，被研究对象的全部单位称为"总体"；从总体中抽取出来，实际进行调查研究的那部分对象所构成的群体称为"样本"；说明总体数量特征的指标叫"总体指标"，从样本的统计计算中得到的指标叫"样本指标"；"抽样推断"就是指从样本指标推算总体指标的过程。抽样调查有四个特点。

（1）推断总体的目的性。它所关注的中心是总体的性质及其数量特征，而不是为了了解样本本身的情况。

（2）推断形式的整体性。抽样法以抽取的全部样本单位作为一个"代表团"，用整个"代表团"来代表总体，而不是以个别样本单位来代表总体，即抽样推断总是以样本指标的平均数的形式来表现的。

（3）样本抽取的随机性。正确的抽样推断的前提是，样本必须是总体的缩影，总体的特征应尽可能在选出的样本中得到充分显现。而能够做到这一点的关键是样本的抽取必须按照随机原则进行，即排除任何主观因素的进行选择，使总体中的每一个个体被抽中的机会或可能性完全相等。

（4）抽样误差的可控性。任何调查都会有误差，抽样调查的独特优点在于它的抽样误差是可以事先计算并能通过样本量的调查等手段而加以控制的。

2）问卷调查法

"问卷"是指为进行标准化的调查而编制的，由一组有机联系的提问所构成的表格。问卷是现代社会调查中最常用的一种搜集资料的工具，它的内容是将调查目的和调查要求具体化为一系列有机联系着的提问项目和可测指标，以便进行相应的定性和定量分析，研究和确定各种变量间的相关关系及因素关系。在广告心理学研究中，问卷调查主要用于研究消费者对广告的反应，以及广告效果的测量。

问卷调查法主要有以下特点。

（1）标准化。问卷调查统一提问、回答的形式和内容，对于所有被调查者都以同一种问卷进行询问，从而既可以反映具有某种同质性的被调查者的平均趋势和一般情况，又可以对某些异质性的被调查者的情况进行比较和分析；有时还可以对同一被调查者群体进行追踪性调查。使用标准化工具收集来的资料可以进行计算机统计处理，有利于进行定量分析。

（2）匿名性。问卷调查一般不要求被调查者在问卷上署名，这样有助于减少被调查者的顾虑，进行某些敏感问题的调查，并得到被调查者的真实回答。

（3）操作性。问卷中所有提问项目都是由特定的理论假设操作而来，由于这种操作性，使问卷的每个提问项目均能有效。

3）访谈调查法

访谈调查法的主要优点是灵活性。研究者通过各种方式从被调查者那里获得信息，如被调查者对商品或广告的态度、偏好等。访谈调查法的接触方式包括：邮件、电话访谈、个体访谈、焦点小组访谈。焦点小组访谈通常由6～10人组成，专业人员引导他们谈论某个产品或广告，气氛轻松自由，可以畅所欲言。随着技术的进步，焦点小组访谈的形式也由原来的观察人员隔着单向玻璃观察，发展到通过互联网、视频会议系统远距离观看小组成员的反应和态度。如今，网上调查和在线焦点小组正成为访谈调查的重要方式。

4）投射法

投射法是心理学中一种内心研究方法，用来探讨消费者潜在的动机和情感。消费者接受一个可以用多种方式加以解释的模糊刺激，在其反应时会把自己通常隐藏起来的需要、期望、担忧情绪等投射到对这些客观刺激的解释上。调查者通过对被调查者的这些反应的间接推测，了解其内心的深层想法。

在广告活动中常用的投射方法有词句联想法、文章完成法、购物表法、绘画测验法、主题统觉法，以及在其他方法中使用的一些投射技巧等。

例如，由调查员先说某个常用字眼或商品名称，然后让消费者说出由此字词会联想到什么词，以此来了解消费者对商品的潜在需求和购买动机。这种方法可以不限制消费者，让其自由联想；也可给出一定的范围，在这个范围内选择。如请说出当您听到下列字词时会立即想到什么商品？可把联想范围限定在商品范围之内。

还可依据调查主题设计一段未完成的文章，或若干不完整的句子，请消费者（即被调查者）把答案补充完成。例如"我通常在＿＿＿＿喝酒"，"常喝的酒是＿＿＿＿牌的"，"在一起喝酒的其他朋友认为喝酒可以使人＿＿＿＿"等。从这些填空补充中可以了解消费者的动机和态度。在这种操作中，应尽量避免使用第一人称和第二人称，以免被调查者担忧和产生自我防卫。

还有用漫画的形式进行的。在被调查者面前展示一幅消费者进行某种消费活动的漫画，要求被调查者填写漫画中人物的对话或依据此画编一则故事，以此推知其动机。

5）内容分析法

内容分析法是一种对第二手资料进行分析，用以揭示其中蕴含的规律的方法。它是传播学研究中的一种重要方法。在广告心理学研究中，它常被用于广告活动的心理策略运用和民族心理差异的研究。例如，可以用此法比较理性诉求策略和感性诉求策略在某一媒体中的运用情况。

在广告心理研究中，还常常把内容分析法与其他方法结合起来，用于探讨广告作品的各种构成要素与广告效果之间的关系。例如，广告语的各种特点与其记忆效果之间的关系。

运用内容分析法进行研究时，常用的步骤有以下4个方面。

（1）确定要分析的问题，对每一个问题进行严格的定义，指定可以掌握、容易操作的内容分析标准和编码方法或评分方法。

（2）对现有的第二手资料（案头资料）进行科学合理的抽样，要求被抽到用于分析的资料具有代表性。

（3）对编码员进行训练，使其熟练掌握内容分析标准和编码过程，保证不同的编码员对内容分析标准的理解是一致的。

（4）对编码后获得的数据资料进行统计分析。

总而言之，在广告实践中有许多心理学的方法可借鉴和利用，用这些方法可有效地了解广告对象对广告的注意率、记忆度等指标；并可测验消费者的动机与态度，以便能够有针对性地确定广告诉求内容；在广告的效果评估中也可进行有效的分析。

1.3.2 广告与消费心理学的研究设计

广告与消费心理学属于社会科学方法论范畴，其研究通常包括以下几个步骤。

1. 确定研究课题

选择课题是进行研究的第一步，人们常说"良好的开端是成功的一半"，所以课题的选择非常关键。研究者选择课题时要十分慎重，应该充分了解该领域中已有的研究文献和研究发展的趋势，还应该考虑自身的能力和专业知识、研究的费用和代价，根据自己的兴趣选择具有创新性的课题。研究课题的种类很多，通常可以分为以下几种：① 从实际中提出，由研究者进行分析；② 验证某种结论；③ 为已建立的理论中未曾回答的问题寻找实际依据；④ 澄清某些矛盾的研究结果。

一个问题可能很大、很广泛，要着手研究它必须加以具体化，使之成为可研究的具体的课题，这就需要研究者加以分析判断。课题的优劣通常可以用3条标准加以判断：① 所研究的问题应涉及两个或两个以上变量之间的关系；② 所研究的问题应尽可能明确具体；③ 所研究的问题应具有通过实际解决的可能性。

2. 根据课题的研究目的建立假设

确定研究课题之后，就应建立假设，这是研究的第二步，也是整个研究的前提。一个假设的好坏直接影响整个研究的实施，所以假设不能随随便便想出来，而是研究者根据研究的目的，在充分了解前人的研究文献和研究成果的基础上提出来的。一般来说，可从以下几个方面来判断假设的优劣：① 假设必须可以被验证，否则就不是一个有意义的假设；② 假设应该针对研究目的，否则就失去了研究的方向和研究的必要；③ 假设及假设的论证应该具备可操作性，否则就无法实施或有效地实施；④ 假设应该具有承启性，可以让研究者从研究的目的出发，沿着假设的思路一步一步往下推，直到最终解决问题；⑤ 假设要有客观的依据，不能凭空捏造。假设可以大胆些，可以有创新，但不能脱离实际，否则也就缺乏研究的可能性了。

3. 调查和实验的设计

对于不同的对象，采用的研究方法也不相同。有的问题宜采用问卷调查，有的宜采用深度访谈，而有的则须采用控制实验以排除外生变量。研究方法的选择取决于研究目的和研究经费的状况。甚至一些表面看来很简单的研究，也要采用十分复杂的调查研究方法。在进行研究之前，应决定如何搜集和分析资料，这样研究结果才会有信度和效度。

4. 数据的搜集与统计分析

通过调查或实验获得的大量数据资料，必须对其进行加工分析。随着计算机的高速发展与普及，计算机辅助统计分析得到了越来越广泛的应用。借助统计软件进行分析，不仅使结果准确可靠，而且还可以节约很多时间。

5. 作出结论

在前面的工作都完成以后，就可以根据手中的资料和分析结果作出结论。下结论是对以前建立的假设作出判定的过程：是证实还是推翻先前的假设？下结论也是一个思维的过程，应该客观公正，同时应注意两个方面的问题。① 要注意研究的内部效度的高低。内部效度与无关变量的控制有关。当研究中未得到控制的无关变量越大时，就存在越大的以下可能性：因变量的变异不是由自变量引起的，无关变量在某种程度上影响了因变量，研究的内部效度是低的。② 要注意不能扩大研究的外部效度。所谓的外部效度是指研究的概括力或外推力。例如，我们研究某一年龄阶段人的生活习惯，就一定要在那个年龄阶段的范畴里，而不能外推超出那个范畴，否则结果就不准确、不可信了。

思 考 题

1. 什么是广告与消费心理学？其概念内涵是什么？
2. 有哪些学科与广告与消费心理学的联系最为密切？其具体联系是什么？
3. 简述广告与消费心理学发展各阶段的特征。
4. 简述当前广告与消费心理学存在的问题和发展趋势。
5. 广告与消费心理学的研究方法有哪些？
6. 广告与消费心理学的研究设计主要包括哪几个步骤？

案例分析

星巴克的味道

"我不在家，就在咖啡馆；不在咖啡馆，就在去咖啡馆的路上。"一个迷恋咖啡的小资如果不曾听过这句话，就好像足球迷不知道贝利一样荒谬。

"I am so hungry for coffee", 咖啡是小资每天必需的水。"浮生偷得半日闲",每天须有一刻坐在咖啡馆的角落里,一边喝着咖啡,一边看着周围和自己一样的人,男人西装革履,女士则西裙套装。在全中国小资人士中名声最响的咖啡馆是"星巴克"。一杯名叫星巴克的咖啡,是小资的标志之一。

20元一杯的咖啡是一个相当高的价格,但即使如此也挡不住穿着得体的年轻人来喝星巴克咖啡的热情。他们有时候会开玩笑地说:"是不是我喝星巴克咖啡上瘾了?"

平心而论,星巴克咖啡在味道上也没有什么特别之处,它的竞争对手早就开始模仿它了,但迄今为止还没有一家获得成功。15年前,星巴克还只是西雅图的一家小咖啡店。如今星巴克咖啡店的公司图标(坐在绿地上的美人鱼)和麦当劳的黄色"M"一样,已经成了美国城市的象征。星巴克已经占领了23个国家的市场,拥有4 700家分店,每天还有3家新分店诞生。

星巴克咖啡对于我们不仅是饮料,更重要的是它带给我们异国情调。咖啡是一种非常社会化的、具有浪漫色彩的饮品,在这里,你向往的和你见到的、听到的相互协调,这一切使得喝咖啡成为一种美好的生活体验。

星巴克诞生于很多大咖啡店为顾客提供越来越便宜、越来越没味道的咖啡的年代,一部分咖啡爱好者已经放弃将咖啡作为他们的主要饮品,不情愿地转向英式红茶、果汁。星巴克的出现使很多咖啡馆的生意重新热闹起来,而不是挤垮当地的小咖啡馆。公司总裁霍华德说:"星巴克不是竞争杀手,很少有咖啡馆因为我们的到来而倒闭;相反,多数咖啡馆的生意反而会兴隆起来,因为星巴克让人们重新品尝到了咖啡的美味,想起了在咖啡馆喝咖啡是多么美妙的享受。"

说不清是星巴克的营销尽善尽美,还是消费者真的为其独特的品位所倾倒,总之,星巴克这个品牌在5年时间里,不仅征服了中国年轻白领的钱袋,也征服了他们的心,使得许多人成为他的忠实信仰者。

1971年4月,位于美国西雅图的星巴克创始店开业。1987年3月,星巴克的主人鲍德温和波克决定卖掉星巴克咖啡公司在西雅图的店面及烘焙厂,霍华·舒尔茨则决定买下星巴克,同自己创立于1985年的每日咖啡公司合并改造为"星巴克企业"。只用了短短几年时间,星巴克就成了一个时尚的代名词。它所标志的已经不只是一杯咖啡,而是一个品牌和一种文化。

现在,星巴克已经在北美、欧洲和南太平洋等地开出了6 000多家店,近几年的增长速度每年超过500家,平均每周超过10 000万人在店内消费。目前,星巴克是唯一一个把店面开遍四大洲的世界性咖啡品牌。

1998年3月,星巴克进入我国台湾,1999年1月进入北京,2000年5月进入上海。目前星巴克已成为了国内咖啡行业的第一品牌。

星巴克从未在大众媒体上花过一分的广告费。除了利用一些策略联盟帮助宣传新品外,几乎从来不做广告。根据在美国和中国台湾的经验,大众媒体泛滥后,其广告也逐渐失去公信力，为了避免资源的浪费，星巴克故意不打广告。这种启发也是来自欧洲那些名店、名品的推广策略，它们并不依靠在大众媒体上做广告，而每一家好的门店就是最好的广告。

星巴克认为，在服务业，最重要的行销管道是分店本身，而不是广告。如果店里的产品与服务不够好，做再多的广告吸引客人来，也只是让他们看到负面的形象。

星巴克的创始人霍华·舒尔茨意识到员工在品牌传播中的重要性，他另辟蹊径开创了自己的品牌管理方法，将本来用于广告的支出用于员工的福利和培训，使员工的流动性很小。这对星巴克"口口相传"的品牌经营起到了重要作用。

星巴克认为他们的产品不单是咖啡，而且是咖啡店的体验。星巴克更擅长咖啡之外的"体验"，如气氛管理、个性化的店内设计、暖色灯光、柔和音乐等。就像麦当劳一直倡导售卖欢乐一样，星巴克把美式文化逐步分解成可以体验的东西。

星巴克还极力强调美国式的消费文化，顾客可以随意谈笑，甚至挪动桌椅，随意组合。这样的体验也是星巴克营销风格的一部分。星巴克在上海的每一家店面的设计都是由美国方面完成的。在星巴克的美国总部，有一个专门的设计室，拥有一批专业的设计师和艺术家，为全世界的星巴克设计店铺。他们在设计每个店面的时候，都会依据当地的那个商圈的特色，然后去思考如何把星巴克融入其中。

在一个习惯喝茶的国度里推广和普及咖啡，首先遇到的是消费者情绪上的抵触。星巴克成立了一个咖啡俱乐部。除了固定通过电子邮件发新闻信息，还可以通过手机传简讯，或是在网络上下载游戏，一旦过关就可以获得优惠券，很多消费者就将这样的讯息，转寄给其他朋友，造成一传十、十传百的效应。

顾客在星巴克消费的时候，收银员除了品名、价格以外，还要在收银机键入顾客的性别和年龄段，否则收银机就打不开。所以公司可以很快知道消费的时间、消费了什么、金额多少、顾客的性别和年龄段等。

思考题：
1. 星巴克能够盈利并且迅速推广的原因有哪些？
2. 消费者在星巴克体验的是什么样的文化？
3. 星巴克是如何有效利用消费者的消费心理的？

第 2 章 广告与消费心理学的理论基础

本章要点
- 掌握心理学的两大研究内容
- 了解心理学的主要研究派别
- 掌握广告的概念内涵及特征
- 掌握广告的主要功能及核心特征
- 掌握消费者行为的一般特征
- 掌握影响消费者行为的主要因素
- 了解当前消费心理和行为的发展趋势

广告与消费心理学与其他许多应用心理学一样,也是在普通心理学的基础上形成和发展起来的。它是以社会活动的主体——消费者在购买活动中的各种心理现象作为主要研究内容,结合广告学的相关理论,探索和揭示出支配消费者购买行为过程中心理活动的变化规律,用以指导企业更好地开展各种形式的广告营销活动的学科。广告与消费心理学,既是广告学与消费心理学的结合,也是这两个学科的进一步发展。

2.1 心理学概述

2.1.1 心理学的结构

心理学是一门科学,是一门与日常生活和社会各个领域密切相关的系统科学,具有很强的理论性和广泛的实用性。

心理学一词源于希腊语，原指关于灵魂的学问。古希腊哲学家亚里士多德的《论灵魂》一书，是人类文明史上关于心理现象的第一部专著。自那时起，直至19世纪中叶的漫长岁月中，心理学始终隶属于哲学范畴而无独立地位，是哲学家与思想家运用思辨的方法进行研究的领域。1590年德国马尔堡大学教授葛克尔开始用"心理学"来标明自己的著作，然而，直到19世纪中叶以前，心理学的研究方法都是思辨式的，研究成果多带经验描述性质。因而心理学还不能称其为科学。19世纪中叶，德国医学博士、生理学讲师、心理学家威廉·冯特把实验法引进心理学，并于1879年在德国莱比锡大学创建了世界上第一个专门的心理学实验室，对感觉、知觉、注意、联想和情感开展系统的实验研究，创办了刊登心理学实验成果的杂志《哲学研究》，出版了第一部科学心理学专著《生理心理学纲要》。现代心理学自此诞生。心理学的研究内容包括两大方面：心理过程和个性心理。

1. 心理过程

心理过程是心理学研究的一个重要方面。心理活动的过程是心理现象的不同形式对现实的动态反映。心理学家把心理过程划分为3个方面，即认识过程、情感过程和意志过程。其中最基本的是认识过程，它包括感觉、知觉、记忆和思维。感觉、知觉是简单的、初级的认识过程，记忆是一种比较复杂的认识过程，思维属于认识的高级阶段，它和语言密切相关，是人特有的认识过程。人在认识事物的过程中，总是伴随着一定的态度和体验，例如，满意、喜欢、厌恶、愤怒等，这些主观的心理体验也被称为情感过程。人在与周围客观环境互相作用时，为对客观事物进行处理和改造，想办法、订计划、采取措施、克服困难，这种为努力实现某种目标的心理活动过程，称为意志过程。

认识过程、情感过程和意志过程虽然彼此有所区别，但又是统一心理活动的3个方面，切不可把它们分离开来。

意志和认识有着极为密切的联系。认识是意志形成的前提，意志反过来也给认识过程以巨大的反作用。情感可以成为意志的动力或阻力，而意志可以控制情感。

总之，人的认识过程、情感过程和意志过程是密切联系、相互影响的。意志行为一开始就以一定的认识和情感为依据，认识为意志确定目的，调节行为，情感则激励其行为；反过来，意志又推动认识，并控制情感。在管理行为中，这3种心理过程总是彼此渗透，构成统一的心理活动。

2. 个性心理

个性指的是一个人在社会生活实践中经常表现出来的比较稳定又带有一定倾向性的心理特征（兴趣爱好、能力、气质、性格等）的总和。它是在一个人的生理素质的基础上，在一定社会历史条件下，通过社会实践活动形成和发展起来的，个性所表现的是个人的独特风格，是一个人的基本精神面貌。

个性的心理结构是一个多层次、多水平、多动力、多侧面的有机统一整体，它主要包括个性倾向性、个性心理特征和自我意识3部分。

1) 个性倾向性

个性心理倾向性，是推动人进行活动的动力系统，是个性结构中最活跃的因素。它决定着人对周围世界认识和态度的选择与趋向，决定着他追求什么，追求的驱力有多大，以及追求的对象对他来说有多大价值。个性心理倾向性主要包括兴趣、需要、动机、信念、理想、价值观等。

需要是个性心理倾向性的基础。人的一切活动，无论是简单的或是复杂的，都是在某种内部动力推动下进行的。这种推动人进行活动，并使活动朝着一定目标进行的内部驱动力，称为动机。动机的基础是人的各种需要。对一个人来说，什么是最重要的？想怎样生活？又必须怎样生活？由此而产生了个人的愿望、态度、信念、理想、目标等，所有这些都是由一个人的价值观、人生观所支配的。价值观是一种渗透于人的所有行动和个性中并支配着个体评价和衡量好与坏、对与错、美与丑的心理倾向性。价值观的基础也是人的各种需要。如果说需要是个性心理倾向性的基础，那么价值观则处于个性倾向性的最高层次，它制约着、调节着人的需要、动机等个性心理倾向性诸成分。

2) 个性心理特征

个性心理特征，是人的多种心理特征的一种独特组合。它集中反映了一个人精神面貌稳定的类型差异。个性心理特征包括能力、气质、性格。能力标志着人们完成某项活动时的潜在可能性上的特征。气质标志着人的心理活动的稳定的动力特征。性格显示着人对现实的稳定的态度和习惯化了的行为方式上的特征。

人的心理过程和个性心理也是密切联系的。一方面，个性是通过心理过程形成的，如果没有对客观事物的认识，没有对客观事物产生的情绪和情感，没有对客观事物的积极改造的意志过程，个性是无法形成的。另一方面，已形成的个性又会制约心理过程的进行，并在心理活动过程中得到表现，从而对心理过程产生重要影响，使之带有强烈的个人色彩。

3) 自我意识

自我意识是指主体对自己各种身心状态的认识、体验和愿望，以及对自己与周围环境之间关系的认识和愿望。

心理学家通常把意识分为认识、情感和意志3个部分，因此可以从这3个方面来分析自我意识。属于认识的有：自我观察、自我概念、自我认定、自我评价等，统称为自我认识。属于情绪和情感的有：自我感受、自爱、自尊、自恃、自卑、责任感、义务感、优越感等，统称为自我体验（态度）。属于意志的有：自立、自主、自制、自强、自卫、自信、自律等，统称为自我调控。自我调控表现为个人对自己行为活动的调节和控制，自己对待他人和自己态度的调节等。上述3种表现形式的综合便成为个性的基础——自我。自我使一个人的个性心理特征和个性心理倾向性等成分形成统一的整体。

在人的个性结构中，个性倾向性和个性心理特征又都是由自我来调节和控制的，因而使个性倾向性和个性心理特征形成了一个完整、统一的个性系统。

2.1.2 心理学的派别

现代心理学历史不长,流派却很多,以下是几个重要的心理学派别。

1. 机能主义心理学

机能主义是美国心理学家詹姆士创立的。杜威、安吉尔、桑代克、卡尔等都是这一学派的著名代表人物。机能主义认为,意识是一种持续不断、川流不息的过程,即意识流。机能主义者深受达尔文进化论的影响,认为脑是人适应环境最重要的器官,他们考察脑如何控制身体的器官和系统来适应环境,研究身心之间的相互关系,强调意识的作用和功能,而不像构造主义那样强调意识的结构。机能主义推动心理学面向实际生活的特点,在心理学的发展中产生了广泛而深远的影响。机能主义者承认实验内省法的是合理的科学方法,同时也指出了内省法的局限性。总的来说,机能主义只是泛泛地确立了一个对心理学的总态度,没有形成一种心理学理论。

2. 构造主义心理学

构造主义心理学的创始人是冯特。冯特认为,心理学是研究意识(经验)的科学,科学的基本方法是分析,应该把分析方法应用到心理学研究中去。据此,他把意识分为感觉、意象和感情3个基本元素,认为所有复杂的心理活动都是由这些基本元素构成的。冯特首创实验内省法,实验内省法是让被试者报告自己在变化的实验条件下的心理活动,然后由心理学家来考察在被试者经验中所引起的变化,冯特认为用实验内省法可以分析出意识过程的基本元素,发现这些元素如何合成复杂心理过程的规律。

冯特的理论为他的学生铁钦纳所继承和发展,并把这种心理学理论命名为"构造心理学",构造心理学的积极意义是它使心理学摆脱了思辨的桎梏,走上了实验研究的道路,成为一门独立的科学。但是,这个学派所从事的"纯内省"和"纯科学"的分析,严重脱离实际。

3. 行为主义心理学

行为主义是现代心理学中影响很大的一个学派,是美国心理学家华生创立的。华生既不同意构造主义关于意识是由元素构成的看法,也不赞成构造主义和机能主义把意识作为心理学的研究对象,他反对意识和内省这两个概念。1913年华生在《心理学论坛》上发表了"行为主义者眼中的心理学"的论文,在这篇宣言式的论文中,提出心理学是行为科学,不是意识的科学。心理学应该只研究可观察可测量的行为,而行为或反应是受环境中特定的刺激影响的。因此,心理学的研究对象主要是确定刺激——反应之间合乎规律的和可预测的关系。刺激-反应(S-R)是华生行为主义的公式,认为意识不能直接观察,因而不能成为科学心理学的对象。心理学的方法应该是直接的观察与测量,冯特的内省法不能提供客观的事实材料,因而不能作为科学心理学的方法。华生认为只有从可观察到的刺激和反应方面去研究,心理学才能成为像生物学、物理学、化学那样的自然科学。他主张把人的心理彻底生物学化和动物学化，说"人的行为和动物的行为必须在同一层面来考察"。他相信所有的行为都是学习得来的，没有一种行为是遗传的。

华生认为，传统心理学中的意识、感觉、知觉、表象、意志等是一大堆无用的概念，应该完全摒弃，代之以刺激、反应、习惯形成、习惯联合等概念。华生的极端主张虽然没有被人们全盘接受，但是他强调的研究行为，强调从刺激与反应的关系上客观地研究行为，而不是主观地加以描述；研究方法上的客观性等在美国得到广泛的传播，在世界各国心理学界也产生了很大反响。行为主义对心理学发展的积极意义是：华生极力主张的客观的研究方法，促进了心理学的客观化，使心理学的研究更自然科学化了，也就是说更严谨了。他强调的"刺激－反应"公式，容易对心理现象作数量上的描述。当代心理学能够基本上符合科学条件的要求，成为一门现代科学，在很大程度上应归功于行为主义。行为主义的错误在于极端化。华生完全否定了对人的心理、意识的研究，以生理反应代替心理现象，把动物和人等同起来，以及分析行为的机械主义观点，又对心理学的发展产生了消极影响。

4. 格式塔心理学

格式塔心理学 1912 诞生于德国，后来在美国得到进一步发展，创始人是魏特墨，代表人物有考夫卡、苛勒等。格式塔是从德文"Gestalt"音译而来，意为"完形"、"整体"。格式塔心理学的观点最初来自似动现象的实验，认为这种知觉现象，既不能用感觉的联合来解释，也不完全决定于外界，而是人脑中有一些力量把它们组织起来了。当时物理学中的"场理论"盛行，格式塔心理学家深受其影响。于是，认为人脑中也有一种磁场，这个"场"中的力量分布，就决定了人把外界的东西看成是什么样的。"场"有一定的规律，人脑就按此规律把客观的东西组成一个完形。他们认为心理现象既不是由几个元素构成的，个体行为也不是单纯由一些反应堆积而成。每一种心理现象都是一个格式塔，都是一个"被分离的整体"。整体不等于部分之和，整体先于部分而存在，并制约着部分的性质和意义。

格式塔心理学采用直觉的观察法，以阐述现象为主，但其理论的适用性远不限于知觉过程，他们认为，学习和问题解决也像知觉一样是通过整体进行的。魏特墨在《创造性思维》一书中说，学生在解决问题时之所以产生迷惑不解，是由于没有把问题的细节方面和问题的整个情境结构联系起来考虑，一旦把问题看成是一个有意义整体，就会产生顿悟，问题也就解决了。尽管格式塔心理学的理论基础是主观唯心论，但该学说强调的"整体"观点则是正确的，他们关于知觉的组织原则、学习和思维的研究成果至今仍有其积极意义。

5. 精神分析心理学

精神分析学派是奥地利精神病学家弗洛伊德创立的。他的代表作有《梦的解释》、《精神分析引论》、《精神分析纲要》等。精神分析学派的理论根据不是来自对一般人的系统观察和实验，而是来自对精神病患者的诊断治疗的临床经验，是应用科学和医学在研究和处理变态行为的一种理论。弗洛伊德认为人格是由本我、自我和超我 3 种力量构成的系统。本我由先天的生物冲动组成，其唯一目的是消除或减轻机体的紧张以获得快乐和满足；超我是内化了的道德标准（代表一个人良心的要求），竭力压抑本我的盲目冲动；自我介于两者之间，负责理智地调节本我、超我和外界三者的关系。一个人的精神状态是人格的这三种力量相互矛盾冲突的结果。当自我能很好地平衡三者的关系，人格处于正常状态，当自我对本我、超我失去控制时，人就会产生各种焦虑，为了减轻焦虑，自我便发展出各种无意识的防卫机制，如失言、做梦等。弗洛伊德认为意识是人的整个精神活动中很小的一部分，处于心理的表层。无意识才是人的精神活动的主体，处于心理的深层，它是被压抑的或未变成意识的本能冲动。

弗洛伊德的主要研究方法是进行心理治疗时作详细的案例研究，包括搜集自传资料、梦的分析和自由联想。研究一个人当时的行为，要追溯其过去的历史，以探明其目前行为的原因。

弗洛伊德的观点，在其学派内部看法也不完全一致。如阿德勒主要强调自我，而不强调性欲的作用。荣格虽然仍用"里比多"概念，但已排除了性欲的性质，指的是所有的动机（生命力）。随着精神分析学派的发展，原来追随弗洛伊德的心理学家，他们不再坚持弗洛伊德的一切行为决定于性本能的泛性论观点。加之受到社会学和人类学的影响，开始转向研究人格发展过程中的社会文化因素的影响，这些观点和理论被称为"新精神分析理论"。

弗洛伊德把心理区分为意识和无意识，注意到需要、动机等心理的动力因素，这是他对心理学发展做出的贡献。但他把人的一切行为都归于被压抑的性欲的表现，认为无意识决定意识，甚至决定社会发展则是错误的。

6. 人本主义心理学

美国心理学家马斯洛等人本主义心理学家认为，对于人来说，最本质也是最可贵的东西，不是人与动物所共有的那些"本能"，而是那些动物所没有的只有人才有的"潜能"。马斯洛所说的人所特有的潜能，如爱的潜能、创造的潜能，都是"善"的，而不像弗洛伊德所说的本能那样是"恶"的。但是人的这些潜能与人的动物本能相比要软弱得多，它们只有在良好的环境条件下，才能由"潜在的可能性"变为"现实"；在恶劣的环境中是很容易被摧残的。马斯洛认为，理想的社会就是能使人的潜能得到充分发挥，能使人的价值得到充分实现的社会。

在马斯洛看来，在一个人的"人性"里面存在着"爱"的可能性和"创造"的可能性，就好像在一粒种子里面存在着"开花"和"结果"的可能性。把一粒种子种在地里，给它必要的肥料、雨露和阳光，它就会成长，就会生根、发芽、开花、结果。这就是它把潜在的可能性变为现实的过程，就是它"自我实现"的过程。在马斯洛的理论体系中，"成长"和"自我实现"是同义的。

2.2 广告概述

2.2.1 广告的概念及特征

拉丁文 adverture 是英文 advertising（广告）的来源，意思是"引人注意"或"诱导"。以后逐渐演变成为"使某人注意某事"，随后又延伸为"让众人知道某事"。随着商业活动的发展，"广告"一词又被赋予了新的含义，成为现代意义上的"广告"。随着广告业的不断发展和对社会影响程度的加深，其内涵越来越丰富，外延也得到了不断扩展。

中国大百科全书出版社出版的《简明不列颠百科全书》对广告的定义是："广告是传播信息的一种方式，其目的在于推销商品、服务、影响舆论、博得政治支持、推进一种事业，或引起刊登广告者所希望的其他反应"。广告通过各种宣传工具，例如，报纸、杂志、电视、无线电广播、张贴广告及直接邮寄等方式把商品和服务的信息传递给它想要影响的社会公众。广告不同于其他传递信息的形式，它必须由要刊登广告者付给传播媒介人一定报酬。广告含义有广义和狭义之分。广义广告包括所有向公众发布有关信息的行为；狭义广告则指商品生产者或经营销售者通过一定传播媒介，以传播商品和服务信息为主要内容的经济活动，通常被称为商业广告。

所谓广告特征，就是指广告作为一种独立的社会现象所具有的特点。广告的本质是隐蔽的，是通过现象来表现的，不能通过简单的直观去认识，必须透过现象掌握本质。因此，将广告特征与本质放在一起来认识，可以更准确地理解广告。广告具有以下几个基本特征。

1. 从企业经营的角度看，广告应该被视为一种投资活动

广告是一种有目的、有计划的商品宣传或商品信息传播手段，广告宣传必须付出一定经济代价，并有特定传播媒介物和公开的宣传工具。企业为了达到一定的目的并期望有一定回报所投入的资金，常常被视为投资中的一部分。例如，机器、厂房、仓库设施等，均被视为投资，其价值随着存在时间延长将按一定比例折旧。而投入到广告活动的资金，并不能全部产生即时销售效果，因此，大多数商品生产者只好将广告费用当作费用支出开列。关于广告费用到底是投资行为，还是一般意义上的费用支出，这是一个争论已久的问题。但是，随着现代广告观念的形成和发展，已经有越来越多的人认为广告活动应该被视为企业投资行为。从创造价值的角度看，广告的投资效应一般通过两个方面来体现，一是广告的消费价值，它取决于广告的消费效应，即消费者接受广告信息，对广告产生认同感并积极地购买；另一方面是广告的生产价值，它取决于广告消费价值的实现。广告只有首先满足消费者需要才能实现广告的目标——推销与盈利。尤其对于商品广告而言，只有商品销售的实现，才能实现再生产的目的。如果将广告活动视为投资，那么，对广告的要求及看法自然都会改变。如果将广告仅仅视为一种费用支出,那么"人情广告","情景广告"就会成为必然现象。从投资的角度看,广告应该将追求长远利益与眼前利益结合起来,广告是一种着眼于未来的行为,既有一定的风险性,又有一定的可预测性。

2. 广告是一种有目的、有计划的商品宣传或信息传播手段

广告必须与市场营销活动相结合,并以说服消费者购买所宣传的商品或享用所宣传的服务为最终目的。简而言之,广告是一种以推销商品、获得盈利为最终目标的商业行为。广告向目标消费者展示商品的性质、质量、功用、优点,并以各种诉求方式打动和说服消费者,影响和改变消费者的观念和行为,最后达到做广告企业的商品被推销出去的目的。广告与一般的促销活动不一样,促销是卖主直接向买主展示商品,与消费者发生面对面的交流,而广告则是通过媒体向消费者做说服工作。它说服的结果,自然是把商品最终销售出去。广告提供的所有信息,对公众来说应该是有价值的,即能起到传播信息、引导消费、满足消费者需求的作用。如果广告不能促进企业近期或远期的商品销售,那么它就不能被称为广告。

3. 广告是一种沟通过程

所谓沟通,就是信息发出者与接收者之间进行信息传递与思想交流,以求达到某种共识。因此,沟通是一种双向活动,而不仅仅是一方对另一方的单向影响过程。广告是一种双向沟通,是因为广告主将广告信息通过大众媒介传递给目标消费者,以求说服、诱导消费者购买广告商品。只有当目标消费者接受了广告信息,即认为广告信息是真实和可信的,并同意广告所传递的观点时,广告信息才能发挥作用,从而实现广告沟通过程。广告中的沟通有别于面对面的人际沟通。首先,广告是通过电视、报纸等大众传播媒介进行的一种沟通活动;其次,广告沟通对象是具有同一需要或同一特性的一群消费者,不是个别消费者。再次,广告不仅仅是一般性沟通,而是一种带有说服性的沟通。广告目的在于影响消费者的品牌态度与购买行为,引导、说服消费者购买广告中所宣传的商品。然而,影响人的态度与行为是一项极其复杂、艰巨的任务,要完成这一任务,不仅要使目标消费者能够接收到广告信息,还必须采取一定的说服手段,使目标消费者能够接受广告信息,最终购买广告中所宣传的商品。

4. 广告不仅仅需要创意,而且需要策略

广告的制作和宣传应该满足消费者需要,能唤起消费者注意,并调动兴趣,激发欲望,从而实现消费行为。目前广告市场中,争取消费者注意力的竞争越来越激烈。消费者每天都要面对成百上千条广告的冲击。如果想要在众多商品品牌中为你所宣传的商品在消费者心目中争取一个位置,那么广告就要有创意。创意的本质就是使广告所包含的信息能得到更好的传达,对诉求对象产生更大的影响作用。好的创意,必须在明确的信息策略指导下产生。没有任何策略指导的信息,即使表现得再独特,也很难成为好的创意。因此,在广告创意这个环节中,信息广告的诉求策略和表现策略应该得到足够重视。

2.2.2　广告的主要功能

我国自古以来就有"好酒不怕巷子深"之说，在西方也有"好酒无须表藤枝"的传说。可见长期以来人们对广告的功能并不十分重视。古时候人们对广告不重视有其历史原因，在商品经济发展初期，商品交换处于一种初级、简单的状态，交换区域十分狭窄，行业结构比较简单，买卖双方直接接触的机会也较多，相互也有一定了解。一个村镇或地区的作坊、商店通过多次商品交易活动，有相对固定的客户，加之生产规模较小，交通不发达，因此，没有向外扩大市场的需要。在这种情况下，广告的作用并不明显。

但是随着生产力的提高，商品经济的发展，商品交换的范围迅速扩大，行业门类也不断增多。市场的扩展使供应者和购买者之间的距离扩大，买卖双方的关系由直接变为间接，也就难以相互了解。同时，交通运输能力不断提高，使不同地区、国家之间的商品交换也成为可能，商品种类越来越丰富。消费者在迅速膨胀的大量市场信息面前，购买的目的性与指向性变得不很明确；企业组织在激烈的市场竞争面前，对市场的控制也显得越来越不牢固。酒香难以飘千里，更何况造好酒的企业也不止一家。于是通过广告来宣传商品，向消费者传递信息，吸引他们有目的地购买自己的商品，便成为现代企业营销不可缺少的手段之一。广告的作用日益明显，广告功能也更加丰富。

1. 传播商品信息

广告能及时传播各种信息，有效扩大商品销售市场。广告凭借现代化的信息传播手段和覆盖面很广的信息传播媒体，能迅速地将各种商业信息传递给广大消费者，使供需双方得以及时沟通。从另一方面看，广告对商品流通也有一定的指导作用。商品从生产领域顺利到达消费领域，必须在数量、质量、时间、地点及具体的消费对象等方面顺利衔接，而商品供求又是通过价值规律对商品生产起着调节作用。同时广告宣传还可以起到疏通物流和商流渠道，缩短流通时间，刺激消费需求，在一定程度上促进了商品经济的繁荣和发展。随着科学技术的进步和发展，新的传播技术在广告业中已得到不断应用，从而扩大和增强了广告传播商品信息的效果。

2. 指导消费行为

广告能有效地引导和转变消费观念，指导消费行为，创造新的市场需求。因为生产和消费之间的关系是相互促进的，发现市场现有的需要，并根据这种需要去开发新产品，是一种正确的经营观念。但是，如果能注意到市场潜在需求，并通过全新产品和相应的广告宣传去激发潜在市场需求，引导消费者追求新的消费行为，则是更为独特的经营思想。广告在这方面的作用不可低估。因为一些新产品在进入市场初期，并不为消费者所注意或立刻接受，而广告宣传则有助于使人们改变消费者传统的消费习惯。因此，广告活动是沟通生产与消费的一座桥梁。广告在指导消费行为过程中，还起着创造流行时尚的作用。许多商品的出现和流行与广告大规模宣传分不开。消费者的消费习惯也会因为广告的影响而改变，在这个过程中,旧的消费观念逐渐消失,而新的消费观念逐渐形成。

3. 激发购买欲望

广告不仅有助于提高消费者对商品和服务的关注程度,更重要的是有助于刺激消费者的需求,激发购买欲望。广告其他信息传播行为的主要差别在于:广告不仅可以传递信息,还能在传递信息的同时,影响和说服信息接受者按照广告中要求的采取相应的行为。所以,也有不少人把广告称为"说服艺术"。广告之所以能产生说服效果,主要是因为它能集中地展示商品的优点、特点,并能有效地调动消费者的潜在需要。广告不断重复出现,就是对消费者消费动机与欲求不断加以刺激的过程。

4. 促进商品销售

在市场经济条件下,企业生产出来的商品,只有通过流通领域才能进入消费领域,才能实现其使用价值。广告在沟通产销渠道,疏通产供销关系,促进商品销售中起着桥梁作用。市场经济的发展,地域界限不断被打破,使流通渠道增多而流通环节减少。现代广告已成为加速商品流通和扩大商品销售的有效手段。广告是促进企业市场营销的重要策略之一。例如,荷兰菲利浦公司的发展道路是极其曲折的,它的成功靠两个法宝:一是靠产品质量,二是靠广告促销。长期以来,菲利浦公司一直花大力气做广告,因为他们深知"红花还需绿叶扶"的道理。优良产品必须要有广告宣传,这样才能让大众知道它,喜爱它,甚至花钱买它。

5. 树立企业的形象

广告宣传对有效提高企业声誉,树立良好企业整体形象起着重要作用。广告宣传既然能传递商品信息,当然也能扩大企业整体影响力。只要在广告所宣传的内容中有意识地突出企业形象标识,就有可能通过大量广告宣传树立企业的整体形象。近年来,企业公共关系广告的大量出现,也使得塑造企业整体形象成为广告的重要功能之一。越来越多的现代企业意识到,只要树立起良好的企业整体形象,市场就能够得到巩固和发展,所生产出来的商品也更容易受到广大消费者欢迎。

6. 完善经营管理

广告是企业在市场竞争中的主要手段之一,通过广告宣传可以促进现代企业或服务性行业生产经营能力的提高,改善整体管理水平。通过广告宣传,企业可以及时收集到市场反馈信息,使企业能够及时生产出适销对路、品质优良的商品,以提高市场占有率。今天,商品质量已越来越成为决定企业市场竞争胜负的关键因素。如果只注重广告宣传,不注重质量提高,最终将失信于消费者,甚至导致企业破产。

除了上述几个方面的功能外,广告还具有教育、审美及丰富人们物质和文化生活等方面的功能。充分地认识现代广告的作用,并有效地加以应用,是现代企业生存、发展的重要保证。可以说,离开了广告,也就失去了市场,失去了消费者。

2.2.3　广告的核心内容

1. 广告必须有明确的"广告主"

广告主是广告行为的主体。1995年2月1日实施的《中华人民共和国广告法》在界定"广告"时，加进了"以广告主的名义"这个修饰语。广告中明确体现广告主是为了使广告接受者了解广告信息的来源。这样既可以明确广告主对其发出信息的真伪负完全责任，又可以使消费者放心地购买做了广告的商品。这是广告与新闻等其他传播活动的不同之处。

2. 商业广告是有偿的

这是广告与新闻、公告等信息传播方式的又一重要区别。要做广告的个人和组织，需要借助于各类"运输工具"才能将信息运至事先设定的位置。但是，作为"运输工具"的各类传播媒介，只有事先支付一定费用才能使用。

3. 广告是非人员的销售推广活动

它包括两方面关键的含义：一是"非人员的"，这是广告与直接销售人员以面对面展示、说明商品的销售手段的最大区别。广告是借助信息传播媒介与消费者沟通，具有自身的说服规律。二是"销售推广活动"，无论是哪种广告形式，总是直接或间接地促进销售为目的。

4. 广告传播商品观念和服务信息

广告所传播的内容，不仅包括商品信息，还包括关于观念和服务的信息。广告除了宣传某些具体的商品，有时也以宣传企业形象、企业理念、社会价值观和某些无形的服务为内容。

5. 广告主对广告的发布具有一定的控制权

关于企业的新闻报道，记者写不写稿、写什么样的稿、编辑是否决定刊播，被宣传者即企业无权干涉。而广告则不同，对于由哪家媒体刊播、何时刊播、刊播什么内容，广告主都具有一定程度的控制权。当然，这种控制权也是有限的。

6. 广告费用将成为商品或服务成本的一部分

为广告活动支出的费用，将有一部分追加到商品价值中去，另一部分则作为纯粹流通费用被耗费掉。作为生产者，利用广告作为信息传播的手段是比较有效而经济的，这样做不会过分增加商品成本，而且有利于在与同类商品市场竞争中争取优势。企业不仅可以通过广告来增加自己的收益，而且消费者也可以更快地获得商品信息而不必负担过高费用。

7. 广告发布和策划

广告作品的发布和策划是广告活动的组成部分和重要环节。一个成功的广告，不仅要在技术上有完美表现，在策划上也要有系统规划，而且还要始终不渝的重复传播实施，以达到最终使所宣传的商品和服务根深蒂固于消费者的观念中。

2.3 消费者行为学

2.3.1 消费者行为的一般特征

消费者行为学是以消费者购买心理与行为活动为研究内容的实用性科学，是营销学科体系的重要组成部分。消费行为是人们在日常生活中，为了生存和发展而购买、享用社会商品和服务的活动过程。由于受到民族、经济、文化、心理等各种因素影响和制约，不同消费者的消费行为表现是多维的，具有较大差异性。一般说来，消费者消费行为具有以下 7 个特征。

1. 消费者行为的目的性

消费行为是一种动机性活动，它是在人们需要的基础上产生的，有着明确的目的和指向。如果消费者缺乏需要产生的驱力作用，消费者行为就不会实现；如果消费者需要不强烈，也会延缓和阻滞消费行为。在这方面，西方学者是用效用理论来解释消费行为的。这个理论认为，在经济收入一定的情况下，消费者消费行为的目的在于使用定量资金来达到商品效用最大化。所谓商品效用最大化，是指商品能够满足消费者某种需要并带来愉快和享受的最大程度。尽管效用理论的观点有局限性，但是，我们仍然可以从中得到一些有益的启示，那就是消费者是根据商品效用的大小，即对自身需要的满足程度来进行消费的。消费行为的出发点是需要，归宿点则是满足人们的需要。离开了这两点，消费行为就失去了自身的价值和意义。

2. 消费行为的自觉性

消费行为的自觉性除了包括前边说过的目的性以外，还包括计划性和调节性。从古至今，人们消费的基本前提都是预先支付一定货币，投入相当的财力和精力，然后才能取得商品的使用权，获得生理和心理的满足。这就说明消费行为是一个充分体现个体的自觉性的活动过程：即消费者在意识到自身需要的基础上，自觉地搜集商品信息，自觉地进行品牌评估和选择，然后量力而行地作出购买决策。特别是当个人需要与其购买力、社会环境等不一致、不协调的时候，消费者会自觉地调整自身的需求结构，重新确定在现有条件下，先满足哪些需要，控制和压抑哪些需要等。因此，需要使消费行为具有了计划性和调整性特征。

3. 消费行为的习惯性

消费行为实质上是一种习惯建立的过程，这是西方学者关于消费习惯养成论的研究成果。习惯养成论的主要观点有 3 个。① 重复形成兴趣与爱好。即消费者对商品喜好与兴趣是在重复使用该商品过程中建立起来的。用的时间长了，就会形成了某种消费习惯。② 刺激－反应的巩固程度决定购买行为。也就是说，消费者对某种商品的购买行为直接决定于

"商品-购买"这一"刺激-反应"链的巩固程度。如果消费者经常购买某种商品，就会形成习惯，建立起稳固的条件反射，他们一旦重新见到这种商品时，就会自然而然地产生购买行为。而且这种"刺激-反应"的强度越大，建立的条件反射也就越牢固。③ 强化物促进习惯性购买行为形成。条件反射学说的观点是：任何新行为的建立都是强化的产物。对于消费者来说，如果能及时而适当地使用强化物，就能有效地促进消费习惯的形成。优质名牌商品正是依靠自身具有可靠质量和完善功能的强化作用在消费者心中树立了良好的品牌形象，使他们对名牌商品形成了积极的心理反应，并最终形成了习惯性购买行为。

4. 消费行为的理智性

消费行为是理性过程。近年来，西方比较流行的消费行为认知理论就把消费或购买行为看成是一种信息反馈过程。该理论认为，从消费者接受商品信息，直到最后作出购买行为，始终与信息加工直接相关。消费行为是消费者分析、比较、权衡和决策的过程，是消费者对自身需要有意识调整并对外界环境条件充分利用的综合过程。总而言之，消费者是利用自身经验和现有认知水平去操纵自己的消费行为。

5. 消费行为的象征性

在消费者的购买活动中，消费品是引起消费者各种心理活动的客体，它不仅具有物理、化学属性，更具有社会学和美学的评价意义。商品所具有的象征意义，一方面取决于它的本质特征；另一方面则取决于它所折射出来的社会心理学特征。消费者在购买商品时，通过联想和想象等心理活动，使自己的购买具有社会意义。

6. 消费者行为的时间性

消费者的消费行为是在一定的时间和空间内发生的。从宏观上说，同一时代，人们的消费行为具有明显相同的特征，也具有差异性。这种差异性既表现在消费需要内容上不同，也反映在满足需要方式的差异性方面。随着社会生产力发展水平的提高，人们消费需求内容越来越丰富，层次越来越高，与之相适应的满足需要的方式也具有更文明、更先进的特点。从历史发展的角度看，人们的消费水平实质上是每一个时代社会生产力发展水平的体现。反过来讲，人们的消费行为不可能超越他们所处的时代，它只能随着时代的发展而变化。这就是消费行为的时代性。

从具体时间特征看，消费行为还具有季节性、节日性等特点。所谓季节性是指消费者的购买行为具有随着季节交替而变化的特性。因为在不同季节，人们有不同需求，需要不同对象来满足。消费行为的节日性，是各个国家、各个民族的消费习俗引起的。在传统节日中，消费者们总是掀起一阵阵的消费热潮，往往表现出需求量大、购买力强、消费行为活跃等特点，为市场经营者们提供了有利的销售机会。

7. 消费行为的相关性

在消费过程中，消费者对一种商品的需要往往还引起相关的商品需要，这就是消费行为的相关性。消费需求相关存在着正、负两种形式。正相关指人们对一种商品需求量的增加，会引起相关的其他一系列商品需求量上升或需求水平提高。负相关则与此相反，它指一种商品需求量增加会引起另一种商品需求量的下降。例如，西服的畅销会使领带和皮鞋成为热门货，这是正相关；消费者对鱼、虾等水产品需求量增加，会引起对猪、牛、羊等肉制品消费量的下降，这是负相关。这些情况说明，人们的消费需求之间存在着相互增强或相互压抑的相关现象。那么，从营销的角度看，如何有效利用消费行为的相关性，是一个很值得讨论的问题。

2.3.2 影响消费者行为的主要因素

消费者通过消费活动满足自身需要的过程中，会受到许多因素的影响和制约。例如，社会政治因素、经济因素、家庭因素、群体因素、促销因素，等等。这里着重分析其中的几个方面。

1. 文化因素的作用

文化概念有广义和狭义之分。广义文化指人类社会发展过程中所创造的物质财富和精神财富的总和，是人类社会历史发展水平、程度和质量的状态。狭义文化指某个社会和国家在一定物质基础上以哲学、宗教和行为方式为中心形成的综合体。它包括价值观念、宗教信仰、社会道德、态度、风俗、习惯、行为方式等各方面内容。文化对消费者行为的影响就如空气对人一样，虽然无形，但却非常广泛和深刻。不同文化的背景中的消费者在消费心理和消费行为上都有明显不同。因此，每一个企业在确定目标消费者时，都必须考虑文化因素对消费行为和消费心理的制约和影响。

2. 相关群体的影响

相关群体指对个人的态度和行为具有直接或间接影响的群体。它包括两种基本的群体类型：第一类是所属群体，第二类是参照群体。所属群体是指个人具有成员资格并受其直接影响的群体。参照群体是指人们所向往和崇拜的模范群体，即使他目前不属于该群体，也要千方百计地使自己在将来成为该群体中的一员。这两类群体在消费过程中对人的心理和行为的影响比较显著，这已被大量的研究所证实。从研究结果来看，相关群体对消费行为的影响程度取决于以下几个因素，它们是：群体是紧密型还是松散型；群体内成员的关系如何；个人对群体的态度，等等。一般情况下，群体结合得越紧密，消费者就越容易表现出与相关群体相似或相同的消费观念和购买行为。

3. 家庭因素的影响

家庭是社会生活消费的基本单位。市场上绝大多数商品的购买和使用都是以家庭为基础而进行的。家庭是影响消费者心理和行为的重要因素。特别是我国这种传统色彩比较浓厚的社会中，家庭在消费中的重要地位不可忽视。

1) 家庭是其成员消费行为方式的直接传授者

学会消费是个体社会化的一个重要方面。每个消费者最初都是从家庭开始社会化的。家庭中长辈的消费习惯和消费方式会潜移默化地影响其子女。子女们通过学习和模仿，逐渐形成了与长辈相似的消费行为。每个人都能体会到父母和长辈在品牌选择、偏好或禁忌等方面的影响作用。

2）家庭消费价值观会对其成员产生影响

家庭的消费价值观对其成员的影响作用，通常表现在对消费行为价值和意义的认识上。例如，如何合理地分配支出？如何处理目前消费与未来消费的关系？是勤俭朴素还是追求时尚？这些都会影响和制约家庭成员价值观的形成。

3）家庭消费决策方式影响其成员购买风格的形成

家庭做购买决策时，是采取个人决策还是协商决策？是民主决策还是专制决策？是由父亲决策还是由母亲决策，等等，都会影响消费者的购买风格的形成。如果消费者对某种决策方式采取认可态度，那么消费者就会形成某种稳定的购买风格。

2.3.3 当前消费心理和行为的发展趋势

据国内一些人士的研究分析，就目前国内消费者意识中所表现出来的一些有代表性和倾向性的现象来看，在今后一段时间内，国内消费者的心理行为将呈现出4个方面的发展趋势。对此，广告界应该作出相应的调整，及时适应这种变化。

1. 追求心理满足

从温饱型向小康型过渡的中国消费者，随着基本消费的满足，人们开始注重自我实现、自我开发的价值。消费者在消费中不再满足从无到有，单纯地追求物质享受，而开始更多地追求精神享受和心理满足。消费者对物质占有的欲望将逐渐向实现自我的方向转变。日本经济界在分析消费者需要之后，将其发展分为3个阶段：第一阶段是"量的满足时代"；第二阶段是"质的满足时代"；第三阶段是"感情满足时代"。按照这一划分，从中国消费现状来看，人们开始更多地追求消费中的心理满足。例如，在衣食住行、娱乐、旅游等领域中，人们更加重视挖掘消费的"文化性"，更多地用"饮食文化"、"茶文化"、"酒文化"、"服饰文化"、"居住文化"等新概念来理解消费。这表明，目前相当一部分中国消费者的消费需求已经初步达到"质的满足时代"，并表现出向"感情满足时代"演变的趋势。

2. 向两极分化

在不同基础上发展起来的消费行为，受到经济发展速度和个人收入水平的影响，出现了两极分化的征兆。这种消费行为的两极性分化可从两个方面来认识。

1）消费水平层次性分化

目前消费者的消费层次可分为5个档次，即富豪型、富裕型、小康型、温饱型、贫困型。有关研究发现，不同消费层次的消费者的消费目标也在分化。例如，温饱型消费者追求商品的实用、耐用、价廉；小康型消费者正朝着购买房屋、电器、计算机、摩托车等高级消费品过渡；富裕型消费者只求喜欢而不讲价钱，他们追求时尚，讲究排场；只要商品好，有吸引力就买。与此同时，各层次之间的消费档次差距正在拉开，尤其是在非商品消费方面，各收入档次之间的消费差距将表现得更为突出。

2）同一个体消费两极分化现象

这种现象，可以在一些个体消费者身上见到：他们一方面表现在基本消费上量入为出；另一方面又表现为超收入水平的高档消费。例如，有些消费者在日常生活中省吃俭用，经常购买廉价处理商品，但同时又肯花数千元购买贵重的首饰和高档家电。这种在同一消费者身上存在两极化消费现象的原因，是消费者收入水平限制了消费能力，他们不可能随心所欲地进行高消费，但在社会时尚压力和高收入消费层消费方式的影响下，却有着享受现代化消费生活的强烈愿望。为了实现这种愿望，这些消费者十分有计划地安排自己的生活，并利用结余有选择地购买高档商品。由此可见，消费两极化是大多数中、低收入者在收入有限的条件下，满足其现代化消费生活愿望的一种对策。应该指出，这种两极分化的趋势造成了消费者心理的不稳定，导致了市场需求的大起大落。

3）提高消费质量

种种迹象表明，中国人的消费观念已经开始发生变化。消费心理也将由过去的那种生活型、习惯型、价格型，向享受型、随意型转化，不再满足于现状。"吃讲营养，住讲舒畅，行讲便当，用讲高档"，就是这种心态的真实写照。

随着生活水平的不断提高，新的消费观念正在形成和发展，同时随着商品的不断丰富，消费者对商品的要求也在日益提高。有关市场调查表明，目前与人民生活密切相关的日用消费品正向"五化"发展。① 款式艺术化。例如，讲究色彩、线条、图案的和谐统一。② 功能多样化。例如，消费品具有一物多用的特点，像多用途家电，手表与计算器、收音机三合一等。③ 用具方便化。对家具、电器等，要求可装可拆，搬运方便，灵活多用。④ 商品配套化。无论是室内装饰还是家具、电器都要色调配套。⑤ 包装礼品化。例如，衣物、床上用品、糖果食品等要求包装新颖、精美大方，等等。

4）消费个性化、多样化

在1993年的科隆国际家具博览会上，德国软垫家具工业会主席吕布克说了一句颇有哲理的话："当今的潮流是没有潮流"。这句话同样可用来描述中国当代市场经济条件下消费行为的现状，稍作延伸即为：当今的消费心理趋势，就是追求没有潮流的潮流。这种趋势的具体表现有以下几种情形。

（1）追求品位。消费者开始考虑追求与自己生活习惯、文化修养相一致的商品。例如，对灯饰与家用电器的选购，注意商品造型、工艺设计及使用方便，把它视为美化自己生活环境的"道具"。

（2）追求"独具性格"的商品。消费者对商品的选择越来越强调个人喜好成分，更喜欢那些能够体现个性、表现自我的商品。例如，在服饰上，消费风气超过以往那种人有我有、追求高档时髦的阶段，而更多流行"个性服装"，追求"我有人无"、"独此一家"的商品。

（3）追求过程。日本著名的营销学家平岛廉久曾经提出，在成熟市场上，消费者的消费行为已由"目的消费"转为"手段消费"。尽管目前的国内市场还谈不上成熟，但一些国内消费者开始懂得消费过程本身的价值及心理意义，追求环境优雅、安逸舒适的消费氛围与热情周到的服务态度，消费开始成为人们生活中的一部分。

上述消费行为4大发展趋势是未来广告制作和宣传的背景，也是广告心理学研究的主要内容，及时地顺应这种变化，才能使广告真正成为消费者的消费指南。

1. 心理学的研究内容主要有哪些？各心理学派别之间的研究有何区别？
2. 广告的主要功能是什么？其有何特征？
3. 消费者行为的特征及影响消费者行为的因素主要有哪些？
4. 当前消费者的心理及行为有哪些新变化？

案例分析

力波啤酒演绎"上海男人"的一波三折

1999年到2001年，力波啤酒在上海啤酒市场竞争中竭力寻找可引发目标消费者共鸣的形象，以赢得消费者之心。但前两次都因抓不准"上海男人"的感觉而付出代价，折翼而归。2001年，力波啤酒高唱"喜欢上海的理由"，这一感觉才终于征服了竞争激烈的上海啤酒市场。

1996年，三得利凭借其长年积累的酿造经验和技术，在中国上海成立了合资公司，展开了针对中国市场的本土战略。此后的几年，三得利开创了中国市场清爽型啤酒的先河，并成功塑造了"亲切、轻松、浪漫而且富有情趣"的品牌形象。1998年上海的本地品牌力波从第一的位置跌到第二。而到2000年年底，三得利已经占领了55%的市场份额，力波只占25%左右。面对三得利的侵入，力波啤酒展开了一系列大规模的反击战。

第一波：不讨好的"男人本色"

1996年6月，力波寄希望于奥美广告，奥美使用投射技术研究力波的消费者，试图重新赋予力波新的品牌价值——这些普普通通的男人背后到底蕴藏着什么？以此找到与他们心灵沟通的切入点。

奥美在这些朴素的、貌不惊人的平凡男人身上，发现了很多的闪光的、真正的男人品质。他们乐观、聪明、勤劳、正值、富有爱心和责任感；他们懂得生活、懂得人生真正的意义,并坚持不懈地努力去实现更美好的生活。生活中的他们,每天面对着来自现实生活中的种种压力,默默收拾着逝去的沧桑岁月和坎坷经历,为自己和家人的未来付出诸多努力;他们是父亲同时也是儿子,是领导同时也是下属;他们心理上承受着各种矛盾:现实与理想,落寞与骄傲,痛苦与快乐,自我与集体……但是他们始终踏实坚定地生活着。他们承担了许多,也付出了许多。他们才是我们身边最重要、最值得珍惜的一部分!

奥美广告以电视广告系列"上海男人的故事"来演绎"上海男人本色"。一个 CF 表现在元宵节父亲为小孩扎兔子灯,孩子为有一位"心灵手巧"的好父亲而倍感自豪。广告使用"有了你,生活更有味道","力波啤酒,男人本色"等双关语同时赞美主人公美德和产品。

整个系列广告侧重从女性的视角来刻画新好男人的形象,但给人的感觉过于"温情、柔弱",与当代新上海人的价值观有些出入。目标消费群——上海男人并不认同这一"软"的形象,所以市场并未达到预期效果。

第二波:"上海真男人"的硬感觉

2000 年,力波试图逆向思维,塑造硬朗的男性形象。于是在 2000 年 6 月,不惜重金,聘请有"上海真男人"之称的徐根宝为力波啤酒广告代言人,演绎了一场激昂慷慨的足球故事。当时的民乐公司市场总监在接受记者采访时说:"我们觉得徐根宝教练的性格与上海人的啤酒力波的脾性有相同的地方。他作为我们力波啤酒的形象代言人将会赢得消费者的认可。啤酒不是功能性的产品,它不像药品那样有强烈的功能作用,它给人的享受完全是精神上的,是一种感觉。消费者借此表达自己的身份,寄托自己的情绪,因此新的啤酒广告必须赋予力波全新的人格魅力,有人性的光辉在那里。而以前的'男人故事'电视广告无法全面表达力波品牌的核心价值。"

请徐根宝出山拍力波新版广告,除了其本身就有新闻卖点外,主要目的可以达到借用徐根宝的硬朗个性为力波品牌注入新的形象元素。正如徐根宝在广告中所言,"我喜欢挑战,我不给自己留后路……","我要塑造中国的曼联,不播不精彩"。结合力波的产品概念,企图把日益淡化的口味再度引领到重口味上。

但结果证明,"重口味"、"硬朗人物"是错误的感觉,与年轻一代的距离走得更远。力波仍然没有打赢翻身战。

第三波:"喜欢上海的理由"

第三年即 2001 年刚入夏,力波大刀阔斧地进行了一系列重大调整。6 月 18 日,上海亚太取代了上海民乐,使亚洲太平洋酿酒公司全面进入民乐,控股 97%。亚太中国区总经理认为,啤酒应该是区域性、地方化很强的一类商品,啤酒消费越来越侧重于情感。于是力波啤酒再次认真考虑其大众化策略和本地化道路。上海亚太和达彼思(上海)广告公司再度挖掘力波啤酒的品牌精髓,目标是塑造一个年轻有活力的新力波品牌形象。而具体的广告策略,则要寻找出一个既区别于竞争对手,又优于以往广告的切入点。

20 世纪 80 年代诞生的力波啤酒,10 多年来已经同上海人结下了难以割舍的情感,与上海的渊源及其深厚的历史积淀是其他竞争对手无法具备的独特资产，无论是外来的三得利、百威，还是国产的青岛，再加上啤酒的消费者普遍认同本地啤酒相对比较新鲜的信念，于是力波决意搭上"上海"这趟车，打出"上海品牌"的概念。广告策略抓住了上海概念的3个核心层面。

首先，上海是国际大都市，什么都有，什么都是最新的，"我"因此感到自豪。

其次，上海的成长日新月异，上海人求新求变，力波同上海人一起经历巨大变迁，融汇了上海的精神。

再次，上海是国际文化中心，最流行的前沿，生活在上海可以非常享受生活。

上海人亲眼目睹上海的变化，也珍惜大变化、大发展给予每个人的机会，他们积极地参与这场创业，既推动了上海的发展，也实现了自我价值。

最后，广告策略定位"力波啤酒，喜欢上海的理由"，格调和风格定位"求新求变"。电视广告表现准确地抓住目标消费者的生活形态，选择能触动他们情绪的场景来传达广告主题：躺在窗下看走过的女孩——想起曾经的纯真感情，笑容自然浮现；橱窗里的泳装模特表演，便想起了面对不断涌来的新事物曾有的好奇与彷徨；证券交易所门口拥挤的人群，也让玩股票的人重又兴奋；模仿外国人的发型，勇敢地冲进发廊的场景，让我们惊叹流行发式的不断轮回，染发热风的强劲势头；面对"时间就是生命，效率就是金钱"的标牌，回忆起那段全心投入、努力创业的日子，心头又涌起万般感慨……

报纸媒体与电视广告配套，大版面讲述着上海人和力波啤酒的故事。只不过与往年相比，故事变了。

与广告战役同步开展的是从2001年6月起，力波啤酒以全新的姿态推出超爽型啤酒，采用与众不同的透明瓶包装，不仅显示了其超爽且清新的口感，更说明力波对自己的技术和操作的信心。

从市场效果看，力波啤酒2001年终于抓准了上海消费者的真实情感和想法，赢得了广泛的认同，有力地推动了市场份额的迅速增长，并产生了延续效应，2002年与2001年相比，市场份额增长了20%以上。

思考题：

1. 力波啤酒3次广告策略的变更，对您理解广告与消费者心理有何启发？
2. 为什么力波啤酒"喜欢上海的理由"这个广告定位，能够得到广大消费者的普遍认可？
3. 结合力波啤酒的案例，谈谈试图影响消费者态度的广告可能落入哪些陷阱？

第 3 章　消费者的一般心理过程

本章要点
- 掌握消费者心理活动过程的概念内涵
- 掌握消费者的认识过程
- 掌握消费者的情感过程
- 掌握消费者的意志过程

消费者的心理活动过程，是指消费者在进行购买、消费活动中心理的形成及其活动所表现出来的全部过程，它是消费者对客观现实的动态反映。根据心理活动过程的不同形态和作用，又可以把消费者的心理过程分为认识过程、情感过程和意志过程。它们之间密切联系，相互渗透，相互促进，共同影响着消费者的购买活动。

3.1　消费者的认识过程

消费者对商品的认识过程，是消费者对商品的品质、属性及其联系的反映过程。这个过程是通过消费者的感觉、知觉、记忆、想象、思维等心理机能活动来实现的。这一过程构成了消费者购买商品的认识阶段，是消费者购买行为的重要基础。

3.1.1　感觉

感觉是人们通过感觉器官对客观事物个别属性的反映，它是由外部客观世界的一定刺激直接作用于有机体的一定感觉器官而引起的。由于感觉并不反映事物的整体属性，而只反映事物的个别属性，所以感觉是一种最简单的心理现象。但是，它在心理活动中的作用是十分重要的。人们只有通过感觉，才能辨别事物的各种属性，才能认识事物的现象和外部特征；只有通过感觉，才能了解自身运动、姿势和内部器官的某种状况。感觉是一切较高级、较复杂的心理现象的基础，是人们认识商品、认识世界的开始。人们只有通过感觉，才能认识外部客观世界，进而改造客观世界。

客观事物具有各种不同的属性，它们作用于人们不同的感觉器官就会产生不同的感觉。感觉一般可以分为两大类：外部感觉和内部感觉。外部感觉是指接受外部刺激，反映外部客观事物个别属性的感觉。属于外部感觉的有视觉、听觉、嗅觉、味觉和肤觉。内部感觉是指接受机体内部刺激，反映身体位置、运动和内部器官不同状态的感觉。属于内部感觉的有运动觉、平衡觉和机体觉。心理学的研究表明，人脑中85%的信息是通过外部感觉中的视觉获得的，而15%的信息是通过包括听觉在内的其他感觉获得的。

感觉是消费者认识商品的起点。在购买活动中，消费者对商品的第一印象是十分重要的。对于商品的认识和评价，消费者首先相信的是自己的感觉。正因如此，有经验的厂商在设计、宣传自己的产品时，总是千方百计地突出其与众不同的特点，增强商品的吸引力，刺激消费者的感觉，加深消费者对商品的第一印象，使消费者产生"先入为主"、"一见钟情"的感觉。

感觉具有适应性、对比性、补偿性和联觉性，其运用对人们的消费心理具有重要影响。

1. 感觉的适应性

刺激物持续不断地作用于人的感觉器官而产生顺应的变化，使感觉阈限升高或降低，这就是感觉的适应。感觉要受到感觉阈限的制约。因为不同客体的刺激对人所引起的感觉各不相同，而且也不是所有的刺激物都能引起人的感觉，刺激只有达到一定的强度和范围时，才能产生感觉。我们把能够引起感觉持续一定时间的刺激量称为"感觉阈限"。其中，能够引起感觉的最小刺激量叫"绝对阈限"，能够引起差别感觉的刺激物的最小变化量叫"差别阈限"。并且，由于感觉的适应性有视觉适应、嗅觉适应、听觉适应、肤觉适应和触觉适应等，因此，在市场营销活动中，生产厂家和营销人员经常运用感觉的特性，利用各种手段增大商品对消费者的刺激，以引起消费者对商品的注意，达到促进商品销售的目的。

2. 感觉的对比性

同一感觉器官接受不同刺激会产生感觉的对比现象。不同感觉器官之间的相互作用，会引起感觉的增强或减弱。属性相反的两个刺激在一起或者相继出现，在感觉上都倾向于加大差异。例如，白色对象在黑色背景中要比在白色背景中容易分出，红色对象置于绿色背景中则显得更红。因此，在广告设计或商品陈列中，亮中取暗、淡中有浓、动中有静等手法正是同时对比效应的具体应用，有助于增强消费者的注意力。

3. 感觉的补偿性

某种感觉有缺陷，可以由其他感觉来补偿。例如，一个苹果看上去个小粗糙，但吃起来却香甜可口。这一现象可以运用于商品销售策略上，增进消费者对商品的全面认识，增强消费者的购买信心，从而促进商品销售。

4. 感觉的联觉性

这是指一种刺激产生多种感觉的心理现象。例如，人们对颜色最容易产生联觉。颜色之所以分冷色、暖色，并非是颜色本身有温度，而是我们对颜色的主观感觉。类似的还有因颜色不同而产生的远近感、轻重感等。例如，冷色引起寒冷的感觉，像蓝、青、紫等色；暖色引起温暖的感觉，像红、橙、黄等色；近色有接近的感觉，像红、橙、黄等色；远色有远退的感觉，像蓝、青、紫等色；轻色引起轻盈的感觉，像白、淡黄、浅绿等色；重色引起沉重的感觉，像黑褐、深蓝等色。另外，颜色还有象征意义及感觉。例如，红色象征着革命、热烈、喜庆；绿色象征着生机、和平、安全；黄色象征着温暖、富贵、豪华；蓝色象征着晴朗、豁达、深远；白色象征着纯洁、轻快、真挚；黑色象征着沉重、神秘、悲哀等。因此，颜色是商品包装和商品广告中最重要的元素之一。它不仅能强烈地吸引人的注意力，而且很容易引起人的联想和诱发人的情感，对人们的消费行为产生重要影响。

3.1.2 知觉

知觉是人脑对直接作用于感觉器官的事物整体的反映。知觉是在感觉的基础上进行的，是以头脑中各种感觉信息的存在为前提的，是感觉的深入。根据知觉过程中哪一种感觉器官活动起主导作用，可把知觉分为视知觉、听知觉、触知觉、嗅知觉，等等。根据知觉对象的性质可分为空间知觉、时间知觉、运动知觉、社会知觉。

知觉是消费者对消费对象的主动反应过程。这一过程受到消费对象的特征以及个人主观因素的影响，从而表现出某些独有的活动特性，具体表现在选择性、整体性、理解性、恒常性等方面。

1. 知觉的选择性

现代消费者置身于商品信息的包围之中，随时接受到各种消费刺激。但是，消费者并非对所有刺激都作出反应，而是有选择地把其中一部分刺激作为信息加以接收、加工和理解，这种在感觉基础上有选择地加工、处理信息并加以知觉的特性，就是知觉的选择性。

2. 知觉的整体性

心理学研究表明，尽管知觉对象由许多个别属性组成，但是，人们并不把对象感知为若干个相互独立的部分，而是趋向于把它知觉为一个统一的整体。在认知商品的过程中，消费者经常根据消费对象各个部分的组合方式进行整体性知觉。之所以如此，是由于通过整体知觉可以加快认知过程，同时获得完成、圆满、稳定的心理感受。

3. 知觉的理解性

知觉是在知识经验的参与下形成的。消费者在以往的生活实践中积累了一定的商品知识和经验，只有借助这些知识和经验，消费者才能对各种感觉到的信息加以选择和解释，认知为可以理解的确定的事物。知识经验在知觉理解中的作用主要通过概念和词语来实现。概念和词语是知觉对象的标志，人们借助于各种概念和词语的命名，把商品的个别属性联合成为整体。知识和经验的不足，将直接导致消费者对商品的知觉迟缓和肤浅。

4. 知觉的恒常性

由于知识经验的参与和整体知觉的作用，人们对客观事物的认知更加全面和深刻。即使知觉的条件发生变化，知觉的映像仍能保持相对不变，即具有恒常性。知觉的这一特性使消费者能够避免外部因素的干扰，在复杂多变的市场环境中保持对某些商品的一贯认知。有些传统商品、名牌商标、老字号商店之所以能长期保有市场份额，而不被众多的新产品、新企业所排挤，其重要原因之一就是消费者已经对它们形成了恒常性知觉，在各种场合和条件下都能准确无误地加以识别，并受惯性驱使连续进行购买。知觉的恒常性可以增加消费者选择商品的安全系数，减少购买风险，但同时也容易导致消费者对传统产品的心理定势，阻碍新产品的推广。

知觉中的错觉是指在特定条件下产生的对客观事物的不正确的知觉。常见的错觉有：图形错觉、方向错觉、形重错觉、形状错觉和时间错觉等。了解错觉对消费者感知客观事物的影响，掌握错觉原理在广告宣传、包装设计、橱窗布置及货架陈列等市场营销活动中加以应用，对于吸引消费者的注意，刺激消费者的购买行为具有重要作用。例如，在包装设计上，同等大小的两个小盒，利用错觉原理进行包装，会产生大小不同的效果。因为人有垂直、水平视错觉现象，所以，在垂直线段与水平线段构成的图形上，人倾向于对垂直直线高估。如果在设计中只根据几何规则，而不考虑心理效应，其印象就会受到歪曲。

3.1.3 记忆

记忆是重要的心理过程，是人脑对过去发生过的事物的反映，是由感知到思维过程的重要环节。有了记忆，人才能保持过去的反映，使当前的反映在以前反映的基础上进行，从而使反映更全面、深入。有了记忆，人才能积累经验、扩大经验，也才能使前后的经验联系起来，使心理活动成为统一的过程，并形成各自的个性心理特征。

记忆对消费行为的影响，主要表现在以下两个方面。

1. 记忆影响购买决策

消费者在消费活动中实现购买决策时，总是要领先各种相关信息，其中有相当一部分信息是从其记忆中搜索获得的。因此，记忆的强弱，可以影响消费者对信息的处理和使用。如果能够使那些看起来并没有什么联系的东西，诸如产品的商标、品名、广告词等变得言简意赅，形象生动，就能在很大程度上帮助消费者识记，增强其记忆效果，促进购买决策的实现。

2. 适度重复会加深消费者对商品的印象

实践证明，进入短时记忆中的信息只有经过适当的不断的重复才能保持，也才能使其中的部分信息转入长时记忆。在消费活动中，商品信息的适度重复会加深消费者对商品的认识和印象。为了取得最佳的保持效果，在对某种商品信息重复宣传时，应注意在空间和时间上要有一定的距离。同时，还应采取多种宣传媒体或表现形式，不断增添新的信息，从新的角度使旧的内容再现，诉诸新的刺激，这样才能为消费者乐意接受，并加深理解和记忆。一般来说，进行累积性信息传递时，应当适应人对事物的最初遗忘率较高，其后随时间推移而逐渐减低这一心理规律，来有效地决定间断的时间，从而提高消费者对商品信息的记忆效率。如果商品宣传不注意这一点，重复的时间过短，或者次数过于频繁，往往容易引起大脑神经细胞的疲劳，甚至导致消费者产生抗拒心理和烦躁情绪，削弱记忆效果。

3.1.4 想象

想象是人脑对过去形成表象进行加工改造而产生新形象的心理过程。它是在记忆表象的基础上形成的。它与记忆有联系，但又不同于记忆活动。记忆是知识经验的积累、储存和提取，其中包括以表象形式存储的经验；而想象则是以改造旧表象，创造新形象。这种新形象对于进行想象的人来说是属于新的、没有直接感知过的形象。一个亲眼见过某种商品的消费者，过段时间后回忆起来，这种商品的印象对这个消费者来说是记忆表象的再现。但是，对一个从未见过这种商品，而只是通过他人口头或文字描述形成这种商品形象的人来说，就是想象。

想象分为两种类型：一种是根据别人的描述在头脑中产生想象，称为再造想象；一种是不依据现成的描述，而是想象在现实中尚未存在的事物，称为创造想象。想象为思维开辟了广阔的天地，但想象不是凭空产生的，而是人们在社会实践活动过程中迸发出的思维结晶，具有独立性、创造性和新颖性。

3.1.5 思维

思维是人脑对客观事物概括的、间接的反映，是认识的高级阶段。思维是在感知的基础上产生和发展的，是人们从对事物的感性认识发展到理性认识的复杂心理活动。

消费者的思维过程主要分为以下3个步骤。

1. 分析过程

消费者对商品的分析过程是在掌握了一定量的感性材料基础上进行的，这就需要尽量将消费者的购买目标范围缩小，从中选出一个最佳目标。例如，购买电视机时，可选择的各种品牌较多，但首先消费者要通过分析确定是购买进口的还是国产的、购买多大屏幕的，等等。由于出发点不同，考虑后的结果也不同。

2. 比较过程

消费者通过初步分析，确定所购买的目标范围后，还会在两种商品之间进行选择。例如，是购买价格较便宜的 VCD，还是购买功能较强大的 DVD，这就要对比它们之间的异同点，比较的过程也是对事物鉴别和综合的过程。

3. 评价过程

在确定了商品的购买目标后，消费者会对其进行购前预测评价，运用判断、推理的思维方式，对商品的内在属性及其本质进行概括，对购买决策作好心理活动准备。当购买了这种商品后，消费者仍会对其进行购后分析、比较及评价，加深这种思维过程，在反复的感知中对商品加深理性认识。

消费者的一般思维过程因人而异，因受到主体因素及客观外界因素的影响，有时以形象思维为主，有时则以抽象思维为主。思维使消费者由最初的外行会变成内行，人的消费行为也逐渐由幼稚变得成熟。

3.2 消费者的情感过程

消费者的心理活动过程既是认识不断发展的过程，又是情感不断变化的过程。

3.2.1 情绪、情感、感情概述

情绪是人对客观事物需求态度的体验，具有独特的主观体验形式、外部表现形式和极为复杂的神经生理基础。

情感是指情绪过程的主观体验，对正在进行着的认知过程起评价和监督作用，着重于表明情绪过程的感受方面。

感情是情绪和情感心理现象的统称。在日常生活中，表示关爱的情绪、情感状态以及愿望、需要的感受倾向，代表情绪及情感的一般现象。

消费者在消费时，不仅通过感觉、知觉、注意、记忆等认识了解消费对象，而且对它们表现出一定的态度。根据其是否符合消费主体的需要，消费者可能对其采取肯定的态度，也可能采取否定的态度。当采取肯定态度时，消费者会产生喜悦、满意、愉快等内心体验；当采取否定态度时，则会产生不满、忧愁、憎恨等内心体验，这些内心体验就是情绪或情感。

3.2.2 消费者购买活动的情绪过程

消费者在购买活动中的情绪过程，大体可分为以下 4 个阶段。

1. 悬念阶段

在这一阶段中，消费者产生了购买需求，但并未付诸购买行动。此时，消费者处于一种

不安的情绪状态。如果需求非常强烈，不安的情绪就会上升为一种急切感。

2. 定向阶段

在这一阶段，消费者已经面对所需要的商品，并形成初步印象。此时，情绪获得定向，即趋向喜欢或不喜欢，满意或不满意。

3. 强化阶段

如果在定向阶段消费者的情绪趋向喜欢和满意，那么这种情绪现在会明显强化，强烈的购买欲望迅速形成，并可能促成购买决策的制定。

4. 冲突阶段

在这一阶段，消费者对商品进行全面评价。由于多数商品很难同时满足消费者多方面的需求，因此，消费者往往要体验不同情绪之间的矛盾和冲突。如果积极的情绪占主导地位，就可以作出购买决定，并付诸实现。

3.2.3 影响消费者情感变化的因素

1. 商品

消费者购买商品的目的是为了满足自己的需要。因此，商品是消费者的情绪和情感形成与变化的重要因素。商品作为一个整体，其使用价值、外观和附加利益往往会使消费者的情绪和情感处于积极、消极或矛盾的状态之中。例如，消费者在购买商品时，如果觉得商品与自己过去经验中所形成的愿望相吻合，就会产生积极的情绪和情感；反之，则会产生消极的情绪和情感。因此，在企业的经营活动中，应当尽量为消费者提供能充分满足其需要的整体商品，促使消费者积极情绪和情感的形成与发展。

2. 服务

消费者不仅要通过购买活动满足自己的生理需要，而且要通过购买活动满足自己的心理需要。因此，消费者的情绪和情感除了受到商品因素的影响以外，还受到服务因素的影响。一般来讲，高质量的服务水平可使消费者产生安全感、信任感、受尊敬感，提高企业的知名度和美誉度，产生比广告宣传更好的效果。服务的内容极其丰富，提高服务质量、促使消费者积极情绪和情感形成和发展的途径多种多样。例如，在商业经营活动中，营业员如果能够微笑服务，礼貌待客，主动热情地当好消费者的参谋，并且帮助消费者解决购买活动中出现的困难，就会赢得消费者的好感，增加惠顾率。

3. 环境

消费者的购买活动总是在一定的环境中进行的，客观环境的变化如温度、照明、色彩、声响等，都会对消费者情感的产生及发展产生影响。从消费者的购买活动来看，影响消费者情绪和情感的环境具体是指购物环境、用餐环境、娱乐环境等。如果消费者在优雅舒适的环境中选购商品，会产生愉快、舒畅等积极情绪；反之，则会产生烦躁、压抑等消极情绪。

4. 心态

消费者的心理状态直接激发其情绪；反过来，经激发而兴奋起来的情绪又影响消费者原来的心理状态，两者共同推动消费者购买行为的进行。一般来讲，消费者的兴趣越浓，需求水平越高，性格越外向，购买动机越强烈，购买目标越明确，其情绪的兴奋程度就越高；反之，其情绪的兴奋程度则越低。

3.2.4 情绪、情感的分类

情绪和情感是作为对事物的一种反应形式存在的，由于世界上事物的绚丽多彩，构成了人与客观事物之间关系的丰富多样性，使情绪和情感也产生了极为丰富和复杂的内容。我国古代把人的情绪分为喜、怒、哀、乐、爱、恶、惧7种基本形式，现代心理学又从不同角度对情绪和情感进行了划分。

1. 根据情绪的性质、强度、时间、复杂性状态，可分为心境、激情、热情、应激和挫折

（1）心境。心境就是人们常说的心情，是一种微弱而平静、持续时间较长的情绪状态。心境会影响人们对周围环境的感受。消费者在商店中心境好，则对店容、服务、商品的感觉亦好，实现的购买率会较高。

（2）激情。激情是一种迅速强烈地爆发，持续时间较短的情绪状态。激情有积极和消极之分。积极的激情往往使消费者迅速作出购买决策，大大缩短了购物时间；而消极的激情则不然，往往能使消费者突然改变态度，终止购买行为。

（3）热情。热情是指稳定而热烈的情绪状态。热情表现出主体被一种力量所征服，以坚定的努力去达到某个目的，消费者往往是在热情推动下，去购买某些品牌的商品，积极参与市场的经济活动。

（4）应激。应激是指在出乎意料的情况下所引起的情绪状态。例如，人们遇到突然发生的火灾、水灾、地震等自然灾害时，刹那间人的身心都会处于高度紧张状态之中，此时的情绪体验，就是应激状态。在应激状态下人们会出现何种行为反应是与每个人的个性特征、知识经验及意志品质等密切相关的。

（5）挫折。挫折是指人们在实现目的的过程中遇到障碍，但又无法去排除、克服的心理状态。其典型表现是懊丧、怨恨、消沉、无动于衷。挫折有时表现为对自己，有时表现为对别人形成迁怒。

2. 根据情感的社会性内容，可分为道德感、理智感和美感

（1）道德感。道德感是指人们根据社会道德准则评价自己或别人行为时所产生的情感，属高级形式的社会情感。如果自己的思想意图和言行举止符合社会道德准则，就会产生肯定、积极的情感，感到心安理得，反之则坐卧不安。当别人的思想意图和言行举止符合这些标准时，就对他肃然起敬，反之则对他产生鄙视和愤怒的情感。例如，在购买活动中，消费者总是按照自己所掌握的道德标准，来决定自己的消费标准，挑选商品的造型、颜色。同时，如果消费者挑选或购买商品时，受到销售人员热情礼貌的接待，就会产生赞赏感、信任感和满足感等属于道德感的肯定的情感，并以愉快、欣喜、兴奋等情绪形态反映出来。反之，如果受到不礼貌的接待，就会产生不满、气愤的情感，从而影响到购买行为。

（2）理智感。理智感是指人的求知欲望是否得到满足而产生的高级情感。理智感与人的求知欲、好奇心、原则性等相联系，它不是满足低级的本能的需要，而是满足高级的社会性的需要，是一种热烈追求和探索知识与真理的情操。例如，消费者对一些高科技产品进行认识活动时，有时会产生好奇、求知、自信或疑虑等情感。

（3）美感。美感是人们根据美的需要，对一定客观事物进行评价所产生的心理体验。美感是由一定的对象引起的，包括自然界的事物和现象、社会生活、社会现象及各种艺术活动、艺术品等。审美标准受到主体美学修养、爱好情操、社会地位的影响而出现差别，但在同一群体中往往有基本相同的审美标准。例如，消费者对时尚、新潮商品的追求，说明同一群体成员有着近似的美感。

3.3 消费者的意志过程

3.3.1 意志的概念与特征

1. 意志的概念

意志就是指消费者自觉地确定购买目的并主动支配、调节其购买行动，克服各种困难，实现预定目标的心理过程。在消费活动中，消费者除了对商品进行认识和情绪体验外，还要经历意志过程。只有经过有目的地、自觉地支配和调节行动，努力排除各种干扰因素的影响，才能使预定的购买目标得以实现。如果说消费者对商品的认识活动是由外部刺激向内在意识的转化，那么，意志活动则是内在意识向外部行动的转化。只有实现这一转化，消费者的心理活动才能现实地支配其购买行为。

2. 消费者意志过程的基本特征

1）有明确的购买目的

消费者在购买过程中的意志活动是以明确的购买目的为基础的，因此，在有目的的购买行为中，消费者的意志活动体现得最为明显。通常，为了满足自身的特定需要，消费者经过思考，预先确定了购买目标，然后自觉地、有计划地按购买目的去支配和调节购买行为。

2）与排除干扰和克服困难相联系

在现实生活中，消费者为了达到既定目的而需排除的干扰和克服的困难是多方面的。例如，时尚与个人情趣的差异，支付能力有限与商品价格昂贵的矛盾，售货方式落后和服务质量低劣所造成障碍，等等。这就需要消费者在购买活动中，既要排除思想方面的矛盾、冲突和干扰，又要克服外部社会条件方面的困难。所以，在购买目的确定之后，为了达到既定目的，消费者还需要作出一定的意志努力。

3）调节购买行为全过程

意志对行为的调节，包括发动行为和制止行为两个方面。前者表现为激发起积极的情绪，推动消费者为达到既定目的而采取一系列行动；后者则抑制消极的情绪，制止与达到既定目的相矛盾的行动。这两个方面的统一作用，使消费者得以控制购买行为发生、发展和结束的全过程。

3.3.2 消费者心理活动的意志过程

在购买活动中，消费者的意志表现为一个复杂的作用过程，其中包括作出购买决定、执行购买决定和体验执行效果3个相互联系的阶段。

1. 作出购买决定阶段

这是消费者购买活动的初始阶段。这一阶段包括购买目的的确定、购买动机的取舍、购买方式的选择和购买计划的制订，实际上是购买前的准备阶段。消费者从自身需求出发，根据自己的支付能力和商品供应情况，分清主次、轻重、缓急，作出各项决定，即是否购买和购买的顺序等。

2. 执行购买决定阶段

在这一阶段，购买决定转化为实际的购买行为，消费者通过一定的方式和渠道购买到自己所需的商品。当然，这一转化过程在现实生活中不会很顺利，往往会遇到一些障碍需要加以排除。所以，执行购买决定是消费者意志活动的中心环节。

3. 体验执行效果阶段

完成购买行为后，消费者的意志过程并未结束，通过对商品的使用，消费者还要体验执行购买决定的效果，如商品的性能是否良好，使用是否方便，外观与使用环境是否协调，实际效果与预期是否接近等。在上述体验的基础上，消费者将评价购买这一商品的行为是否明智。这种对购买决策的检验和反省，对今后的购买行为具有重要意义，它将决定消费者今后是重复还是拒绝，是扩大还是缩小对该商品的购买。

3.3.3 消费者的意志品质

意志品质是消费者意志的具体体现，主要表现在以下几个方面。

1. 自觉性

自觉性是指消费者对购买活动的目的和动机有清楚而深刻的认识，并受坚定的信念和世界观所控制，使行动达到既定目的。富于自觉性的消费者在购买活动中不盲从、不鲁莽、不易受广告信息和购物环境的影响。因为他们的购买目的和行动计划往往经过了深思熟虑，并且对实现目的的重要性、正确性及手段作出了周密的考虑和安排，因而购买行为会坚定和有条不紊。而缺乏自觉性的消费者在购买活动中，缺乏信心和主见，易受别人的暗示或影响，购买行为无计划性。

2. 果断性

果断性是指消费者能够迅速地分析购买行为中发生的情况，不失时机地作出购买决策并坚决执行决策。果断性以自觉性为前提的。富于果断性的消费者在购买活动中，能够根据所获得的信息迅速作出决定，而且决定一旦作出，如果没有特殊情况，则不会轻易改变。而缺乏果断性的消费者在购买活动中，常表现出优柔寡断，缺乏主见，从而坐失良机。

3. 坚韧性

坚韧性是指消费者善于克服困难，以提高购买活动的效率和成功率。由于购买活动不可能一帆风顺，消费者要达到购买目的，必须善于克服遇到困难时产生的消极情感。

4. 自制性

自制性是指消费者善于支配、控制自己的情感，约束自己的言行。富于自制性的消费者在购买活动中，能够自觉地、灵活地控制和支配自己的情绪和冲动，约束自己的购买行为，即使在众人鼓动下，也会冷静地权衡是否该买。缺乏自制性的消费者在购买活动中，往往容易感情用事，在缺乏理智思考的情况下，草率地作出购买决定。

总之，自觉性、果断性、坚韧性和自制性是意志品质的集中体现。培养良好的意志品质对于消费者完成购买活动十分重要。

经过对消费者的认识过程、情感过程和意志过程的分析我们可以看到，消费者购买商品的心理活动实际上是这3个过程的统一。

一方面，认识过程的深度对意志过程中克服困难的努力程度有影响；反过来，意志过程对深化和加强认识过程也有影响。例如，消费者对商品认识肤浅，感受不深，在作出购买决定时，就容易犹豫反复；同时，消费者在认识商品过程中，总会遇到各种困难，对商品的观察、记忆、思考等需要意志努力，通过意志过程，就可以促进消费者的认识有更广泛、更深入地发展。

另一方面，情感过程的情绪状态既可以成为意志过程的动力，也可以成为意志过程的阻力。积极的情绪、情感能提高消费者的意志力，激励其克服困难的勇气和信心，顺利地实现预定的购买目的；消极的情绪能削弱消费者的意志力，使其缺乏克服各个方面干扰或困难的信心，影响购买目的的确定和实现。同时，意志过程对情感过程也起着调节和控制作用。通过意志活动，消费者的有些消极情绪可以得到控制，使情绪服从于理智；有些消极情绪也可以随着意志活动的实现，转化为积极的情绪。

由此可见，认识、情感和意志3个过程协同作用，构成了消费者完整的心理，左右着消费者的购买行为。

1. 消费者的心理活动过程是通过哪些心理机能实现的?
2. 消费者在购买活动中的情绪过程,主要分为哪4个阶段?
3. 影响消费者情绪变化的因素有哪些?
4. 如何对招聘效果进行评估?
5. 消费者的意志品质主要体现在哪些方面?

案例分析

一个白领家庭的购房经历

陈先生和陈太太是广州市的二次置业者。他们与许多人一样,已经享受了福利分房的待遇。在1996年得到了一套三室一厅,面积有96平方米的单元,位置离市中心较近。但是,陈先生和陈太太工作的单位,一个在城东,一个在城南,二人经常要早出晚归,难得在一起吃顿饭。这种生活方式一直维持了六七年。直到2003年的一天,情况开始发生改变。

陈先生和陈太太又有4天没在一起吃饭了。这天下午,陈太太给陈先生打电话,要他下班后一定回家吃晚饭。陈太太一下班就开始为这顿晚饭张罗开了,买了陈先生最喜欢吃的菜,使尽浑身解数做了陈先生最爱吃的酸菜鱼。饭菜做好后,陈太太左等右等,一个小时后才看到陈先生一身疲惫地回来。饭桌上,陈太太的话匣子一打开,就开始谈她单位的同事买房的事,话语间流露出对这些同事的羡慕之情:房子很漂亮,装修有格调,结构很合理,生活很方便,价钱公道等。

谈到房子的问题,陈先生也想起自己单位最近公布了在另外一个城市开发了一些商品房,欢迎职工购买,而且特别优惠,许多职工都想认购。陈先生把这件事告诉了陈太太,问她是否也买一套。

"买房子,好啊!"陈太太一听,可高兴了,好像等这句话已等了很长时间似的。她那突如其来的大嗓门把陈先生吓了一跳。"就这么着,买套新房享受一下。"陈先生看陈太太这样兴奋,知道太太很想再买一套房,也就同意了。买房这件事,就这样自然地成为了这个家庭的年度计划。陈太太高兴之时,常把这件事挂在嘴边,看到她的同事,总要把这事给议论一番。

十多天后的一天,陈太太向陈先生提出了在另一个城市置业是否合适的问题。陈先生奇怪太太为什么提出这样的问题。陈太太把这些天与同事讨论的情况告诉了先生，他们都认为在另一个城市置业，要么是投资，要么要到该城市工作，要么是做旅游休闲之所，咱们好像没有一条能沾得上边的，难道因为有优惠就到这么远的地方花几十万买套房？陈先生一听有道理，"要不我们就不买了。"陈太太想了想，尽管心里有点不甘，但要到这么远的地方买套房，也的确不合算，就同意了先生的提议。买房这事也就此告一段落。

时间不长，陈太太又旧事重提，"不买另一个城市的房子，我们有没有必要在本市再买一套房？"陈太太的想法也是陈先生在这段时间一直考虑的问题。陈先生和陈太太都觉得奇怪，每每谈到买房，一种莫名的兴奋总会油然而生。他们是否真要考虑在本市再买一套房呢？陈太太摆了一些他们应该买房的理由。① 原来的房子已有六七年了，需要重新装修和买家具，与其花一笔钱装修和买家具，还不如交首期买套新房。② 两人的住房公积金差不多可以每个月供房之用。③ 现在的房子正好在各自上班的单位中间，来回跑彼此都辛苦，可以买套靠近其中一人单位的房子。陈太太的理由既现实又可取，接下来的事就是夫妻二人走访各自单位附近的楼盘看是否有彼此满意的。

一晃几个月过去了，陈先生和陈太太在百忙之中抽空实地考察了好几个在他们各自工作单位附近的楼盘，也看了几个朋友介绍的楼盘。忙碌了几个月，有关楼盘的知识倒是增长了不少，还开了眼界，但也确实把他俩累坏了，而且最终结果是没有他们都满意的。不是规格不行，就是价钱不合理，要不就是对售楼小姐的服务不满。看来，在一方单位附近买房的想法又要泡汤了。

"算了，还是把钱省下来做别的吧。"陈先生垂头丧气地对陈太太说。陈太太也默认了，找不到合适的，有啥办法嘛！

陈先生以为买房这件事就这样过去了，可到了"五一"黄金周，陈太太提议到番禺区去看一个她的同事。这个同事研究生毕业刚分配到她单位，就在一个新楼盘上买了一套三室两厅的房子。陈太太把这位同事给她的有关这个楼盘的宣传单拿给陈先生看，顺便说："听说那里的房子很不错，而且在黄金周购房还有很多优惠呢！"陈先生回应："不错有啥用，解决不了我俩两边跑的问题，我们要买的不是单位附近的房子吗？既然没有合适的，还有必要买其他地方的吗？"陈太太说："是的，但我们去看看也无妨嘛！"陈先生拗不过陈太太，只好答应。

等他们到了这个楼盘后，他们的第一感觉就是安静，更重要的是靠山面水，地方宽绰。这个环境对住在市中心，工作在繁忙拥挤区域的陈先生和陈太太来说，真有点世外桃源的味道。陈先生有点动心了，再听太太的同事历数这里的诸多好处，也就情不自禁请太太的同事一起去看样板房。路上，陈先生碰到了一个熟悉的面孔，他热情地迎了上来，原来是一位很久未谋面的朋友。这位朋友正是在这家房地产公司任副总经理，他答应会给些力所能及的优惠。陈先生和陈太太看了几套三室两厅的房子，对其中四楼的一套特别感兴趣。陈先生和陈太太简单交换了一下意见，当即交了定金，办了相关手续。

在回家的路上，陈先生笑问陈太太是否早有预谋。陈太太一语道破天机："买新房，住商品房是我的一个梦！""为什么？"陈先生问。"商品房新潮，而且往往结构合理，好用。"陈太太的回答并没有打消陈先生的忧虑。他怀疑这么快下定金是否有点太冲动了。陈太太安慰他："其实，我们之所以这么快决定买这套房子，看似一时冲动，其实并不尽然。"陈先生想不到他太太会这么说，带着欣赏的口吻说："愿闻其详。"陈太太自信的继续谈她的看法："这套房子的确解决了我们的问题。你想想，我们原来的房子是在路边，而且是在高层，噪声很大。这就是为什么我们喜欢这里，而且要买低层房子的原因。""啊，原来如此。"这时陈先生才有恍然大悟的感觉。

如今，陈先生和陈太太入住新房有半年多了，他们都很爱这个新家，时不时请朋友分享其幸福和快乐。尽管二人上班的距离更远了，但并没有感到太大的不方便，穿梭于市中心和楼盘间的屋村巴士直线直达，基本能解决上下班交通问题。偶尔买东西的不方便，也被其良好的环境抵消了。他们还介绍一些朋友来买房，成了业余的销售人员。下一步，他们要做的重要的家庭决策，可能就是买车了。不知他们会买什么样的车呢！

思考题：
1. 陈先生和陈太太的购房态度有什么特征？
2. 哪些因素影响了陈先生和陈太太的购房决策？其中最为重要的因素有哪些？
3. 陈先生和陈太太真正的购房需要是什么？在买房过程中发生了什么态度变化？
4. 试用消费者心理过程理论解释和描述陈先生和陈太太的购买过程。

第4章

消费者的个性心理

> **本章要点**
> - 掌握消费者的能力、兴趣、气质与消费行为的特点
> - 了解消费者的性格及其特征
> - 学习了解消费者个性及其特征的意义

个性心理特征是指一个人所具有的持久而稳定的心理特点。它包括能力、气质、性格等。能力是指完成一定活动的本领,是个性心理特征之一。气质包括心理活动的自然性和全部动力特点的总和,它使人的全部心理活动的表现都染上独特的色彩。性格是指稳定的心理风格和习惯的行为方式。当一个人的能力和性格一旦形成以后,将在各种场合自然地表现出来,具有浓厚的个人色彩。个性心理特征在消费者身上都有不同的内容和表现,直接地影响着消费者的消费活动。

4.1 消费者的能力

4.1.1 能力的含义

心理学研究指出,人的知觉、思维等心理机能是在从事各种实际活动的过程中实现的。为了顺利、成功地完成这些活动,人们必须具备相应的能力。所谓能力,就是指人顺利完成某种活动所必须具备的,并且直接影响活动效率的个性心理特征。在实践中,任何单一的能

力都难以完全胜任某种活动。要成功地完成一项活动,往往需要综合具备多种能力。活动的内容、性质不同,对能力的构成要求也有所不同。此外,能力的水平高低会影响个人掌握活动的快慢、难易和巩固程度,从而直接影响活动的效率与效果。因此,在同一活动中,能力的综合构成与活动的要求相符,并且具有较高水平的,往往可以取得事半功倍的效果;反之,则会事倍功半。

4.1.2　能力的种类

　　人的能力是由多种具体能力构成的有机结构体。其中,根据作用方式不同,能力可以分为一般能力和特殊能力。所谓一般能力,是指顺利完成各种活动所必须具备的基本能力,如观察能力、记忆能力、思维能力、想象力等。具备一般能力,是从事各种活动的前提条件。特殊能力是指顺利完成某些特殊活动所必须具备的能力,如创造能力、鉴赏能力、组织领导能力等,这些能力是从事音乐、绘画、领导等特殊或专业活动所必不可少的。

　　根据在结构中所处地位不同,能力可以分为优势能力和非优势能力。所谓优势能力,是指在能力结构中处于主导地位、表现最为突出的能力。所谓非优势能力,则是指处于从属地位、表现比较微弱的能力。优势能力与非优势能力在每个人身上相比较而存在。任何人都不可能是全才,但只要具备某一方面的优势能力,同样可以取得成功。

4.1.3　能力的差异

　　人与人之间在能力上存在着个别差异。正是这些差异,决定了人们的行为活动具有不同的效率和效果。能力的差异主要表现在以下 3 个方面。

1. 能力发展水平的差异

　　各种能力都有发展水平的差异。在相同条件下,如果一个人从事某项活动的顺利程度和取得的成绩高于别人,在一定程度上表明了这个人在进行这项活动时的能力比其他人强。

2. 能力类型的差异

　　能力类型的差异主要表现在认识过程稳定的心理品质上。在知觉方面,有些人属于综合型,其特点是富于概括性和整体性,但分析能力较差;有些人属于分析型,其特点是有较强的分析能力,对具体细节感知比较清晰,但整体性不够好;还有些人是上述两者兼而有之,属于分析 - 综合型。在表象活动方面,有些人视觉表象占优势,有些人听觉表象占优势,还有一些人动觉表象占优势,而有一些人几乎能在同等程度上运用各种表象。因此,能力可分为视觉型、听觉型、动觉型和混合型 4 种。

　　在记忆方面,有些人用视觉识忆比较好,另一些人用听觉识忆比较好,还有一些人动觉识忆比较好,也有一些人运用多种表象识忆效果比较好。在言语和思维方面,由于人的高级神经活动的类型不同,两种信号系统活动的特点不同,使得一些人的言语特点是形象的,情绪因素占优势,这属于生动言语类型或形象思维型。有一些人的言语特点是概括逻辑的联系占优势,这属于逻辑联系的言语类型或抽象思维型。而绝大多数人是两者兼而有之,称为中间型。人的能力类型的差异虽然是客观存在的,但这并不表明一种类型比另一种类型优越,因为在任何类型的基础上,能力都可以得到高度的发展。

3. 能力表现时间的差异

人的能力不仅在水平和类型上存在差异,而且在表现时间的早晚上也有明显不同。例如,有的人天生早慧,有的人则大器晚成。消费者能力表现的早晚,主要与后天消费实践的多少及专门训练程度有关。

4.1.4 能力与消费行为表现

消费者的能力特性与消费行为直接相关,其能力差异必然使他们在购买和使用商品过程中表现出不同的特点。具体可以分为以下几种典型类型。

1. 成熟型

这类消费者通常具有较全面的能力构成。他们对于所需要的商品不仅非常了解,而且具有长期的购买和使用经验,对商品的性能、质量、价格、市场行情、生产情况等方面的信息极为熟悉,其内行程度甚至超过售货人员。因此,在购买过程中,他们通常注重从整体角度综合评价商品的各项性能,能够正确辨认商品的质量优劣,很内行地在同类或同种商品之间进行比较选择,并强调自我感受及商品对自身的适应性。这类消费者由于具有丰富的商品知识和购买经验,加之有明确的购买目标和具体要求,所以,他们在购买现场往往表现得比较自信、坚定,自主性较高,能够按照自己的意志独立作出决策,而无需他人帮助,并较少受外界环境及他人意见的影响。

2. 一般型

这类消费者的能力结构和水平处于中等状况。他们通常具备一些商品方面的知识,并掌握了有限的商品信息,但是缺乏相应的消费经验,主要通过广告宣传、他人介绍等途径来了解和认识商品,因此,这类消费者对商品了解的深度远不及成熟型消费者。在购买之前,这类消费者一般只有一个笼统的目标,缺乏对商品的具体要求,因此,他们很难对商品的内在质量、性能、适用条件等提出明确的意见,同时也难以就同类或同种商品之间的差异进行准确比较。限于能力水平,这类消费者在购买过程中往往更乐于听取售货人员的介绍和厂商的现场宣传,经常主动向销售人员或其他消费者进行咨询,以求更全面地汇集信息。由于商品知识不足,他们会表现出缺乏自信和独立见解,需要在广泛征询他人意见的基础上作出决策,因而容易受外界环境的影响和左右。

3. 缺乏型

这类消费者的能力结构和水平均处于缺乏和低下状态。他们不仅不了解有关的商品知识和消费信息，而且不具备任何购买经验。在购买之前，这类消费者往往没有明确的购买目标，仅有一些朦胧的意识和想法；在选购过程中，对商品的了解仅建立在直觉观察和表面认识的基础上，缺乏把握商品本质特征及消费信息内在联系的能力，因而难以作出正确的比较选择；在作出决策时，经常表现出犹豫不决，不得要领，极易受环境的影响和他人意见的左右，其购买行为常常带有很大的随意性和盲目性。很显然，这种能力状况对于提高消费效果是极为不利的。但是，这种状况通常仅存在于对某类不熟悉商品或新产品的消费中，以及不具备或丧失生活能力的婴幼儿、老年人和残疾人消费者中。

总之，能力和消费者的购买行为是紧密地联系在一起的。提高消费者的各项能力，有利于促进商品销售，使消费者日趋成熟并适应现代市场营销活动。

4.1.5 购买活动中的消费者能力分析

消费者的购买活动是一种范围广泛、内容复杂的社会实践活动，它需要消费者多方面的能力。

1. 注意力

这是指消费者对商品及相关事物的心理指向。消费者个体意识可分为显现意识和潜在意识，将意识集中在特定的事物上，就是注意。一般来讲，能使注意力的焦点完全一致的物体，才能在人的意识中产生效果，其余的对象则是模糊不清。国外的研究资料表明，一个人每天通过电视、报纸、广播、路牌等各种媒介要接触到 1 600 个广告信息，但能意识到的大约只占 5%。研究还表明，人们在注意某个对象时，平均能保持 5 秒钟左右，而对一些广告则是 2 秒钟。外界事物能引起消费者的注意，主要有以下形式。

（1）强烈的声响。这是利用声音效果的对比差引起人们的关注。

（2）色彩的对比。消费者在对外界的观察中，视觉的感知占主要部分。色彩鲜艳的事物容易引起人们的注意。一个"注意力效果"的调查报告说明，对于黑白广告，首先注意到商品相片的消费者约为 46%，而彩色的则为 84.1%；首先注意标题的，黑白广告为零，彩色广告为 7%。但在商品销售中，主要是通过色差的对比，引起消费者的注意。

（3）反复不断出现的事物。不断重复的事物易给人留下印象。这在广告中尤为明显。据调查，广播广告，至少要将同一内容播报 3～6 个月，否则，则没有效果。在集中播出时，每日重复 10～25 次为最佳限度。

（4）运动着的事物。运动比静止的事物更容易引起人的注意。电视广告之所以比其他广告收看率高，主要的原因是它的运动着的画面。因为刺激物的层次变化与运动状态，都会增加人的大脑皮层的兴奋状态，引起人们的注意。

（5）大小及方位的不同。显然大的物体更引人注目。在广告刊登中大广告的版面效果要好，但也不是越大越好。研究表明，广告版面增大 10 倍，注意力却只增加 7 倍。另外，位置也影响注意的效果。广告研究中的一项调查表明，在版面细分的情况下，是从右方看起的比率高。而两个并排安排的广告，则是从左边先看起的比率高。在商店中陈设的商品，总是处在消费者视线最佳位置的商品最容易被发现。当然，空间的利用也很重要。许多企业把卖场布置得满满当当，十分杂乱，殊不知留些空间有更好的展示效果。在许多情况下，广告版面的安排也是这样。空间的利用是将周围的文字和图画孤立起来，从而形成更好的感知环境，产生更大的诉求力量。

2. 识别力

这是指消费者对商品的识记、辨认能力。从消费者的角度讲，由于生理的限制，人的识别能力有很大的局限性。另外，消费者识别能力的差别还体现在识别方法上。一些重传统经验的消费者，识别方法比较简单，习惯于手摸、嘴尝、耳听。而受教育程度高、接受新事物较快的消费者识别方法既灵活也比较科学。他们不仅依靠自己的感官感知商品，而且能利用各种形式，如商品说明书、产品质量鉴定书等收集有关商品的信息，鉴别商品性能。从企业营销的角度讲，应采取各种手段提高消费者的识别能力。

3. 评价力

这是指消费者依据一定的标准分析判断商品性能、质量，从而确定商品价值大小的能力。评价力也是建立在消费者对商品知觉的基础上。但许多试验证明，消费者对商品的知觉是模糊的、不确定的。

4. 鉴赏力

这主要是指消费者对商品的艺术欣赏能力。随着社会生产的不断发展，精神生活的日益丰富，产品的欣赏价值同产品的实用价值同样重要，人们对商品的审美要求也越来越高。消费者对商品的鉴赏力除了消费者本人要不断学习，提高自身修养外，在购买活动中也要时时感受，不断熏陶自己。许多国外的大型零售企业经常向顾客赠送制作精美的商品广告画册，为消费者提供各种时尚消费模式，既有助于引发消费者的购买动机，又有利于提高消费者的审美情趣。需要指出的是，消费者欣赏能力的高低不能与审美观点不同相提并论。审美观不同是由于不同的消费者从不同的角度，根据不同的标准对美的理解。例如，牛仔服装是现代青年人喜爱的流行服装，穿上它给人一种潇洒、朴素、自然的美，而那些追求古典华丽美的人却从不问津。

5. 购买决策力

决策过程是消费者购买行为中最重要的组成部分。当消费者运用注意、识别、挑选、鉴赏能力对商品进行综合分析后，进入购买决策阶段。消费者决策能力的高低直接受其自信心、抱负水平等因素的影响。

此外，在能力研究中，消费者的应变能力，即对于突发情况或尚未预料到情况的适应能力的研究也很重要。

4.2　消费者的气质

4.2.1　气质的含义

气质是一个人典型的、稳定的心理特点。它主要表现为心理活动的动力特征。心理活动的动力特征是指心理过程的强度、速度、稳定性、灵活性和指向性等。所谓心理过程的强度，是指情绪的强弱，意志努力的程度，耐受力的大小等。所谓心理过程的稳定性是指情绪的稳定程度，注意集中时间的长短等。心理过程的灵活性主要是指兴奋与抑制转换速度的快慢，注意转移的难易等。

气质的差异和影响同样存在于消费者及其消费活动中。每个消费者都会以特有的气质风格出现在他所从事的各种消费活动中，而不依赖于消费的内容、动机和目的。购买同一商品，不同气质类型的消费者会采取完全不同的行为方式。因此，气质是消费者固有特质的一种典型表现。

4.2.2　气质的类型

巴甫洛夫根据高级神经活动 3 种基本特性的不同组合，把人的高级神经活动分为兴奋型、活泼型、安静型和抑制型等 4 种基本类型。在这 4 种生理类型基础上，可以相应地把气质分为胆汁型、多血质、粘液质和抑郁质等 4 种类型。

1. 胆汁质

这种气质的人高级神经活动类型属于兴奋型。胆汁质类型的消费者购买行为常表现为：易兴奋、冲动，情绪变化激烈，性格外向，面部表情丰富，反应速度快而强，抑制力差，直率、热情，购物行动迅速，成交快，比较喜欢具有刺激性的新型商品；但稳定性、均衡性差，易与他人发生矛盾，甚至冲突。营业人员遇到胆汁质类型的消费者应及时回答他们所提出的问题，行动应敏捷，应有较大的耐心向这类消费者解释有关商品的特点、功能、适用性及有关知识，努力吸引他们的注意，激发起他们的兴趣，尽量不要以不恰当的语言刺激他们。

2. 多血质

这种气质的人高级神经活动类型属于活泼型。这类消费者情感易于转换，兴奋性较高，外部表现较明显，反应较灵活，有一定的可塑性，常表现较为开朗，活泼好动，机智、灵敏，善交际和与别人沟通，兴趣变化较快。这类消费者在购物时，对周围环境及人物的适应性较强，乐于向营业员咨询，但有时挑选商品目标会转移，行为中感情色彩浓，富于想象力。对待这种类型的消费者，营业员应尽可能与他们多交流，做到有问必答，不厌其烦。营业员可以尽可能将谈话的内容主题围绕着所出售的商品，避免过多谈论与商品无关的事。但营业员必须对消费者所谈的事给予较大的关注，切不可以不感兴趣、漠不关心的态度来对待消费者想与你交谈的问题。营业员应尽可能帮助消费者，为他们当参谋，出主意，提出有益的建议。

3. 粘液质

这种气质的人高级神经活动类型属于安静型。这类消费者在购物时少言，较谨慎，细致，认真，情绪兴奋性不高，内倾性较明显，反应速度较慢，稳定性强，灵活性低。他们常自己观察商品，自己思考，不愿多与别人交流。挑选商品时，表情不够明显，很少受外界影响。这类消费者的神经活动均衡性强，因而其自制能力也较强，对自己熟悉和喜爱的商品易产生连续的购买行为。营业人员在接待这类消费者时，应热情但不过分，语言应有的放矢，集中于消费者注意的商品，提高他们对这类商品的信任感，适当带有一定的启发性，引导他们开展独立思考，或者拿出商品让消费者更清楚地观察，挑选，加强他们对营业人员的信任。

4. 抑郁质

这种气质的人高级神经活动类型属于抑制型。这类消费者购买商品时情感深藏于内心，不易表露，反应速度慢，灵活程度低，内心体验深刻，语言谨慎，行动拘谨，多疑，观察商品细致，防御性较强，不轻信他人的介绍，常以自我心理评价为主，挑选商品时常犹豫不决。营业人员对待这类消费者应更加温和细致，多用关心的语言，打消他们的顾虑，尽量引导他们把内心的想法表达出来，再给予适当的建议，营造出一种祥和、关爱、信任的购物气氛，这对促使他们下决心购买商品有较好的作用。

应当指出的是，上述 4 种类型是气质的典型形态。在现实当中，大多数消费者的气质介于这 4 种类型的中间状态，或以一种气质为主，兼有另一种气质的特点，即属于混合型气质。

4.2.3 气质与消费者行为

消费者不同的气质类型，会直接影响和反映到他们的消费行为中，使之表现出不同的甚至截然相反的行为方式、风格和特点。概括起来，大致有以下 4 种对应的表现形式。

1. 主动型和被动型

在购买现场，不同气质的消费者其行为主动与否会具有明显差异。多血质和胆汁质的消费者通常主动与售货员进行接触，积极提出问题并寻求咨询，有时还会主动征询其他在场消费者的意见，表现十分活跃；而粘液质和抑郁质的消费者则比较消极被动，通常要由售货员主动进行询问，而不会首先提出问题，因而不太容易沟通。

2. 理智型和冲动型

在购买过程中，消费者的气质差异对购买行为方式具有显著影响。粘液质的消费者比较冷静慎重，能够对各种商品的内在质量加以细致地选择比较，通过理智分析作出购买决定，同时善于控制自己的感情，不易受广告宣传、外观包装及他人意见的影响。而胆汁质的消费者容易感情冲动，经常凭借个人兴趣、偏好及商品外观的好感选择商品，而不过多考虑商品的性能与实用性，他们喜欢追求新产品，容易受广告宣传及购买环境的影响。

3. 果断型和犹豫型

在制定购买决策和实施购买时，气质的不同会直接影响消费者的决策速度与购买速度。多血质和胆汁质的消费者心直口快，言谈举止比较匆忙，一旦见到自己满意的商品，往往会果断地作出购买决定，并迅速实施购买，而不愿花费太多的时间去比较选择；抑郁质和粘液质的消费者在挑选商品时则显得优柔寡断，十分谨慎，动作比较缓慢，挑选的时间也较长，在决定购买后易发生反复。

4. 敏感型和粗放型

在购买后体验方面，消费者的气质不同，体验程度会具有明显差异。粘液质和抑郁质的消费者在消费体验方面比较深刻，他们对购买和使用商品的心理感受十分敏感，并直接影响到心境及情绪，在遇到不满意的商品或遭受到不良服务时，经常作出强烈的反应；相对而言，胆汁质和多血质的消费者在消费体验方面不太敏感，他们不过分注重和强调自己的心理感受，对于购买和使用商品的满意程度不十分苛求，表现出一定程度的容忍和粗疏。

4.3 消费者的性格

4.3.1 性格的实质及特征

性格是人对客观现实的态度和行为方式中经常表现出来的稳定倾向，是在人一定的生理基础上，在社会实践活动中形成，发展和变化的。由于人们的生理素质各有差异，所处社会环境各不相同，因此，人们的性格差别极大，有的甚至互相对立。如有的人热爱集体，谦虚谨慎；有的人自私自利，骄傲自大等。

性格是十分复杂的心理现象，表现出以下4个方面的特点：① 性格的理智特征。这是指人们认识过程中表现出来的性格特征。如认识的主动性或被动性，深刻性或肤浅性，广泛性或狭隘性等。② 性格的情绪特征。这是指人的性格在情绪中反应的快慢，体验的深浅，表现的强弱以及保持的时间长短等方面，如狂怒或心平气和，慷慨激昂或情绪消沉等。③ 性格的意志特征。这是指人的性格特征在意志行动中的表现，如自觉性或盲目性，独立性或依赖性等。④ 性格的社会特征。这是指人们对现实的个性倾向，如关心社会，热爱集体等。

4.3.2 性格与气质的关系

在现实生活中,人们常常混淆气质与性格这两种个性心理。其实它们既有联系,又有区别,相互制约、相互作用。

首先,气质与性格是相互联系的。一方面气质是建立在高级神经活动系统上的,是性格形成的基础,性格必然带有气质特性的烙印。但另一方面,由于性格的形成主要受社会环境的影响,因此,它可以掩盖甚至改变气质的某些特性。它们两者之间的相互影响有以下方面。

(1) 不同气质类型的人都可以培养积极的性格特征。
(2) 气质影响性格的动力功能,主要是指动作反应的快慢和情绪活动的强度等。
(3) 气质影响性格特征的形成、发展的速度。如自制力的培养,对抑郁质的人比较容易和自然,而对胆汁质的人却相对困难,需要较大的努力和克制。
(4) 性格比气质更能突出表现反映个体的心理面貌。

其次,个性与气质又有显著的区别,主要有以下方面。

(1) 气质是先天形成的,在很大程度上受人的生理特点的制约,而性格则主要是后天形成的,主要受外界条件制约。
(2) 气质表现的范围比较狭窄,它局限于心理活动的速度、强度、稳定性和倾向性等几个方面,而性格表现的范围十分广泛,它包括了人的全部心理活动的稳定特征。
(3) 气质无所谓好坏,而性格则明显地带有倾向性,如大公无私,自私自利。
(4) 气质的可塑性极小,变化缓慢,因此,培养的效果不显著,而性格可塑性较大,较容易培养和改变。

4.3.3 性格类型的理论

鉴于性格在个性结构中的重要地位,长期以来,许多心理学高度重视对性格理论的研究,并尝试从不同角度对人的性格类型进行划分,这些理论和分类方法对研究消费者的性格类型具有重要的指导意义和借鉴作用。在有关学说中,比较主要的有以下6种。

1. 机能类型说

这种学说主张根据理智、情绪、意志等3种心理机能在性格结构中所占的优势地位来确定性格类型。其中,以理智占优势的性格称为理智型。这种性格的人善于冷静地进行理智的思考、推理,用理智来衡量事物,行为举止多受理智的支配和影响。以情绪占优势的性格称情绪型。这种性格的人情绪体验深刻,不善于进行理性思考,言行易受情绪的支配,处理问题喜欢感情用事。以意志占优势的性格称为意志型。这种性格的人在各种活动中都具有明确的目标,行为积极主动,意志比较坚定,较少受其他因素的干扰。

2. 向性说

美国心理学家艾克森提出按照个体心理活动的倾向来划分性格类型，并据此把性格分为内向、外向两类。内向型的人沉默寡言，心理内向，情感深沉，待人接物小心谨慎，性情孤僻，不善交际；外向型的人心理外向，对外部事物比较关心，活泼开朗，情感容易流露，待人接物比较随和，不拘小节，但比较轻率。

3. 独立－顺从说

这种学说按照个体的独立性，把性格分为独立型和顺从型两类。独立型的人表现为善于独立发现和解决问题，有主见，不易受外界的影响，较少依赖他人。顺从型的人则表现为独立性差，易受暗示，行动易为他人左右，解决问题时犹豫不决。

4. 特质分析说

美国心理学家卡特尔通过因素分析，从众多行为的表面特性中抽象出16种特质，包括兴奋、稳定、怀疑、敏感、忧虑、独立、自律、紧张、乐观、聪慧、恃强、有恒、敢为、幻想、世俗、实验等。根据这16种特质的不同结合，可以区分出多种性格类型。

5. 价值倾向说

美国心理学家阿波特根据人的价值观念倾向，对性格作了以下6种分类：① 理论型，这种性格的人求知欲旺盛，乐于钻研，长于观察、分析、推理，自制力强，对于情绪有较强的控制力；② 经济型，这种性格的人倾向于务实，从实际出发，注重物质利益和经济效益；③ 艺术型，这种性格的人重视事物的审美价值，善于审视和享受各种美好的事物，以美学或艺术价值作为衡量标准；④ 社会型，这种性格的人具有较强的社会责任感，以爱护、关心他人作为自己的职责，为人善良随和，宽容大度，乐于交际；⑤ 政治型，这种性格的人对于权力有较大的兴趣，十分自信，自我肯定，也有的人表现为自负专横；⑥ 宗教型，这是指那些重视命运和超自然力量的人，一般具有稳定甚至坚定的信仰，逃避现实，自愿克服比较低级的欲望，乐于沉思和自我否定。

6. 性格9分法

近年来，性格9分法作为一种新的分类方法，在国际上引起重视并逐渐流行开来。这种分类方法把性格分为9种基本类型，即：① 完美主义型，其特征是谨慎，理智，苛求，刻板；② 施予者型，其特征是有同情心，感情外露，但可能具有侵略性，爱发号施令；③ 演员型，其特征是竞争性强，能力强，有进取心，性情急躁，为自己的形象所困扰；④ 浪漫型，其特征是有创造性，气质忧郁，热衷于不现实的事情；⑤ 观察者型，其特征是情绪冷淡，超然于众人之外，不动声色，行动秘密，聪明；⑥ 质疑者型，其特征是怀疑成性，忠诚，胆怯，总是注意着危险的信号；⑦ 享乐主义者型，其特征是热衷享受，乐天，孩子气，不愿承担义务；⑧ 老板型，其特征是独裁，好斗，有保护欲，负有责任感，喜欢战胜别人；⑨ 调停者型，其特征是有耐心，沉稳，会安慰人，但可能因耽于享受而对现实不闻不问。

4.3.4 购买活动中的消费者性格类型

性格是个性中最核心的内容，是决定消费者行为倾向最重要的心理特征之一。对性格的分析研究有助于我们揭示和掌握消费者购买活动的规律和特点。根据不同的标准，消费者的性格类型有多种。

1. 理智型、情绪型和意志型

这是根据消费者心理活动过程的特点划分的性格类型。

理智型消费者的购买行为往往受其理智支配，是否购买商品和服务，购买何种类型，如何购买，什么时候购买往往是经过周密思考，反复权衡各种利弊因素后才作出决定。他们对于商家开展的各种促销活动有自己的理智分析，即使是十分热销的商品，也不盲目购买。

情绪型消费者购买行为是受其感情支配，同冲动型消费者相类似。但冲动型消费者往往是在短时间内激情涌起就立即行动，冷静下来之后，又后悔不迭。情绪型消费者购买商品的时间可长可短，但一般是在喜欢、赞赏等各种感情支配下进行的。他们对商品及购物现场的气氛大多感受良好，愿意体验购买商品的情绪变化。

意志型消费者购买行为受其意志支配。他们购买目的明确，识别商品积极主动，购买决策迅速果断，并且能够克服各种干扰和困难，完成购买活动。

2. 外向型和内向型

这是按个体心理活动倾向于外部或内部来划分的性格类型。

外向型消费者的性格特点是心理活动倾向于外部，选购商品时热情较高，喜欢提问题，征询意见，不掩饰自己的喜、怒、哀、乐，喜欢与人交往，能较快地适应各种购物环境，也比较容易和服务人员交流信息，并通过购买活动获得某种心理上的满足。这种类型的消费者虽然购买决策果断，但也有轻率的特点，不能自省。

内向型消费者同外向型正好相反，其行为特点是稳重、谨慎，喜欢自己观察体验，分析判断，不轻易提问题，发表意见，也不轻信他人。这种消费者有较强的归属感，但却将购物场所视为公共领地，将自己与他人隔离开来，尽管沟通与交流都不够，但他们往往有自己的见解和主张。

专家的研究表明，内向型与外向型消费者重要的差别是：内向型的人判断事物是依靠自己的"内在"价值或标准，而外向型的人判断事物是依靠他人的标准。所以在购买新产品时，内向型的人可能成为新产品的消费带头人，而外向型的人只能是追随者。也有证据表明，他们对广告的偏爱也不相同。内向型的消费者相信强调产品的特征和对个人有用性的广告，因为这会使他们更好地运用自己的价值标准评价产品，而外向型的消费者则喜欢显示产品受欢迎等表明社会接受性的广告，因为这可以使他们有参照标准来评价其产品。

3. 顺从型和独立型

这是根据消费者个体独立性的程度划分的性格类型。

顺从型消费者在购买商品时缺乏个人主见，易受外界因素的影响。新精神分析理论的代表人物霍妮等人的研究表明，顺从型的消费者与孤立性和攻击性的消费者在香烟、香水、食品、汽油、杂志、电视节目等各类商品的牌号选择上有很大的差别。其中孤立型的人一般不挑选商标，但顺从型的消费者挑选强调对人关心的商标。因为顺从型的人对是否损害别人感情这一点非常关心。

独立型消费者善于独立思考，并且有个人信念，判断的坚定性和行动的果敢性都比较强，在购买活动中处于主动地位，积极提出问题，思考问题，有较强的自信心，谨慎从事，不盲从，但难免带有一定的主观性、片面性。国外的研究结果表明，独立性较强的人会表现出固执的个性特点，对待不熟悉的事物采取的是防卫性的态度，并带有较大的不安和疑虑，不轻易相信产品及有关信息。但是不太固执的消费者却对不熟悉的事物表现出较为开明的态度，乐于扩大个人的商品选择范围。对于抛弃老产品，购买新产品，他们会比固执的消费者有更少的心理负担。但需要指出的是，如果对新产品的宣传具有较大的权威性，则固执的消费者可能会更快地接受它。综上所述，我们概括地分析了在购买活动中所体现出来的消费者性格类型。需要指出的是，由于性格形成的原因和性格改变的外界条件十分复杂，消费者性格不一定按原来面貌表现出来。因此，在观察、判断、分析消费者性格特征时，必须充分考虑性格稳定性、整体性的特点，而不能凭一时性的购买态度和偶然性的购买行为来判断。另外，许多消费者性格特征介于某些类型中间，如理智－意志型、攻击－孤立型等，需要具体分析，灵活掌握。

4. 节俭型、保守型和自由型

这是根据消费态度来划分的性格类型。

节俭型的消费者崇尚节俭，反对不必要的开支和铺张浪费。因此，他们选购商品时，首先看重的是商品的质量、实用性，而不太重视商品的品牌和外观，不喜欢华而不实、中看不中用的商品，受商品外在装潢以及宣传影响较小。持有这类消费态度的消费者并不一定是受经济能力的限制，而是性格特征的直接体现。

保守型的消费者在消费态度上大都比较严谨、固执，生活方式刻板，习惯于传统的消费方式；接受新产品、新观念比较慢，有时甚至很困难。在选购商品时，喜欢购买传统的和有过多次使用经验的商品，不太愿意冒险尝试新产品。

自由型的消费者在消费态度上比较随意，没有长久、稳定的看法，生活方式自由而无固定的模式。在选购商品方面表现出较大的随机性，而且选择商品的标准也往往多样化。他们既讲究商品的质量，也追求商品的外观，但更注重的是后者。他们受外界环境和广告宣传的影响较大。

5. 习惯型、慎重型、挑剔型和被动型

这是根据购买方式来划分的性格类型。

习惯型的消费者往往根据以往的购买和使用经验或消费习惯采取购买行动。当他们一旦熟悉并接受某一品牌的商品后，会经常购买，不容易改变自己的观点、看法，购买行为习惯化，受社会时尚和潮流影响较小。

慎重型的消费者大都沉稳、持重，遇事冷静、客观，情感体验深刻，情绪不易外露。在选购商品时，喜欢根据自己的实际需要和参照以往的购买经验作出决定，受外界影响小，不易冲动，具有较强的自我控制能力。这类消费者在购物之前，往往会广泛搜集有关信息，经过慎重的权衡和考虑，并经过认真的比较和选择之后，才会作出购买决定。

挑剔型的消费者大都具有一定的商品知识和购买经验，因此选购商品时主观性强，不愿与他人商量，善于发现不易被人注意到的细微之处。有些人对营业员或其他消费者有相当敏感的戒心，选购商品极为小心，有时甚至很苛刻。此类消费者大多数属于内向和孤僻性格的人。

被动型的消费者多数都不经常购买商品，因而缺乏商品知识和购买经验，对商品没有固定的偏好，选购商品时缺乏自信和主见，常有不知所措的言行表现，希望得到别人的帮助。所以，销售人员的宣传和推荐往往会对其购买行为产生较大影响。

思 考 题

1. 什么是能力？在购买活动中，顾客应具备哪些一般能力？
2. 气质有哪几种类型？不同的气质类型对消费者的消费行为影响情况如何？
3. 什么是性格？从性格的购买行为方式来看，你认为自己属于哪种类型的消费者？
4. 试阐述消费者能力差异及其对消费者行为的影响。如何培养和提高消费者的购买能力？

案例分析

喜力——世界一流品牌的成功之道

气温逐步回升，盛夏的脚步逐步地逼近，啤酒又再次粉墨登场。所以对于世界知名品牌喜力啤酒而言，怎样打好盛夏的市场战是全年销售关键的一环。怎样有成效地把握夏季市场，其中媒体宣传攻势是市场成败与否的关键。

荷兰喜力（Heineken）啤酒，是排名第一的国际啤酒品牌，世界第二大的啤酒集团，品牌在50个国家中与超过110个的啤酒公司联营生产，产品在170多个国家和地区里销售。喜力啤酒属于清淡型的啤酒，符合亚洲人的啤酒消费习惯，而且相对来说不易醉人，可促使人们增加饮用次数。喜力进入中国市场时就宣称自己是国外的高档品牌，将自己的产品定位在中高档产品上,拒绝生产低档产品,所以其产品线中没有低档的大众化啤酒。

喜力产品形象年轻、国际化,是酒吧和各娱乐场所最受欢迎的饮品。一个优秀的品牌不仅要有良好的品质,更要传递给消费者一种文化和理念,在品牌的宣传与推广中形成自己的特色,使竞争能力大大加强。所以,喜力啤酒在2010年夏天推广的主旨是围绕其文化价值和独到的品牌形象进行宣传的。喜力啤酒将其品牌文化和电影文化,音乐文化和夏季的热力节拍巧妙地联系起来。喜力啤酒口味清淡,产品以色浅、质优、味纯、气足的特点而著称。喜力啤酒源于荷兰,风靡世界各地,精湛的酿造工艺和清爽口味的特点,深受中国消费者的欢迎,从而也引领了清爽型啤酒的消费潮流。

对于啤酒这一类消费品而言,产品不只包括酒的本身,包装的差异化也是一种推销产品的方法。目前中国市场上的啤酒包装除了易拉罐外绝大部分为深绿色或棕色的长颈"B字瓶"。而喜力啤酒瓶形状独特,质感均匀,晶莹剔透,观感远较目前大部分啤酒瓶好,喜力采用的品牌色调是绿色,一看就给人与众不同的感觉。这使得喜力很容易在超市的货架上被区分出来,给人以良好的第一印象,尤其是小巧的330毫升玻璃瓶装,很适合酒吧中的情调。随着经济的发展和社会的进步,高档餐厅酒吧这类的消费场所的数量在大量增加,在北京、上海、广州、深圳等大中城市甚至出现了"酒吧一条街"一类的酒吧分布集中的地区。而且这一类高档消费场所的功能也趋于多样化,由原来的单一的餐饮功能变成了社交场所。许多人把商务会谈、私人聚会、情感沟通都搬到西餐厅或酒吧,在有的城市甚至年轻人以"泡吧"为时尚,出现了"泡吧"一族,这些就对高档啤酒提出了更多的需求。人们需要一些有文化内涵的、与众不同的啤酒。

喜力啤酒在促销方面的巧妙之处是通过各种活动把娱乐、体育和啤酒挂上钩,有机地结合起来。喜力啤酒的目标消费群体主要是高收入人士,所以喜力公司对网球这一贵族运动显得情有独钟。过去,喜力一直局限在赞助如澳洲网球公开赛、美国网球公开赛和戴维斯杯赛这一类的一流赛事上,而现在,它已经开始自己举办网球赛了。表现在中国市场上就是它在1998年创办了上海网球公开赛,这是中国首个国际网球锦标赛。此次赛事上,云集了如诺曼、张德培等国际一流选手,比赛过后,喜力的销量一下增加了30%。

尽管目前中国并未像欧洲的一些国家限制烟酒类产品赞助体育赛事,但喜力已开辟了宣传品牌和增加内涵的"第二战场"——音乐会。音乐是一种每个人都能理解的国际通用语言,因此喜力借此和世界上的人们进行交流和传递情感。一般来说,喜力的消费者们对音乐的选择和对啤酒的选择是一致的。在许多场合您会发现,人们在听他们最喜爱的音乐的同时也在畅饮着喜力啤酒。喜力在世界各地赞助的音乐活动有 Heineken Nite Life(新西兰)——经典电影音乐节,Heineken Jammin' Festival(意大利)——汇集了世界级摇滚明星的露天音乐节,成为意大利最受欢迎的活动之一。喜力赞助的著名音乐节还包括瑞士的蒙特鲁爵士节(MONTREUX JAZZ FESTIVAL)和一年一度的波多黎各爵士节(PUERTO RICO JAZZ FESTIVAL)。前者以33年的历史而享誉世界,后者更凭着浓郁的加勒比摇摆舞风格而在国际爵士乐坛确立了重要地位。喜力红星会(纽约)则是一个集流行乐、古典乐和摇滚乐于一体的盛会。Heineken En Vivo 在美国、加勒比海和阿根廷举办了一系列的现场音乐会。

在本土化操作方面，喜力啤酒也是做了很多强有力的宣传攻势的。在 1999 年北京"喜力节拍夏季音乐节"后，喜力公司又于 2000 年 5 月举办了"喜力节拍 2000 年夏季音乐节"。这次活动成了喜力在华宣传的又一个高峰，将北京悠久的文化与音乐鉴赏潮流结合起来，瞄准了有活力，求新、求变的青年人做宣传，音乐会也选址于靠近北京使馆区与商务区的地坛公园，以显示其国际化的地位，而 100 元 1 张的门票则突出了它的贵族身份。另外，场外还设有大屏幕以吸引更多的潜在消费者，它向人们展示多种世界音乐潮流，为人们带来热烈奔放的节日气氛。通过《北京青年报》及网上信息等媒体的反应来看，这次活动有很好的效果。

此外，喜力啤酒通过有效的目标消费群体的选取，确定一定的区域范围（如酒吧街、金融街高档公寓和写字楼），向目标消费者寄送活动相关资料，同时附赠制作精美的喜力小礼品，包括时尚打火机、烟灰缸及计算器等。

喜力啤酒的一系列推广活动和媒体宣传很大地提高了喜力啤酒在中国的销售量。

思考题：
1. 结合案例，分析喜力啤酒成功的原因有哪些。
2. 结合案例，谈谈喜力啤酒的广告策略是如何有效利用消费者的个性心理的。

第 5 章　消费者的需要与动机

> **本章要点**
> - 了解需要、动机是人们购买行为的根源和动力
> - 了解消费者的需要对消费者购买行为的影响
> - 掌握消费者购买动机的主要类型

市场营销是指企业以满足消费者需求为中心而进行的一系列的整体营销活动。各种各样的购买行为，都是由消费者的购买动机引起的，而消费者的购买动机又是以需要为基础的。因此，探讨消费者的需要、购买动机及其对消费者购买行为的影响，就成为广告与消费心理学研究的重要课题之一。

5.1　消费者需要分析

5.1.1　消费者的需要

1. 什么是需要

需要是有机体对内部环境和外部生活条件的稳定要求，是其赖以生存和发展的必要条件。人的需要通常以愿望、意向等形式表现出来。人对自身的需要大多数是能意识到的，被意识到的需要表现为目的和行为动机。也有一些需要处于心理的深层，这一部分需要一般达不到自觉意识的水平，但它们对人的活动也起着一定程度的推动作用。

人的需要具有明显的社会性。它的发展变化要受到社会生产发展和分配性质的制约，即使是人的生物性需要，其追求目标和实现方式也都要受到生产和生活方式的制约。

需要对人的内部心理活动和外显行为具有十分重要的作用和意义。它是个体活动和行为积极性的源泉。人的认知、情感和意志都受到需要的影响和支配。需要的满足与否，能使人体验到紧张或宽慰的情绪；需要促进认知、思维过程从而以寻求满足需要的手段；意志同样受到需要的支配，人借助意志的努力来克服困难、追求目标，完成与需要相联系的各种任务。需要激发人的活动积极性，如果没有需要的推动，人就失去了活力。

2. 需要的特征

人的需要是多种多样的，需要具有以下4个特征。

（1）动力性。各种不同的需要都有一个共同的特征，那就是它对行为的动力性，动力性是人类需要的基本特征。从根本上说，人们之所以有某一种行为而没有另外一种行为，是由不同需要引起的。

（2）对象性。人的需要总是指向一定对象，表现出个体心理对一定事物的追求。需要总是对某种东西的需要，它可以分为对某种物质性物品和精神性物品的需要。例如，满足交通工具的需要可以买自行车、摩托车、汽车等；满足获得知识的需要可以买书、收录机、学习机、计算机或参加各类培训班、函授大学等。

（3）周期性。人们的消费需要常常表现出周而复始的周期性特点。这种回返现象在人们的衣、食、住、行、用等各方面消费活动中，都可以找到大量事例。例如，在消费市场上，有些商品往往供不应求，十分流行，但是，只要潮流一过，就会无人问津。然而，再过一段时间，它又可能重新在市场上出现，重新受到消费者的喜爱和青睐。但是，这种周期性不是简单机械地重复，其每次回返都带有新的社会或物质内容。例如，女式皮鞋从高跟到平跟再到高跟，女裙从长裙到短裙再到长裙，都体现出消费需要的周期性特征。

（4）起伏性。人的某种需要一旦得到满足，需要的迫切程度就会得到缓解，因此表现出时强时弱、时紧时缓的特点。从总体上说，人的需要满足是暂时性的，人往往在一种需要满足的基础上产生新的比原来需要更高一级的需要。所以，需要的起伏性还表现在需要发展过程中的新旧更替上。

3. 需要的种类

人的需要是多方面、多层次的。需要按不同标准划分可以有不同分类。从需要的起源来说，需要可以划分为生物性需要和社会性需要；从需要指向的对象来说，又可以分为物质需要和精神需要两大类。在各种需要中，基本的需要是与维持、延续生命直接相关的生理性需要。除了生理性需要以外，人类还有许多在社会历史发展过程中形成的，与人的各种社会关系相联系的社会性需要。物质需要包括对衣、食、住、行等维持生命所必需的物质对象及人类从事劳动所使用的工具等需要。精神需要是人对认识、成就、交往、艺术等方面的需要，也被称为心理性需要。随着科学技术的发展和劳动生产力的提高，人们的物质需要得到了广泛发展，同时人们的精神需要也在不断地增添着新内容。

美国人本主义心理学家马斯洛把人的基本需要从低级到高级划分为5大类,即生理、安全、归属与爱、尊重和自我实现的需要。

(1) 生理需要。在一切需要中,生理需要是最优先的,它包括对食物、水、空气、住所、衣服、性等方面的需要。马斯洛认为:"对于一个处于极端饥饿的人来说,除了食物,不会有别的兴趣,就连做梦也会梦见食物。甚至可以这样说,这时充饥已成为独一无二的目标。"

(2) 安全需要。当生理需要相对满足时,安全需要就成为个人行为的推动力。除了人身安全以外,还包括职业稳定、医疗保健、退休养老、社会治安、失业救济等需要。

(3) 归属与爱的需要。上面的两层需要得到满足后,爱、情感和归属需要就会产生。人类追求同他人友好交往,给他人爱,也接受他人的爱,渴望在群体中保持和谐的感情关系,从而使人人都能找到一种归属感。

(4) 尊重的需要。这种需要可分为两类:一是自尊需要,希望有实力、有成就、有信心,要求独立和自由;二是希望被别人尊重、认可、受到重视或被高度评价的需要。

(5) 自我实现的需要。这种需要是指希望发挥自身的潜能,实现自己的理想和抱负,希望自己成为所期望的人物并完成与自己能力相称的一切事情。

马斯洛的需要层次理论说明,人类需要是有层次的,在购买力既定的情况下,先购买什么,后购买什么,都会有一定轻重缓急的顺序。可以设想,一个人在衣、食、住、行等基本生活需要都没有得到一定的满足之前,不会首先需要汽车或其他奢侈品。但需要层次的划分不是固定不变的,而是随着社会经济文化水平的发展而变化。例如,有些消费品原来属于享受性资料,现在已经成为生存性资料。

日本学者宇野政雄在他的《新市场学总论》一书中,把消费者的需要结构及其发展态势分为3个阶段:第1阶段,扩大衣、食、住、行的量,满足基本生活需要;第2阶段,改善衣、食、住、行和生活环境的质量,扩大休闲数量;第3阶段,衣、食、住、行及生活环境的质量均已充足,提高休闲质量,充实精神文化生活。

这也反映了需要的发展阶段,一是以满足衣、食、住、行等生活需要为中心;二是以安全舒适为中心;三是以精神生活为中心,寻求生存的意义。

5.1.2 市场营销活动中的消费需求分析

经济学中所研究的消费需求是指具有货币支付能力的需求。因为在商品经济条件下,消费需求的实现是以货币为基础的。所以,在市场营销活动中,消费者的需求既受到需求自身特点的影响,又受到各种外界因素的影响。例如,价格、收入等。下面,我们从市场营销的角度来分析消费需求与消费心理的关系。

1. 消费需求弹性

消费者的需求是广泛的。但并不是说消费者对每一种商品都有相同的需求。消费者对不同商品需求量的多少不是固定的，而是可以伸缩的，这就是需求弹性。关于这个问题，许多经济学家和市场学家曾做过专门研究，但他们往往是从价格与需求关系的角度来探讨需求弹性，忽视了消费心理的影响作用。

从一般情况来看，价格与需求呈反比例关系变化，即某种商品价格下降，需求量就增加，价格上升，需求量就减少。为什么会出现这种情况呢？这是由于价格因素作用于消费者心理所引起不同反应的结果。如果价格下降，那么消费者就会认为，购买这种商品会使他得到更多的利益。因而会在原有的基础上增加对商品的需求，同时，商品价格下降也使原先没有能力购买这类商品的消费者产生了消费欲望，出现了新的需求。

不同商品，需求弹性大小不同。生活必需品，需求弹性比较小，例如，粮食、油、盐等，不论价格如何变化，需求量比较稳定；而耐用消费品、高档品、奢侈品的需求弹性则比较大，价格稍微有波动，便会引起需求变化。

但是，在许多情况下，需求与价格之间的变化并不是像上面所说的成反比例的关系变化，而是成正比例变化，即价格上升，则需求上升；价格下降，则需求也下降。这种现象是由于消费者心理的反作用所引起的。当商品价格上升时，人们出于购买的紧张心理，担心价格还会上涨，因而进一步激发了需求；价格下降，需求减少的情况比较复杂。有些人出于期待商品价格还会继续下降的心理，抑制了消费需求；有些人则认为"便宜没好货"，商品降价，不是质量有问题，就是积压过时的商品，急于推销，因而不愿购买这类商品。这种情况在一些新潮性商品上表现得较为明显。一种时尚商品刚刚兴起时，生产数量较少，价格较高，商品成了"抢手货"，供不应求，但当企业大批量生产时，成本降低，商品价格下降时，消费者反倒不稀罕了。这是因为，它在消费者心目中已经由时髦货变为大路货，甚至已经变成了淘汰货，人们自然就不愿意问津了。另外，一些高档商品如高档工艺品、装饰品价格下降，也会降低这些商品在消费者心目中的地位，进而导致需求量的减少。

经济学家在研究需求弹性时发现，当价格发生变化时，消费者对特定商品的需求也会随着价格的变动增加或减少。对特定商品需求减少，意味着消费者的需求关注点可能已经转移到其他相关商品上了。这是因为，许多商品具有相互替代性和互补性，但在实际消费中，替代品和互补品都只是近似的。这种替代能达到多大程度，则取决于人们心目中这种商品能在多大程度上代替别的商品。属于同一类型的商品比较容易相互替代，例如，牛肉代替羊肉，黄花鱼代替鲤鱼等。但是，不同类型商品的相互替代则很有限。例如，猪肉并不是鱼的理想替代品。

在研究替代品时要注意，当消费者花在某种商品上的钱占收入中较小部分时，那么这种商品价格上涨，消费者不会花很大力气去寻找替代品，但如果所占的比例较大时，情况则可能相反。例如，一个经常消费牛肉的人，当牛肉价格上涨时，他可能会购买猪肉来代替对牛肉的需求，但如果是他使用的鞋油或牙膏涨价了，他却不一定去寻找替代品，因为购买鞋油、牙膏的费用只占收入的一小部分，涨价了也无所谓。

研究需求弹性和需求交叉弹性，具有十分重要的实际意义。在市场营销活动中，商品的替代和互补关系,常常会引起市场上商品销售的连锁反应。同时它对广告策划及广告诉求策略的制定具有较大的参考价值。

2. 潜在需求的影响作用

有货币支付能力的需求才是有效需求,其包括显现需求和潜在需求。显现需求是指消费者能够意识到的需求欲望,一般可以理解为,消费者在进入商店之前就已经计划要购买的商品或愿意支付的钱数。潜在需求是消费者没有明确意识到的需求欲望。潜在需求十分重要。在消费者购买行为中,大部分需求是潜在需求,根据美国有关调查资料表明,有72%的消费者购买行为是受朦胧的需求欲望所支配,只有28%的消费者购买行为是有意识需要所引起的。调动消费者潜在需求是广告诉求策略的重要目标之一。

为什么会出现潜在需求呢?因为消费者需求的形成要有一个过程。有时候,虽然形成需求的条件都成熟了,但是消费者不能马上意识到需求的存在。例如,顾客到商店购买东西时,常常没有明确的购买目标,而是走走看看,遇到合适的商品就买。这里合适的商品就是促使潜在需求向显现需求转化的外界条件。

研究潜在消费需求对于开发市场、广告策划、扩大企业商品销售具有十分重要的意义。因为满足"显现需要"的商品,各个企业都争相生产经营,市场极易饱和,而开发满足"潜在需要"的商品则不同,只要企业摸得准信息,就会捷足先登。国外流传着这样一个事例,一家英国鞋厂和一家美国鞋厂,各派了一名推销员到太平洋上的某个岛国去推销商品。上岛后,他们发现岛上的居民生活很富裕,各种现代化电器都有,就是都不穿鞋子。于是,他们给各自的老板发了封电报。英国推销员的电文是:"这个岛上的人都不穿鞋子,我明天就回来。"而美国推销员的电文则是:"好极了,这个岛上的人都还没穿上鞋子,我打算长驻此地。"英国推销员认为这里没有市场,结果一走了之,而美国推销员则认为这是一个极大的潜在市场,有大量潜在需求,只要宣传方式得当,就会把潜在需求转变为显现需求。于是,美国鞋厂根据当地居民的心理特点,大张旗鼓地进行广告宣传,暗示人们只有穿上各种漂亮的鞋子,才能更加适应现代化生活。结果广告取得了巨大成功,潜在需求变成了现实需求,最终这家企业占领了市场,销量增长了17%,而英国的那家鞋厂当年就倒闭了。

5.1.3 需求对消费者心理的影响

消费者行为是消费者在满足需求过程中的一系列心理和生理活动的总称。需求直接影响消费者的心理和生理活动。

1. 需求对消费者情感的影响

情绪或情感与个体的需求有着直接关系。如果客观事物一旦符合消费者的需求,就会产生满意、愉快、欢乐等情感;反之,就会产生忧伤、沮丧、愤怒等情感。假如一种商品或服务与消费者没有一点联系,也就是说,消费者不需要这种商品或服务,那么,他们就会表现得漠不关心、无动于衷。情感是人们对客观事物是否满足自己需求而产生的主观体验。当需求发生了变化，情感也会发生相应变化。消费者对商品或服务是否满足自己需求而产生的主观体验，就是购买心理的情感过程。

2. 需求对消费者意志的影响

个体的意志活动和行为的目的性相互联系，而行为目的性又和个体需求相联系。也就是说，有了需求，才会确定满足需求的目标，然后靠意志努力去实现这一目标。这里有两层含义：一是消费者在购买之前，往往在脑子里预先确定了商品或服务的模式。例如，根据自己的需求已预先确定了所要购买商品的款式、质量、价格等，消费者在选购商品时，把市场上的商品与自己确定的商品模式作比较，根据自己的需求及目标，运用经济和社会的多种价值标准对商品进行评估；二是需求目标的实现，有时需要依靠意志作保障，即要依靠意志努力克服购买过程中所遇到的困难。

3. 需求对消费者兴趣的影响

兴趣和需要有密切关系，兴趣的发生和发展要以一定需求为基础。当消费者对某一商品或服务产生需求时，便会对与该商品或服务有关的信息特别注意，即对该商品或服务产生了兴趣。有了兴趣，不仅反映了自己有需求，而且还可以诱发出新的需求。

4. 需求对消费者能力的影响

需求对消费者能力的影响也很明显。当消费者对某种商品或服务产生需求时，首先就会注意搜集与此相关的信息，然后在购买中还需要对商品进行比较、判断和评价。例如，当消费者购买服装时，他需要手的感觉能力，摸摸服装的质地是否精良；需要眼睛的视觉能力，观察服装的颜色是否令人满意，还需要同其他服装进行比较，看看哪一种更好，更适合自己的需求。这其中就表现出消费者的感觉能力、观察能力、识别能力和鉴赏能力等。当然，当消费者对某种商品的性能和质量不清楚时，还可能去咨询一下营业员或回忆一下他人使用该商品的情况。这就要求消费者具有语言表达能力、记忆能力和思维能力等。因此，在购买活动中，消费者需要具备多方面的能力。正是有了消费者的需求，才使得这些能力得到培养和提高。

5. 需求对于消费者认识的影响

消费者需求对于选择什么作为知觉对象，以及怎样理解和解释这些对象都大有影响。例如，一个饥饿的人看见模糊不清的东西，就容易感知为与食物有关的形象。不仅生理需求会影响消费者的知觉，精神需求也会影响消费者的知觉。例如，对美的需求就会促使消费者注意那些包装精美的商品。由于人们的需求不同，对相同事物的认识也就不同，从而导致了不同的消费行为。消费者对客观事物的感知可能是主动的，也可能是被动的，这主要取决于个人需求的强度。如果消费者对某种商品或服务的需求很强烈，那么，他就会主动地去感知这种商品或服务，然后加以判断、分析，产生联想，深化认识，从而提高认识水平；反之，消费者的感知很被动，对广告商品和服务的信息往往是一晃而过，很难留下深刻印象。

5.1.4 需求对消费者购买行为的影响

1. 消费需求决定购买行为

消费者的购买行为是消费者为满足其消费需求而购买商品和服务的行为，它是消费者行为活动的重要组成部分。尽管消费者购买行为的形成过程十分复杂，但是必须肯定，购买行为的产生和实现建立在需求的基础上。即：消费需求→购买动机→购买行为→需求满足→新的消费需求。

当消费者由于受到内在或外在因素的影响，产生某种需求时，就会形成一种紧张感，成为其内在的驱动力，这就是购买动机，它导致人们的购买行为。当购买行为完成，需求得到满足时，动机自然消失，但新的需求又会随之产生，又会形成新的购买动机，导致新的购买行为。由此可见，消费者的购买行为是在其需求的驱使下产生的，从这个意义上讲，消费需求决定消费者的购买行为。

2. 消费需求强度决定购买行为实现的程度

由于消费需求的强度不同，对消费者购买行为的影响程度也会不同。一般情况下，需求越迫切、越强烈，购买行为实现的可能性也就越大；反之，消费者的购买行为就可能会被推迟，甚至不发生。例如，对于一个没有鞋穿的人来说，第一双鞋的需求最为强烈。他会走进一家商店，看到只要他能穿的鞋就买下来，对鞋的款式、颜色、价格、质量等的要求并不高。但当他买了鞋以后，他对鞋的需求就不那么迫切了，鞋的价值对他来说就不那么重要了。也许他还会产生买鞋的需求，但需求的迫切性已经大大降低了。这时，他要考虑价格、质量、款式等方面的因素。因此，购买行为阻力很大，购买行为就不易实现。

3. 需求影响消费者的购买习惯

我们知道，现实生活中的每一个消费者都有各种各样的需求。但是，不同国家、不同地区、不同民族的消费水平存在着很大差异，这会直接影响消费者的需求水平，从而影响消费者的购买行为。不同的消费水平决定了人们对各种不同商品有不同的需求，也会影响消费者的购买行为，使购买趋势发生变化。另外，处于不同消费水平的消费者，在购买同类商品时会表现出较大差异。例如，同样是购买衬衣，消费水平较高的人可能会花较多的钱购买一件高档衬衣，而消费水平低的人，可能会花同样的钱买两件或三件低档衬衣。一些商品在消费水平较高的家庭中属于普通消费品，经常购买，而在消费水平较低的家庭中，可能是奢侈品，很少购买。所以说，消费水平的差别影响消费者的需求，从而会影响他们的购买行为。

5.1.5 需要与广告活动

我们在前面提到，消费者行为总是以需要为中心的。那么，广告活动就要探讨如何引导消费者产生新的需要，唤起消费者的潜在需要，强化消费者的现有需要，追踪消费者的动态需要等问题，以有效实现广告的促销目的。

1. 引导消费者的新需要

随着经济的发展，社会的进步，消费者的物质、文化生活水平不断提高，能满足消费者需要的商品越来越多样化，越来越新奇。消费者新的需要产生，往往要靠广告来引导。

消费者新的需要是伴随着对新事物印象的不断加深，新的观念逐渐形成而产生的。广告对新商品的宣传应采取反复灌输的方式。如果缺乏灌输意识，浅尝辄止，那么就意味着市场的丧失。日本广告心理学家川胜久对"购物时的商品知识从何而来"的调查显示，由广告获得商品信息的占 50.9%。可见，广告在引导消费者新需要的过程中具有重要作用。

2. 唤起消费者的潜在的需要

消费者只有意识到自己的潜在需要，才能转化为购买动机。潜在需要的唤起，来自于必要的外部刺激。主要的刺激源有两个。

首先是广告刺激。国内有关调查显示，消费者在购买商品时，41% 的人经常选用做过广告的商品。日本广告心理学家川胜久的调查也表明，44.2% 的消费者有根据广告宣传购买商品的经验。消费者的许多购买欲望，是被广告激发起来的。儿童在看电视广告时，常常会向父母提出购买广告商品的要求，成人的一些购买商品的想法，有不少也是在广告知觉过程中产生的。广告创作要了解消费者潜在的需要触发点，进行准确定位，这样的广告才能有效地达到预期目的。

其次是商品自身的刺激。在许多情况下，消费者从商场买回来的商品，并不是他们事先就预计买的东西，而是看到了商品，唤起了潜在需要，产生了购买动机和行为。

3. 强化消费者现有的需要

在通常情况下，广告与商品的销售量成正比，广告做得越多，商品的销售量就越大。可口可乐可谓历史悠久、世界闻名，但其广告宣传也没丝毫懈怠。在街头，电视中经常看到可口可乐的广告是正常的，看不到反倒觉得缺少点什么。正是通过广告不断进行强化，才能使企业巩固已有的市场，并在此基础上有所发展。

4. 追踪消费者的动态需要

消费者的需要是动态的，影响消费者需要变化的因素也是多方面的。不同季节有不同的需要，不同时期也有不同的热点需要，不同时代有不同的消费潮流，还有重大的社会活动、生活事件等都会对消费者的需要产生影响。广告要有敏锐的触觉，适时追踪消费者的动态需要，进行有效的诉求。

5.1.6　消费者需求的广告诉求心理策略

客观地讲，消费者购买的商品大多用来满足自己的某种需要，或者说，大多数商品的购买都有其内在动机因素。所以，广告要努力针对消费者的需要，以期有效地激发消费者的购买动机。然而，一个人往往同时有多种需要等待满足。例如，既有金钱的需要，又有名利地位的需要，既有爱子女的需要，也有自己娱乐的需要。一种商品也可能会同时满足消费者的多种需要。例如，衣服不仅可以御寒，也可以使人显得漂亮，还可以提高人的身份和地位；手表可以显示时间，也可以表达爱情。由此可见，广告诉求是一个策略性问题，它不仅要以商品的优点为基础，还必须考虑到消费者的心理需要，为了使广告诉求决策合理、正确，下面的几种心理策略值得广告者加以重视和考虑。

1. 满足特殊的需要

如果一种商品（或服务）具有某种特殊功能，而这种功能又正好是唯一能满足消费者某种特殊需要的，那么广告就应该以消费者的这种特殊需要和商品属性的这一特殊功能为诉求点。也就是说，广告内容要介绍和宣传商品所具有的这一独特功能，即商品优点，以及商品所能满足消费者特殊需要的功能。这种诉求策略比较容易掌握，消费者也容易接受，所以在广告中比较常见。

2. 激发低层次的需要

按照马斯洛的需要层次理论，层次越低的需要，其行为的内在驱动力就越大，因此，当一种商品能同时满足人们的多种需要时，如果广告针对于消费者的低层次需要进行大力宣传，所起到的效果可以大大提高。新加坡航空公司的一则成功广告就是激发消费者低层次需要的典型案例。公司的系列印刷广告既不是以波音飞机本身的特点如豪华、舒适为诉求点，也不是以一般航空公司所突出的服务特点如准时、航班多为诉求点。他们了解到，在人所有的需要中，最强烈的需要是食物。因此，他们的广告以精美的餐点为广告宣传重点。在广告中，他们呈现给人们的是精美的食品，因而招徕了大量旅客。

3. 满足重要的需要

每个消费者在作出购买决策时，都会考虑到满足他们的各种需要，而在各种需要中，总会有他们认为首先应该满足的。广告宣传就应该尽力抓住消费者的这一需要。

4. 强调满足特定需要的重要性

每种商品都有其长处，也有其短处。然而商品的长处不一定是消费者最迫切的需要。在这种情况下，广告就要强调这种长处的重要性。例如，冰箱"省电"对消费者来说也许并不重要，但是你在广告宣传中着力强调"节约用电"的重要性，就可能会引起消费者对这个问题的重视。

5. 激发新需要

随着社会和科学技术的不断发展，一些用于丰富人们物质生活和精神文化生活的商品或服务不断出现。对于这些新商品或服务，消费者可能不了解，也不知道它们能满足什么需要，因而敬而远之。在这种情况下，广告就应该努力去激发人们的新需要。现代绿色食品运动的蓬勃开展，与大量旨在建立人们"环境保护需要"的各种宣传有着密切联系。

5.2 消费者的动机分析

5.2.1 动机概述

1. 动机及其作用

人的活动受动机的调节和支配。一个学生在学校求学，是因为他有学习的动机，一位顾客去商店采购商品，是因为他们有购买的动机。即使是像吃饭、喝水、走路这些较简单的活动，也是在不同动机的推动下产生的。

在心理学中，动机是指引起和维持个体的活动，并使活动朝向某一目标的内部心理过程或内部动力。动机产生于需要，需要一旦被意识到，就以行为动机的形式表现出来。动机是行为的心理动因，有的心理学家把动机称为行为的内驱力。人们可能会意识到自己的动机，也可能意识不到，但没有这种内部动力，人就不会有各种各样的行为。动机的产生取决于两种因素：主体需要与客观刺激。

引起动机的需要是多方面的。如前所述，人的需要既有与维持和延续有机体生命相联系的生理性需要，也有与人的社会生活相联系的社会性需要。从人所需要的对象上来看，又可分为物质需要与精神需要。各种需要都可以成为引起动机的原因。动机还可以由客观刺激所引起。外界的刺激如果与主体需要相适应，它就可以成为行为的趋向目标；如果与主体需要相违背，就会引起主体避开的行为。

动机在推动人类行为过程中起着非常重要的作用，其作用表现为以下3个方面：① 唤起行动；② 使活动指向一定的目标；③ 将唤起的行动坚持下去并及时调整活动的强度。

2. 动机与目的、效果的关系

动机与目的既有区别又有联系。动机是引起行动的原因，目的是预想的行动结果。在简单的活动中，动机和目的是完全符合的。在复杂的活动中，动机和目的的关系则比较复杂：同一个目的可能由不同的动机引起，同一动机也可能指向不同的目的。动机和目的是可以相互转化的。在一种情况下是动机，在另一种情况下也可以成为目的，它们的区别不是绝对的。

动机与效果的关系也不是单一的。一般说来，活动效果取决于动机的方向和强度，强烈的行为动机和明确的目标能驱使人努力行动，因而可以取得良好的效果。但动机不是导致某种良好效果的唯一因素，除了动机因素外，还有多种主客观条件影响着活动效果，如主体的能力、健康等因素及客观环境条件等。因而在评价活动效果时，不能简单从效果去逆推动机，而应在动机和效果之间进行具体分析。

3. 动机的特征

动机是发动和维持消费者行为的心理倾向，它具有以下特征。

（1）原发。动机是激励人们行动的原因，是发动和维持活动的心理倾向。动机一旦形成，主体就会围绕动机而进行活动。引起动机的原因是主体由于需求而产生欲望，当这种欲望与现实世界的具体对象建立了心理联系时，即成为动机。无论外界刺激如何变化，如果没有消费者主体的心理活动，就无所谓动机。这就是动机的原发性特征。

（2）内隐性。由于主体意识的作用，往往使动机形成内隐层、过渡层、表露层结构。比较复杂的活动常常使真正的动机隐蔽起来，这就是动机的内隐性。例如，消费者购买钢琴，当别人问起时，他说是为儿子学钢琴用，但真正的动机可能是显示自己富有。

（3）实践性。动机不是意向，它已经与一定对象建立了心理上的联系。所以，动机一旦形成，必将导致行为，这就是动机的实践性。因此，动机是消费者消费活动的推动者，有动机产生，就会有人的行为。他可能会用不同的方法达到目标，但都是在动机驱使下进行的。

（4）可引导性。消费者动机是可以引导的。这就是说，通过外界因素的影响，消费者的购买动机是可以发生变化的，这就是动机的可引导性。例如，消费者本来不打算购买或不想很快购买某种商品，但由于受到广告宣传的影响，就产生了购买动机与购买行为。因此，生产厂家和销售者不仅要适应和满足消费者的需求，还要引导和调节消费者的需求，使之产生购买动机。

4. 动机的变化

当动机引导激励消费者进行各种活动时，其活动并不是一帆风顺的，常常会发生变化，因而对消费者行为就会产生各种各样的影响。

（1）动机的满足。动机是在需求的基础上产生的，所以，一旦产生动机的需求得到了满足，它就不再是行为的动机，这时就会有新的动机产生，支配消费者的行为。

（2）动机的受阻。动机形成后，消费者进行活动，没有达到目的的情形，称为动机受阻。在这种情况下，个体的动机强度可能会降低，也可能会上升。这时，动机对行为的推动作用往往取决于需求的强度，需求迫切，动机强度上升，消费者会加速购买行为；相反，消费者会放弃购买行为。

（3）动机的更替。在某一种动机激发消费者活动的过程中，如果一种强度更高动机的出现，消费者可能会为满足后一种动机而暂时放弃前一种动机，这就是动机的更替。例如，消费者原来打算买一件衬衫，却遇到了式样别致、色泽漂亮的领带，于是，立刻就产生了要购买领带的愿望。在新动机支配下，他放弃了购买衬衫的动机而购买了领带。这种情况在消费者的购买活动中经常出现。

（4）动机的冲突。在进行有目的的活动中，消费者经常会面对两个以上的动机。当消费者无法确定哪一种动机占优势地位，或无法同时满足时，我们把这种消费者难于作出购买决策的心理状态称为动机冲突。动机冲突对消费者行为有重要影响。例如，市场的某种商品质地好，但款式却难以令人满意。许多消费者在对于究竟要购买哪一种商品犹豫不决，难以作出选择时，最终可能会放弃购买行为。因此，应该采取各种积极措施，缓解消费者的动机冲突，诱导购买行为的出现。

5. 动机的功能

（1）激活功能。动机是人积极性的重要源泉，它能推动有机体产生某种行为。动机的性质与强度不同，所产生激活作用的大小也不一样。

（2）指向功能。在动机的支配下，个体行为将指向一定的目标或对象。例如，在学习动机的支配下，人们可能去图书馆借书，或者去商店买书；在休闲动机的支配下，人们可能去电影院、公园等娱乐场所，并选择自己愿意参加的休闲方式。可见动机不一样，个体的活动方向以及它所追求的目标也不同。

（3）维持和调整功能。当行为产生以后，人们是否坚持进行这种活动，同样要受到动机的调节和支配。当活动指向个体所追求的目标时，相应的动机便得到强化，某种行为就会持续下去；相反，当活动背离个体所追求的目标时，相应的动机则得不到强化，就会降低继续行为的积极性或者使行为完全停止下来。这里应当指出，个体将活动结果与原定目标进行对照，是实现动机维持和调整功能的重要条件。

（4）动机的强化作用。动机支配人们的行动。行动的结果对该行为是否再次发生具有加强或减弱作用。满足动机的结果能够保持和巩固行为，称为"正强化"；反之，行为就会减弱或消退，称为"负强化"。

动机除了具有激活和维持行为的功能以外，它与活动的关系十分复杂，一是同一种动机可以激发不同的行为；二是同一种行为可能由不同的动机所引起；三是一种行为常常是几种动机共同作用的结果。在同一个人身上，活动动机也可能是多种多样的，其中有些动机占主导地位，称为主导性动机，其他动机处于从属地位，称为从属性动机。个体活动往往不受单个动机的驱使，而是由它的动机系统所推动的。当我们谈到动机和动机状态时，通常有两层含义，一个是活动性，有动机的个体相对于没有动机的个体具有较高的活动水平，能对其行为发生推动作用。二是选择性，具有某种动机的个体，其行为总是指向某一目的，其他方面则可能被忽视，使其行为表现出明显的选择性。所以，人们往往凭借个体选择什么而判断其动机的方向。

5.2.2 消费者的购买动机分析

消费者在购买商品时，在心理上事先都经过许多考虑，即使是每天所需要的简单必需品也不例外。消费者生活在复杂多变的社会环境里，他们的需要、兴趣和情感多种多样，激励消费者购买的动机也是多种多样的。对于消费者购买动机的分类，目前公认的有以下两种方法。

1. 本能性购买动机

一般消费者为了维持和延续生命，都有饥饿、口渴、寒暖等生理本能。这种生理本能引起的动机叫做本能动机，也被称为生理性动机。因为人类为了生存和发展，需要生存、享受和发展3类资料，与此相对应，消费者动机可以分为生存性、享受性和发展性3类购买动机。

（1）生存性购买动机。这是消费者纯粹为了满足自身生存的需要而激发的购买动机。例如，消费者一日三餐是满足其免除饥饿的需要，穿衣戴帽是为了保暖的需要。患病求医、养儿育女等也需要消费各类商品和服务。这些需要都是消费者的生理性购买动机。

（2）享受性购买动机。这是由于消费者对享受性资料的需求而产生的购买动机。人类在满足基本生活需要的基础上，随着社会经济的不断发展，生活水平不断提高，自然会产生享受的需求，使得人们的生理需求得到更好的满足。不仅要吃饱穿暖，有栖身之所，还要吃得科学营养，穿得美观大方，住得舒适宽敞，要充分利用现代社会为人们所提供的各种现代化设施。现代人们的生活中，享受性购买动机越来越成为支配人们购买活动的主要动机。例如，商品是否美观漂亮，是否时髦新颖，制作材料是否精良先进，使用性能是否完备，是否能给人们生活带来方便与舒适的多种功能等，都会成为激发享受性动机形成的主要诱因。

（3）发展性购买动机。这是消费者为了满足自我实现的需要，即满足消费者个性发展的需要而产生的购买动机。例如，学习用品、各类书籍、用于智力开发和终身教育的用品，以及其他有个性的商品。因为人们总是追求自我的不断发展与完善，所以各种有利于教育的配套商品，受到消费者的普遍欢迎。另外，成人表现自我、表现个性的观念也很强烈，尤其是国际市场营销中，商家更应注意消费者的自我实现需要。

以上3种不同的购买动机，不是截然分开、互不相关的。之所以把第一种动机称为生理性购买动机，是因为它与维持和延续生命有关。最后一种动机是在前面两种动机的基础上形成和发展的。纯粹的生理性购买动机激发的购买行为具有经常性、习惯性和重复性的特点；享受性购买动机引起的购买行为具有紧跟形势、适应潮流的特点；发展性购买动机激发的购买行为具有代表性特点。

2. 心理性购买动机

由消费者的认识、情感和意志等心理活动过程而引起的购买动机，称为心理性购买动机。消费者的心理性购买动机可以分为4种。

1）情感动机

情感动机是由消费者的喜欢、快乐、舒适、好奇、好胜和嫉妒等情绪或情感所引起。

（1）骄傲与野心。这是在日常生活中最普遍、最强烈的购买动机。消费者为了满足自己的野心或骄傲感而购买的商品。例如，有地位的女士会购买黄金首饰、钻石、貂皮大衣等，而成功男士则会购买名牌手表、名牌汽车、别墅等。

（2）竞争或好胜。所购买的商品至少要向他人看齐，甚至要设法超过他人，才能满足内心的需要。

(3) 尝新欲望。以尝新为光荣之事,要驾驶第一部上市的摩托车,穿最新潮的衣服,以达到吸引他人注意力的目的。

(4) 舒适欲望。在力所能及的范围内,为追求个人或家庭的舒适,尽量在衣、食、住、行方面购买最好、最舒适的商品。

(5) 娱乐欲望。购买最新式的乐器、音响、电视机等商品充分享受人生乐趣。

(6) 感官满足。吃山珍海味,看电影、电视,为满足口腹欲望及味觉、视觉、听觉的享受而购买的商品。

(7) 种族生存。例如,为求爱、取悦伴侣、结婚、照顾儿童而购买美丽的服装、香水、饰物、瓷器、新家具等商品。

(8) 生命延续。例如,购买滋补品、保险等商品,以确保生命安全,延长自己寿命。

(9) 特殊嗜好。购买的商品,完全是为了满足个人的特殊嗜好。例如,购买各种古玩、工艺品等。

(10) 占有意识。购买完全以占有为目的,而对该商品是否有用并不在乎。

2) 理智动机

消费者通过对新商品的认识并经过分析、比较之后所产生的动机,称为理智动机。有理智的消费者,购买商品常常具有客观性、周密性特点。

(1) 容易使用。商品构造精巧,容易使用。例如,易于开启和使用的方便食品等。

(2) 增加效率。使用可以提高工作效率的工具或设备,例如,手提电脑、手机等。

(3) 使用可靠。商品安全可靠,例如,购买的家用电器安全可靠等。

(4) 好服务。例如,购买的电冰箱、电视机发生故障时,厂家保证负责上门服务等。

(5) 耐久。例如,购买某一品牌的电冰箱、电视机是因为其品质优良、经久耐用。

(6) 便利。例如,许多肉类、蔬菜、罐头,其包装分量刚够一顿食用,非常方便。

(7) 经济。即使商品购买时价格比较高,但是因为经久耐用,从长远来看,仍很合算。

3) 光顾的动机

即根据消费者感情和理智上的经验,对特定企业或品牌的商品产生特殊信任的动机。产生这种动机的原因很多,例如,商店地点便利,服务周到,陈设美观,质量可靠等。具有这种动机的消费者,往往是商品的忠实支持者与购买者,他们不仅自己经常光临其商店,而且对潜在消费者有很大的宣传和带动作用。根据消费者为什么会在某一特定地点购买,而不在别处购买的动机,可以分为以下6种。

(1) 地点、时间便利。例如,商店地点或营业时间使消费者感到便利。

(2) 种类繁多。商品种类繁多,衣、食、住、行、育、乐六大需要齐全,可供消费者随意选择。

(3) 品质优良。商品的品质优良。例如,蔬菜、水果特别新鲜,金银首饰品所含成色较高,构造精良,造型新颖、美观等。

(4) 服务员礼貌周到。由于服务员服务上乘,引起顾客好感,无论顾客购买与否始终如一,所以能打动顾客,使其经常光顾。

(5) 信誉良好。商店货真价实,公平交易,童叟无欺等。

(6) 提高信用及服务。例如,允许顾客赊欠、分期付款,负责运送,并保证品质不佳时可以退货等。

4) 社会动机

每个消费者都在一定的社会环境中生活,并在社会教育的影响下成长。因此,消费者的需求与欲望,动机和行为必然会受其所处的社会地位、社会角色、社会文化、环境和相关群体的影响。这种由于后天社会因素所引起的动机,称为社会动机。在其支配下的消费行为主要是为了与社会环境保持平衡。社会动机又可以分为以下 3 种:① 政治动机,即地位、威望和归属感等需要所引起的动机;② 文化动机,即知识技能、宗教、风俗、习惯等需求所引起的动机;③ 社会学动机,即友爱、相关群体、交往需求等所引起的动机。

5.2.3 影响消费者购买动机的因素

购买动机是引起消费者购买行为的内在动力。因此,研究购买动机的形成、发展和变化,对于全面了解消费者购买行为具有十分重要的意义。由于消费者所处的社会环境及消费者心理活动的复杂性,影响购买动机的因素也是多种多样的,主要有以下 4 个方面。

1. 消费者对外界刺激的不同心理反应

心理学研究表明,消费者购买动机的形成,首先是在刺激物的作用下产生需求欲望,然后才转化为动机,进而导致个体的消费行为。刺激可能来自身体内部,例如,饥、渴、寒、暖等,也可能来自于外部环境,例如,看到商店陈列的商品,各种广告宣传等。由于消费者本人的个性特征不同,对刺激的反应也不同。例如,当一部手提电脑摆在消费者面前,对商品观察识别能力较强的消费者,会立刻调动自己的各种感觉器官对商品进行感知,回忆过去的购买经验,比较同类商品的特点,并且可以迅速而客观地对商品进行评价,引起需求欲望,然后作出购买决策;而观察识别能力较差的消费者,面对商品则没有积极的心理活动,或者根本不会注意到这部电脑的与众不同之处,当然也不会引起购买行为。所以说,同一刺激,由于消费者接受与反应能力的差异,就会导致不同的消费行为。此外,消费者的兴趣、爱好、性格等因素,对动机模式也会产生较大影响。例如,有的消费者兴趣广泛,想象力丰富,在刺激物的作用下,能够迅速形成购买动机,有些人则性格开朗、活泼,善于交际,信息来源广泛,购买动机的形成比较迅速,有些消费者性格沉静,观察问题深刻,独立性强,购买的动机形成较慢,且有较强的理智性与稳定性。由此可见,消费者心理特征是影响其购买动机的重要因素之一。

2. 消费者的价值观对购买动机的影响

价值观是指消费者对各种事物,例如,享受、幸福、劳动、贡献、成就、友谊等的价值判断。对同一事物,由于人们的价值观念不同,就会产生各种不同的行为。例如,有的人看重金钱，认为追求更多钱财是生活的目的和乐趣；有的人看重地位，其言行举止，穿着打扮处处显示出与众不同；有的人看重友谊，与人为善。凡此种种，都会在购买行为中体现出来。我们常常可以见到有些消费者对能够反映人们身份地位的商品十分感兴趣，追求商品的外观造型、款式和商品名气，喜欢购买高档装饰商品、享受商品、时尚商品、名牌商品等。有些消费者的价值观念比较保守，并且相对稳定，喜欢购买过去经常消费且对其性能、特点十分了解的商品，追求商品的实用价值，对商品的价格高低、质量优劣特别敏感，并以此作为评价商品好坏的标准。

3. 消费者期望水平高低对购买动机的影响

所谓期望水平是指消费者从事某种活动所要达到某一标准的心理欲望。消费者在动机形成后，在未采取行动之前，往往就会预先估计行动所能达到的结果。如果行为结果达到了预先估计的标准，就会产生成就感与满足感，否则就会产生失败感和挫折感。一般来说，如果个体达到预期目的的成功率较高，其期望水平就高；成功的比率低，其期望水平就低。期望水平的高低对动机的形成与改变有一定影响，一般来讲，期望值越大，所达到的目标对个人越重要，则动机形成就越迅速，越坚定，对人们行为的推动力量就越大。在实际购买活动中常常会发现，有些消费者购买动机十分强烈，一旦购买动机形成，消费者会在动机驱使下，积极进行活动，排除各种干扰，完成购买行为。而有些消费者购买动机的激励作用较弱，购买活动一旦受阻，便会很快放弃购买行为。这主要是由于个人的期望水平较低，缺乏自信心，或者是目标满足个人需要的程度较轻，与个人利害关系不大。在很多情况下，消费者的购买行为与其性格、意志有一定关系。

4. 营业员的售货对消费者购买动机的影响

外界客观条件刺激是消费者购买动机形成和改变的重要原因之一。而在外界条件刺激中，营业员的服务质量又是形成消费者购买动机的重要因素。许多消费者购买某些商品往往事先没有明确的购买动机，只是在逛商店时，某些商品引起他们的注意，于是通过多种方法来了解商品的质量、性能、特点。例如，征求营业员的意见，了解他们对商品的评价。如果营业员能够详细、客观地说明商品的性能、特点及使用中的注意事项，就会使消费者对营业员产生信任感，在营业员的诱导下会形成对商品肯定的态度。同时，营业员和蔼亲切的服务态度，方便完善的服务方式会增加顾客对营业员的好感，从而会进一步促使购买动机的形成。反之，营业员态度冷淡，语言生硬，对消费者的询问漠然置之，或一问三不知，甚至冷嘲热讽，都会引起消费者不同程度的心理反感，形成抗拒心理，继而抑制了消费者购买动机的形成，即使本来有明确的购买目的，也不会引起购买行为。

由此可见，营业员的服务质量对消费者购买动机的形成与发展有十分重要的影响。这就要求营业员切忌使用千篇一律、死板生硬的服务办法，而要根据不同消费者的心理特点，做好现场销售服务工作。

5.2.4 广告与消费者动机

广告不仅要符合消费者的心理需要,而且还要激发消费者的需要和动机,促成消费行为的实现。需要和动机的激发可以有3种方式,即生理的激发、认知的激发和环境的激发。

在这3种激发中,环境激发是广告中最常涉及的一种。所谓环境激发,是指在特定环境中所激起的消费者需要,这往往取决于环境中特殊的暗示。如果没有这些暗示,这些需要可能会继续潜伏。广告宣传应该成为环境刺激的重要组成部分之一。例如,一个妇女看到邻居新买了一台洗衣机时,她可能会产生对洗衣机的强烈需要;一个男人走过摩托车展销橱窗时,可能会引发拥有一辆摩托车的需要。有时,广告或环境暗示会引起人们心理上的不平衡,使人体验到强烈的紧张状态,从而导致其购买行为,以消除心理紧张。例如,一位妇女开始对自己的单缸洗衣机很满意,但是,当她看到广告宣传全自动洗衣机时,便有了早晚要淘汰旧式洗衣机的需要,这一需要所引起的紧张状态直到买了最新式全自动洗衣机后才得以消除。

在实际广告宣传中,广告激发消费者购买动机最常见的方法有两种途径:其一是调动积极动机,克服消极动机;其二是充分发挥理智动机和情绪动机的作用。

1. 要调动积极动机,克服消极动机

一般来说,动机的方向可能是积极的,也可能是消极的。哪些趋向于某种客体或条件的驱动力是积极的,哪些摆脱和背离某种客体或条件的驱动力则是消极的。一些心理学家认为积极驱动力就是需要或愿望;消极驱动力就是恐惧、不安或厌恶。广告宣传就是要调动消费者积极的动机,唤起人们潜在的消费需求,避免或克服人们对某种产品的担心、忧虑甚至恐惧。例如,微波炉是一种方便和快捷的现代化炊具,在忙碌、紧张的现代生活中,人们很需要这种炊具,但不少人又担心微波炉所发出的电磁波会影响人们的健康。在这种情况下,广告应着力宣传微波炉能满足消费者方便、快捷的需要,以解除人们对其安全性的担忧。

因此,调动积极动机和克服消极动机是广告宣传中密不可分的两方面,在进行广告宣传时要巧妙使用,以达到既能调动积极动机,又不要过多突出消极动机的效果。

2. 要充分发挥理智动机和情感动机的作用

在心理学中,理智动机与情感动机既密切联系又对立统一。理智动机是消费者通过对商品的感知认识并经过分析、比较之后所产生的动机。这类消费者购买商品主要依据商品的客观标准,如大小、轻重、优劣等。而情感动机是由人们喜欢、快乐、舒适、好奇、好胜和嫉妒等情绪情感所引起。这类消费者往往以个人主观标准来选择所购买的商品。

广告宣传中可能会经常遇到两种动机相冲突的情况:例如,合乎理智的,不合乎情感;合乎情感的,不合乎理智。由于两者存在相互作用,所以广告宣传不能过多地强调一个方面,而偏废另一方面;不能只发挥一种动机作用,而忽视另一种动机的作用。必须使两者相辅相成,才能真正激发消费者的动机。如果一则广告,不仅能调动消费者的理智动机和情感动机，而且又能使两者达到统一，那么它对商品的促销作用是不言而喻的。

总之，广告的制作、宣传必须充分考虑到消费者的需要和动机，离开了这个最基本点，再优美的画面，再先进的传播媒介，再昂贵的费用，都不能给企业带来任何收益。

1. 什么是需要？需要的种类有哪些？
2. 需要对消费者的购买行为有哪些影响？
3. 什么是动机？动机对消费者的购买行为有什么影响？试举现实生活中的事例来说明。
4. 在广告宣传中，广告商该如何激发消费者的需要和动机，以促成消费行为的实现。

案例分析

依云的青春之水和活力之水

依云（Evian）瓶装矿泉水产自法国一个只有 7 300 居民的依云镇，该镇毗邻日内瓦湖，背靠雄伟的阿尔卑斯山。天然纯净的地理环境，加上由于千万年地质运动形成的特殊地貌，使得这里生产的依云矿泉水含有充分平衡的矿物质并且绝对纯净。

依云的品牌广告语：Live young。

依云水的发现是一个传奇。1789 年夏，法国正处于大革命的惊涛骇浪中，一个叫 Marquisde Lessert 的法国贵族患上了肾结石。当时流行喝矿泉水，他决定试一试。有一天，当他散步到附近的依云小镇时，他取了一些源自 Cachat 绅士花园的泉水。饮用了一段时间，他惊奇地发现自己的病奇迹般痊愈了。这件奇闻迅速传开，专家们就此专门做了分析并且证明了依云水的疗效。此后，大量的人们涌到了依云小镇，亲自体验依云水的神奇，医生们更是将它列入药方。Cachat 绅士决定将他的泉水用篱笆围起来，并开始出售依云水。拿破仑三世及其皇后对依云镇的矿泉水情有独钟，1864 年正式赐名其为依云镇（Evian 来源于拉丁文，本意就是水）。Cachat 家的泉边一时间是衣香鬓影，名流云集，享受依云水。

依云矿泉水在全世界拥有高达 10.8% 的全球市场占有率。在欧美国家以外的市场，一瓶依云矿泉水的价格可以卖到比牛奶还要昂贵，而且还成为时尚和高水准生活的标志。这一非凡成就得益于依云矿泉水明确的市场区隔和持久独特的广告风格。

从品质而言，依云矿泉水拥有其他矿泉水所无法比拟的优势：第一，依云矿泉水源自法国阿尔卑斯山，全部来自高山融雪和文泽（Vinzier）高地的雨水；第二，每一滴依云矿泉水都经过长达 15 年的天然过滤和冰山砂层的矿化，绝对不含杂质以及任何人工添加的成分；第三，依云矿泉水从水的源头直接装瓶，每一滴依云矿泉水从形成到生产的最后环节直到最后送达消费者手中，都没有经过人类指头的任何一点触碰，因此能保证绝对纯净。

如何传达依云矿泉水的纯净品质以及它对人体的好处？如何让人们在广告中感受到这种来自法国的矿泉水的魅力？这些都是依云的广告要解决的重要和核心问题。依云矿泉水充分了解到人体中水的重要性，尤其是纯净的水能够给人们的身体带来活力、青春、健康的感觉。于是青春、活力、纯净等基本概念被依云矿泉水一直用来作为广告的主题。在如何表达广告主题方面，依云找到了许多巧妙的载体，比如一些给人感觉特别纯净的青春少女形象、一些活泼可爱的婴儿等，广告构思往往和水有密切的联系，整体画面都很注重基本主题的一致和统一。比如早期的女孩系列，用青春女孩扮演天使、美人鱼等形象，但每个人都离不开依云矿泉水。1999 年获得戛纳广告节的一支依云矿泉水广告：一群光着身子的孩子在碧波荡漾的水中开心的大跳水上芭蕾舞，画面经过特效处理充满动感，配乐是百老汇的歌舞剧音乐。广告语说："让我们看看依云矿泉水是如何在你身体中起作用的吧。依云矿泉水，让你保持青春和活力的源泉。"这样的矿泉水广告不仅别出心裁，而且耐人寻味，美好的形象唤起人们对依云矿泉水的美好感觉。

思考题：
1. 在本案例中，依云矿泉水的目标消费群体是哪些？
2. 在本案例中，依云矿泉水是如何通过广告策略来保持其产品的高档定位的？
3. 在本案例中，消费者的哪些需要与动机促使了依云矿泉水的成功？

第 6 章

消费者的态度

> **本章要点**
> - 掌握消费者态度的基本构成、特性和作用
> - 掌握消费者态度形成的理论
> - 掌握影响消费者态度形成与转变的因素
> - 了解消费者的几种特殊心理表现

消费者的态度是消费者在购买活动中的重要心理现象,是消费者确定购买决策、执行购买行为的心理倾向的具体体现。态度的形成与改变直接影响消费者的购买行为。深入分析消费者的态度及各种特殊心理反应,对于全面研究消费者的心理与行为特点,具有重要的意义。

6.1 消费者态度概述

6.1.1 消费者态度的基本构成

态度是指人们对客观事物或观念等社会现象所持有的一种心理反应倾向。基于这种反应,个人对某一事物(或观念)或一群事物(或观念)作出表达。反应方式可以是良好的反应,如赞成、支持、欣赏等;也可以是不良的反应,如反对、拒绝、厌恶等。态度总是针对客观环境中某一具体对象产生的,表现为对某种事物的态度,而消费者通常以某类可供消费的商品或劳务作为具体的接触对象。因此,消费者的态度就是消费者在购买过程中对商品

或劳务等表现出的心理反应倾向。

态度作为一种心理倾向，通常以语言形式的意见，或非语言形式的动作、行为等，作为自身的表现形态。因此，通过对意见、行动的了解和观察，可以推断出人们对某一事物的态度。同样，通过消费者对某类商品或服务的意见和评价，以及积极、消极乃至拒绝的行为方式，也可以了解其对该类商品或服务的态度。例如，当观察到消费者对某品牌电器购买踊跃时，就可以推断出消费者对该品牌持肯定、赞赏的态度。

消费者的态度由认知、情感和行为倾向3种因素构成。各个因素在态度系统中处于不同的层次地位，担负不同的职能。

1. 认知因素

认知是指对态度对象的评价，是构成消费者态度的基石。它表现为消费者对有关商品质量、商标、包装、服务与信誉等的印象、理解、观点、意见。消费者只有在对上述事物有所认知的基础上，才有可能形成对某类商品的具体态度。而认知是否正确，是否存在偏见或误解，将直接决定消费者态度的倾向或方向性。因此，保持公平、准确的认知是端正消费者态度的前提。

2. 情感因素

情感是在认知的基础上对客观事物的感情体验，它是态度的核心。它表现为消费者对有关商品质量、商标、信誉等喜欢或厌恶，欣赏或反感的各种情绪反应。如果说认知是以消费者的理性为前提，那么情感则带有非理性倾向，它往往更多地受消费者生理本能和气质、性格等心理素质的影响。情感对于消费者的态度形成具有特殊作用。在态度的基本倾向或方向已定的条件下，情感决定消费者态度的持久性和强度，伴随消费者购买活动的整个过程。

3. 行为倾向因素

行为倾向是指态度对象作出某种反应的意向，形成消费者态度的准备状态。它表现为消费者对有关商品、服务采取的反应倾向，其中包括表达态度的言语和非言语的行动表现。例如，消费者向他人宣传某商品的优越性、实际从事购买等。行为倾向是消费者态度的外在显示，同时也是态度的最终体现。只有通过行为倾向，态度才能成为具有完整功能的有机系统。此外，行为倾向还是态度系统与外部环境进行交流和沟通的媒介。通过语言和非语言行为倾向，消费者可以向外界表明自己的态度，其他社会成员、群体、生产厂家及商品经营者也可以从行为倾向中充分了解消费者的真实态度。

一般而言，认知、情感、行为倾向的作用方向是相互协调一致的，而消费者的态度表现为三者的统一。但是，在特殊的情境中，上述3种因素也有可能发生背离，呈反向作用，以致使消费者的态度呈现矛盾状态。例如，消费者预先了解到某种商品在使用寿命或功能上存在不足，但由于对商品外观具有强烈的好感或偏爱，因而促成其"明知故买"。又如，对某些高档耐用消费品如电脑，消费者认为有必要且愿意购买，但在行动上却因某种原因一再拖延。由此可见，在态度的各项构成因素中，任何一项因素发生偏离，都会导致消费者态度的失调和作用的不完整，而其中尤以情感定势和行为习惯对完整态度的形成具有特殊作用。

6.1.2 消费者态度的一般特性

1. 态度的对象性

态度总是有所指向,可以是具体的事物,可以是某种状态,还可以是某种观点。人们做任何事情,都会形成某种态度,如对商品的反应、对商家的印象、对服务员的看法等,没有对象的态度不存在。

2. 态度的社会性

消费者对某类商品或服务的态度并非与生俱来,而是在长期的社会实践中不断学习,不断总结,由直接或间接的经验逐步积累而成的。离开社会实践,特别是消费实践活动,离开与其他社会成员、群体或组织的互动,以及将社会信息内化的过程,则无从形成人的态度。因此,消费者的态度必然带有明显的社会性和时代特点。

3. 态度的价值性

在消费活动中,消费者之所以对某类商品或服务持有这样或那样的态度,无不取决于该商品或服务对自己具有的价值大小。实现价值大的,消费者就持积极的态度倾向;反之,实现价值小或无价值的,消费者则持消极的态度倾向。因此,从一定意义上说,价值成为决定消费者态度的本质特性。

4. 态度的稳定性

由于消费者的态度是在长期的社会实践中逐渐积累形成的,因此,某种态度一旦形成,便保持相对稳定,而不会轻易改变,如对某种品牌的偏爱,对某家老字号商店的信任等。态度的稳定性使消费者的购买行为具有一定的规律性和习惯性,从而有助于某些购买决策的常规化和程序化。

5. 态度的差异性

消费者态度的形成受多种主客观因素的影响和制约。由于各种因素在内容、作用强度及组合方式上千差万别,因此,消费者的态度也人各一面,存在众多差异。不仅不同的消费者对待同一商品可能持有完全不同的态度,而且同一消费者在不同的年龄阶段和生活环境中,对同一商品也可能产生截然不同的态度和感受。态度的差异性对消费者市场细分具有重要意义。

6.1.3 态度在消费者购买行为中的作用

在日常的购买行为中,消费者何时、何地、以何种方式购买何种商品,取决于多种因素,其中态度具有极其重要的作用。

购买行为是消费者产生购买动机,形成购买意图,采取购买行动的连续过程,其中购买意图是导致实际购买行动,并最终完成购买过程的关键,而明确的购买意图来自对商品或服务的坚定信念和积极态度。凡对某商品的商标、质量、外观等抱有好感或偏爱，持肯定、赞赏态度的消费者，在产生购买需要时，必定首先将意念集中于该商品，进而导向该商品的实际购买。因此，消费者的态度与购买意图、购买行为成正相关关系，并且这一关系被大量的调查结果所验证。例如，美国学者班克斯对芝加哥地区 465 名主妇调查 7 种商品的偏爱商标、购买意图和实际购买的相互关系。结果表明，偏爱商标与购买意图几乎相同。在被调查者中，96% 左右在有购买意图的商标内都包括她们最喜爱的商标。正是由于态度与购买意图及购买行为具有如此密切的关系，因此，通过对消费者态度的了解即可推断其行为状况，也可以预测出对某商品的销售前景或潜力。

一般来说，态度在消费者购买行为中具有以下作用。① 导向功能。导向功能又称适应功能，即在纷杂的商品世界中，将消费者的意念直接导向能满足其需要的商品，使购买行为和消费者需要相互衔接和适应。② 识别功能。识别功能又称认知功能，即在态度倾向性的支配下，广泛搜集信息，了解和鉴别有关商品或劳务的性能、质量及功用，并评价其对消费者的价值大小，从而为正确制定与实施购买决策奠定基础。③ 表现功能。表现功能是指通过态度表现出消费者的性格、志趣、文化修养、价值观念及生活背景等，同时反映消费者可能选择的决策方案和即将采取的购买行动。④ 自卫功能。当消费者的个别行为与所属群体的行为相左，或与社会通行的价值标准发生冲突时，消费者可以通过坚持固有态度以保持自身个性的完整；或者适当调整和改变态度，求得与外部环境的协调，从而减少心理紧张，保持心理平衡，同时增强对挫折的容忍力与抗争力。

6.2 消费者态度的变化

6.2.1 消费者态度的形成

态度的形成与态度的改变是同一个问题的两个不同方面，态度的形成是从无到有的过程，态度的改变是由于某种信息的影响而使原有态度发生变化的过程。旧有态度的改变就是新态度形成的过程。态度的形成是一个学习的过程，受到众多因素的影响。从大环境来说，文化背景、风俗、民俗等对个体态度的形成起着重要的作用。从个体的角度出发，消费者态度的形成受以下一些因素的影响。

1. 通过亲身经历形成态度

消费者可以通过个人的经历，尤其是重要的经历，以及与这些经验相关联的情绪体验，而形成态度。例如，童年时第一次购物经历等。而外界的强化，如广告宣传，可以加速和巩固这种态度。

2. 通过观察学习形成态度

态度还可依靠模仿性的观察学习而形成。儿童态度的形成常常是观察他人，并在心理上认同一定的对象，模仿并学习他的行为，由此获得与此相应的态度。例如，儿童在消费购物上会观察模仿父母而得到最初的态度，而少年更会受到同伴的影响。成人在消费时，也会因模仿而形成一种态度。以服装流行为例，许多消费者在着装上并不考虑自身的特点，而是观察模仿影星、服装模特等人的着装，或观察发现街上流行什么着装而去模仿，由此对着装方式与服装款式形成某种态度。广告可以利用广告中的人物制造这种流行，以使消费者效仿。

3. 通过学习知识形成态度

消费者也可以通过知识的获得而形成态度。在学习知识的过程中，其新的认知同已有的知识结构发生相互作用，从而影响对当前事物的认识，形成消费者的态度。

4. 群体的压力促进态度形成

如果某消费者把自己归属于某个群体，并十分认同这个群体，那么这个群体的态度，会对个体消费者造成某种压力，进而促使其形成与群体相同的态度。

例如，在广告中诉说白领丽人是如何使用某种商品的。于是在消费者中把自己归属于白领丽人群体的女性，就会受此影响，认为这一群体的人就是这样消费的。既然群体中其他人都如此，个体要保持与群体的一致，于是形成与广告中白领丽人一致的态度。在此所说的个体，是对某个群体有着很强的归属感的人，所以才能因为群体压力而形成某种态度。

5. 需要的满足可以形成态度

当消费者的某种需要得以满足时，会产生愉悦的情绪体验，同时会对满足他此种需要的事物产生好感，作出肯定评价，形成积极的态度；当消费者需要未得到满足时，会使其心理受挫而产生消极的情绪体验，从而对未能满足其需要的事物作出消极的评价，形成消极的态度。

6.2.2 消费者态度的改变

消费者态度的改变是指已经形成的态度在接受某一信息或意见的影响后引起的变化。众所周知，消费者任何态度的形成，都是消费者在后天环境中不断学习的过程，是各种主客观因素不断作用影响的结果，主要的影响因素包括消费者的需求欲望、个性特征、知识经验、生活环境、相关群体的态度等。尽管态度一旦形成后，就成为消费者人格的一部分，影响其心理活动和行为方式，但是，由于促成消费者态度形成的因素大多具有动态性质，且处于不断变动之中，因此，某种态度在形成之后并非一成不变，而是可以予以调整和改变的。

1. 消费者态度改变的方式

根据变化方式的不同，消费者态度的改变可以分为性质的改变和程度的改变两种方式。

1）性质的改变

性质的改变表现为态度发生方向性的变化，即由原来的倾向性转变为相反的倾向性。例如，消费者对某名牌冰箱一直抱有好感，但购买后频频发生质量问题，从此对该品牌失去信任，即由积极肯定的态度改变为消极否定的态度。

2）程度的改变

程度的改变表现为态度不发生方向性变化，而是沿着原有倾向呈现增强或减弱的量的变化。例如，通过实际使用，消费者对微波炉由一般感兴趣发展为大加赞赏，并极力向他人推荐，即态度的积极程度得到了加强。

在实际活动中，上述两种方式的区分并非是绝对的。在性质的改变中包含着程度或量的改变，而量的改变积累到一定程度，又会引起质的变化。通过各种途径将消极态度转化为积极态度，使一般的好感增强为强烈的赞许、支持，同时阻止积极态度向消极态度退化，力求使恶意或反感得到弱化，这正是改变消费者态度的目的所在。

2. 消费者态度改变的途径

由于消费者态度是在诸多影响因素的共同作用下形成的，当影响因素发生变化时，消费者的态度也将随之改变。因此，凡是促成影响因素变化的措施，都可以成为改变态度的途径。但是，由消费者权利和行为的高度自主性决定，对其态度的改变不能采取强制、压服的方式，而只能通过说服诱导，促成消费者自动放弃原有的态度，接受新的意见观念；否则，态度的改变就有可能停留于表面现象，不能内化为稳定的心理倾向，并且稍遇挫折便会发生反复。由此可见，态度的改变过程同时也是说服与被说服的过程。

按照方式的不同，说服可以分为直接说服与间接说服两类。

1）直接说服

直接说服就是以语言、文字、画面等为载体，利用各种宣传媒介直接向消费者传递有关信息，以达到改变其固有态度的目的。直接说服的效果优劣受信息传递过程中各种相关因素的影响，主要包括3个方面。

（1）信息源的信誉和效能。前者指信息发出者和信息本身的可信程度，后者则指所发信息是否清晰、准确、易于理解和记忆；一般来说，信息发出者的信誉越高，消费者对信息的相信和接受程度越高，说服的效果就越好，改变态度的可能性也就越大。另外，信息本身的质量优良，内容真实可信，表达形式完美，也容易给消费者留下深刻、美好的印象，增加心理开放程度，减少抵触情绪，从而增强说服效果。

（2）传递信息的媒介和方式。在现代信息社会中，传递消费信息的媒介渠道多种多样，主要包括：各种广告媒介，如网络、报纸、杂志、电视、广播、招贴、橱窗、模特等；面对面口传信息，如上门推销、召开顾客座谈会、售货人员介绍商品、消费者之间相互推荐、交流情报等。研究表明，不同的传递媒介对消费者的说服效果不尽相同。为此，在向消费者进行说服时，应当根据信息的内容、消费者的特点及情景条件选择适宜的媒介方式。

（3）消费者的信息接收能力。当商品信息以恰当的媒介渠道准确、清晰地传递至消费者时，消费者的接收能力就成为影响说服效果大小的决定性因素。接收能力是消费者的动机、个性、文化水平、知觉、理解、判断等方面能力的综合反映。由于消费者在上述方面存

2) 间接说服

间接说服又称间接影响，它与直接说服的主要区别在于前者是以各种非语言方式向消费者施加影响，通过潜移默化，诱导消费者，自动改变态度。间接影响可以采取以下方式进行。

（1）利用相关群体的作用。消费者生活在一定的社会群体或组织中，所属群体在消费方式上的意见、态度、行为准则等对消费者的态度有着深刻而重要的影响。消费者总是力求与本群体保持态度一致，遵从群体规范，以便求得群体的承认、信任和尊重，满足其归属的需要。而当群体的态度及行为方式发生变化时，消费者也会自觉对原有态度作相应调整，使之与群体相统一。因此，利用上述相关关系，推动某一群体改变原有消费方式，就可以有效地促使消费者自觉地改变态度。

（2）亲身实践体验。许多片面的、与事实不符的消费态度，往往是在消费者对商品的性能、功效、质量等缺乏了解，而又不愿轻信广告宣传的情况下产生的。针对这类状况，可以提供必要条件，给消费者以亲自尝试和验证商品的机会，通过第一手资料达到消费者自己说服自己的目的。实践证明，亲身体验的方式往往具有极强的说服力，对于迅速改变消费者态度有着其他方式无法比拟的效果。

从以上方面可以看出，直接说服与间接说服对于消费者态度的改变具有不同的作用方式和效果。在实践中，为了诱导消费者态度向预期的方向转化，应当恰当选择改变途径，并酌情配套使用各种方式。

6.2.3 消费者态度的测量

在现实生活中，消费者对某类商品或服务的态度在形态上表现为一种心理活动和行为的准备状态，无法直接加以观察，因此，必须采取一定的技术方法进行间接测量。所谓"消费者态度的测量"，就是指运用科学的测量方法和技术手段，广泛调查、汇集有关态度的事实资料，并加以定性定量分析，以求得关于消费者态度的正确结论。

态度测量是消费者态度研究的重要方面。通过态度测量，可以推断消费者的行为，预测市场需求的变化趋势；有助于实现市场细分化，制定合理的营销策略；可以发现改变消费者态度的最佳途径，有效地引导消费；还有助于企业为消费者提供适销对路的产品和良好服务，更好地满足消费者的需要。

精确的态度测量结果是研究消费者态度和进行科学立论的事实依据。为了使测量结果具有高信度和高效度，在测量中必须遵循客观性、代表性、时效性、广泛性等基本要求；同时，还要采用科学的测量方法和技术手段。应用于消费者态度测量的主要方式有问卷法、自由反应法、现场观察法等。

6.3 消费者的特殊心理表现

消费者在购买活动中，之所以作出这样或那样的不同决策，采取迥然相异的行为方式，除了与所持态度的一般心理特性密切相关之外，还会因某些外部刺激方式及程度的不同，产生逆反心理、预期心理等特殊心理反应。

6.3.1 消费者的逆反心理

1. 消费者逆反心理的表现

所谓"逆反心理"，就是作用于个体的同类事物超过了所能接受的限度而产生的一种相反的心理体验，是个体有意脱离习惯的思维轨道而进行反向思维的心理倾向。

逆反心理是一种普遍的、常见的心理现象，它广泛存在于人类生活的各个领域和层面，也同样大量地存在于消费者的消费活动中。消费者在从事消费活动时，不断接受来自商品本身、广告宣传及厂商的各种各样的消费刺激。倘若某种刺激持续时间过长，刺激量过大，超过了消费者所能承受的限度，就会引起相反的心理体验，产生逆反心理。

在现实生活中，由于消费刺激的内容不同，消费者的逆反心理也有多种不同的表现形式。常见的逆反心理现象有以下4种。

1）感觉逆反

消费者的感觉器官持续受到某一消费对象的过度刺激，会引起感受力下降，形成感觉适应。例如，连续品尝甜食，会降低对甜度的感受，产生味觉适应；大量闻香水，会减弱对香气的感受，形成嗅觉适应；长时间观看同一商品的色彩，会使色彩的感受力下降，造成视觉适应。此时，倘若继续增加刺激量，就会引起消费者厌倦、腻烦等心理体验，对刺激物产生抵触、排斥心理。

2）广告逆反

在广告宣传中，某些不适当的表现形式、诉求方式也会形成过度刺激，引起消费者的逆反心理。比如，表现手法单一化、雷同化，会降低消费者的兴趣和注意力；同一时间连续播放几十则广告，会造成消费者的心理疲劳；过分渲染、夸大或吹嘘，会引起消费者的怀疑和不信任感；表现内容庸俗低级，以噱头吊胃口，反而会招致消费者的厌烦、抵触，以致产生"广告做得好的不一定是好货"、"广告宣传越多越不能买"的逆反心理。

3）价格逆反

价格在诸多消费刺激中具有敏感度高、反应性强、作用效果明显的特点。价格涨落会直接激发或抑制消费者的购买欲望，两者的变动方向通常呈反向高度相关。但是，受某种特殊因素的影响，如市场商品供应短缺引起的心理恐慌、对物价上涨或下降的心理预期、对企业降价销售行为的不信任等，也会引起消费者对价格变动的逆反心理，导致"买涨不买落"、"越涨价越抢购"、"越降价越不买"的逆反行为。

4) 政策逆反

政府制定的经济政策，特别是对消费者收入水平、购买力及购买投向有直接影响的宏观调控措施，如工资、价格、利率、税收等的变动，是消费刺激的重要组成部分。在不成熟的市场经济条件下，由于市场运行不规范、宏观调控体系不完善、消费者成熟度较低等原因，消费者对宏观政策及调控措施的心理反应经常与政府意图相悖，以致作出与调控方向相反的行为反应，使调控难以达到预期效果。例如，1999年，我国为了启动持续疲软的市场，曾经连续3次下调利率，而消费者在逆反心理的驱使下，非但没有提款购物，反而纷纷增加存款，导致出现利率下调、存款上升的反常现象。

除了上述各个方面以外，消费者的逆反心理还有其他许多表现形式，如购买现场的说服逆反、名人权威的示范逆反、社会公众的舆论逆反、消费时尚的流行逆反、消费观念与方式的超前或滞后逆反等。

无论是哪种形式的逆反，在心理机制上都是由于消费者对消费刺激的感受存在一定限度，超过限度的过度刺激就会削弱、抑制消费者的感受力，使之发生逆向转化。在心理形态上，逆反心理表现为消费者态度的失衡，即态度的认知、情感、行为倾向3种成分在作用方向上不一致，其中某种成分与其他成分发生偏离。

例如，消费者对商品房价格下调后应增加购买已形成认知，但在情绪上对调价持有怀疑、疑虑，从而导致整体态度倾向于不增加购买。此外，就心理反应方式考察，在逆反心理的产生阶段，消费者通常受到某种欲望、需求、思想观念或习惯性思维方式的影响和推动，对过度刺激下意识地产生逆反倾向。此时的逆反心理是非理性的、不自觉的、情绪化的和不稳定的，是一种内在的心理冲动。而在逆反心理形成并转化为相应的购买决策及行为阶段，消费者则表现为有意识地坚持逆反倾向，并为这种心理倾向付诸实现进行行动准备。这时的逆反心理是理性的、自觉的和稳定的，是公开的、合乎逻辑的态度倾向。相应地，当逆反心理处于产生阶段时，尚有可能并比较容易加以调节转化；进入形成阶段后，则很难扭转和改变。

2. 消费者逆反心理的成因

现实当中，导致消费者逆反心理形成的原因是多方面的，其中既有需要、欲望、个性思维方式、价值观念等个人心理因素，也有群体压力、社会潮流等外部环境因素。例如，具有求新需要的消费者往往富于好奇，喜欢追逐新奇，渴望变化，因而容易对传统、陈旧、一成不变的消费刺激产生逆反心理；而争强好胜的心理要求经常驱使一些消费者无视各种限制规定，有意采取相反的举动；具有高度自主性、独立性和叛逆性格的消费者，更愿意坚持自我，不受约束，并经常逆社会规范或潮流而动；崇尚传统、因循守旧的消费者则固守过时的消费观念，对新产品、新的消费方式抱有本能的排斥心理；有的消费者，外部压力越大，抵触情绪越强，越有可能采取反向行动；有的人则当大多数人持逆反心理时，采取追随和从众的方式，以逆反行为与多数人保持一致。各种导致逆反心理的因素，有些情况下各自起作用，有时也会交织在一起，综合发生作用。

3. 消费者的逆反行为模式

逆反心理对消费者行为具有直接影响。在一定条件下，消费者由于某种刺激因素，产生逆反的心理倾向，其消费行为也会向逆反方向进行。这种逆反行为与正常的消费行为有着明显的差异。

通常情况下，正常心理作用下的消费行为是消费者受到内部或外部因素的刺激，从而导致产生需要，引发动机，驱动行为的结果。逆反心理作用下的消费行为则完全不同。如果输入的刺激因素超过消费者所能接受的限度，引起反感、抵触、排斥的心理体验，消费者就会在逆反心理的驱使下，改变行为方向，进行相反的新的决策过程。

消费者的逆反行为同样要经历一系列程序或阶段。首先，对过度刺激加以认识，并产生相反的心理体验；然后，在逆反心理的作用下，对各种消费刺激作出否定的评价，进而重新探索可能选择的各种相反的决策方案，并从中确定与刺激方向相反的最佳决策；最后，将反向购买决策付诸实施。

以上模式是对消费者逆反行为的抽象概括，在实际当中，由于逆反心理的形成原因不同，强弱程度不一，逆反行为的表现形式也是多种多样的。因此，应该对各种逆反行为及其成因作具体分析，而不宜简单套用单一模式。

4. 调控逆反心理及行为的策略

逆反心理与行为是客观存在的一种消费心理现象，就企业而言，这种心理容易导致与企业营销方向相反的作用效果，因而必须高度重视，同时采取有效措施予以引导和调节。另外，由于逆反心理具有可诱导性，如果善于巧妙利用，也可以使其向有利于企业促销的方向转化，甚至取得其他手段无法达到的特殊效果。因此，企业营销人员应当了解、掌握消费者逆反心理的特点及其活动规律，根据各种不同的逆反行为表现采取相应的心理策略。

（1）根据消费者的感受限度，调节消费刺激量和强度，避免逆反心理的产生

在多数情况下，逆反心理是由于刺激过度造成的，因此，适当调整消费刺激量及时间和强度，使之与消费者的感受能力相适应，是预防逆反心理的首要策略。企业营销人员切不可仅凭主观意愿，任意采取高强度、全方位、连续轰炸式的宣传促销手段，如不间断地持续播放同一内容的广告，反复劝说消费者购买某一商品，连续调低或调高商品价格等，而应该采取间断式、有节奏、适度的刺激方式，以便使消费者在接受刺激后，形成正常的心理体验和行为反应。

（2）及时采取引导和调节措施，力求在萌芽阶段使逆反心理得到扭转

某些逆反心理的产生，往往是由于信息获取不全面，接收了失真或错误的信息，对信息发出源不信任，或者对未来趋势不准确的判断和预期等原因造成的。针对这种情况，营销人

员应当采取各种引导和调节措施,向消费者全面、准确地提供有关商品信息,满足消费者的知情权;应当尽量选择专家、权威人士或有影响的新闻媒体及消费者组织或个人作为信息发出源,使消费者打消疑虑,增强信任感;同时,就消费趋势作出客观、科学的分析,帮助消费者纠正不正确的心理预期。通过有效引导和调节,可以将刚刚出现的逆反心理消除在萌芽状态中,避免其形成稳定的态度,并进一步转化为逆反行为。

(3) 有意设置刺激诱因,激发消费者好奇的逆反心理,促成预期的逆反行为

对于不熟悉、不了解的新奇事物,消费者往往具有强烈的好奇心,特别是在信息通道受到人为阻隔的情况下,更易激发消费者探求真相的欲望。利用这一心理特点,企业营销人员可以对所要传递的信息采取欲扬先抑的方法,从反向促使消费者主动寻求接收信息。例如,某国外啤酒商别出心裁地在路旁设置小木屋,四面挖有小孔,同时贴出"禁止观看"的字样,过往行人出于好奇而争相窥视——只见屋内置一酒桶,酒香扑鼻而来,引得人们的购买欲望大增。当然,运用这种故弄玄虚的策略,必须以高质量的商品及服务作为前提和保证,否则,弄虚作假,名不符实,反而会弄巧成拙,使企业名誉扫地。

(4) 发挥消费带头人的作用,促成大规模逆反行为的转化

在大规模、群体性逆反行为的情况下,应当特别注意消费带头人或意见领袖的作用。因为许多消费者之所以采取逆反行为,往往并非完全出自个人的逆反心理,而是追随大多数人行为的结果,此时,消费者的心理带有很大的盲目性、从众性。而多数人的逆反行为又经常来自对消费带头人的仿效,或者对意见领袖的服从。因此,如果能说服消费带头人和意见领袖改变逆反态度,就能够对大多数人产生广泛而有效的影响,使逆反行为在大面积蔓延之前得到及时遏制,并向有利的方向转化。

6.3.2 消费者的预期心理

1. 预期心理的含义

所谓"预期心理",是指人们在一定经济环境的作用下,根据自己掌握的有关经济形势和经济变量的信息,对自身物质利益的得失变化进行预测、估计和判断,并据此采取相应的消费策略和参与投资、商品交换等经济活动的心理及行为现象。这种现象普遍地存在于社会经济生活之中,也极其广泛地存在于消费者的消费活动中。

一般而言,消费者在制定消费决策和以各种方式参与商品交换活动之前,都会对该决策及活动的效果作出预计和估价,并根据对利弊得失的预期来选择消费方案,采取相应行动。因此,预期是消费者行为过程的一个重要环节,它构成了消费者制定和实施消费决策的先决条件,同时也体现了消费者心理和行为的共性特征及一般规律。

但是,预期作为消费者行为的基础性环节,在不同的社会环境下,其表现形式、作用方式及影响后果都存在着显著差异。造成这一差异的主要原因包括社会经济运行模式以及消费者在市场活动中的地位,经济形势的变动趋势和程度,消费者的行为选择度和选择能力,政

府对经济的干预方式、干预程度及社会信息化水平，消费者的素质，以及不同国家、民族的文化特性等诸多方面的因素。

在现代市场经济条件下，随着市场高度发育和买方市场的确立，消费者作为市场运行的主体已经居于支配性的主导地位，其消费活动的选择范围也大大扩展。与此同时，影响市场运行变化的经济变量日益增多并趋于复杂化，社会信息化水平也迅速提高，由此，消费者赖以制定消费决策和选择消费行为的预期心理便得以空前发展，并且由个别、分散的心理和行为活动扩展成为大规模的群体性社会心理及行为现象，由对市场局部性的、相对微弱的影响发展成为全局性的、具有巨大作用力的冲击力量。

正是鉴于预期心理对现代市场经济的重大影响力，西方后凯恩斯主义的预期经济学派于20世纪70年代首次提出了"预期假说"，把这一普遍存在的客观现象上升为可以认知的理性概念。许多西方国家政府亦把预期作为分析市场动态、制定宏观政策和采取调节措施的重要参数。例如，美国政府通过调查和测定消费者信心指数来估计消费者对经济形势的心理预期和消费热情，以及可能对市场即期和远期购买产生的影响，并以此作为调整经济政策的依据；欧盟则采用消费者态度指数作为基础性指标，通过调查、了解消费者的态度倾向，判定其心理预期及可能采取的行为选择，用以预测商业周期转折，制定经济规划。

2. 我国消费者预期心理的表现与引导

长期以来，预期心理作为客观存在的消费心理现象，无论在表现形式或作用方式上均未能得到充分展示。有关预期心理的研究和应用不仅没有引起理论界和企业界的应有重视，甚至长期处于空白状态。

随着我国改革进程的推进和市场环境的多次转换，消费者的市场主体地位逐步得到改善，主体意识不断增强，行为选择自由度和选择能力趋于扩大，预期心理亦由潜在状态转化为显现状态，其影响作用日益突出。但是，由于新旧体制的交替，特别是向市场经济体制的全面转换，我国的社会经济环境处于剧烈变革之中；而消费者自身的成熟度与心理承受能力较低，尚不足以适应这一变革所引起的各种摩擦和震荡。因此，预期心理的形成机制和表现形式带有很大的不规范性，其作用程度和影响后果往往呈畸形态势，并对社会生活和正常的经济秩序造成严重冲击。我国近年来的经济现实表明，预期心理的这一负效应甚至超过了某些西方国家，具体表现在以下4个方面。

1）预期非理性化

由于金融意识、风险意识相对薄弱，加之市场信息传输不畅，消费者往往不能对经济形势及个人货币投向的效用得失作出客观合理的分析判断，而经常表现为非理性地、主观片面地看待经济环境的得失变化。然后，根据错误的判断，盲目地采取行动——或者膨胀消费，不计价格质量，大量购买、囤积非必需商品；或者抑制消费，压缩正常开支，价格越落越不买。非理性预期的结果经常是事与愿违，不但使消费者蒙受利益损失，而且给经济运行带来冲击，造成商品供求严重失衡，市场呈现虚假繁荣或严重萎缩，使国民经济的正常发展受到阻碍。

2）价格变动过度敏感

自 20 世纪 80 年代中期以来，几次全国性的预期波动大都由物价上涨引起。由于多数消费者对价格变动（主要是上涨）的心理承受能力相对较弱，而几度经济过热引发的通货膨胀导致货币贬值，实际购买力降低，造成消费者对价格变动的预期过度敏感，稍有风吹草动便如惊弓之鸟，迅速作出反应并广泛蔓延，形成一个或几个地区乃至全国性的抢购风潮。相应地，对影响预期的其他因素（如利率、工资、金融形势、政策导向、市场商品供求总量及宏观经济形势等）则忽略不计，或者很少予以重视。其结果造成赖以合理预期的变量过于单一，对直接或眼前利益得失的预期比较敏感，对间接或长远利益得失的预期较为迟钝，从而大大影响了预期结果的准确性和合理预期的积极效应。

3）大规模从众

从众是在群体规范或群体压力的作用下，个体自愿或非自愿遵从大多数人意志的一种社会心理现象，这一现象同样存在于消费预期中。在我国，由于市场长期发育迟缓，消费者主体意识薄弱，自主选择和自我保护能力相对不足，加之信息系统欠发达，个人信息占有量极为有限，多数消费者面对变化起伏的市场环境，难以作出清晰的判断和理智的预期。为了避免蒙受损失，这些消费者不得不参照他人的预期，跟随大多数人的行为选择。许多人互动感染的结果，使预期呈现出明显的同向性，以致几度出现全国亿万消费者购买时间同步、购买投向集中、购买方式雷同等大规模的从众现象。从众预期引发了超前消费、攀比消费、挥霍消费或消费萎缩、消费滞后等畸形消费现象，对国民经济的协调发展和市场的正常运行造成了严重影响。

4）逆反心理趋强

国家经济政策及宏观调控措施是影响消费者预期的重要因素之一。一般情况下，消费者依照宏观政策及调控措施导向对市场变化趋势、价格涨落行情等进行分析判断，进而对个人参与投资、交换等活动的利益得失作出预期。然而，在现实当中，我国消费者的预期心理经常呈逆反状态，往往与国家政策和宏观调控导向直接相悖，"买涨不买落"、"越贱越不买"的反向消费倾向十分突出，与政府意图逆反的预期心理直接导致宏观调控无力甚至失效，使国家对经济的干预作用受到严重削弱，同时也使得企业依照市场供求变化趋势采取的种种努力失去应有的效果。

从上述方面可以看出，预期心理作为市场经济条件下客观存在的消费心理现象，在我国还远未进入成熟阶段。因此，预期心理的对市场变动趋势进行综合反映，为政府的宏观调控提供依据，对企业进行行为导向等积极作用未能得到应有发挥。相反，由于多方面原因所致，其消极作用反而暴露得比较明显。为此，加强对消费者预期心理的调节与引导，已成为摆在我们面前需亟待解决的重要课题。

首先，应当加强对社会主义市场经济条件下预期理论的系统研究。西方预期理论为预期研究提供了重要思路，但是，与国外的典型市场经济模式相比，我国现阶段以多种经济成分和多种分配形式并存为特征的社会主义市场经济下的预期心理，无论在形成机制、表现形式或作用效果方面都复杂得多，并表现出诸多特殊性，如急速出现、大面积蔓延、表象多态、变幻莫测等。为此，有必要结合实际开展对我国预期心理及现象的系统研究，深入探讨日益发展的社会经济环境与消费预期形成的紧密联系，把握其中带有规律性的东西，为调节和引导消费者的心理预期提供理论指导。

其次，要建立社会预期监测和预警系统。运用现代调查分析、模拟预测等科学方法和技术手段，随时监测消费者心理和行为的变化动向，并对可能发生的预期倾向及其后果作出准确预测，从而为宏观及微观经济决策提供依据。同时，逐步形成新的决策机制和惯例，以便使政府决策与企业及国民行为有效衔接起来，避免忽略消费者预期而导致的决策失误。特别当运用工资、价格、利率等手段进行宏观调控时，要格外关注可能引发的预期反应，务求将消费者预期导向与调控目标相一致的方向。

再次，要加强社会信息系统建设。充分利用大众传播媒体等舆论工具，广泛传输有关信息，增加透明度，促进社会公众对经济形势、产业政策、政府意图、市场变化及中长期发展趋势等情况的了解，使之在充分占有信息和宏观、微观经济格局的基础上正确判断利益得失，作出准确预期。同时，利用政府公告、专家咨询论证等方式提出权威性意见，纠正错误的意见、导向，帮助消费者澄清模糊认识，端正扭曲的心态，树立健康的预期心理，通过有效疏导和引导，预先避免和防止非正常预期心理的冲击。

思 考 题

1. 试述消费者态度对购买行为的影响。
2. 简述影响消费者态度形成的因素。
3. 简述影响消费者态度改变的因素。
4. 试述消费者态度改变的说服模式。
5. 怎样调控消费者的逆反心理及行为？

案例分析

SK-II：傲慢的代价

2005年1月，一位从事保险工作名叫吕萍的江西女性消费者，在听信了知名化妆品品牌SK-II关于"连续使用28天，细纹及皱纹明显减少47%"的广告宣传后，在南昌一家大型百货公司花840元钱，购买了一支25克包装的SK-II紧肤抗皱精华乳。结果使用28天后吕女士非但没有发现自己的"肌肤年轻12年，细纹减少47%"，反而在使用过程中出现皮肤瘙痒和部分灼痛的情况。她为此就虚假广告等问题委托律师状告SK-II。

据律师调查，此款SK-II紧肤抗皱精华乳的产品还存在成分标示不明及成分含腐蚀性物质的嫌疑。据吕女士的委托人唐先生介绍，他们撕去了这款产品瓶身上贴着的不干胶中文说明，发现瓶身原本印有产品成分的日文说明。日文标示的产品成分表明，这款SK-II紧肤抗皱精华乳的成分包括氢氧化钠、聚四氟乙烯、安息香酸钠等化学材料。其中，氢氧化钠俗称"烧碱"，具有较强的腐蚀性，而聚四氟乙烯俗称"特富龙"，"特富龙"是用于电饭煲不粘锅制造的常见化学材料。

于是唐先生认为，不在产品包装上用中文予以相关成分警示，违反了我国《产品质量法》第28条规定；中文说明不予以成分标示，则侵犯了中国消费者的知情权。

这成了宝洁遭遇品牌信用危机的肇端。

起诉当事人吕萍由于在使用SK-II产品的过程中出现了一些不良反应，曾向咨询服务人员咨询，当时咨询服务人员告诉她："等用完28天后再说!"然而28天后，不良反应更加厉害。于是，她跑到SK-II柜台理论，据说服务人员态度十分蛮横无理，还抛出一句话："你愿意到哪里告，就到哪里告去!"吕女士因此很愤怒，遂以下两点理由起诉宝洁公司。

（1）虚假广告：SK-II的广告册上宣称"使用4周后，肌肤年轻12年，细纹减少47%"，然而吕女士使用后不但未如广告中所说的那样变得年轻12岁，反而出现皮肤瘙痒和部分灼痛的情况，广告涉嫌欺诈。

（2）侵犯消费者知情权。在吕女士和其委托人唐先生撕去了该款产品瓶身上贴着的不干胶中文说明后，发现瓶身原本印有产品成分的日文说明。日文标示的产品成分表明，这款SK-II紧肤抗皱精华乳的成分包括氢氧化钠等化学材料，其中氢氧化钠俗称"烧碱"，具有较强的腐蚀性。由此，吕女士和唐先生认为，不在产品包装上用中文予以相关成分警示，侵犯了中国消费者的知情权。

2005年3月10日，宝洁中国有限公司成为被告并获法院批准，宝洁公司收到法院的传票。

正所谓好事不出门，坏事行千里。在危机出现的最初12～24小时内，消息会像病毒一样，以裂变方式高速传播，公司必须当机立断，快速反应，果断行动，与媒体和公众进行沟通。可惜宝洁公司作出的反应让人遗憾，宝洁自己切断了本来可以争取与消费者和维权者和解的可能的机会。危机发生后，SK-II"涉嫌虚假宣传"和"烧碱风波"在媒体的关注下迅速传播，从消费者投诉，到工商部门的介入，再到法院的立案，时间仅仅为数天。

2005年4月，宝洁公司到南昌市工商局签字认罚，南昌市工商局依据规定，对宝洁公司作出罚款20万元的决定。

20万元的工商处罚对宝洁用于SK-II的推广费用而言，实属"九牛一毛"。但SK-II品牌因此带来的损失却远不止这区区20万元。据宝洁内部在4月初对SK-II目标消费群体的最新市场调查数据显示，受SK-II的风波影响，SK-II消费者中有12%因此质疑产品的安全性，在高档化妆品的消费群体中，这个数据为25%。

错了再错，宝洁公司尽管承认对SK-II紧肤抗皱精华乳的实验数据的描述不够全面，并停用了该款产品的宣传册，但却心存侥幸，没有对其他产品的广告作出修改。

2005年4月7日，打假人士王海向国家工商总局举报宝洁SK-II广告欺诈消费者。王海在举报材料中称，宝洁刊登的SK-II护肤精华露的广告"能放大抗衰老功效2倍，放大美白功效3倍，放大保湿功效4倍"，所引用的各种数据未标明出处且明显没有事实依据，违反了《中华人民共和国广告法》第十条的规定。

宝洁公司又一次被人抓住了辫子，然而既然被揪住了一条辫子，为何不把所有的辫子都剪掉？宝洁公司可能真要反省一下张瑞敏先生的那句话——"永远战战兢兢，永远如履薄冰"。

在这起事件中，宝洁一直摆出理直气壮的姿态，在公众面前表现得很傲慢，即使后来采取了一些重塑品牌的努力，也已经不可避免地失去了很多挽回的机会，媒体几乎是一边倒地质疑宝洁，不管怎么说，起诉人毕竟指出了宝洁宣传手册中的错误。宝洁最终为此付出了代价，弄丢了市场，部分城市SK-II销量下跌甚至超过20%。SK-II的销量已经受到影响，而且本次风波中，宝洁公司成为媒体报道的主体，而宝洁公司又拥有大量知名品牌，整个公司的形象显然也被波及。事后，宝洁坦承公司与平面媒体特别是网络媒体沟通与合作不够的问题，并最终承认"我们错了就是错了"。

思考题：
1. SK-II案例中，消费者购买态度变化的原因是什么？给企业造成的损失是什么？
2. 你认为宝洁公司应该怎样做好消费者购买态度的转化工作？

第 7 章

群体消费心理

本章要点
- 掌握群体的内涵及其作用
- 了解社会群体对消费心理的影响
- 掌握不同年龄群体、性别群体、职业群体的消费心理特点
- 掌握家庭结构、购买力、生命周期对消费行为的影响

　　群体是指在共同目标、价值观和规范的约束之下，相互作用、相互影响、共同活动的人群集合体。同一群体的成员具有相似的心理特征和行为方式，遵循一定的群体规范。群体心理对人们的行为有着重要影响。在消费心理研究中，常以年龄、性别、职业等划分不同的群体，分别探讨不同群体的消费心理特征。群体消费心理是确定商品市场位置的主要指标之一，对不同群体消费心理特点的把握越深入、越细致，商品市场的细分就越容易、越准确。本章主要探讨不同年龄群体、性别群体、职业群体以及家庭消费心理的特点。

7.1　群体及其影响

7.1.1　群体概述

1. 群体的定义

　　在明确群体的概念之前，我们先看看研究者对群体进行阐述时所描绘的特征：有共同的目标，有共同的价值观和规范，在共同的目标、价值观和规范的引导下成员之间存在互动，

有共同的利益，愿望，并能认识到其他成员的存在，具有沟通网络和领导者的结构等。我国学者一般认为群体有4个特征：群体是具有一定结构的整体；群体是由人组成的共同体；群体具有一定的规范、价值和目标；群体的存在形式是活动。美国社会心理学家霍曼斯指出，构成群体的要素有3个，即活动、相互作用和感情。这3个要素是相互联系在一起的，任何一个群体要存在，必须有各种活动，群体成员之间必须有相互的接触和交流，并能相互影响，群体成员之间应该有共同的感情和心理倾向。从以上这些说明中我们可以看出：群体是一个人群的集合体，这个集合体有一定的结构，成员有共同的目标、价值观和规范，成员之间相互接纳，相互作用，相互影响，并且有共同活动。

2. 群体的分类

根据研究的需要，按照不同的标准把群体分为不同的类别，常见的分类有以下4种。

1）正式群体和非正式群体

美国心理学家梅奥最早从管理的角度提出了正式群体和非正式群体的划分。这是按群体内部各个成员相互作用的目的和性质所作的划分。正式群体是根据固定的目标，按照固定的编制和章程建立起来的，成员的地位、角色、权利和义务都有明确的规定。例如，政府机关、学校班级、工厂车间等都是正式群体。非正式群体是以个人的喜好、情感为基础建立起来的，成员之间无明确的规定，带有明显的感情色彩，例如，学校里各种各样的兴趣小组、学生团体等。

2）大群体与小群体

按照群体的规模大小可把群体分为大群体与小群体。大群体的主要特征是群体成员多，成员之间的联系是间接的，通过群体的目标、组织机构等实现联系，如国家、民族、观众群体等都是大群体。小群体的成员人数较少，成员之间以直接的方式接触和联系，如班级群体。

3）松散群体、联合群体和集体

前苏联心理学家彼得罗夫斯基根据群体发展水平和群体成员之间关系的密切程度，把群体分为松散群体、联合群体和集体3类。松散群体是群体发展的最低水平，只是人们在空间和时间上结成的群体，群体成员之间没有共同活动的目的、内容和意义。例如，公共汽车上的乘客、商店里的顾客都是松散群体。松散群体进一步发展就成为联合群体，联合群体的特点是人们虽有共同的活动，但活动往往只有个人意义而没有共同的社会价值，群体活动的成功或失败都直接与个人利益有密切的关系。集体是群体发展的最高阶段，群体成员以共同活动的内容紧密联系在一起，这些活动既有个人意义又有社会价值。集体一般有共同的社会目标；有严密的组织结构；有共同的、一致的价值观念和公认的行为规范；有共同的心理感受；有集体荣誉感和心理凝聚力；有自己的作风和传统。这里所说的"集体"，即是前面所说的"正式群体"。

4）假设群体与现实群体

根据群体是否真实存在，可以把群体分为假设群体和现实群体。假设群体是指为了一定的需要，人为地将某些具有共同特征的人抽象组合在一起而形成的群体，如老年群体、健康群体等。现实群体是指存在于特定的时空范围之中，成员之间有现实联系的群体，如部队的连、排、班等。

除了以上这些群体类别之外，在广告与消费心理学研究中，常常以更为具体的、与人们的消费心理关系密切的标准来对群体进行区分，如根据年龄、职业、性别、地域、爱好等来划分群体类别。这样的划分可以明确不同群体的群体心理特征和群体行为习惯，有利于商品销售的市场定位。

3. 群体的作用

群体的作用是多方面的，不同的群体其作用也不一样，但就群体作用的一般概念和内容来看，可从以下5个方面来认识。

1) 群体具有合力作用

无论正式群体或非正式群体，一旦形成就具有这种作用，这种合力一般表现为群体成员之间的向心力或内聚力。在工作中结成的群体，在长期的工作、生产实践中相互竞争、相互配合、相互促进，通过学习和知识共享，互相取长补短，可以提高群体成员的思想、知识和技能等各方面的水平，产生 $1+1>2$ 的新合力。可以说，这是群体与个体的一个重要区别。

2) 群体具有完成特定任务和实现特定目标的作用

群体就是为了完成特定任务才组成的，有群体就必然具有特定任务和特定目标，否则，群体就失去了存在的意义。群体是组织分工、承担责任的基本单位，通过群体可以实现以下组织作用。① 群体是承担和完成内容复杂、需要分工且互相依赖的任务的基本单位。例如，一个科研团队，其成员执行各自特定而又密切相关的职能。② 群体是学习和交流新思想、新知识，产生创造力的人群结合体。③ 群体能推动复杂决策的完成，解决关键性难题。例如，董事会通过脑力激荡，集思广益，可以形成合理的决策。

3) 群体具有满足群体成员心理需求的作用

群体成员的心理需求是多方面的、多层次的，有些需要是可以通过工作来得到满足的，有的则需通过群体来满足。例如，群体成员的工作成就感、自我实现感可以通过工作来满足，而群体成员的归属感、安全感则需通过群体本身来满足。管理心理学家认为，群体可以满足其成员的下列心理需求。① 获得安全感和归属感。在群体中，成员间互相帮助，互相依赖，消除了孤独、恐惧，减少了不安、焦虑，使群体内部成员获得心理上的安全感，这种安全感也带来了对群体的喜爱、认同和依恋的心里感觉，满足了归属感的需要。例如，职业的保障性给人带来的安全感，工作群体让人产生的归属感等。② 满足社交的需要。群体为人与人之间的交往提供了广阔的空间，在交往过程中，人们互相关怀、支持，获得友谊与关爱。③ 增加自信心，满足自我确认的需要。在群体中，成员可以通过与他人的社会对比来评估自己，体会自己是群体的一分子，并确认自己在群体中的地位。例如，在一次劳动竞赛中成绩优秀，知道自己是一个优秀的技术员。④ 满足成员成长和自我实现的需要。当群体成员的行为符合群体规范和群体期待时，群体会对他的行为给予种种赞许与鼓励，这对个体行为有强化作用，有利于满足成长和自我实现的需要。例如，一向沉默寡言而又缺乏自信心的人，在多次受到群体的肯定和支持后，会变得非常积极；而富有创新精神，成长需求强烈的人，在得到群体的情感、物质上的支持后，将会变得更加朝气蓬勃。

管理心理学家认为，一个有效的群体应同时在生产任务和满足成员的心理需求两方面不可偏废。要懂得只有通过努力工作，取得良好的工作成效，群体成员心理上的需求才能得到较好的满足，而群体成员的心理需求的满足又会对新的工作需求和工作成效产生很大的影响和推动作用。

4) 群体具有协调群体内人际关系的作用

在一个群体中不可避免地会出现人际关系方面的许多矛盾和问题。例如，对某一事物认识上的分歧，各成员之间在需求上的矛盾，成员之间产生的各种隔阂，群体中的小团体意识，等等。群体在这方面的作用正在于能根据各种不协调因素产生的原因，有针对性地做好化解工作。通过信息沟通，消除误会，提高认识，相互谅解，求同存异，使矛盾及时解决，协调各方面的关系，促使成员团结一致地去完成和实现群体的目标。

5) 群体具有影响与引导个体行为的作用

个体在群体中的行为要受到其他成员的心理和行为的影响，而不同于个体在单独情况下的行为方式。其表现如下。

(1) 从众行为。在群体情境下，个体的行为表现出与群体行为一致的现象称为从众行为。心理学家阿希和柯瑞奇菲曾先后做过实验，证实了许多人因为团体的压力而改变自己的看法，即使他对这个题目非常熟悉或甚至一望而知的错误也不例外。从众行为有以下几种类型：表面从众，内心也接纳——心服口服；表面从众，内心却拒绝；表面不从众，内心却接受；表面不从众，内心也拒绝。

(2) 社会助长作用。社会助长作用是指一个人在从事工作时，只要他人在场就对行为产生助长的影响。这种助长有正向和负向之分。根据杰钟克的研究分析，这是因为多数人在一起，有助于消除单调，提高熟练工作的工作动机。但对于较复杂、需要注意力集中的工作，就不一定能产生社会助长作用，他人的在场反而会妨碍工作成效。

(3) 社会标准化倾向。在群体中，每个成员行为有趋于一致的倾向。这实质上是群体为个人的行为制定标准，迫使其成员就范。

(4) 社会顾虑倾向。一个人初到一个环境中，与群体成员不熟悉时，其行为会受到许多牵制，表现出"不自在"的现象，这就是社会顾虑倾向。

4. 群体规范和群体压力

1) 群体规范

群体规范是群体所确定的每个成员都必须遵守的行为标准。它常常是一个可以接受或容忍的范围，而不是一些细则；它常常是约定俗成的、不成文的，而不是通过一定的程序正式规定的。

群体规范主要有以下几种类型。

(1) 群体绩效方面的规范。规范明确地告诉其成员：他们应该努力地工作，应该怎样去完成自己的工作任务，应该达到什么样的产出水平，应该怎样与别人沟通，等等。这类规范对员工个人的绩效有巨大的影响。

(2) 群体成员形象方面的规范。这类规范包括如何着装，对群体或组织表现出忠诚感，在何时应该忙碌，何时可以聊聊天。有些组织制定了正规的着装制度，有些则没有，但即使是没有这类制度的组织，组织成员对于上班时该如何着装，也有着心照不宣的标准。

(3) 非正式的社交约定。这类规范来自于非正式群体，主要用来约束非正式群体内部成员的相互作用。比如，群体成员应该与谁一起吃午饭，上班时和下班时应该与谁交友，等等，都受这些规范的制约。

(4) 资源分配方面的规范。这类规范主要涉及员工报酬、困难任务的分配、新型工具和设备的分发，等等。群体规范通常是在模仿、暗示、顺从的基础上自发形成的。群体存在的前提就是它的成员间行为、情绪和态度的统一。而在这个基础上，成员之间会彼此更加接近、趋同，发生类化的过程，其内部的心理机制就是模仿、暗示和顺从。大多数群体规范是通过以下 4 种方式中的一种或几种形成的。① 群体领导或某个有影响力的人物所做的明确规定。例如，群体领导可能具体地强调，在上班时不得打私人电话，休息的时间不得超过 15 分钟。② 群体历史上的关键事件。这种事件通常是群体制定某种重要规范的起因。例如，在工作中，一个旁观者离机器太近而受了伤，从这以后，群体就有了这样的规范，除操作者之外的任何人不得进入离机器 2 米之内的区域。③ 私人交往。例如，学生中私人关系比较好的人在第一次上课时，就坐在一起。如果以后上课时，有人坐了"他们"的位子，他们就会感到恼怒。④ 过去经历中的保留行为。其他群体的成员在进入一个新群体时，会带来在原群体中的某些行为，这就可能解释为什么工作群体在添加新成员时，喜欢吸收那些原来的背景和经验与现在群体相近的成员。因为这种新成员所带来的行为，与现在群体中已存在的行为可能比较一致。

群体规范有以下 3 种作用，其中的每一种都有助于确保群体成员之间采取积极、一致的行动。

(1) 支柱作用。群体规范是一个组织、群体得以维持、巩固和发展的支柱。通过保护自己的特性，群体成员对自己的作用及群体本身的作用会更加自信。

(2) 评价标准作用。群体规范一旦被其成员所认可，就会成为群体成员行为的参照标准，并用这一标准衡量是非善恶，辨别出哪些是该群体可以接受的行为，哪些是该群体不能接受的行为，从而避免对抗或者避免有可能威胁或破坏整个群体合作的事情发生。

(3) 群体动力作用。群体规范被群体成员掌握，就会变成一种外在的舆论力量。当某个成员的行为与规范相抵触，通过舆论的压力可以使成员纠正偏离的行为，回到现实中的规范中来。对于群体中的符合社会发展方向、符合部门利益的群体规范，会形成一种积极的舆论压力，促进全体成员齐心协力地实现群体目标；而错误的规范则会造成消极的舆论，对人的行为、人际关系起到不良的作用。

2) 群体压力

当一个人在群体中与多数人的意见有分歧时,便会感到不自在,心理上不安稳。这种自然而然的心理负担会使得成员违背自己的意志,产生与多数人相同的行为。社会心理学家将这种行为称为"顺从"或"从众"。

群体有一种迫使其个体的态度与行为与其他成员一致的压力存在,这种压力就被称为群体压力。心理学家克特·巴克认为,压力状态是由两方面因素构成的:一是威胁,也称"紧张刺激物";二是由个体生理上可测量的变化或个体行为组成的反应。群体压力也包括这两方面的内容。

群体压力一般分为4种类型。① 理智的压力。指以摆事实讲道理的方法使人顺从,即所谓晓之以理,以理服人。② 感情的压力。指通过各种感情的驱动,使个人趋向群体,即动之以情,导之以行。③ 舆论的压力。指通过正面或反面的舆论使个体感到不安。④ "暴力"的压力。指采取强硬的办法使个体顺从群体规范的压力。

7.1.2 消费活动中的从众行为

1. 从众行为的定义

从众行为是指个体在群体的压力下改变个人意见而与多数人取得一致认识的行为倾向。从众也是在社会生活中普遍存在的一种社会心理和行为现象。在消费领域中,从众表现为消费者自觉或不自觉地跟从大多数消费者的消费行为,以保持自身行为与多数人行为的一致性,从而避免个人心理上的矛盾和冲突。这种个人因群体影响而遵照多数人消费行为的方式,就是从众消费行为。

2. 从众行为产生的心理依据与原因

社会心理学研究认为,群体对个体的影响主要是由于"感染"的结果。个体在受到群体精神感染式的暗示或提示时,就会产生与他人行为相类似的模仿行为。与此同时,各个个体之间又会相互刺激、相互作用,形成循环反应,从而使个体行为与大多数人的行为趋向一致。上述暗示、模仿、循环反应的过程,就是心理学研究证实的求同心理过程。正是这种求同心理,构成了从众行为的心理基础。

由于人们寻求社会认同感和安全感,其结果在社会生活中,人们通常有一种共同的心理倾向,即希望自己归属于某一较大的群体,被大多数人所接受,以便得到群体的保护、帮助和支持。此外,对个人行为缺乏信心,认为多数人的意见值得信赖,也是从众行为产生的另一个原因。有些消费者由于缺乏自主性和判断力,在复杂的消费活动中犹豫不决,无所适从,因此,从众便成为他们最为便捷、安全、可靠的选择。

3. 从众行为的表现方式

消费者的从众行为多种多样,归纳起来有以下3种表现形式。

（1）从心理到行为的完全从众。当消费者对某种商品不了解时，由于群体的暗示或认为多数人的行为能提供有效信息，从而产生从众行为。

（2）内心接受，行为上不从众。这是指对形成的消费潮流从心理上已完全接受，但在形式和行为上予以保留。例如，多数美国人认为到市郊的超级市场购物既方便又便宜，而上层社会人士由于身份、地位等的顾虑，虽然内心赞成，但行动上不便支持。

（3）内心拒绝，但行为上从众。这是一种权宜从众行为。某些消费者对商品抱有抵触心理，但无力摆脱群体的压力而不得不采取从众行为。例如，在正式场合穿着西装领带是现代消费者通行的行为方式，少数消费者尽管不习惯或不喜欢，但为了避免与多数人相左，而不得不遵从这一行为规范。

4. 从众行为的特点

从众行为尽管在表现形式上有所区别，但具有以下3种共同特征。

（1）从众行为往往是被动接受的过程。许多消费者为了寻求保护，避免因行为特殊而引起的群体压力和心理不安，而被迫选择从众。在从众过程中，消费者会产生复杂的心理感受，除安全感、被保护感等积极感受外，还会有无奈、被动等消极的心理体验。

（2）从众行为现象涉及的范围有限。就总体而言，消费者的行为表现形式是多种多样、各不相同的，这是由消费活动的个体性、分散性等内在属性决定的。因此，通常情况下，让大多数消费者对所有的消费内容都保持一致行为是根本不可能的；也就是说，从众行为不可能在所有的消费活动中呈现，它的发生需要一定的客观环境和诱因刺激。例如，在社会环境不稳定、人心浮动的情况下，个人容易追随多数人的消费行为。又如，舆论误导极易使消费者因不明真相、无从判断而盲目从众。

（3）从众消费行为发生的规模较大。从众现象通常由少数人的模仿、追随开始，继而扩展成为多数人的共同行为。多数人的共同行为出现后，又刺激和推动了在更大范围内更多的消费者选择相同或相似的消费行为，从而形成更大规模的流行浪潮。所以，从众行为是消费流行的先导。

5. 影响消费者从众行为的因素

从众消费行为的发生和发展受到群体及个体多方面因素的影响，主要有以下3个因素。

（1）群体因素。一般来说，群体的规模越大，群体内持相同意见的人越多，所产生的群体压力也越大，此时越容易产生从众行为；同时，群体的内聚力、一致性越强，群体领袖人物的权威越高、影响力越大，从众行为越容易发生。再者，个体在群体中的地位越低，越容易被影响，也越容易采取从众行为。

（2）个体因素。一般来说，容易发生从众行为的消费者大多对社会舆论和他人的意见十分敏感，缺乏自信，非常注意社会和他人对自己的评价。个人缺乏足够的知识经验，导致他作出判断时必须依赖他人提供的信息，从而容易引发从众行为。有研究表明，性别差异也对从众行为有所影响，从总的情况来看，女性比男性更容易出现从众行为。

（3）问题的难度。问题的难度大小也是导致从众行为的重要因素。无论哪一种商品，只要消费者对其质量、功能和效用越难做出明确的判断，就越容易引起从众行为。有研究表明，个人在解决问题时，随着问题难度的加大，需要群体其他成员帮助、指点的必要性增加，个人对他人的依赖和信任随之增加，发生从众行为的机会也增加。

值得指出的是，从众行为作为一种多数人共同采取的大规模行为现象，必然对宏观经济运行、社会消费状况产生重要影响。这种影响既有积极的一面，又有消极的一面。一方面，由于从众现象是通过多数人的行为来影响和改变个人的观念与行为的，因此，政府部门可以通过各种媒体宣传提倡正确的消费观念，鼓励引导健康的消费行为，使之成为大多数消费者共同遵从的行为规范。然后，利用从众心理的影响，带动其他个体消费者，促进形成全社会健康文明的消费氛围。企业也可以利用从众心理，抓住时机进行宣传诱导，培育新的消费市场，引导消费时尚的形成或改变，进而促进大规模购买行为的实现。另一方面，在特定条件下，从众行为也可能导致盲目攀比、超前消费、抢购风潮等畸形消费现象的发生。对于这一消极影响，国家和企业必须采取积极措施加以防范。另外，从众行为还有可能扼杀消费者的创新意识，使新的消费观念、消费方式的推行遇到了阻力，对此，企业应予以特别关注，积极采取各种措施，最大限度地避免从众行为的不良影响。

7.1.3 消费活动中的模仿与暗示

1. 消费中的模仿

模仿是指仿照一定榜样作出类似动作和行为的过程。社会心理学家和社会学家的研究表明，人类在社会行为上有模仿的本能，这一本能同样存在于人们的消费活动中。消费活动中的模仿是指当某些人的消费行为被他人认可并羡慕时，便会产生仿效和重复他人行为的倾向，从而形成消费行为的模仿。但凡能引起个体注意和感兴趣的新奇刺激，都容易引起模仿。

在消费活动中，经常会有一些消费者作出示范性的消费行为。这些人可能是普通消费者，但他们的消费兴趣广泛，个性独立，消费行为有独创性；也可能是一些名人，如影视歌星、运动员、政界人士等；还可能是某行业的消费专家，如美食家、资深"发烧友"等。这些特殊消费者的示范性行为会引起其他消费者的模仿，模仿者也以能仿效他们的行为而感到愉快。在消费领域中，模仿是一种普遍存在的社会心理和行为现象。可供模仿的内容极其广泛，从服装、发型、家具到饮食习惯，都可成为消费者模仿的对象。

模仿行为的发出者是那些热衷于模仿的消费者，对消费活动大都有广泛的兴趣，喜欢追随消费时尚和潮流，经常被别人的生活方式所吸引，并力求按他人的方式改变自己的消费行为、消费习惯。他们大多对新事物反应敏感，接受能力强。

模仿是一种非强制性行为，即引起模仿的心理冲动不是通过社会或群体的命令强制发生的，而是消费者自愿将他人的行为视为榜样，并主动、努力地加以学习和模仿。模仿的结果会给消费者带来愉悦、满足的心理体验。

模仿可以是消费者理性思考的行为表现，也可以是感性驱使的行为结果。消费意识明确的消费者，对模仿的对象通常经过深思熟虑，会认真选择；相反，观念模糊、缺乏明确目标的消费者，其模仿行为往往带有较大的盲目性。

模仿行为的发生范围广泛和形式多样。所有的消费者都可以模仿他人的行为，也都可以成为他人模仿的对象。而消费领域中的一切活动，都可以成为模仿的内容，只要是消费者羡慕、向往、感兴趣的他人行为，无论流行与否，都可加以模仿。

模仿行为通常以个体或少数人的形式出现，因而一般规模较小，当模仿规模扩大，成为多数人的共同行为时，就发展为从众行为爆发为消费流行了。

2. 消费中的暗示

暗示又称提示，是采用含蓄、间接的方式对消费者的心理和行为产生影响，从而使消费者产生顺从性的反应，或接受暗示者的观点，或按暗示者要求的方式行事。

暗示作为一种特殊的客观存在的心理现象，自古以来就引起了人们的注意。俄国著名学者别赫捷列夫认为，暗示性是每一个人所固有的一种普遍的心理现象，是人类精神方面的正常特性。暗示是以语言和联想过程中产生的心理活动为基础，也是以机体各种机能活动和行为为基础的。暗示与说服不同，它不是从"正门"，而是从"后门"进入意识的，因而就回避了看守人意识批判的作用。

暗示的作用在日常生活中几乎随时随地都可以见到，它比我们想象的要普遍得多，尤其是在觉醒状态下的暗示。社会心理学的研究认为，群体对个体的影响，主要是由于"感染"的结果。处于群体中的个体几乎都会受到一种精神感染式的暗示或提示，在这种感染下，人们会不由自主地产生这样的信念：多数人的看法比一个人的看法更值得信赖。所以，暗示的主要影响因素就是暗示者的数目，或者说是暗示所形成的舆论力量的大小。如果暗示得当，就会"迫使"个人行为服从群体的行为。

暗示分为他人暗示和自我暗示两种。他人暗示是指从别人那里接受了某种观念，这种观念在他的意识或无意识里发生作用，并表现在动作或行为之中。自我暗示则是指自己把某种观念暗示给自己，并使这种观念转化为动作或行为。在人们的日常生活中，自我暗示的现象经常在有意识或无意识中发生。如果一个人临睡前想着第二天早上要赶火车，千万不能睡过了头，则往往不需要闹钟，到时候自己就会醒来，其原因就在于头天晚上有意无意地对自己进行了强烈的自我暗示。

在购买行为中，暗示影响人们决策行为的情况极为常见。例如，某种商品只要摆在紧俏商品的柜台里面，就往往会吸引很多人购买；而同样的商品若被放到一般商品的柜台里面，很可能就没有多少人光顾了。在一个工厂车间内，当大家都穿着工作服劳动的时候，唯独你自己穿着笔挺的西装，你就会感到不大自在。而当你换上了工作服时，你就会感到气氛变了，心里舒坦多了。在消费行为中，人们接受暗示往往是不知不觉的。例如，一个人从来没想到要穿西服，但同事们大多数都穿了，再加上电视宣传的影响，他也会觉得穿西服似乎很不错。

暗示起作用的原因是从众心理；暗示的结果往往导致受暗示者对暗示源在某种程度上的顺从。暗示作用的极端性结果表现为盲从。是由于这个原因，暗示往往造成抢购风潮的爆发，尤其是在通货膨胀、物价轮番上涨时。

暗示的具体方式多种多样。个人的词语和语调、手势和姿势、表情和眼神，以及动作等，都可以成为传递暗示信息的载体。此外，暗示还可以群体动作的方式出现。例如，有的企业为了推销商品，不惜重金聘请名人作广告，这就是信誉暗示；有的企业出售商品时挂出"出口转内销"或"一次性处理"的招牌，这是词语暗示；还有的商贩雇用同伙拥挤摊头，造成一种"生意兴隆"的假象，吸引他人随之抢购，这是行为暗示；儿童、妇女和顺从型的消费者容易受暗示的影响。商业部门常常根据暗示的心理效应来设计广告，以加强宣传的效果。售货员在接待消费者时，若能正确地使用暗示，其效果也比直接劝说要好。当然，也有个别不法商贩，为了推销劣质商品，请几个同谋者，临场装模作样地去排队"抢购"，以吸引一些不知内情而受暗示性较强的人跟着去排队购买。

实践证明，暗示越含蓄，其效果就越好。因为直接的提示形式容易使消费者产生疑虑和戒备心理；反之，间接的暗示则容易得到消费者的认同和接受。德国奔驰汽车公司生产的"奔驰"牌轿车的广告是："如果有人发现我们的'奔驰'牌车发生故障，被修理车拖走，我们将赠送你美金1万元。"这就以婉转的方式从反面暗示消费者，"奔驰"牌轿车的质量上乘，绝对可靠。

7.1.4　消费活动中的流行

在消费活动中，没有什么现象比得上消费流行更能引起消费者的兴趣了。当消费流行盛行于世时，到处都在销售正在流行的商品；众多不同年龄、性别、职业的消费者对流行商品津津乐道；各种各样的宣传媒体大肆渲染，推波助澜；一些企业由于抓住时机，迎合了消费流行而大获其利，而另一些企业则由于流行的冲击或没有赶上流行的节奏而蒙受巨大的经济损失。由此，消费流行成为企业必须予以关注的一种重要的群体行为现象。

1. 消费流行的含义

消费流行，是指在一定时期和范围内，大部分消费呈现出相似或相同消费行为的一种客观消费现象。具体表现为多数消费对某种商品或时尚同时产生兴趣，而使该商品或时尚在短时间内成为众多消费者狂热追求的对象。此时，这种商品即成为流行商品，这种消费趋势也就成为消费流行。一般地讲，吃、穿、用商品都有可能成为流行商品。但是，穿着类商品、用的商品流行机会更大一些。

消费流行的形成大多有一个完整的过程。这一过程通常呈周期性发展，主要包括酝酿期、发展期、流行高潮期、流行衰退期等4个阶段。酝酿期的时间一般较长，要进行一系列的意识、观念以及舆论上的准备；发展期时消费者中的一些权威人物或最早采用者开始作出流行行为的示范；进入流行的高潮期，大部分消费者在模仿、从众心理的作用下，自觉或不自觉地卷入到流行当中，把消费流行推向高潮；高潮期过去以后，人们的消费兴趣发生转移，流行进入衰退期。

消费流行的这一周期性特征，对企业营销有重要意义。企业可以根据消费流行的不同阶段制定不同的营销策略。酝酿期阶段，通过市场调查预测掌握消费者需求信息，做好宣传引导工作；发展期则大量提供与消费流行相符的流行商品；高潮期，购买流行商品的消费者数量剧增，商品销售量急剧上升，企业应大力加强销售力量；进入衰退期企业则应迅速转移生产能力，抛售库存，以防遭受经济损失。同时，还应认识到，随着经济的发展，产品更新的加速，消费流行的周期会越来越短。为此，企业应及时调整营销策略，以适应消费流行变化节奏越来越快的要求。

消费流行涉及的范围十分广泛，可以从不同角度对其进行分类：① 按消费流行的性质分类，可分为吃的商品、穿的商品和用的商品的流行；② 按消费流行的速度分类，有迅速流行、缓慢流行和一般流行；③ 按消费流行的范围分类，有世界性流行、全国性流行、地区性流行和阶层性的消费流行；④ 按消费流行的时间分类，有长期流行、中短期流行和季节消费流行等。

以上分类叙述了消费流行的几种状况，在实际生活中流行并不是单一地发展，而是交叉重叠在一起，互相渗透，互相影响。无论何种消费流行，都是通过一定的方式扩展开来的。

2. 消费流行与消费者心理

1）消费者心理对消费流行的影响

消费者心理对消费流行的形成和发展有重要影响作用。这主要来自以下社会阶层的消费者群。

（1）高收入层。这一阶层的消费者由于收入水平高，消费水平也高，其生活消费支出有很大的选择自由，购买行为表现为高层次、多样化，多是新产品的最早购买者。

（2）社会地位较高阶层。例如，作家、画家、影视明星、体育明星、歌星等，由于其职业而受人尊重，有一定的社会地位，他们的生活消费也比较注意选择，并具有一定的倾向性。

但并非这两个阶层中全部人员都能对消费流行产生影响作用。从消费者心理角度分析，这部分人中，那些具有良好的商品认知能力，购买商品追求时尚、新颖、美观、名牌、多功能心理的消费者，对消费流行的形成具有影响作用。

对消费流行发展影响较大的还有一部分消费者群，他们的收入在中等或中等偏上，也具有某种社会地位但不及前两个阶层。还有些消费者是刚刚进入较高收入层次的人员，他们的购买选择是受攀比心理的影响，模仿前两个阶层进行消费，这种消费带有较大的盲目性。有些企业就利用这种心理，加强对有一定社会地位、社会影响力人士所使用商品的宣传力度，博得众多消费者竞相效仿，带动消费流行的发展。这些中等收入阶层人数多，产生购买行为后对社会其他人影响作用也大，他们的模仿心理与行为带动了其他社会阶层从众消费心理，从而使消费流行进入高潮期。

2) 消费流行引起消费者心理变化

在一般情况下，消费者购买商品的心理活动过程存在着某种规律性。例如，在购物的搜集信息阶段，心理倾向是尽可能多地收集有关商品的信息，在比较中进行决策。在购物后，通过对商品的初步使用，产生购后评价心理活动。这些心理活动循序渐进，有一定的规律性。但是，在消费流行的冲击下，消费者心理发生了以下一些微妙变化。

(1) 认知态度的变化。按正常的消费心理，消费者对一种新的产品往往持怀疑态度。按照一般的学习模式，对新事物有一个学习认识的过程。有的是通过经验，有的是通过亲友的介绍来学习，还有的是通过大众传播媒体传送的信息来学习。当然，这种消费心理意义上的学习过程，不同于正规的知识学习。它只是对自己有兴趣的商品知识予以接受。但由于消费流行的出现，大部分消费者的认知态度发生变化：首先是去掉了怀疑态度，肯定倾向增加；其次是学习时间缩短，接受新产品时间提前。在日常生活中，许多消费者唯恐赶不上消费流行，一出现消费流行，就马上积极购买，争取加入消费潮流之中。这样，消费者心理就从认知态度上发生了变化，即消费流行强化了消费者的购物心理。

(2) 驱动力的变化。消费者购买商品，有时是为了满足生活需要，有时是因为人们为维护社会交往而产生的消费需求。如购买汽车作为交通工具，购买礼品为了交友需求。种种需求产生了购买商品的心理驱动力，这些驱动力使人们在购物时产生了生理动机和心理动机。按一般消费心理，这些购买动机是比较稳定的。但是，在消费流行中，购买商品的驱动力会发生新的变化。例如，有时明明没有现实需要，但看到很多人购买，也加入购买商品的行列，对流行商品产生了一种盲目的购买驱动力。这种新的购买驱动力可以划入具体购买心理动机之中，如求新、求美、求名、从众心理等。但有时，消费者在购买流行商品时，并不一定能达到上述心理要求；因此，只能说是消费流行使人产生了一种购买的、新的心理驱动力。研究这种驱动力对于认识消费流行为什么会来势凶猛具有重要的现实意义。

(3) 消费心理反方向变化。在消费流行中，原有的一些消费心理会发生反方向变化。例如，在正常的生活消费中，消费者往往要对商品进行比值比价，心理上作出评价和比较后，再去购买自己认为物美价廉、经济合算的商品。然而，在消费流行的冲击下，这种传统的消费心理发生了变化。一些流行商品因"流行"而抬高了价格，消费者却不予计较而竞相购买。相反，原有的正常商品的消费行为则有所减少。这些消费者加入消费流行潮流，是心理作用强化的结果。又如，在购买商品的行为中，有些消费者出于惠顾和偏好的心理动机。由于对商品的长期使用，产生了信任感，形成了购买习惯。在消费流行的冲击下，这种消费心理会发生变化，虽然这些消费者对老产品、老牌子仍有信任感，但整天不断耳濡目染的都是流行商品，不断地受到亲朋好友使用流行商品炫耀心理的感染，也会逐渐失去对老产品、老牌子的惠顾心理。这时，如果老牌子、老产品不能有所创新，不能适应消费流行的需要，就会失去相当一部分顾客，他们会"喜新厌旧"转而购买流行商品。

(4) 个人购物偏好心理是消费者在长期生活中的习惯养成的，这种习惯心理的形成是建立在个人生活习惯、兴趣爱好之上的，在消费流行中，这种偏好心理也会发生微妙变化。

有时是消费者个人认识到原有习惯应该改变,有时是社会风尚的无形压力使之动摇、改变。

这些常见的消费者心理在消费流行冲击下发生了变化,但综合起来分析,其变化的基础仍然是原有的心理动机形成强化或转移的形式,并未从根本上脱离消费者心理动机。

7.2 不同年龄群体的消费心理特点

年龄群体是以年龄为标准划分的群体,一般可划分为婴幼儿群体(指学龄期以前)、少儿群体(6~18岁)、青年群体(18~30岁)、中年群体(30~55岁)和老年群体(55岁以上)。个体的认知、情绪、意志等心理活动过程,都是随着年龄的增长而不断变化,不同年龄的个体,其心理活动表现出不同的特点,其消费需要和消费动机差异很大。这就为产品在性能、质量、价格、包装、广告、推销等方面的设计和制定,提供了有力的依据。

7.2.1 婴幼儿群体的消费心理特点

虽然婴幼儿个体不能独立进行消费活动,其消费需求要在成人的协助下才能实现,但婴幼儿仍是一个不可忽视的消费群体,婴幼儿产品同样存在着销售成功或失败的现象。尤其是婴幼儿正处于感知、注意、记忆、语言、运动等能力发展的高峰期,只有适合其生长发育特点的产品才能受到婴幼儿父母的欢迎。婴幼儿群体在消费方面主要有以下3个特点。

1. 父母的态度起主要作用

由于需要父母或其他成年人帮助其购买商品,父母的抚养态度、育儿观念在婴幼儿用品的销售中起重要作用。在我国,孩子对父母来说,永远是生活中的第一,"望子成龙,望女成凤"可以说是每一个父母的心愿。因此,婴幼儿产品的开发应把婴儿的需求和父母的态度紧密结合起来,才能取得真正的成功。

2. 对营养和健康食品有大量特殊需求

我们都知道,在喂养婴幼儿特别是三岁之前的婴幼儿时,常常以婴幼儿月份的大小选择合适的食物。因为婴幼儿的身体机能,尤其是消化和吸收机能比较脆弱,但同时又在不断成长,不同天数、不同月份的婴幼儿对营养物质数量和质量的需求都有很大不同。

3. 对玩具和智力开发用品有特殊需求

任何个体在儿童时代不可缺少的一个伙伴就是玩具,不管这个伙伴是一个破烂不堪的布娃娃,还是用泥巴捏的小人,它对于儿童的意义都是一样的,而且每个儿童拥有玩具的数量和种类也是反映时代变迁的媒介。如今,人们不再把玩具仅仅作为哄孩子的工具,而是希望玩具同时具有开发智力、培养技能的功用,这是如今儿童玩具的发展趋势之一。无论玩具的种类和性能怎么变化,由于婴幼儿的认知、注意、思维等的发展特点,一些普遍的原则仍然是婴幼儿玩具的设计和开发所必须遵循的。例如，玩具的颜色要鲜艳，最好会动或能发声，充分吸引婴幼儿的注意力，并尽可能发展其视觉、听觉、触觉等感官的作用；玩具的设计要简单、结实并耐摔打，以适应婴幼儿较低层次的思维和认知水平，以及不知道爱护玩具等特点。

7.2.2 青少年群体的消费心理特点

青少年时期是个体生长发育的又一高峰期，也是非常重要的求学时期。这一时期的孩子已经有了一定的社会行为能力，在一定限度内可自主消费，他们既是家庭的重心，又是社会的未来，在消费市场上的位置显得相当重要。

青少年的消费行为既成熟又幼稚。一方面，随着独立意识的发展，他们有自己的消费态度和消费需求，不愿一味遵从父母的选择；另一方面，他们的成熟毕竟是有限度的，思维的全面性、深刻性，以及对事物的判断力都比较欠缺，在实际的消费决策中，往往又需要他人的指导。这种矛盾促使青少年在同伴群体中寻找参照对象，容易形成群体内消费流行现象，例如，学生群体中出现的追星、高消费、追求某品牌服装或文具等流行现象。

青少年好奇心强，求知欲旺盛，虽然学业的压力使他们对玩具的需求降低，但一些有利于智力开发，或那些融合了高新技术，或与课堂知识相结合的玩具，以及一些趣味盎然的书籍，则很受他们欢迎，并能得到父母的支持。例如，电子宠物、智力拼图、模型组合等智力性玩具。但是在青少年用品的开发中，特别是书籍，必须强调能够真正吸引他们，是他们想看的、想说的，而不是成年人想让他们看的、想让他们说的。

青少年群体是益脑、清神、健体等保健品的忠实追随者。繁重的学业压力是当今青少年群体面临的一个普遍问题，无论是社会、学校、家长还是学生个人，都情愿或不情愿地把学习当作学生的唯一的任务，而学业成绩更是评价个体价值和预测未来发展的主要依据。因此，让大脑变得更聪明，大大提高学习效率，有效改进记忆水平，就成为父母和青少年个体所努力追求的，这为商家带来了大量的机会和市场。

7.2.3 青年群体的消费心理特点

青年群体整体上比较喜欢追求时尚和潮流，消费观念较社会平均水平超前，注重个性的突出，购买心理和行为不稳定，常常带有一定的盲目性，是时装、潮流消费的主要拥护者。不同的青年亚群体有不同的消费心理特点。

经济不独立的青年群体，在我国主要是大学生和待业青年群体，其经济来源主要是父母或其他抚养人，其消费能力和消费自由度都有限。但是，他们追求新潮、时尚、刺激的心理往往是挡不住的，廉价的替代品因而成为最受他们欢迎的对象。例如，他们一般不去专卖店购买服装，而是在普通的服装档中耐心地寻找独特的、能够显示自己个性和符合潮流走向的服装。

结婚是人一生中最美好的盛典之一，准备结婚的青年人在购买物品时，多以质量、样式、品牌等为主要考虑对象，对价钱的顾虑常常被"一生只有一次"的想法打消。这是一次绝好的商机，许多商家深谙此道，仅在婚礼方面的商业性服务就有婚纱摄影、集体婚礼、包办婚车、婚宴，甚至还有包办伴郎、伴娘和亲友的。另外，结婚也意味着家庭耐用消费品、服装、旅游等市场的兴旺。在中国，人们结婚往往有明显的季节性，商家应适时采用不同的策略，促进消费。例如，淡季可以用降价、打折等优惠措施来促销等。

对于组建了家庭，特别是有了孩子的青年群体来说，消费观念日趋成熟和稳定。一般更注重个性特色，但又讲求实用和实惠，追随潮流的热情不再盲目，消费重心渐渐向下一代转移。

7.2.4 中年群体的消费心理特点

中年人是心理和行为已达成熟的一个群体，他们一般都有了自己的事业和较为固定的收入。但中年人的家庭负担也往往更为沉重，"上有老，下有小"的家庭结构，使中年人在购物时，具有如下特点。

（1）求实惠。由于在一个3口之家，中年人是主要的经济收入者，一对中年夫妇往往要负担全家人的生活和其他需要，除了个别收入特别高的中年人，一般情况下中年人在消费时非常讲究实惠，把个人的消费控制在较低的水平。中年人还喜欢一次性地大批量购物，特别是日用消费品，常到大型超市中购买。

（2）中年人的消费习惯和消费品位较为稳定，对时尚和流行的接受速度比较慢。他们不会像青年人那样为了追求流行不惜一切代价，而是会理智地评价时尚与流行对自己的适用性，慎重作出消费决策。

（3）中年人购买行为计划性强，冲动性购物的情况很少。他们对那些能够减轻家务负担的商品和适用于家庭使用的商品，容易产生兴趣。对那些有益于老人的健康和孩子成长的商品，也会暂时忽略价钱。因此，老人和孩童商品在宣传和广告上如果能顾及到中年人"敬老爱幼"的心理，可能会取得意想不到的成功。

7.2.5 老年群体的消费心理特点

身体的衰老、疾病和退休，使老年群体的生活态度发生了很大的改变，他们更为关注身体的健康和生活的方便、舒适。因此，老年保健营养食品较受他们的欢迎。例如"脑白金"、"盖中盖"等品牌的商品，其主要消费对象之一就是老年群体，针对老年人身体机能的衰退，降低其病痛，改善其作用，且使用起来简单方便，非常受老年人的欢迎。这也提醒商家在老年人产品的性能设计上,要有针对性和实用性。如在日本,针对煤气炉开关拧起来很费力,设计出按键式煤气炉;普通的投币机投币口窄小,老年人容易弄掉硬币,一种可以投多个币的新式投币机"应市而生"。据说,这种专为老年人设计的产品,也非常受年轻人欢迎。因此,食物要易咀嚼、衣物要柔软、舒适,用品要用起来简便、安全等应是老年用品设计时应遵循的基本原则。

另外,刚退休的老年人在消费上还可能存在另一个特点——补偿心理。"辛苦了一辈子,老了可该享受享受了"是许多老年人的普遍心态。工作的时候因为家庭负担和工作任务,他们几乎没有时间也没有能力让自己享受生活,如今子女已经成家立业,经济负担减轻,空余时间增多,一些有退休收入和存款的老年人,会在吃、穿和玩上一改往日不舍得花钱的特点,以弥补过去的损失。

近年来,随着社会老龄化的日趋明显,社会学家、人口学家和老年学研究者都呼吁要提倡老年人充实精神生活,减少依赖心理,从而打开了老年大学、老年书籍的市场。在可预见的中青年人赡养老人的负担越来越重的情况下,养老院等养老机构和服务的市场需求量会大大增加,这是一个潜在的大市场,尤其是在大中城市。

7.3 性别群体的消费心理特点

7.3.1 女性的消费心理

在我国,走进任何百货商店的一楼大堂,你首先看到的十之八九是化妆品柜台。女性市场,历来是一个稳定的大市场,这是因为女性在消费上具有如下特点而为商家提供了无限商机,成为商家长期的、固定的投资领域。

1. 女性的家庭角色决定了她们大量的消费需求

据调查,女性是家庭日常生活开支的主要掌握者。对柴、米、油、盐、酱、醋、茶和家具、家电、厨具等物品的使用心得,女性绝对多过男性,其细致性也绝对超过男性。把握女性的心理特点,掌握女性在这些产品上的意见和需要,必然可以主导市场。

2. 爱美是女性的天性

她们害怕落后于潮流,怕被人看成"老土"。她们不仅在所需消费品的种类上远远多过男性,而且对每一种类的品种也有大量的不同需求。比如,她们对化妆、美容、健美等物品和服务的长期而热衷的需要;她们要求同时拥有不同款式、色彩、质地、功用的衣服、鞋帽、手袋、首饰等的"贪心"。因为女性这一心理,我们发现女性用品总是多姿多彩,不断推陈出新,女性用品的市场占有比重和需求率都很高。

3. 购物、逛商店是女性的天性

女性似乎天生爱购物，社会又助长了女性的这一心理。男人爱逛街被认为是婆婆妈妈、女性气，许多丈夫视陪妻子购物为苦差，但女性爱逛街则被视为天经地义、理所当然。因为逛商店的主要是女性，大部分百货商店都把女性用品和家庭用品放在一楼或二楼。

4. 购物心理不稳定，容易受外界影响

无论是广告宣传还是赠品、打折等优惠措施，都是造成女性冲动购买行为的极好诱因。女性的情绪化特点在购物时也表现得很充分，她们常常因为突然的心情不佳而断然放弃就要付款的商品。导致她们心情不佳的原因可能是伙伴的一句话，突然的变故，更多的可能是售货人员在态度、话语、行为等方面的不当刺激。因此，招待女性顾客的售货人员更要注意自己的言行和态度。

5. 女性往往是其他家庭成员用品的代购者

商家在男性用品、儿童用品方面应考虑女性的态度。有时，妈妈喜欢比孩子喜欢更能导致购买行为的实现；妻子或女友的意见比男性自己的意见更重要。销售人员在推销商品时，千万不能忽视男性或儿童身边的女性。

将女性消费心理与不同年龄群体的消费心理有机结合起来，对商品的市场定位也有非常重要的帮助。一项市场调查研究指出，爱使用眼部化妆品的多为年轻的女性，她们受教育程度一般较高，对于流行较重视，不喜欢做家事。而使用粉饼较多的大部分属于中年女性，她们多以小孩为主，喜欢做家事及烹饪。那么，针对这一特点，眼部化妆品的广告就可以刊登在流行杂志或知识性节目中，而粉饼的广告则可放在连续剧或家庭生活刊物中。电视广告的环境背景，前者适于选择公众场合和办公室，后者适于选择温馨的家庭场面。

另一项研究表明，帮一些中性商品贴上女性标签，甚至推出女性专用的商品或服务，往往可以产生奇效。例如：广告中强调小型汽车适合女性驾驶，香港有女性专用的信用卡，美国纽约有只为女性提供服务的银行，日本有女性酒吧等。最近，在深圳也出现了我国第一家"女子银行"，专门代理女子理财。这些商品或服务贴上女性标签后，吸引了许多女性顾客，刺激了一些平时不上酒吧，不使用信用卡的女性因为好奇而作出尝试。

7.3.2 男性的消费心理

总的来说，男性用品的市场覆盖率低于女性用品，但男性用品虽然在数量和种类上逊于女性用品，并不意味着男性用品的利润就低于女性用品的利润。因为男性不同于女性的消费心理特点，使男性商品虽少而精、虽少而贵（重），男性的购买行为迅速而果断，男性生意一旦做成，利润相当可观。

1. 注重产品的质量和实用性

男性购买行为比女性更理智，他们不易受广告和其他促销手段的影响，非常看重产品的质量，只要对质量满意，价格方面不会像女性那样斤斤计较；如果质量不好，或没有什么用处的商品，即使价格再便宜，他们一般也难以心动。

2. 喜欢代表权力和地位的产品

男性往往对能显示其权力和地位的商品情有独钟，这也是他们注重商品质量的原因之一。男性的这种消费心理主要与男性的社会角色和社会期望有关。长期以来，男性是社会的统治者，他们占据了社会或一个国家中绝大部分的重要职位和高级职务，人们也常以男性的职务和地位来评价其价值的大小。传统轿车广告宣传中注重权力意识的渲染，就是因为过去轿车的消费对象主要是男性。而在市场经济的推动和女性社会地位不断提高的今天，轿车不再仅仅是男性的象征，世界上一些著名的轿车生产厂家在向一些发展中国家进行宣传时，也开始尝试针对女性消费者。也有一些广告通过对商品权力色彩的宣传来打开男性消费通道，如"帝王表"。

3. 购买目标明确，购买行为果断

女性可能逛了半天商店而什么也没有买，因为她也许本来就只是去看看。在男性中你却很少发现会出现这种现象，除非他真的没有找到自己需要的商品。一般情况下，男性总是在需要时才进商店，进了商店绝不会左顾右盼，而是直奔目标，找到满意目标，付款，然后拿起商品就打道回府。因此，对于男性顾客，销售人员只要服务态度好，尊重顾客，认真及强调商品的质量，不需要多费口舌就可完成交易。

4. 一些特殊的消费倾向

男性一般喜欢运动、政治和思考，乐于表现自己的力量和能力，渴望他人的尊重和承认。男性购物的时候，如果销售人员能够对他们的某个选择大加赞赏，可能会促使他们买下该商品。有关体育运动、政治动态、科技发展等的新闻报道和书籍、刊物更是男性的兴趣之所在，如果男性用品的广告能够在这些节目或刊物中登出，收效自然会更大。

7.4 不同职业群体的消费心理特点

要详细列出社会上的职业类别并不是一件容易的事。随着社会不断进步、经济不断发展，各种新的职业不断出现以满足社会和人们的需要。例如，网络服务商就是在网络技术充分发展以后出现的新职业。相同职业的人们由于共同的工作环境、工作性质而在消费需要、消费动机、行为习惯等方面具有很大的相似性，形成群体消费心理特点；不同职业群体的人们其消费心理也不同。我们以一些人员数量较多的主要职业进行概括性的说明。

7.4.1 农民的消费心理特点

在我国，农民是人数最多的一个职业群体，但也是一个常常被忽视的消费群体。的确，由于一些客观的原因，农民的消费水平，特别是用于个人消费的平均水平，可以说是所有职业中最低的。但这并不是我们忽视农民的理由，而且随着我国农村改革的深入和农民生活水平的提高，农民消费能力的提高是可以预见的，农村市场也必将成为商家的争夺对象。具体地讲，目前我国农民在消费上具有如下特点。

（1）占其消费总额一半以上的是用于农用工具、农药、种子及牲畜等的投资，我们称之为农用品消费，这是由农民劳动自主生产、自主经营的特点决定的。像任何一位经营者一样，农民必须投入人力之外的经济成本，才可能进行生产。作为商家要投资农用品市场，当然要根据不同的地域调整产品种类。我国地域广阔，不同地方的气候、温度、地形、地质及适宜农作物不同，农民的需要也不同。

（2）一部分消费以自给自足的形式得到满足。农民劳动的特殊性使其一部分生活资料的消费可以自给自足，令这部分商品在农村没有市场。

（3）以廉价和实惠作为主要购物标准。农业劳动的低报酬性使其收入较低，可以用于个人生活资料消费的资金非常有限，他们一般把个人用品的消费维持在尽可能低的水平上，因此廉价和实惠成为他们购物时的主要追求，使商品利润也较低。时尚、潮流、名牌，高品位、高消费、享受、休闲、保健这些都市流行的词汇，对农民而言是不现实的，也是不可能的。这是农村市场容易被忽视的主要原因之一。

（4）整体生活水平落后。这是由农村的地理位置和农民的文化程度共同决定的。相对于社会的中心——城市而言，农村一般地处偏远，交通、水电、信息流通等极不便利，再加上多数农民的受教育程度较低，一些在城市里已经非常普及的消费品在农村没有市场，特别是那些高科技和现代化产品。农民的生活水平总体上要比都市人落后几年甚至几十年，一些商品的市场走向基本上是从城市到农村。

（5）农业科技是当前农村的消费热点，并必将推动其他商品的消费。随着农村改革的不断深入，科技兴农已被普遍认可，农民在挑选农用品和生产劳作时开始把科学性当作重要条件之一，一些农村也因此而富起来。这推动了两个市场的发展，一个是有关农业科技知识的书籍、报刊成为农民的购买对象，并促使农民自觉提高文化水平；一个是随着科技兴农富起来之后，农民的消费心理也在慢慢发生改变，其消费质量和数量有了很大提高，特别是年轻农民也开始像城里人一样追求产品质量，社会流行性、审美性、艺术性、现代性等。在有些农村，农民的生活水平比一般的都市人要高，如"南街村"、"华西村"，等等。

7.4.2 工人的消费心理特点

工人是我国另一个重要的职业群体，是社会生产劳动的中坚力量。不同工作性质和工作环境下的工人亚群体有一些独特的消费需要和动机。例如，煤炭工人和纺织工人有对能够清洁或降低呼吸系统污染的食品或药品的需求；建筑工人则要准备一些清理和包扎伤口的药物，等等。虽然工人亚群体各有消费特点，但从整个工人群体来看，由于社会角色和社会期望的作用而具有一些明显的共同特点。除个别特殊部门的工人外，工人群体的平均收入只是中等水平或中下水平，这对他们的消费活动有很大限制。通常，工人群体在购买大件商品之前会事先计划，做好储蓄准备。在日常消费上强调方便和实惠，整体消费层次处于中低水平，他们一般不会在购物或游玩场所购买食品与饮料，而是自带或回家后再食用。由于生产的连续性，他们的作息和一般的朝作暮息不同，且劳动纪律严明，因此他们的消费高峰时间往往与社会大趋势相反，在潮流消费方面比较落后。工人一般性格直爽，文化程度不高，在购买商品时多态度明朗，目的明确，不过缺乏个性，尤其在大件商品的选择上有很强的模仿性，如一位同事买了某品牌的洗衣机，其他人可能会跟着买同样的牌子。

7.4.3 知识分子的消费心理特点

知识分子是一个特殊的消费群体。他们是社会中文化水平最高的一个群体，社会地位和社会声望都较高，但个人收入却并不与文化水平和社会地位相一致，多是社会中下水平。这种矛盾使知识分子在购物和消费时表现出以下特点。

1. 强调商品对个人特质的反映

他们在选择和购买商品的时候，不仅要求商品与自己的身份相符，而且强调能够显示出自己的文化水平、修养水平、个性特色等。

2. 追求品味但不盲从时尚

知识分子对品味也有较高的要求，而且是非常独特的要求。他们对品味有深刻的理解，能够在理想和现实之间找到一个平衡点，以恰当突显个性。在当今社会，要追求真正的时尚是要付出很大的代价的，一般的消费者不可能真正时髦，知识分子理想中的时尚也多是他们力所不能及的。但他们对时尚的诠释与一般的理解不同，常常不以时尚为品味，反而视流行为浅薄，他们欣赏的是有文化内涵的时尚，强调流行的文化底蕴。因此，流行消费要打动知识分子，必须发掘或显示出商品符合知识分子的文化口味。

3. 消费层次因物而异

由于收入水平的影响，知识分子在消费层次上因商品的性质而显示出不一致性，如在大件商品和家庭耐用消费品的消费上追求中、高档，在日用品和生活用品的消费上则以中、低档为标准，追求廉价实惠。

4. 对文化产品有较强的购买需求和动机

知识分子是书籍等文化产品忠实的消费者，是书店的长期顾客，是文化刊物的热情读者，是电视文化节目的热心观众。这提醒我们，当你准备向知识分子群体推销某种商品时，或某种商品想打开知识分子市场时，必须明确广告宣传的最佳用语、最佳载体和最佳背景应该是什么。

7.4.4 行政单位工作人员的消费心理特点

行政单位的工作人员，由于工作性质、政治身份和收入的限定，他们的消费观念、消费动机和消费行为也不同于其他的职业群体。

1. 消费观念相对比较保守

这是由其政治身份和工作环境决定的。作为国家干部，他们的言谈举止和衣着打扮要求庄重、严肃，在他们身上绝不许看到新潮和前卫的影子，以免影响他们所代表的政府形象。他们对商品的色泽和款式的要求不高，但比较注重商品的质量或质地，在家具和服装方面多选择品牌商品。

2. 消费动机以舒适、实惠为主

行政工作人员工作中的竞争较少，工作压力相对较小，一般比较注重家庭生活，消费层次多以中档为主，讲究实惠和生活的舒适、方便。同工人群体相似，他们在购物或游玩时，也很少消费那些昂贵的食品和饮料。

3. 有一定的攀比和模仿倾向

行政单位的工作人员多聚居在家属区，他们不仅在工作上是同事，家庭生活距离也比较近，相互之间比较熟悉，使他们在消费行为上具有攀比、模仿的特点。一般来说，行政单位工作人员在家庭装修、家具方面的攀比心态尤为明显，而在服装、日用品和食物方面的模仿现象则比较多。

7.4.5 职业对消费心理的影响

不同职业所扮演的社会角色和所承担的社会期望有很大差别，他们代表的社会地位悬殊，审美层次不一，价值体系相异，造成了消费心理上的巨大差异。这种影响在服装选择上表现得更是非常突出。例如，在一些合资、外资企业工作的"白领阶层"，男性多以西装、领带为主要装扮，女性则要求职业套装或裙装，并成为一种职业形象，任何人都必须遵守。而对于演艺界成员来说，在穿着打扮上则是越标新立异、越前卫、越大胆，越能够得到认可，受到关注。另外，许多职业，如军人、医生、邮政工作人员、部分生产工人等，都有穿工作服的要求，这些职业的个体对便装的需求较少，自由选择和购买服装的可能性比一般人要低。

此外，在我国，职业同收入、受教育程度都有密切的关系，往往可以从一个人的职业上判断其收入水平和可能的受教育水平。因此，职业还可以通过影响人们的兴趣、态度、价值观念而对其消费需要、消费层次、消费行为产生影响。

7.5 家庭消费心理特点

7.5.1 家庭概述

1. 家庭结构

家庭是组成社会的基本单位，也是一个重要的消费单位。它是建立在婚姻关系、血缘关系或收养关系上的人们共同生活体。这里讨论的家庭结构主要指家庭成员的数量结构、年龄结构、文化结构等。不同的家庭结构情况，与家庭的消费心理和消费行为有密切关系。

（1）数量结构。数量结构是指一个家庭包含成员数量的多少。有的家庭规模大，老少几代人生活在一起，家庭成员由七八个到十几个不等。而较多的家庭，其成员的数量都在 3～5 人左右，多由两代人或 3 代人构成。现在，越来越多的 3 口之家（被称为"核心家庭"）成为我国社会家庭数量结构的主要特点。这主要是由计划生育政策决定的父母和一个子女组成一个家庭单位。

（2）年龄结构。年龄结构是一个家庭其成员在年龄上的分布，也与家庭的数量结构有关。一般情况下，家庭人口越多，年龄分布越广。例如，一些四世同堂的家庭可以涵盖从幼儿到老年的所有年龄段。

（3）文化结构。文化结构是指一个家庭其成员的受教育水平情况。家庭的文化结构一般不太稳定。一方面是因为有孩子的家庭，孩子的受教育水平在不断变化；另一方面是因为人们越来越注重工作以后文化水平的自我提高，致使个人的受教育水平随社会的发展而不断变化。

2. 家庭的发展趋势

作为构成社会基本单位的家庭，在整个社会不断进步、不断改革变化之下，其结构、规模、作用、经济生活状况、文化水平也必然处于不断发展和演变之中。具体变化如下：

（1）家庭结构的小型化。由于生活条件的提高和人们观念的转变，许多年轻夫妇都不再把和父母共同生活视为孝顺的表现，而情愿离开父母独立生活，以经常看望和经济帮助作为尽孝的方式。因此，许多家庭只有两代人甚至一代人组成，加上一对夫妇只许生一个孩子，使家庭结构日益趋向小型化。

（2）平均文化水平不断提高。九年制义务教育的实施，以及社会对个人受教育程度的要求越来越严格，使家庭的平均文化水平得到普遍提高。

（3）孩子成为家庭的重心。由于成年子女大都离开父母独立生活，在年轻的家庭中，孩子就成了家庭的重心和中心。孩子的成长和教育占了家庭投资很大的比重。

（4）家庭成员之间的关系更为平等。由于女性文化水平和社会就业率的提高，妇女在家庭中的地位也得到很大的提高，特别是夫妻之间，妻子的从属地位正渐渐减弱，女性经济上的独立使夫妻关系日趋平等。此外，现代的教育观念使父母们放下传统的家长权威，力争做孩子的朋友，使家庭气氛更为民主。

（5）家庭生活水平提高。社会经济的发展和改革开放，使人民的生活水平日益提高。据统计，在我国，家庭的平均收入水平每年都有所增长。生活的富裕，使家庭对物质生活和精神生活都提出了较高的要求。

3. 家庭的生命周期

一个家庭从建立到不断发展过程中所经历的不同阶段，称为家庭生命周期，这也是影响家庭消费特点的重要因素。家庭生命周期可分为初婚期、生育期、满巢期、空巢期和鳏寡期5个阶段。初婚期指从结婚建立家庭到生育第一个子女这一时期；从第一个孩子出生到最小一个孩子被抚养成人称为家庭的生育期；满巢期是指所有的孩子长大成人离开父母独立生活之前这一时期；当子女成家立业，组建了新的家庭，独立生活之后，原来的大家庭只剩下两位老人的时期称为空巢期；而夫妻双方有一方去世就称为家庭生命周期中的鳏寡期。当然，对每一个具体的家庭来说，其生命周期并不一定严格按此顺序发展，也不一定非要经历每一个阶段。但从家庭生命周期中的每一个发展阶段来看，不同的家庭在同一阶段都存在着许多共同而明显的消费特点。

7.5.2 家庭的结构、购买力、生命周期对家庭消费的影响

1. 家庭结构与消费心理

家庭结构对一个家庭的消费观念和具体消费行为有很大影响，具体表现如下。

（1）家庭人口越多，其总体消费量就越大，尤其是日用品的消费，这类家庭一次性购买的商品在种类和数量上都比较可观，倾向于批发购物。而随着家庭的不断小型化，必然会造成家庭数量的增加，也必将促进对电视、冰箱、洗衣机等以家庭为单位消费的商品的市场需求，而且小家庭对这些商品的作用需求也与大家庭有所不同。

（2）家庭中不同年龄、不同文化水平的成员有各自独特的消费需求，并会互相影响和认同，使家庭消费心理显示了多样性和不同水平的一致性。例如，孩子喜欢看动画片可能使父母在购物时不自觉地选购一些带有卡通图案的商品；有长辈相伴购物时，年轻人的冲动行为会得到控制，长辈也可能会选购一些时尚用品等。

2. 家庭购买力与消费心理

（1）家庭购买力的高低，直接决定着家庭成员的消费层次。对于高收入家庭来说，购买高档耐用消费品和现代化的家具，室内装饰等是自然而然的消费目标；而对低收入家庭来说，它们是奢侈品，因为这些家庭面临的首要问题是解决温饱。这样就造成了不同家庭在需求水平上具有较大差异。

（2）家庭购买力的高低，决定着家庭成员满足需求的消费方式。由于高收入家庭的购买力较强，所以，可以在满足家庭基本生活需要的前提下充分地满足每个成员不同形式、不同层次的需要。这样的家庭，消费活动比较频繁、活跃，购买行为多样，所涉及的消费领域也比较广泛。而在低收入的家庭中，家庭成员的基本消费需要较难得到满足，即使他们能够消费某些高档消费品，也会再三考虑，然后才会作出买与不买的决策。

（3）家庭的经济收入高低，影响着家庭的消费结构。消费结构是指各类消费对象在总体消费中所占的比例，它反映了人们物质文化需要满足的程度。一般来说，家庭经济收入水平越低，生活资料费用的支出在总收入中越高，则消费水平越低。相反，家庭经济收入越高，其消费结构中享受和发展消费品所占的比重也就越大，这是恩格尔定律的观点。我国目前正处在由温饱型向小康型过渡的时期，企业要注意在这一过程中消费行为的变化，并且要全面地研究这些变化的发展趋势，适时地调整自己的营销策略和经营方向，只有这样才能更好地满足消费者的需要。

3. 家庭生命周期与消费心理

处于不同生命周期的家庭，在消费对象和消费层次上会有以下不同的表现。

（1）初婚期的家庭一般消费支出大，消费档次较高，消费对象范围比较广。在初婚期，一方面组建家庭需要购置大量物品，另一方面夫妇双方的父母大多仍在工作，并为其婚事提供了强大的经济支持，新婚夫妇经济压力较小，消费层次普遍较高。如会一次性购买各种家用电器和家具，并要求高质量和高档次等。

（2）生育期家庭的消费重点从家庭物品和夫妇身上转移到孩子身上。这一时期家庭支出的大部分用于养育子女，主要的消费商品是儿童用品。而且，由于孩子增加了生活负担，一般的家庭都会在消费档次上有所降低，特别是夫妇本身的消费档次，以廉价实用为目标。这个时候，父母也开始为孩子未来的教育进行储蓄准备。不过，家庭消费能力仍会逐年提高。

（3）满巢期的家庭，子女已长大成人，参加社会工作，有了一定的经济收入，家庭的总体消费能力达到最高。但在这一时期，家庭的消费决策从由父母决定转变为各自独立决定，他人仅提供意见的模式。父母为了子女的婚事再次开始有计划地储蓄。当然，由于子女也有收入，整个家庭的消费支出并不一定减少，相反，子女经济上的独立会促进他们的消费需求。

（4）空巢期的家庭，人口数量减少，夫妇的负担再次有所减轻，在个人消费品方面会适当提高支出水平和消费档次，家庭消费重心从子女移回夫妇自身。一些收入水平高的家庭会在这一阶段充分享受，以弥补以前没有实现的消费愿望，并会根据社会的消费现状与趋势更新一部分家具和用具。当然，在空巢期也可能会受到来自退休或年老需要照顾的父母方面的压力。

（5）鳏寡期的家庭由于夫妇一方的去世，会造成生存一方在生活方式和经济条件上的剧烈变化，使其原有的消费习惯发生改变。这个时期，老人一般会重新和子女一起生活，接受子女的照顾，自主购物行为减少，其消费水平受子女的家庭经济条件影响较大，消费重点多是医药保健用品。

7.5.3 一般的家庭消费特点

总的来讲，家庭作为一个消费单位，与个人消费在需求重点和方式上有以下不同。

(1) 量大价廉。在家庭里由于物品使用者较多而消耗量大，一般家庭因而会选择大包装、有优惠的商品，因此家庭在购物时都会一次性大量购入。这样，许多连锁超市、便利店应运而生。

(2) 决策人因物而异。通常，日常生活用品的购买决策，是由家庭中的妻子决定的，这在前面谈女性消费心理特点时已讲过；用于个人消费的决策则由消费者本人参考其他人的意见而做出；大件商品和重要的商品往往是家庭成员共同决定，如要不要换一台电视等。在美国和日本有人对家庭决策进行过详细的研究。在美国，大城市流动消费者家庭决策具有如下特点：对妇女服装的消费基本上都是由妻子决定的；选择超市、干洗店，2/3 由妻子决定；而对银行、保险公司、男西服的选择则由丈夫决定；家用电器一般是夫妻共同决定。在日本，对汽车的消费有 56.1% 和 29.9% 是由丈夫和主要由丈夫决定；电冰箱的购买则有 38.9% 和 43.3% 是由妻子和主要由妻子决定；夫妻共同决定的消费多集中在家具、会客室用品等方面。

家庭中未成年的孩子有时也会对家庭决策产生影响。一项对 516 例家庭购物情况的调查表明，在麦片粥的选择上，如果孩子要求购买某种品牌父母让步的有 30%；购物时父母征求孩子的意见，孩子选定后父母也同意的占 19%。另外，研究也表明，在游戏、玩具、食品上子女对父母有很大影响。

(3) 集体消费较多。家庭往往作为一个整体参与活动，如一起购物、游玩等。这种集体活动必然会导致消费量的增多，而且在家庭的集体活动中，消费档次存在着暂时性提高的可能。例如，购买一些平时不买的高档食品、饮料，或平时因价高只给孩子单独用的物品，在外出时父母也会"尝尝鲜"等。此外，在家庭集体消费中还有一种有趣的现象，即家庭某一成员添置了一样东西，会连带给其他成员都添买物品。例如，夫妇带孩子逛街为自己和孩子采购了大量物品，会想到给父母也买些东西，以平衡心理。

(4) 钟爱多用途商品。在购买家庭用品时，人们比较偏爱具有多种用途的商品，以满足家庭成员不同的需要，而且比较经济。例如，家庭成员中有人爱吃烧烤类食物，那么带烧烤作用的微波炉自然最好。又如，家中有婴幼儿，则双层的消毒碗柜就可满足对奶瓶等塑料食具的消毒需求。在产品设计上，商品多用途往往是吸引顾客的一个重要因素。

1. 简述影响消费者从众行为的因素。
2. 简述消费流行与消费者行为之间的关系。
3. 不同性别之间的消费特点有哪些区别？
4. 如何运用不同职业之间的消费特点开展营销活动？
5. 简述一般家庭的消费特点。

案例分析

中国移动动感地带

2003年，一个叫"动感地带"的新名词突然席卷了中国市场，几乎一夜之间就出现了无数标榜为"动感一族"的年轻人。作为中国移动公司的一个通信服务类产品，动感地带的成功主要取决于准确的市场定位、合适的市场策略及广告策略，还有全面到位的策略执行。

1. 产品背景

中国移动公司曾成功地推出了"全球通"和"神州行"两大子品牌，成为中国移动通信领域的市场霸主。但随着市场进一步饱和，以及竞争对手中国联通的反击，中国移动通信市场若想进一步保持领导者的地位，必须想出新的办法来吸引客户，提升品牌忠诚度，以及充分挖掘客户价值。

"动感地带"的服务设计就是希望在增强中国移动在市场上竞争力的同时，扩大原有的市场份额。其实早在2001年，中国移动就曾在广东地区试推出一种"数据业务打包，短信批量优惠"的短信息新业务，取名为"动感地带"（M-ZONE），它主要是将目标客户群体定位为有成长性的中低端年轻用户——年龄在15～25岁的年轻人，旨在争取新的细分市场。该行动带动了短信业务的显著增长，成为动感地带2003年3月真正全国性战役的序曲。

2. 广告策略

中国移动首先分析了这群目标消费者的特征：他们收入不高，因此从对移动业务的需求来看，对短信业务的需求较多，是便宜的移动通信方式的集中使用者；他们正处于成长期，对时尚、新事物都有足够的好奇心，因而对新服务模式的接受能力也比较强；他们渴望沟通，崇尚个性，思维活跃，容易互相影响，因此，在营销模式上动感地带完全可以根据这些特点来设计，与他们进行有效沟通。总之，动感地带提供了一种通过移动通信实现他们娱乐、休闲、社交等需求的新方式。

接下来根据目标消费群体的特征，中国移动制定了相应的品牌策略。

"动感地带"的品牌个性被定义为"时尚、好玩、探索"，广告语"我的地盘，听我的"及"动感地带（M-ZONE），年轻人的通信自治区"朗朗上口易于流行，很符合年轻人的语言特点和心理需求。品牌代言人选择了在年轻人中极具号召力和影响力的流行歌星周杰伦，以他的个性、自我、才气和酷的形象贴合动感地带的品牌特性，更好地回应和传达动感地带的品牌内涵，从而形成年轻人特有的品牌文化。

对于为什么选择周杰伦作为品牌形象代言人，动感地带营销总监李大川在作客新浪时曾解释说，由于动感地带是面向年轻人推出的客户品牌，需要一个能引领这些年轻人、有凝聚力的人。早在半年前，动感地带就在所有体育、文艺明星中寻找具有"积极向上的、够酷够爽的、但又不是一个坏男孩的、目前已取得一定成就、事业正在积极攀升"特点的人，结果发现周杰伦是最合适不过的一个人选。当时周杰伦正当红，刚刚在亚洲时代周刊上成为封面人物，他的特点和号召力正好符合动感地带品牌发展的需要，而周杰伦本人也对通信领域的新事物表示出浓厚的兴趣，于是有了双方之间的合作。

动感地带上市的前15个月，基本按照计划有序展开。上市头一个月主要是进行铺天盖地的"动感地带全面上市"宣传，这一阶段人们可能还不清楚具体业务是什么，广告宣传的主要目的是让这个新名词先进入人们的视野和头脑。紧接着用了将近半年的时间主推周杰伦的品牌代言，主题是"玩转年轻人通信自治区"，通过明星示范介绍产品的种种利益点。在上市半年人们渐渐了解了动感地带之后，中国移动又用了1年的时间，深度推广具体业务和品牌文化，帮助动感地带目标对象建立起初步的品牌认同和身份识别，培养出一批较为忠实的"M-ZONE人"。2004年7月以后的推广主题是"扩张我的地盘"，这一阶段动感地带的品牌文化宣传在原有的基础上也开始有了一些调整和转移，它将原来单纯的"玩"细化到了"有积极追求的创业理想"上。

动感地带上市时使用多种媒体进行了铺天盖地的宣传，包括电视、广播、报纸、杂志等传统媒体，以及一些路牌、车身广告，甚至一些楼宇电视广告。总之，只要与15～25岁年轻人群可能发生关系的媒体，都能出现动感地带的身影。聘请周杰伦作为品牌形象代言人，使广告更具有话题效应。为充分利用周杰伦这一形象，动感地带策划了周杰伦演唱会，赞助华语音乐榜等主题活动，让动感地带的舆论效果达到峰值。

动感地带的广告一直做得有声有色，广告语非常符合目标对象的语言和心理特点，比如短信业务的"从传纸条到发短信，我们做了N年同学"，彩信业务的"发个鬼脸，给他点颜色看看"，WAP无线上网"早上、晚上、路上、床上，我的手机都在网上"，语音杂志的"一本用耳朵倾听的杂志"等。

3. 创意发展

除广告之外，动感地带的成功还取决于多样化的营销方式。比如在业务形式上，动感地带开通了移动 QQ、铃声下载、资费套餐等活动，为消费群体提供实在的服务内容。为了将动感地带的品牌说服贯彻实施到最后一分钟，动感地带统一了终端体系的设计，让营销链条的"最后一米"生动化起来——所有动感地带的营业厅、品牌店、自助服务店、加盟店、授权销售点和标准卡类直供零售点等，都严格控制并经过统一设计，绝对服从阶段内动感地带整体品牌的规定主题。为推广动感地带品牌，中国移动还专门开通了动感地带专线，针对年轻人的特点重新设计和规划了相应的服务流程和操作接待方式。相应的动感地带网站也一改传统的信息发布式网站的模式，变成了一个年轻人互动娱乐、交流沟通的社区，用丰富多彩的主题讨论、游戏空间以及定期会员活动吸引一大批线下用户。为了鼓励用户忠诚，动感地带专门开辟了会员俱乐部，提供专题性的会员聚会如时事政治类、新业务体验类、漫画卡通类、彩信制作类等。还有 M-ZONE 专场演唱会、电影观摩、参与类强的游戏大赛和球类比赛等。为进一步与目标消费者密切沟通，动感地带还开办以有限直投为主的《动感地带》杂志，实施直接邮递式的营销，同时还开展了走进校园的相关推广活动，建立校园联盟，设计各种体验式活动，如全国"街舞"挑战赛，让目标消费群体参与进来，产生情感共鸣，在体验中将品牌潜移默化植入消费者的心智。

4. 市场效果

仅仅 15 个月时间，中国移动推出的动感地带就打动了 2 000 万目标人群，也就是说，平均每 3 秒钟就有一个动感地带新用户诞生。据中国移动 2003 年末的不完全统计，启用动感地带品牌比未启用动感地带品牌短信流量增长超过 63%，点对点短信业务收入增长超过 30%，短信增值业务收入增长超过 45%。到 2004 年 4 月底，客户数量已经超过 1 500 万人。根据国际著名调研机构 AC 尼尔森的调查数据显示，"动感地带"在 15～25 岁目标受众中的品牌知名度和美誉度分别达到 80% 和 73%，并有继续上升的趋势。动感地带的用户数量也在持续增长，渐渐成为移动通信中预付费用户的主流。而这一神话般的成功，主要得益于准确的市场定位、全方位的营销策划和富有个性的营销沟通模式。

思考题：
1. 在本案例中，中国移动动感地带是如何通过市场细分寻找到目标客户群体的？
2. 选择一个合适的品牌代言人可以事半功倍，分析动感地带的做法，对你有什么启示？
3. 针对目标消费群体设计营销策略时，应该从哪些方面入手，怎样设计才会有效？

第8章 消费者的购买行为与购买决策

本章要点
- 掌握消费者购买行为的一般模式
- 掌握消费者购买行为的过程与类型
- 掌握消费者购买决策的相关内容
- 掌握消费者行为的效用评价内容

消费者的购买行为是由一系列环节、要素构成的完整过程。在这一过程中，购买决策居于核心地位，决策的正确与否直接决定着购买行为的发生方式、指向及效用大小。深入研究消费者的购买行为模式、过程、类型、购买决策，以及消费行为的效用评价等，有助于全面把握消费者的消费行为特点与规律。这对于企业营销有十分重要的理论意义和实践意义。

8.1 消费者购买行为的一般模式

消费者购买行为是指消费者为满足自身需要而发生的购买、使用商品或服务的行为活动。在社会生活中，任何个人都必须不断消费各种物质生活资料，以满足其生理和心理需要。因此，消费者购买行为是人类社会中最具普遍性的一种行为活动。

在现代社会经济生活中，由于购买动机、消费方式与习惯的差异，各个消费者的消费行为表现得形形色色，各不相同。尽管如此，在千差万别的消费者行为中，仍然有着某种共同的特征。心理学家在深入研究的基础上，揭示了消费者行为的规律性，并以模式的方式加以总结描述，如图8-1所示。

图 8-1 消费者行为的一般模式

上述消费者行为的一般模式表明,所有消费者行为都是因某种刺激而激发产生的,这种刺激既来自外界环境,也来自消费者自己的生理或心理因素。在各种刺激因素的作用下,消费者经过复杂的心理活动过程,产生购买动机。由于这一过程是在消费者内部自我完成的,因此,许多心理学家称之为"暗箱"。在动机的驱使下,消费者进行购买决策,采取购买行动,并进行购买后评价,由此完成了一次完整的购买行为。

消费者行为的一般模式简练而抽象地描述了消费者的购买行为及其规律性。但是,这种模式不能准确表述影响消费者行为的各种因素及它们之间的关系。一些西方学者对消费者行为模式进行了深入的研究,并提出了多种不同的模式,其中以恩格尔-科拉特-布莱克威尔模式(简称 EKB 模式)和霍华德-谢思模式最为著名。

8.1.1　恩格尔-科拉特-布莱克威尔模式(EKB 模式)

EKB 模式描述的购买行为如图 8-2 所示。

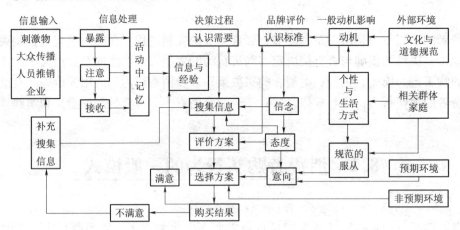

图 8-2　EKB 模式简图

EKB 模式强调了购买者进行购买决策的过程,这一过程始于问题的确定,终止于问题的解决。在这个模式里,消费者心理成为"中央控制器",外部刺激信息(包括产品的物理特征和诸如社会压力等无形因素)输入"中央控制器"。在"中央控制器"中,输入内容与"插入变量"(态度、经验及个性等)相结合,得出了"中央控制器"的输出结果,即购买决定。

具体来说，EKB 模式描述了一次完整的消费者购买决策过程：① 在外界刺激物、社会压力等有形及无形因素的作用下，使某种商品暴露，引起消费者心理上的知觉、注意、记忆，形成信息及经验并储存起来，构成了消费者认识问题的最初阶段；② 在动机、个性及生活方式的参与下，消费者对问题的认识明朗化，并开始寻找符合自己愿望的购买对象，这种寻找在评价标准、信念、态度及购买意向的支持下趋向购买结果；③ 经过产品品牌评价，进入备选方案评价阶段，消费者进行选择而实施购买，得出输出结果而完成购买；④ 对购买后结果进行体验，得出满意与否的结论，并开始下一轮的消费活动过程。

8.1.2　霍华德-谢思模式

霍华德-谢思模式描述的购买行为如图 8-3 所示。

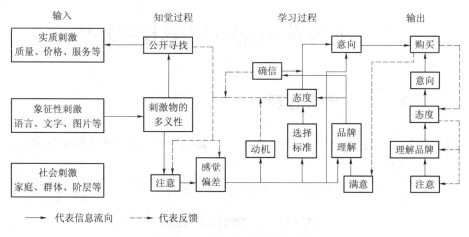

图 8-3　霍华德-谢思模式简图

霍华德和谢恩认为，影响消费者决策程序的主要因素有输入变量、知觉过程、学习过程、输出变量、外因性变量等。

图 8-3 中的投入因素（刺激因素），包括实质刺激、象征性刺激和社会刺激。实质刺激是指产品的质量、价格、特征、服务等产生的刺激；象征性刺激是指由推销员、广告媒介、商标、目录等传播的语言、文字、图片等产生的刺激；社会刺激是指家庭、相关群体、社会阶层等产生的刺激。消费者对这些刺激因素有选择地加以接受和反应。

知觉过程是完成与购买决策有关的信息处理过程；学习过程是完成形成概念的过程。知觉过程和学习过程都是在"暗箱"内完成的，经过"暗箱"的心理活动向外部输出变量。

上述因素连续作用的过程表现为：消费者受到外界物体不明朗的刺激后，进行探索，引起注意，产生知觉倾向，进而激发动机；同时，通过选择标准的产生以及对商品品牌商标的理解形成一定的购买态度，从而坚定购买意图，促成购买行为；购买的结果将反馈给消费者，消费者对商品的满意状况又将进一步影响其对商品品牌的理解和态度的变化。

外因性变量没有在图8-3中表示出来，因为它们不直接参与决策过程。但是，一些重要的外因性变量，如购买的重要性、消费者个性品质和经济状况的限制及社会阶层的感染、文化和亚文化的作用等，都将会对消费者产生极大的影响。

霍华德-谢思模式与前面阐述的EKB模式有许多相似之处，但也有诸多不同点。上述两个模式的主要差异在于强调的重点不同。EKB模式强调的是态度的形成与产生购买意向之间的过程，认为信息的搜集与评价是非常重要的方面。而霍华德-谢恩模式更加强调购买过程的早期情况、知觉过程、学习过程及态度的形成；同时，也指出了影响消费者行为的各种因素之间的联系错综复杂，只有把握多种因素之间的相互关系及联结方式，才能揭示出消费者行为的一般规律。

8.2 消费者的购买行为过程与类型

8.2.1 消费者的购买行为过程

消费者的购买行为过程一般可分为5个阶段，表明了消费者从产生需要到满足需要的整个过程，如图8-4所示。

识别需要 → 搜集信息 → 分析选择 → 决定购买 → 购买后评价

图8-4 消费者购买行为过程

1. 识别需要阶段

识别需要阶段就是消费者受到某种刺激而产生了对某些客观事物的需要。这种刺激来自两个方面：一是来自消费者内部的生理及心理缺乏状态，例如饥饿产生进食的需要等；二是来自外部环境的刺激，例如广告宣传的影响等。内外部刺激共同作用的结果，唤起了消费者的某种需要。

2. 搜集信息阶段

当消费者对某种商品或服务的需要趋于强烈时，就会去搜集有关该商品或服务的信息，以寻找满足其消费需要最佳的目标客体。消费者的信息来源主要有4种：个人来源、商业来源、公共来源、经验来源。消费者搜集信息的快慢取决于以下几个因素：对所需商品需要的迫切程度、对该商品的了解程度、选错信息承担风险的大小、信息资料取得的难易程度等。

3. 分析选择阶段

在搜集到足够的商品信息后，消费者要根据个人的经济实力、兴趣爱好、商品的效用满足程度，对购买方案进行认真的评估。通过各自优缺点的对比，淘汰某些不信任的类型和品牌，然后对确认的品牌进行价格、质量比较推敲，以选择有最佳性能和最佳满足感的商品。

4. 决定购买阶段

当消费者对掌握的商品信息经过分析、选择之后，就进入了决定购买阶段。一般情况下，有 3 种性质的购买行为。

（1）试购。由于消费者没有实践经验，为减少风险，购买者常常先购买少量试用，以证实商品是否货真价实。

（2）重复购买。消费者对于以前购买过的效果较好的商品会继续购买，这种重复购买行为会使消费者产生对品牌的偏爱。

（3）连带购买。当商品用途之间具有密切相关关系时，就会产生连带性购买行为。

5. 购买后评价阶段

消费者使用所购商品后，往往会根据自己的感受或和他人交换意见，来验证购买决策的正确与否。一般有两种情况。

（1）假如所购商品完全符合自己的意愿，甚至比预期的还要好，消费者不仅自己会重复购买，还会积极地向他人宣传推荐；

（2）假如所购商品不符合其愿望或效用很差，消费者不仅自己不会再购买，还会阻止他人购买。购买后评价常常作为一种经验反馈到购买活动的初始阶段，对消费者的下一次购买产生影响。

综上分析可知，消费者的购买行为过程的 5 个阶段是环环相扣、循序进行的。但在实际购买活动中，并不是每一个被认知的需求都能转化为购买行动。事实上，消费者在购买决策过程的任何阶段都有可能放弃购买，造成购买决策过程的提前终止。同时，由于商品的特点、用途及购买方式的不同，决策的难易程度与所需经过的程序也有所不同，并非所有的购买决策都必须经过完整的 5 个阶段。

根据消费者购买行为过程的不同阶段，市场营销人员应采取不同的营销对策，给消费者以支持，促成良性的购买行为。在识别需要阶段，大量的广告宣传会对消费者起诱导作用；在搜集信息阶段，展示商品的特性和优点可以引导消费者购买；在分析选择阶段，开展试销和赠与活动，宣传一系列售前、售中、售后服务的措施可以强化消费者的购买欲望；在决定购买阶段，为消费者提供全方位的优质服务会坚定消费者的购买意愿；购买后评价阶段是企业对诸多服务许诺予以兑现的阶段，如果企业所宣传的全方位优质服务均能落实，消费者会产生良好的购后体验，这一购买行为的完成将有利于企业在消费者心目中树立良好的形象。

8.2.2 消费者的购买行为类型

对消费者行为分类的标准很多，每一种分类方法都可以从不同侧面反映消费者行为的特点。

1. 按消费者购买目标的选定程度划分

1) 确定型

这类消费者在购买商品之前已经有非常明确的购买目标，对所要购买的商品种类、品牌、价格、性能、规格、数量等均有具体要求，一旦商品合意，便果断购买。这类消费者不需要别人的介绍、帮助和提示，但在实际营销活动中为数较少。

2) 半确定型

这类消费者在购买商品之前已有初步的购买意向和目标，但对商品的各类特征尚未完全明确。消费者在购买过程中，需要对商品进一步了解、分析和比较，以确定一个明确的购买目标。这类消费者易受他人观点的影响，一般需要提示或介绍。他们为数众多，应是服务的重点对象。

3) 不确定型

这类消费者在购买商品之前没有任何明确的购买目标，常常是由于路过、逛商店等偶然发现比较喜欢的商品，激发起购买欲望而实施购买行为。究竟发生购买行为与否，与商店内外部环境及消费者的心理状态有关。对这类消费者，营销人员应主动热情地服务，尽量引起他们的购买兴趣。

2. 按消费者购买态度与要求划分

1) 习惯型

这类消费者一般依靠过去的购买经验和消费习惯采取购买行为，他们或长期惠顾某商店，或长期使用某品牌、商标的商品，环境变化、年龄增减等都不会改变这类消费者的购买习惯。他们在购买商品时果断成交，不受时尚流行的影响，购买行为表现出很强的目的性。

2) 理智型

这类消费者善于观察、分析和比较。他们在购买前已经广泛收集了相关的信息，并经过慎重权衡利弊之后才作出购买决定，购买时又表现得理智慎重，不受他人及广告宣传的影响，挑选商品仔细认真，很有耐心。在整个购买过程中，这类消费者保持高度的自主，并始终由理智来支配行动。

3) 经济型

这类消费者对商品的价格非常敏感，以价格高低作为选购标准。这类消费者可以分为两种类型：一种是认为价格高的商品质量高，价格越高越要买；另一种是对廉价商品感兴趣，认为只要价格低就合算，削价、优惠价、处理价的商品对这部分消费者具有极强的吸引力。

4) 冲动型

这类消费者对外界刺激敏感，心理反应活跃，在外界商品广告、推销员、他人影响的刺激下，不去进行分析比较，以直观感觉为依据从速购买，新产品、时尚商品对他们的吸引力最大。

5) 感情型

这类消费者的心理活动丰富，富于感情，想象力和联想力也较强。在购买时容易受感情支配，也容易受外界环境的诱导，往往以商品是否符合自己的感情需要来确定购买决策。

6）疑虑型

这类消费者性格内向，言行谨慎、多疑。他们在购买前三思而后行，购买后还会疑心是否上当受骗。

7）随意型

这类消费者或缺乏经验，或缺乏主见，或奉命购买，在选购时大多表现得优柔寡断、缺乏主见，一般都希望销售人员的提示和帮助。有的消费者在生活上不苛求、不挑剔，表现在购买行为上也比较随便，这类消费者也属于随意型。

3. 按消费者在购买现场的情感反应划分

1）沉着型

这类消费者由于神经过程平静，反应缓慢沉着，感情不外露，购买决策一经确定，就不易改变，很少受到外界因素的影响。在购买活动中，除了购买商品所必需的语言之外，始终保持沉默，不善于听取他人的意见。

2）温顺型

这类消费者的神经过程比较薄弱，表面上不受外界环境的影响，但内心思维活动较为丰富。在购买行为上，从选购商品到最后实现购买行为，都愿意遵从售货员的介绍和意见，信赖他们，所以能很快作出购买决定。这类消费者对所购商品本身的情况并不过多考虑，但对服务人员的态度很敏感。

3）活泼型（健谈型）

这类消费者的神经过程平衡而灵活性高，善于适应各种环境，有广泛的兴趣爱好，但易于变化。表现在购买行为方面，显得健谈、活泼，在购买和挑选商品时，主动与顾客或售货员交换意见。

4）反抗型（反感型）

这类消费者的个性心理具有较高的敏感性，时时警惕着外界环境的细小变化，多愁善感，性情孤僻。在实现购买行为时，这类消费者的主观意志较强，不喜欢听取别人的意见，以怀疑的观点审视周围的一切，对售货员及其他顾客都有不信赖感。

5）激动型（傲慢型）

这类消费者易于激动，言行举止时有暴躁、狂热的表现，自制力差。在购买行为上表现出不善于考虑，傲气十足，对商品和营销人员的要求有时不近情理。对此，营销人员在各方面应给予较多的关注。

总之，在购买活动中，由于受到购买时间、地点、环境、个性、心理及购买对象等多方面因素的影响，不同的消费者会呈现出多种不同的购买行为类型。因此，要用动态、差异化的观点对消费者的行为加以观察、分析和判断。

8.3 消费者购买决策

8.3.1 消费者购买决策的概念和特点

1. 购买决策的概念

决策是指人们为实现某种目的，从思维到作出决定的过程。购买行为的全过程实质上是消费者不断进行决策的过程。所谓消费者购买决策，是指在购买过程中，消费者为实现预定需求目标而进行的搜集信息，寻求解决方案，选择和确定最优方案，进行购买后评价等一系列活动过程。决策的正确与否对购买行为的发生方式、指向及其效果具有决定性作用。因此，决策是消费者购买活动中的关键环节，主要表现在以下3个方面。① 决策的进行与否决定着购买行为的发生与否。当消费者确定需要，经过比较作出具体购买决定时，购买行为才实际发生。② 决策的内容决定着购买行为的方式。经决策确定的购买对象、地点及数量，决定着消费者何时、何地，以何种方式进行购买。③ 决策的质量决定着购买行为的效用大小。正确的决策可以最大化地满足特定的消费需要；反之，错误的决策不但不能充分满足特定需要，还会对以后的购买行为产生不利影响。

2. 购买决策的特点

消费者决策与其他决策活动相比具有以下特殊性。

1) 决策主体的单一

购买商品是消费者主观需要、意愿的外在体现，直接表现为消费者个别的独立的行为活动。因此，在决策时一般由消费者个人单独进行，或与直接购买者关系密切的大小群体如家庭、亲友等共同进行。

2) 决策范围的有限性

消费者的决策范围主要限制在对所要购买的商品、购买方式及购买地点的选择、决定上。因此，决策内容相对简单，决策范围相对狭小，一般无须借助现代决策技术手段，而主要依靠人脑进行。

3) 影响决策的因素复杂

消费者决策受到多方面因素的影响和制约。例如，消费者个人的性格、兴趣、生活习惯与收入水平，社会时尚的变化，价值观念的更新，商品本身属性、价格，企业信誉和服务水平，以及气候条件等，都会对消费决策内容、方式及结果产生影响。

4) 决策内容的情景性

由于影响决策的各种因素会随着时间、环境、地点的变化不断发生变化，因此，消费者的决策具有明显的情景性，其具体内容与方式因影响因素的不同而异。这就需要消费者实际进行购买活动时,必须因时因地制宜,具体情况具体分析,以便作出正确的决策。

8.3.2 消费者购买决策的内容和方式

1. 购买决策的具体内容

消费者在实施购买行为之前面临着许多需要决策解决的问题,主要包括以下几方面的内容。

1)购买原因决策

消费者购买商品的原因,反映了消费者的需要和购买动机。购买原因决策,就是要权衡购买动机和原因,以确定购买的目的。

2)购买目标决策

消费者购买某种商品的决策,一方面受该商品自身特性如型号、款式、颜色、包装等因素的影响,另一方面受市场行情、价格、服务等因素的影响,同时还受消费者个人的收入、个性特点等因素的影响。凡是符合消费者意愿的商品便会刺激消费者作出购买该商品的决策。

3)购买方式决策

消费者在购买商品时要事先决定采用什么方式,如是自己亲自去商店购买还是托人购买,是一次付清货款还是分期付款等。购买方式的决策,一方面取决于消费者个人的状况,如支付能力等,另一方面也受外界因素的限制,例如零售商是否采用分期付款的方式等。消费者在综合这两方面因素的基础上,对具体的购买方式进行决策。

4)购买地点决策

购买地点的选择取决于两个因素:一是商品经营者的因素,包括居住区与商业网点的距离远近,商店的名誉、经营方式、服务质量,可供选择的商品品种、数量、价格、信誉等。二是商品本身的特点,例如日常生活用品,人们习惯就近购买;选择性较强或贵重消费品,喜欢到商业繁华地区和有名的商店去购买。

5)购买时间决策

决定购买的时间一般与消费者需要的紧迫程度、工作性质、生活习惯和空闲时间等有关,也同商品的种类、存货状况、商品本身的季节性及商店的营业时间等有关。

6)购买数量决策

购买数量一般取决于实际需要、货币支付能力及市场的供应情况。例如,在市场供应充足时,消费者一般不急于购买,买的数量也不会太多。

2. 消费者购买决策的主要方式

消费者购买不同的商品往往采用不同的决策方式,主要的决策方式有以下几种。

1)个人决策

是指消费者个人利用经验和自己所掌握的信息,凭借个人智慧作出的购买决定。人们日常大量的购买行为都是常规性的,如油、盐之类的商品,凭着自己的购买经验就可以作出决策。有时遇到一些紧迫性的问题,如偶然遇到市场供不应求的商品,消费者也需个人立刻决定购买。采用个人决策时间短、简单方便、灵活机动,但这类决策主观性强,难以保证其决策的正确性。

2) 家庭决策

是指重大购买行为,由家庭成员共同商议,凭借集体的经验和智慧作出决定的决策方式。对于耐用消费品和重要商品的购买,由于其消费支出占家庭消费品的比重大,个人的购买经验一般不能胜任,这样就必须经家庭成员共同商议,凭借集体的经验共同决策。这类决策比较谨慎,考虑较周密,失误情况较少,但决策时间较长。

3) 社会决策

是指消费者在购买决策过程中,通过社会化的渠道搜集信息,进行商议,凭借社会化的经验和智慧作出集体决策。由于个人和家庭对于数以百万计的商品的了解程度是极其有限的,尤其是一些非日常消费品,而且科技的发展又使商品的性能不断改善,推陈出新。为了避免出现决策失误而带来的利益损失,消费者常常会通过他人、广告或向销售人员进行咨询等方式,汲取经验,借助社会的力量和智慧作出决策。

消费者采用什么类型的决策方式,受到各种主客观因素的影响。营销人员应创造条件,使消费者能获得更多的有益信息和合理化建议,促使消费者作出正确的购买决策,从而达到促进销售的目的。

8.3.3 消费者的决策原则

消费者在决策过程中,总是依据一定的标准对各种可行方案进行比较、选择,从中确定最优方案。而选择标准的拟定又是从一定原则出发的。决策原则贯穿于决策过程的始终,起着指导消费者决策的作用。通常采用的两个最基本的决策原则是"满足原则"和"遗憾原则"。

1. 满足原则

满足原则是指购买行为发生之前或初期,消费者对购买结果所带来的利益和效果的一种预期。它又分为相对满足原则和预期满足原则。

1) 相对满足原则

消费者在安排消费支出,制定购买计划时,目的总是在于获得最大限度的效用和满足。在外界环境因素复杂多变,内在需求冲突较大,货币支付能力有限的情况下,最大限度的效用和满足,将不可能实现。因此,在进行购买决策时,消费者只需作出相对合理的选择,达到相对满意即可。贯彻相对满足原则的关键是根据所得与所费的比较,合理调整选择标准,使之保持在适度、可行的范围内,以便以较小的代价取得较大的效用。

2) 预期满足原则

有些消费者在进行购买决策之前，已经预先形成对商品价格、质量、花色、功能等方面的心理期望。为此，消费者在对各种各样方案进行比较选择时，逐一与预先产生的心理期望进行比较，从中选择与预期标准吻合程度最高的作为最终决策方式。运用预期满足原则，可以大大缩小消费者的选择范围，加快决策进程，同时可避免因方案过多而眼花缭乱，举棋不定。

2. 遗憾原则

遗憾原则是指购买决策执行之后的感受。消费者在制定购买决策时，充分估计各种方案可能产生的不良后果，比较其轻重程度，从中选择不良后果最小者作为决策方案，以便使购买后的遗憾减少到最低限度。遗憾最小原则的作用在于减少风险损失，缓解消费者因不满意而产生的心理失衡。

把消费者在购买过程中付出的有形支出（货币支付数量）与无形支出（时间与精力的耗费）看成是"成本"，购买后的感受看成是"收益"，若成本大于或等于收益，消费者就会感到遗憾，认为所购之物和购买行动本身不值得；若成本小于收益，则会感到满意。在此，遗憾与满意均有程度上的差别。一般规律是，不得不面对遗憾结果，则消费者追求遗憾的最小化；如果是满意的结果，消费者自然追求满足最大化。

消费者在制定购买决策时，会自觉或不自觉地遵循 3 个基本规则。① 面临几种必须作出选择的冲突方案，或可供选择的不同方案优劣程度不一时，消费者总是判断可能发生的最坏情况，并让最坏情况的那种机会有最小实现的可能性。② 若消费者不能判断各种方案的结果或可能出现的情况，则消费者将同等对待各种可能性，而从多个方案中随机选择。③ 对最小遗憾的关心要大于对最大效用或最大满足的追求。为了避免或减少购买风险，实现最小遗憾或最大满足，消费者在购买前要寻找信息，缜密思考与判断，这样，购买后的遗憾可减至最小。

8.4 消费者行为的效用评价

8.4.1 商品的效用

消费者通过购买商品以及对商品的使用，能够使自己某些方面的需要得到满足，从而获得生理或心理上的愉悦。商品这种能满足人们某种需要的特性，就是它的效用。从心理学角度讲，商品（包括服务）的效用就是人们在占有、使用或消费它时得到的快乐和满足。

商品的效用与消费者需要的类型、强度等密切相关。例如，当社会上拥有手机的人数增多，从该商品中获得的满足感不像以前那样强烈时，它的效用也就降低了。另外，由于人们的需要各异，同一商品的效用对不同消费者而言也迥然不同。例如，在商品短缺的贫困年代，粮食等食品对于人们的效用远远大于其他商品；然而，在小康、富裕的生活水平下，粮食满足人们需要的效用则大为降低。可见，效用反映了人们在消费活动中的满意程度。研究效用，发现其内在规律，有利于科学、客观地研究消费者的行为。

商品的效用与商品的使用价值这两个概念是包容关系，即效用概念中包含着使用价值，我们不能把两者混淆起来。商品的使用价值是商品的效用，而某些非商品虽然有极高的效用，却没有价值，例如，在日常生活中，人人不可或缺的空气就是如此。

8.4.2 消费者行为的边际效用

边际效用是指消费者每增加一个单位的商品消费量所能增加的需要满足程度。边际效用是西方经济学家分析消费者行为特点时提出来的一种理论，也称效用理论。这一理论认为，追求商品带来的最大满意度是人们消费商品的目的和愿望。随着消费商品数量的增加，给消费者带来的总的满意程度也在增加。而在消费者的满意程度增加的同时，每一单位商品给消费者带来的满意程度却在减少，即边际效用降低。表8-1列出了消费商品数量与总效用和边际效用之间的关系。

表8-1 消费商品数量与消费者得到的满意度之间的关系

消费商品数量	总 效 用	边 际 效 用
1	30	30
2	50	20
3	65	15
4	75	10
5	83	8

一种商品的边际效用随消费数量的增加而减少的现象，普遍存在于各种商品之中。出现消费行为边际效用递减的原因大致有两个方面：一是消费者在消费一种新商品时，出于求新动机的影响，对于新商品的满意度很高。而随着消费商品数量的增加，消费者对其逐渐适应，新鲜感逐渐降低，如果再继续消费这种商品，消费者所得到的满意度就会下降。二是消费者的某种需要得到了一定程度的满足后，就会产生新的需要，原有的消费需要就变得相对不重要了。这时，继续增加商品的消费数量，所得到的满意度不会等量增加，边际效用就出现了。

边际效用现象可以为企业提供有益的启示，即在开发新产品、占领市场方面要具有长远观点。一种产品一旦占领市场后，企业必须做好开发新产品的准备，因为没有任何一种产品可以永远占领市场。无论新产品的性能、质量如何优越，消费者在逐渐适应后迟早会发生边际效用递减现象，而这种现象一旦出现，消费者就会从心理上逐渐疏远甚至厌弃该商品，并主动寻找让他们感兴趣的新产品。这时，如果经营者不能正确分析这一心理变化，不想方设法开拓市场，就会面临自己的市场被其他商品抢占、替代的局面，这对企业而言是极为不利的。

8.4.3 消费体验

消费者购买回商品之后，就开始了实际的使用和消费过程，并从中获得相应的消费体验。这时，商品的质量、性能、特点、使用效果优劣以及便利程度便会充分地反映出来。不仅如此，消费者还会根据自己的价值标准作出相应的评价，而这些评价既可能影响消费者的下一次购买行为，又可能把他获得的感受、评价传播给其他消费者，从而影响他人的消费行为。

在使用和消费商品的过程中，由于不同消费者对商品的期望和要求不同，加之个性及经验方面的差异，他们得到的消费体验也并不相同。在研究消费体验时，我们着重分析消费者在哪些方面的体验会更深刻一些，哪些因素会影响消费者购物后的体验，这些体验又是怎样影响下一次消费行为或他人消费行为的。

从消费者需要的满足程度看，消费者购物后的体验会产生两种效果：一是商品的特性与消费者的需要越接近，产生满意的体验越深刻。这时消费者会产生对于自我认识该商品的肯定，对于商品销售企业和销售人员的信赖感，对于商品价格的认同感等，相应地，情绪上也会愉快而积极，下一次购物会更乐意选择同样的购物场所及商品。二是商品与消费者需要之间的距离越远，消费者产生不满意的体验越深刻。这时消费者会产生对自我认识该商品的否定，对商品经营企业的怀疑与不信任，在认知商品价格与功能等方面产生不平衡心理等，从而情绪上也容易变得消极而不愉快。因此，有些消费者除了自己会尽力避免重复该购买行为外，还会把这种体验告诉他人，令其他消费者对该商品及购物场所产生戒备心理。

正因为消费者购物后的体验会产生两种截然相反的效果，所以，经营企业应重视消费者的消费体验，提倡表里如一的经营作风、实事求是的广告宣传、全方位的优质服务，使消费者在购物后获得最大限度的满意体验，树立良好的企业形象。

8.4.4 购买后评价

消费者的消费体验会通过向别人交流对商品的感受、评价等方式反映出来。这种评价可能是多方面的，一般包括以下几个方面。

1. 对商品名称作出评价

商品的名称会保留在消费者的头脑中，形成记忆和印象。通过向他人、本消费群体及其他群体传输这种记忆和印象，即构成了商品的知名度。这种知名度是影响消费者下一次选购商品的心理基础。

2. 对商品质量作出评价

消费者依据他人的评价结论和个人的判断标准，从商品的价格、包装、功能和使用效果等方面综合起来对质量作出评价。这种综合评价的方式类似于平衡效应，商品的价格高，消费者要求商品的质量也要好；否则，会作出质次价高的评价。

3. 对经营单位作出评价

对经营单位作出评价包括对于经销单位、售货人员以及生产企业作出的评价。购物场所设施完备，环境优雅舒适，售货员的服务热情周到，消费者一般会作出良好的评价。生产企业对商品的宣传所提到的效果达到或者超过消费者购得的商品时，消费者对生产企业也会作出较高的评价。

消费者购物后的评价不仅影响本人的下一次购物，也会影响到其他消费者的购买行为，并直接影响商品的未来销售效果。因此，消费者购物后的评价已经为许多厂家和经营单位所重视。研究消费者购物后的评价反应，已经成为反馈消费者信息的一个主要组成部分。许多生产企业采用调查问卷等方式搜集有关评价结果。有些企业则直接在商品的说明书与质量保证书中附上评价表格，消费者在使用商品后，可以随时把评价结果反馈给企业，从而使企业能够及时搜集消费者的评价意见，处理他们在使用商品中遇到的问题。

思 考 题

1. 试述消费者购买行为的一般模式。
2. 试述消费者购买行为的过程。
3. 消费者购买决策的内涵是什么？消费者有哪些决策原则？
4. 何为消费者行为的边际效用？边际效用现象为企业提供了哪些启示？

案例分析

Cub 食品公司

瓦尔斯太太最近特意去伊利诺伊州转了一趟美尔罗兹公园的 Cub 食品超市，它不是一般意义的杂货店。看着各种各样的 Cub 食品摆放在桌子上，以及高达 30% 的价格折扣，瓦尔斯太太花了 76 美元买了一堆食品，比预算多花了 36 美元。Cub 的执行经理分析说："瓦尔斯太太被规模宏伟这一视觉优势所征服，规模宏伟的优势就是货物花样繁多，加之价低和优质的服务所带来的狂热的购物欲，这正是 Cub 仓储式超级市场所期待的效果，并且成功地实现了这个效果。"

　　Cub 公司是食品工业的领导者，它使许多同行的商店不得不降低价格，提高服务质量，甚至有些超市在竞争中被淘汰出局。当 Cub 和许多其他仓储式超市在全美雨后春笋般地出现后，消费者购物习惯被改变。一些购物者不再像以前在附近的杂货店购物，而是开车 50 英里甚至超过 50 英里到一个 Cub 店，并且把购物袋填得满满的。他们享受的好处是可以在最短的时间内以最快的速度在商店里购齐所有需要的商品，并且价格比别的超市便宜。Cub 的低价促销手段和规模宏伟等优势，吸引了购物者在此大把大把地花钱，其开支大大超过在别的超市所花的钱。

　　当购物者跨进 Cub 的那一刻，便感觉 Cub 超市与其他超市的不同之处，宽阔的通道两端堆满了两层高的各种各样的食品，如 2 美元 1 磅的咖啡豆、半价出售的苹果汁等。往上看，天花板上暴露的托梁，给人一种雄伟宽阔的感觉，这显示了大批买卖正在里面进行着，反映在购物者头脑里的意思是，可以省一大笔钱。

　　Cub 的购物车出奇地大，显示着大量购物的情景，并且可以很轻易地通过宽大的走廊，使购物者很容易进入高价区，也使人忍不住想去食品区。总之，整个商场给人一种吸引人的感觉。Cub 的顾客普遍地进行批量购物，来一次花 40 美元到 50 美元不等，比在别的超市的开支多 3 倍。一般 Cub 商场的销售额是每星期 80 万美元到 100 万美元，是一般超市的 4 倍左右。

　　Cub 食品公司对零售杂货有一个简单的方法，就是通过严格压低成本和薄利多销的方法低价售货，并且在品牌经营策略上，选择了多种零售形式以针对不同档次的目标消费者。对于农林牧产品和肉类保证高质量和多品种。这些食品需求者通常愿意开着车多走几个地方，当这些食品在干净的、比仓库式加工场大 1 倍、比一般超市大 3 倍的区域被包装，增加了消费者的购买欲望。一个 Cub 超市通常有 25 000 种货物，是一般超市的 2 倍，从大路货到奢侈品，稀有的不容易找到的食品，样样俱全，这使得货架令人叹为观止。88 种热狗和主餐用香肠，12 种品牌的墨西哥食品，成吨的鱼、肉和农、林、牧产品。

　　商场有导购图引导购物者购物。即使没有导购图或无目的地闲逛，购物者也会被宏伟宽大的走廊牵着鼻子走。宽阔的通道从农、林、牧产品区开始，延伸到高价的环形区域，这里出售肉、鱼、烧烤食品、冷冻食品，高价食品被放在新鲜肉类之前的区域，目的是使顾客将家庭预算开支花在必需品之前购买那些忍不住想买的高价品。

　　Cub 超市还向顾客提供超一流服务的新享受。走进 Cub 超市，店员立刻就会出现在你面前，笑脸相迎，顾客便可以亲身感受到宾至如归的周到服务。顾客在这里购买的任何商品如果觉得不满意，可以在 1 个月内退还商店，并获得全部货款。Cub 超市把超一流的服务看成是自己至高无上的职责，并不断地了解顾客的需要，设身处地为顾客着想，最大限度地为顾客提供方便。瓦尔斯太太说道："Cub 超市以友善、热情对待我们，就像在家里招待客人一样，让我们感觉到他们无时无刻不在关心着我们的需要。"

　　总的说来，Cub 的利润率，即买进价与卖出价之间的差别是 14%，比一般超市低 6～8

个百分点，Cub 对顾客的服务永远体现着"顾客第一"的服务宗旨，比一般超市提供了更加优质周到的服务。但是，由于 Cub 主要依靠顾客的口头宣传，因此其广告预算开支比其他连锁店低 25%。

思考题：
1. 列出至少 5 种 Cub 公司用以提高顾客购买可能的技巧。
2. 是什么因素促使 Cub 公司在提高销售额方面如此成功？
3. 如果有些商店具有 Cub 那样的低价、高质量、地点好、货物摆设合理、服务周到的优势，但顾客仍然不喜欢在这些商店购物的话，你能找出原因吗？

第 9 章 市场定位与消费者购买心理

本章要点
- 掌握市场细分的步骤与心理因素
- 掌握市场定位的相关内容及市场定位与消费者购买心理的关联
- 掌握市场定位的方式、传播及市场定位的步骤

从企业营销的角度分析，市场表现为消费需求的总和。随着科学技术和社会经济的发展，市场的供给越来越充裕，人们的生活水平越来越高，需求的差异性就越来越大。面对为数众多、分布广泛的消费者，任何一个企业都不可能满足所有消费者的需要。因此，每个企业都应该按照一定的标准对市场进行细分，评估选择对本企业最有吸引力的部分作为自己为之服务的目标市场，实行营销活动。这是企业市场营销战略的重要内容和基本出发点，也是营销心理学研究的重要内容。

9.1 市场细分的心理因素

9.1.1 市场细分的概念和意义

1. 市场细分的概念

市场细分，是指企业根据消费者需求的差异，按照细分变数将一个异质市场划分为若干个消费者群，每一个消费者群体都是一个具有相似需求或欲望的细分子市场，从而找出适合

本企业为之服务的一个或几个细分子市场的过程。市场细分的内涵主要有3方面：① 市场从单一整体变成多元异质的分割体；② 市场竞争已从价格竞争转为产品差异化和服务差异化的竞争；③ 市场细分使企业有了选择目标市场的前提。

2. 市场细分的意义

1）市场细分的理论意义

市场细分这一重要概念的提出，在市场营销理论上具有十分重要的意义。它是市场营销思想和战略的重大突破，为企业经营开拓了新视野。这一新概念的提出，使企业由大量市场营销、产品差异化市场营销发展到今天的目标市场营销。

（1）大量市场营销（Mass Marketing）阶段。西方国家在20世纪20年代以前，由于当时社会生产力相对落后，商品短缺卖方市场供不应求，生产观念盛行，因此，许多企业实行大量市场营销，即大量生产和销售单一产品，企图以此吸引所有消费者。大量市场营销的依据是：采用这种作法会使费用最少、价格最低，从而创造最大的潜在市场。

（2）产品差异化市场营销（Product-Variety Marketing）阶段。欧美一些国家在20世纪20年代末至50年代以前，由于社会生产力和科学技术水平有了很大的提高，产品数量与品种迅速增加，市场由卖方市场向买方市场过渡，卖者之间的竞争日趋激烈，而价格竞争的结果导致企业利润率下降，卖者难以控制其产品的价格。于是，有些企业开始认识到产品差异的潜在价值，生产和销售多种不同式样和规格的产品，但这种差异并不是在市场细分的基础上实现的。

（3）目标市场营销（Targeting Marketing）阶段。"二战"后，西方国家第三次科技革命的出现，社会生产力迅速发展，产品数量剧增，产品花色品种多样化，买方市场形成，迫使许多企业认识并接受了市场导向观念，开始实行目标市场营销，即在市场细分的基础上，选择一个或几个细分部分作为目标市场，针对目标市场的需要开发产品。

今天的企业要想实行大量市场营销是越来越困难。大型的市场正在向小型化发展，逐步分解为数百个微型市场，其特征是不同的买方通过不同的分销渠道，采取不同的交流方式，来追求不同的产品。因此，有越来越多的公司由实行大量市场营销、产品差异市场营销转为实行目标市场营销。

目标市场营销能帮助卖方更好地识别市场营销机会，从而为每个目标市场提供适销对路的产品。卖方通过调整产品价格、分销渠道和广告宣传，能有效地进入目标市场。它们可以将营销努力集中在最有可能使之满意的消费者身上。

目标市场营销分为3个步骤：① 进行市场细分，即根据消费者对产品或营销组合的不同需要，将市场划分为不同的消费者群体，并勾勒出细分市场轮廓的行为；② 选择目标市场，即选择要进入的一个或多个细分市场的行为；③ 市场定位，即为产品和具体的营销组合确定一个富有竞争力的、与众不同的市场位置的行为。具体如图9-1所示。

2）市场细分的实践意义

营销活动中往往存在这种矛盾的现象：一方面产品滞销积压，另一方面消费者需求并未

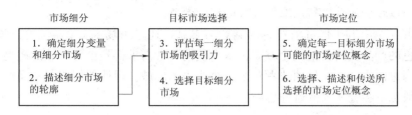

图9-1 市场细分、目标市场选择和市场定位的步骤

得到较充分的满足;一方面企业感到生意难做,另一方面很多生意又没有人去做。造成这种现象的原因很多,企业在生产经营上忽视市场细分,不善于正确选择目标市场也是重要原因之一。实行市场细分,可以为企业认识市场、研究市场和选定目标市场提供依据。

市场细分是企业制定市场营销策略的关键环节。企业市场营销策略包括两个基本观念,即选择目标市场与决定适当的营销组合。在实际应用上,首先需要解决的问题是,如何将一个异质市场细分为适当的分市场,然后才能从若干分市场中选定目标市场,采用与企业内部条件和外部环境相适应的目标市场营销策略,并针对目标市场设计特有的市场营销组合。

实践证明,科学合理地进行市场细分,对于企业通向营销成功之路具有以下重要作用。

(1) 市场细分有利于企业特别是中小企业发现新的市场机会,发展市场营销战略,开拓与占领新市场。通过市场细分,企业可以深入了解各分市场消费者的不同需求,并根据对每个分市场购买潜力的分析,研究消费者群的满足程度和该市场的竞争状况。通过比较,发现有利于企业的营销机会,以便运用本身的有利条件,迅速取得市场的优势地位,避免进入需求强劲但竞争激烈的市场。

(2) 市场细分可以避免企业因盲目投资而造成的资源浪费。随着中国社会主义市场经济的发展,企业之间的竞争越来越激烈,市场细分将有助于企业充分认识潜在需求,发现市场机会,集中力量投资于能够带来经济效益的领域,从而避免因盲目投资而造成的资源浪费。

(3) 市场细分将有助于企业通过产品的差异化建立起竞争优势。竞争是市场经济中不可避免的,但市场是广阔的,提供同类产品或服务的企业之间的竞争不一定必然是你死我活,而是可以达到双赢的。企业通过市场细分将会发现尚未满足的消费者群体,如果企业能够针对这一消费者群体的需求特征推出独具特色的产品或服务,通过产品差异化建立起竞争优势,就会获得营销成功。

(4) 市场细分可以使企业用较少的营销费用取得较大的经济效益。这是因为企业通过市场细分,选定目标市场,就可以制定最佳营销战略:① 企业可以根据目标市场需求变化,及时地、正确地调整产品结构,使产品适销对路,从而提高企业竞争能力。② 企业可相应地正确调整与安排分销渠道、广告宣传等,使渠道畅通无阻,货畅其流。③ 企业可增强市场调研的针对性,不仅可以针对消费者的现实需要,以需定产,而且可以根据潜在需求改进和创新,更好地满足消费需求。④ 企业还可以集中使用人力、物力、财力等有限资源,扬长避短,从而以较少的营销费用取得较大的经营效益。

(5) 市场细分有利于促进消费者的满意与忠诚。通过市场细分,企业能够向目标市场提供独具特色的产品及其营销组合方案,从而使消费者需求得到更为有效的满足,有利于促进消费者的满意与忠诚。一旦消费者对某个企业表示忠诚,即使他们偶尔不满意企业的产品或服务,一般也不会轻易改变这种忠诚。

9.1.2 市场细分的心理变数

1. 市场细分的步骤

市场细分的过程一般可以分成4个步骤,如图9-2所示。

图9-2 市场细分步骤

1) 界定相关市场

界定相关市场就是确定企业推广其产品或服务所要寻找的消费者群体。企业在确定消费者群体时,必须明确自身的优势和劣势,根据自己拥有的资源条件在以下几方面作出抉择:① 产品线的宽度。② 顾客类型。③ 地理范围等。有效的市场细分强调企业在清晰的细分市场上满足现有顾客和潜在顾客的需求,这就要求企业必须了解消费者的态度、偏好及其所追求的利益。

2) 确定细分变数

在界定了相关市场之后,企业就要确定市场细分的标准和细分变数,表9-1列出了消费者市场常用的细分标准及细分变数。

表9-1 消费者市场细分标准及细分变数

细分标准	细分变数
地理细分	国家、省区、城市、农村、面积、气候、山区、交通条件、通信条件、人口密度等
人口细分	人口总数、家庭户数、年龄、性别、职业、民族、国籍、收入、家庭生命周期阶段等
心理细分	生活方式、个性、购买动机、价值取向、对商品的偏爱、对商品价格反应的灵敏程度等
行为细分	购买时机、追求的利益、使用状况、忠诚程度、使用频率、待购阶段的态度等

3) 选择最佳依据

任何企业在选择市场细分的变数时必须结合本企业具体情况有所创新,以建立起差异化竞争优势。因此,企业必须设计最佳的细分依据。设计最佳细分依据的操作步骤是:① 先把各种潜在的、有用的细分变数都罗列出来;② 对被选择出的重要标准再做进一步的划分。在某种情况下,这种划分可能比较直接和显而易见,如年龄、性别等。而对那些心理因素则要做较为深入的调查,以了解其特征和需求类型。

4) 选择目标市场

企业对市场进行细分的目的在于选择自己的目标市场。然而,市场细分的结果往往是得到了大量的细分市场,企业必须对它们进行筛选。一般地讲,这种筛选可以从细分市场本身的特征和本企业的营销目标、资源着手,用以下 5 个标准来衡量:① 差异性,即在该产品或服务的整体市场上确实存着消费上的差异性,以成为细分的依据;② 可测量性,即细分市场的大小及其特征可以测量出来,即要能够量化;③ 可进入性,即企业对该细分市场能有效进入和为之服务的程度;④ 可盈利性,即细分市场的容量能够保证企业获得良好的经济效益,使企业能赢得长期稳定的利润;⑤ 易反应性,即细分市场对企业营销战略的反应是灵敏和有差异的。

2. 市场细分的心理因素

细分消费者市场所依据的因素很多,可概括为 4 大类:地理因素、人口因素、心理因素和行为因素(见表 9-1)。这些细分依据可以单独使用,更多的则是两种以上结合在一起使用。每一种形式的细分都是依据具体的细分变数进行的。企业往往根据需要将多种细分变数组合在一起作为市场细分的依据。从消费心理学的角度,我们主要讨论市场细分的心理因素。

按照消费者的心理特征进行市场细分称之为"心理细分"。市场细分的心理因素十分复杂,非常广泛,涉及消费者一系列的心理活动和心理特征。主要包括消费者的生活方式、个性、消费观念、购买动机等。

1) 生活方式

生活方式,是指在人的活动、兴趣和意见上表现出的生活模式。在经济较为发达的条件下,消费者的生活方式日趋多样化,不同的生活方式往往产生不同的消费需求和购买行为,即使对同一种商品,也会在质量、外观、规格、型号等方面产生不同的需求。如今,许多消费者购买商品不仅是为了满足物质方面的需要,更重要的是为了表现他们的生活方式,满足其心理需要(显示其身份、地位或追求时髦等)。因此,企业就可以按照这些"心理变数"来细分市场,设计不同的产品或服务,安排不同的市场营销组合。

生活方式是一个内涵十分丰富、广泛的概念。它不仅与消费者的收入水平有关,而且与消费者的文化素养、社会地位、价值观念、职业等因素密切相关。因此,运用生活方式这一变数细分市场是非常艰巨的工作。许多企业都从生活方式细分中发现了有吸引力的市场机会。

2) 个性

个性是指个人独特的心理特征,这种心理特征使个人与其环境保持相对一致和持久的反应。每个人都有影响其消费行为的独特个性。在能够区分出不同的个性,并且特定的个性同产品或品牌的选择之间存在很强相关性的前提下,个性就可以成为细分消费者市场的心理变数。

如今，许多消费者购买商品不仅仅是为了满足物质方面的需要，更重要的是为了表现他们的个性特征。因此，越来越多的企业按照消费者的个性进行市场细分。在经营中尽力去迎合目标消费者的个性，使经营的商品适合消费者的心理需求，即树立所谓的"品牌个性"，从而使目标消费者群对本企业的产品或服务产生兴趣。

3）消费观念

消费观念是人们在实施消费活动与购买行为时的指导思想，是人们价值观念在消费活动中的延伸与反映，也是消费者消费心理活动的主流导向。在一定的消费观念指导下，人们可能采取某种消费与购买行为而不采取另一种消费与购买行为。消费者的消费观念常常在具体的消费与购买活动中体现出来。

不同的个体可以有不同的消费观念，然而在一定的社会条件下，许多人会建立起类似的消费观念，从而形成特定的社会发展阶段的主流消费观念。主流消费观念将对市场产生极大的冲击力。因此，研究消费者消费观念的内涵与发展变化趋势，对市场细分有着极为重要的意义。

4）购买动机

动机是个体发动和维持其行为的一种心理机制，购买动机是驱使消费者实现个人消费目标的一种内在力量。购买动机可分为追求产品的耐用性、经济性、安全性，以及满足自尊需要等多种类型，对消费者行为有很大的影响。消费者购买动机是一个很难衡量的变数，运用起来比较困难，但它们对企业却具有重要意义。因此，企业需要对市场作大量细致的调研工作，注意研究消费者心理活动。

随着经济的发展，人民生活水平不断提高，心理因素对消费者行为的影响将日益突出，尤其是在购买非生活必需品的时候。企业如果能够研究消费者的心理因素，在产品中突出能够满足他们某种心理需要的特征或特性，并设计相应的营销组合方案，将会取得良好的经营效果。

9.2 市场定位与消费者购买心理

在企业选定的目标市场上，往往会遇到竞争对手。因此，企业就需要对目标市场上的竞争状况作进一步的分析，从而确定本企业的产品或服务以及市场营销组合进入目标市场的位置，这就是市场定位问题。

9.2.1 市场定位的含义

市场定位（Market Positioning）是20世纪70年代由美国学者阿尔·赖斯提出的一个重

要营销学概念。所谓市场定位就是企业根据目标市场上同类产品竞争状况，针对顾客对该类产品某些特征或属性的重视程度，为本企业产品塑造强有力的、与众不同的鲜明个性，并将其形象生动地传递给顾客，求得顾客认同。市场定位的实质是使本企业与其他企业严格区分开来，使顾客明显感觉和认识到这种差别，从而在顾客心目中占有特殊的位置。营销中的定位是现代市场营销观念的具体体现。它是以了解和分析目标顾客的需求心理为中心和出发点的。

从方法上讲，市场定位就是要抓住"在疲劳轰炸的广告与商品情报中被注意到"的营销心理技术。例如，佳洁士牙膏总是强调它的防龋齿功能。每一种品牌都应突出一种属性，并使自己成为该属性方面的"第一位"。因为购买者容易记住领先企业或产品信息，尤其是在信息爆炸的社会。企业常用的"第一名"定位主要有"最高的质量"、"最佳的服务"、"最低的价格"、"最高的价值"、"最安全"、"最快"、"最顾客化"、"最舒适"及"最先进的技术"等。如果一家公司坚持不懈反复强调这些定位中的一个，并且令人信服地进行传播，它就可能出名，并取得优势。

9.2.2 市场定位的作用

总的来说，市场定位的作用主要有以下两方面。

1. 市场定位有利于建立企业及产品的市场特色

在现代社会中，许多市场都存在着严重的供大于求的现象，众多生产同类产品的厂家争夺有限的消费者，市场竞争异常激烈。为了使自己生产经营的产品获得稳定销路，防止被其他厂家的产品所替代，企业必须从各方面树立起一定的市场形象，以期在消费者心目中形成一定的偏爱。美国摩托罗拉公司在世界电信设备市场上，成功地塑造了质量领先的形象，从而在激烈的市场竞争中居于领先地位。在10年不到的时间内，由一家小公司上升到世界十大名牌公司之一。

2. 市场定位决策是企业制定市场营销组合策略的基础

企业的市场营销组合要受到企业市场定位的制约，例如，假设某企业决定生产销售优质低价的产品，那么这样的定位，就决定了产品的质量要高，价格要定得低；广告宣传的内容要突出强调企业产品质优价廉的特点，要让目标顾客相信货真价实；分销储运效率要高，保证低价销售仍能获利。也就是说，企业的市场定位决定了企业必须设计和发展与之相适应的市场营销组合。

9.2.3 市场定位三要素

市场定位的主要任务就是在市场上，让你的企业与产品与竞争者的有所不同。要做到这一点，企业必须作好以下3个方面的工作。

1. 确立产品的特色

市场定位的出发点和根本要素就是要确定产品的特色。首先要了解市场上的竞争者如何定位，其提供的产品或服务有何特点。其次要了解消费者对某类产品各属性的重视程度。显然，花大力气去宣传那些与消费者关系并不密切的产品是多余的。最后，必须考虑企业自身的条件。有些产品属性，虽然是顾客比较重视的，但如果企业力所不及，也不能成为市场定位的目标。

2. 树立市场形象

企业所确定的产品特色，是企业有效参与市场竞争的优势，但这些优势不会自动地在市场上显示出来。要使这些独特的优势发挥作用，需要以产品特色为基础树立鲜明的市场形象，积极主动而又巧妙地与顾客沟通，求得消费者的认同。市场定位是否成功的最直接的反映就是消费者对企业及其产品所持的态度和看法。

3. 巩固市场形象

消费者对企业的认识不是一成不变的。由于竞争者的干扰或沟通不畅，会导致市场形象模糊，消费者对企业的理解会出现偏差，态度发生转变。所以建立市场形象后，企业还要不断地向消费者提供新的论据和观点，及时矫正与市场定位不一致的行为，巩固市场形象，维持和强化消费者对企业的看法和认识。

9.2.4 市场定位四原则

各个企业经营的产品不同，面对的消费者和竞争环境也不同，因而市场定位所依据的原则也不同。总的来说，市场定位所依据的原则有以下 4 点。

1. 根据具体的产品特点定位

构成产品内在特色的许多因素都可以作为市场定位所依据的原则，如所含成分、材料、质量、价格等。"七喜"汽水的定位是"非可乐"，强调它是不含咖啡因的饮料，与可乐类饮料不同。一件仿皮皮衣与一件真正的水貂皮衣的市场定位自然不会一样。同样，不锈钢餐具若与纯银餐具定位相同，也是难以令人置信的。

2. 根据特定的使用场合及用途定位

为老产品找到一种新用途，是为该产品创造新的市场定位的好方法。例如，小苏打曾一度被广泛地用作家庭的刷牙剂、除臭剂和烘焙配料，现在已有不少的新产品代替了小苏打的这些功能。我国曾有一家生产"曲奇饼干"的厂家最初将其产品定位为家庭休闲食品，后来发现不少消费者购买是为了馈赠，又将其定位为礼品。

3. 根据顾客得到的利益定位

产品提供给消费者的利益是消费者最能切实体验到的，也可以用作定位的依据。例如，美国米勒啤酒公司推出了一种低热量的"Lite"牌啤酒，将其定位为喝了不会发胖的啤酒，迎合了那些经常饮用啤酒而又担心发胖的人的需要。世界上各大汽车巨头的定位也各有特色,劳斯莱斯车豪华气派,丰田车物美价廉,沃尔沃则结实耐用。

4. 根据消费者类型定位

企业常常试图将其产品指向某一类特定的消费者,以便根据这些消费者的看法塑造恰当的形象。例如,美国米勒啤酒公司曾将其原来唯一的品牌"高生"啤酒定位于"啤酒中的香槟",吸引了许多不常饮用啤酒的高收入女性。后来发现,占30%的狂饮者大约消费了啤酒销售量的80%,于是,该公司在广告中展示石油工人钻井成功后狂欢的镜头,还有年轻人在沙滩上冲刺后开怀畅饮的镜头,塑造了一个"精力充沛的形象"。在广告中提出"有空就喝米勒",从而成功占领啤酒狂饮者市场达10年之久。

要体现企业及其产品的形象,市场定位必须是多维度的、多侧面的。因此,许多企业进行市场定位依据的原则往往不止一个,而是多个原则同时使用。

9.2.5 市场定位与消费者购买心理

市场定位是以产品或服务为出发点,如一种产品、一项服务、一家公司、一所机构,甚至一个人……但定位的对象不是产品,而是针对潜在顾客的购买心理。这就是说,要为公司的产品或服务在顾客的心目中占有一个独特的、有价值的位置。具体讲,就是企业从各方面为自己的产品或服务创造特定的市场形象,使之与竞争对手显示出不同的特色,以求在目标顾客心目中形成一种特殊的偏爱。这种产品形象和特色,可以在5个方面体现出来:① 产品,包括特色、性能、质量、一致性质量、耐用性、可靠性、可维修性、风格、设计等;② 服务,包括订货方便、按时交货、免费安装、客户培训、客户咨询、维修、多种服务等;③ 人员;④ 渠道;⑤ 形象,包括标志、文字与视听媒体、气氛、事件等。企业所树立的产品差异化形象是否恰当,要通过与竞争对手相比较来决定。每一种差异都可能增加企业成本,也可能增加顾客利益。所以,公司必须谨慎选择能使其与竞争者相区别的途径。

有效的差异化应满足下列7项原则:① 重要性,该差异化能向相当数量的购买者让渡较高价值的利益;② 明晰性,该差异化是其他企业所没有的,或者是本企业以一种突出、明确的方式提供的;③ 优越性,该差异化明显优于通过其他途径而获得相同的利益;④ 可沟通性,该差异化是可以沟通的,是购买者看得见的;⑤ 不易模仿性,该差异化是其竞争者难以模仿的;⑥ 可接近性,头主有能力购买该差异化;⑦ 盈利性,企业将通过该差异化获得利润。

定位既然是针对潜在顾客的购买心理,那么企业在定位时就一定要从目标顾客购买心理出发,而不能只是从自己的产品出发。如果企业在定位时只认识到自己产品的特色,就以此定位则容易失误,因为自己认定的特色,并不一定是顾客所看重的或认同的。

在市场竞争日趋激烈的情况下,取得竞争优势的关键是产品或服务差异化。定位为产品或服务差异化提供了机会,每个企业及其产品在顾客心目中都占据一定的位置,形成特定的形象从而影响其购买心理与购买行为。定位可以是不经计划而自发地随时间而形成,也可以经规划纳入营销战略体系，针对目标市场而进行。后者的意图是在顾客心目中创造有别于竞争者的差异化优势。

9.3 市场定位的心理策略

9.3.1 市场定位的方式

1. 初次定位与重新定位

（1）初次定位，又称潜在定位，是指新成立的企业初入市场，或企业的新产品投入市场，或产品进入新市场时，企业必须从零开始。在尚未进入目标市场之前，预先使产品符合某一特定顾客群的需要，找到恰当的市场位置。同时，运用所有的市场营销组合，从广告宣传、渠道选择、价格、促销等方面作全面考虑，使产品特色能为目标顾客群所接受。

但是，企业要进入目标市场时，往往是竞争者的产品已在市场上销售或形成了一定的市场格局。这时，企业就应认真研究同一产品在目标市场上竞争对手的位置，从而确定本企业产品的有利位置。

（2）重新定位，又称二次定位或再定位，是指企业变动产品特色以改变目标消费者群对其原有的印象，使目标消费者群对其产品新形象有一个重新的认识过程。重新定位出于多种原因，例如，在本企业产品定位附近出现了强大的竞争者，使企业该产品的市场份额下降，或消费者需求发生了变化，从喜爱本企业产品转移到喜爱竞争者的产品等。重新定位的目的是使企业的产品比竞争对手的产品更具特色，与竞争对手的产品拉开市场距离。

企业营销管理者在进行重新定位抉择时，一般考虑两个因素：① 企业将自己的品牌从一个亚市场转移到另一个亚市场时所需的成本，包括改变产品品质、包装、广告等费用。② 企业将自己的品牌定在新位置上可得到的收入。应该指出的是，有效地利用广告宣传，可以改变企业的产品定位。例如，美国约翰逊公司生产的一种洗发剂，原来定位婴儿市场，叫做婴儿洗发剂。由于这种洗发剂不含碱质，洗发时不会刺激婴儿的眼睛，因此深受消费者欢迎。后来，美国人口出生率降低，婴儿市场缩小，公司运用广告来改变产品定位。同样的产品，广告强调它的特点是能够使头发柔润、松软，有光泽，适合于年轻母亲和青少年使用。这样，洗发剂的销量仍然很大。

进入20世纪90年代以来，许多企业在现代市场营销观念指导下，日益重视产品的社会声誉，注意从社会利益的角度为自己的产品定位。例如，食品加工厂强调产品的营养价值，工业产品强调节约能源的效能等。

2. 对峙性定位与回避性定位

（1）对峙性定位，又称竞争性定位，或针对式定位，是指企业选择靠近于现有竞争者或与其重合的市场位置，争夺同样的顾客。彼此在产品、价格、分销及促销各个方面差别不大。

（2）回避性定位，又称创新式定位，是指企业回避与目标市场上的竞争者直接对抗，将其产品定位在市场上某处空白领地或"空隙"，开发并销售目前市场上还没有的特色产品，开拓新的市场。

3. 心理定位

心理定位，是指应用人们某种心理状态进行产品定位。例如，人们对各种名优产品的评比，对第一和第二名记忆较深，对后面的名次记忆很浅。把这种心理状态应用于产品定位，企业应力求在产品某一方面特色上居第一位优势，并通过广告宣传给消费者造成这种优势的深刻印象。心理定位应贯穿于产品定位的始终，无论是初次定位还是重新定位，对峙性定位还是回避性定位，都要从消费者需求心理出发，赋予产品更新的特色和更突出的特色，从而达到在顾客心目中留下特殊印象和树立市场形象的目的。

解决市场定位问题能帮助公司解决营销组合的问题。营销组合——产品、价格、渠道和促销，从本质上讲是定位战略战术运用的结果。例如，如果公司追求"高质量定位"，就必须生产高质量的产品，制定较高的价格，选择高水平的经销商来销售产品，并在高品位的杂志上刊登广告，这是突出一贯可信的高质量形象的首要途径。

企业制定市场定位策略至少有 7 种选择。

（1）属性定位，例如，尼康可变焦距 300QD 型相机宣称自己是世界上最小的 35 毫米自动聚焦可变焦距相机。体积小是间接体现利益的产品特征，这种相机使用方便，无需携带一大堆透镜。

（2）利益定位，例如，尼肯公司的来特-塔奇（Lite-Touch）相机可以在同一胶卷上同时拍摄标准照片和全景照片，从而提供了多用途性和方便性。

（3）用途定位，例如，将北京的紫禁城作为旅游景点，是针对那些欲花一小时左右的时间来参观拍摄历史片《末代皇帝》的场景的游客。

（4）用户定位，例如，雀巢咖啡在进入中国市场以来，针对不同的用户口味，相继推出"纯咖啡"，"1+2型速溶咖啡"以及本土化产品"云南咖啡"等。

（5）针对竞争对手的定位，例如，百事可乐针对可口可乐进行对比性广告宣传。

（6）产品种类定位，例如，新加坡的香格里拉饭店将自己定位为"又一座植物公园"，这里针对的不是宾馆业的竞争对手，而是另一种行业的新加坡植物公园。

（7）质量—价格定位，例如，台湾宏碁公司的定位策略是提供创新产品，但不提高产品价格。

9.3.2　市场定位的传播

当公司制定一个明确的定位战略后，还必须有效地传播这一定位。假设公司选择"质量最佳"这一定位策略，那么它必须保证传递这一诉求。该传播可以选择一些人们平时用来判断质量的标志和线索来进行。举例如下。

一位割草机制造商声称其割草机"动力很大",并使用噪声很大的发动机,因为顾客认为噪声大的割草机动力强。

一位卡车制造商给卡车底盘的内层也刷上油漆,并非因为需要涂内层,而是因为这样可显示其对质量的关心。

一位汽车制造商给他的汽车安装了能承受猛烈撞击的车门,因为许多买主都在汽车陈列室里使劲关上车门,以此来检验车的质量好坏。

里兹·卡尔顿旅馆在接听电话时显示出它的高质量服务。他训练员工在3次铃响内接通电话,他们的声音是真心诚意的"微笑"声,尽可能减少断线,并对旅馆所有信息有充分的了解。

质量还可以通过其他营销要素加以传播。高价对顾客来讲常常是优质产品的信号。包装、分销渠道、广告和促销手段也会影响产品的质量形象。下面是一些损害产品的质量形象的例子。

一种十分著名的冷冻食品由于经常降价出售而破坏了其良好的形象。

一种优质啤酒因其由瓶装改为听装而损害了形象。

一种高档电视机,由于在经营大众商品的商店开始出售,而失去了它的优质产品形象。

卡夫通用食品公司在它"滴滴香浓"的麦氏咖啡中,采用较低质量的咖啡豆,它导致曾经忠于它的顾客到别的地方去寻找他们的咖啡。

制造商的声誉也将影响质量形象。要使有关质量的宣传令人信服,最好的办法便是提供如下保证:"不满意可以退货"。明智的公司都尽力将其有关质量的信息传达给顾客,并保证其质量的可靠性,否则就退钱给顾客。

9.3.3 市场定位的步骤

市场定位的关键问题是企业要设法在自己的产品上创造出比竞争者产品更具有竞争优势。竞争优势一般有两种基本类型:① 价格竞争优势,即在同样的条件下比竞争者定出更低的价格;② 偏好竞争优势,即能提供确定的特色来满足顾客的特定偏好。竞争优势的两种基本类型提供了市场定位的两条有利的途径。因此,企业市场定位的全过程就可以通过以下3个步骤来完成,即确认企业潜在的竞争优势,准确地选择相对竞争优势和明确显示其独特的竞争优势。

1. 确认本企业的潜在竞争优势

这一步骤的中心任务是要搞清楚以下3个问题:① 竞争对手的产品定位如何?② 目标市场上的足够数量的顾客欲望满足程度如何及确实还需要什么?③ 针对竞争者的市场定位和潜在顾客的真正需要的利益,要求企业应该和能够做什么?

要搞清这3个问题,企业市场营销人员必须通过科学系统的市场营销调研活动,设计、搜集、分析并报告有关上述问题的资料和研究结果。搞清上述三个问题，企业就可从中把握和确定自己的潜在竞争优势在何处。

2. 准确地选择相对竞争优势

相对竞争优势表明企业能够胜过竞争者的能力。这种能力既可以是现有的，也可以是潜在的。准确地选择相对竞争优势是一个企业各方面实力与竞争者的实力相比较的过程。比较的指标应是一个完整的体系，只有这样才能准确地选择相对竞争优势。通常的方法是分析、比较企业与竞争者在以下 7 个方面究竟哪些是强项，哪些是弱项。

（1）经营管理方面。主要考察领导能力、决策水平、计划能力、组织能力及应变能力等指标。

（2）技术开发方面。主要分析技术资源（如专利、技术诀窍等）、技术手段、技术人员能力和资金来源是否充足等指标。

（3）采购方面。主要分析采购方法、储存及运输系统、供应商合作及采购人员水平与能力等指标。

（4）生产方面。主要分析生产能力、技术设备、生产过程控制及职工素质等指标。

（5）市场营销方面。主要分析开拓市场的能力、销售能力、市场研究、分销网络、服务与销售战略、广告、资金来源是否充足及市场营销人员的能力等指标。

（6）财务方面。主要考察长期资金和短期资金的来源及资金成本、支付能力、现金流量及财务制度与人员素质等指标。

（7）产品方面。主要考察可利用的特色、价格、质量、支付条件、包装、服务、市场占有率及信誉等指标。

通过对上述指标体系的分析与比较，选出最适合本企业的优势项目。

3. 显示独特的竞争优势

这一步的主要目的是企业要通过一系列的宣传促销活动，使其独特的竞争优势准确传播给潜在顾客，并在顾客心目中留下深刻印象。为此，企业应注意以下 3 个方面。

（1）企业应使目标顾客了解、知道、熟悉、认同、喜欢和偏爱本企业的市场定位，在顾客心目中建立与该定位相一致的形象。

（2）企业要通过一切努力强化自己的产品在目标顾客心目中的形象，保持目标顾客的了解，稳定目标顾客的态度和加深目标顾客的感情，以巩固与市场定位相一致的企业形象和产品形象。

（3）企业应注意目标顾客对其市场定位理解出现的偏差，或由于企业市场定位宣传上失误而造成目标顾客模糊、混乱和误会，及时纠正与市场定位不一致的形象。

9.3.4　4 种主要的定位错误

当企业为其产品推出较多的优越性时，可能会使人难以相信，并失去一个明确的定位。

一般地讲,企业在定位时必须避免以下4种主要的定位错误。

1. 定位过低

有些企业发现购买者对产品只有一个模糊的印象,购买者并没有真正地感受到它有什么特别之处。例如,当百事在1993年引入它清爽的科里斯托百事饮料时,顾客没有特别印象,他们并没有弄清楚它在软饮料中与其他饮料有什么不同。

2. 定位过高

购买者可能对该产品的了解十分有限,因此,一个消费者可能认为戴梦得珠宝公司只生产万元以上的钻石戒指,而事实上,它也生产人们可承受的千元左右的钻石戒指。

3. 定位混乱

顾客可能对产品的印象模糊不清,这种混乱可能是由于主题太多所致,也可能是由于产品定位变换太频繁所致。例如,美国斯蒂芬·乔布的光滑和强功率的NeXT桌面电脑,它首先定位于学生,然后是工程师,再后来是商人,结果都没有成功。

4. 定位怀疑

顾客可能发现很难相信该品牌在产品特色、价格或制造商方面的一些有关宣传。例如,当通用汽车公司的卡迪拉克分部导入悉米路车时,它的定位是类似于豪华的宝马、梅塞德斯和奥迪。该车用皮座位,有行李架,大量镀铬,卡迪拉克的标志打在底盘上,顾客们把它看成只是一种雪佛莱的卡非拉和奥斯莫比尔的菲尔扎组合的玩具车。这辆汽车的定位是"比更多还要多",但顾客却认为它"多中不足"。

1. 试述市场细分的步骤及心理因素包含的内容。
2. 试述市场定位的作用及市场定位的原则。
3. 市场定位与消费者购买心理有什么关系?
4. 试述市场定位的步骤及4种主要的定位错误。

案例分析

华素片:定位策划

华素片是北京四环制药厂生产的一种治疗口腔咽喉疾病的西药,其产品主要特点是:具有独特的碘分子杀菌作用,疗效快;口含,能长久停留在口腔内发挥药力。在华素片推出之前，市场上已经有一系列新老同类产品了。华素片如何定位更有效呢？

华素片定位策划，首先要分析它的市场状况。从适应证上看，华素片既治口腔病又治咽喉病，因此它参与两个产品类别的竞争：咽喉类药品与口腔类药品。

先看咽喉类药品市场。市场上常见的咽喉类药品有六神丸、四季润喉片、草珊瑚含片、桂林西瓜霜、武汉健民咽喉片、双料喉风散、咽喉冲剂、含碘片、黄氏响声丸、奎娥宁、国安清凉喉片等，它们或凭借传统的知名度（如六神丸）和广告的知名度（如草珊瑚含片），或以便宜的价格（如含碘片）和较好的疗效（如双料喉风散）各自赢得了一部分市场份额。可见咽喉类药品市场品牌众多，竞争激烈。

再看口腔类药品市场。市场上治疗口腔疾病的药有牙周清、洗必太口胶、桂林西瓜霜、双料喉风散，产品不算多而且基本上没有知名度高、疗效好的领导品牌；一些药物牙膏和口洁容等日化品也占据了一部分市场，但这些都处于市场补缺者的位置。华素片走进市场的机会在哪儿呢？

由于咽喉类药品市场上草珊瑚和使氏咽喉片等药品上市时间较长、广告投入较大，在消费者中认知度和指名购买率相当高，如果华素片进入咽喉类药品市场，面对的竞争对手很强，有可能位居其后，而且企业需要投入更大的媒体预算才有可能改变它在竞争中的不利处境。然而，口腔类药品市场还没有形成有影响的品牌，很多口腔病患者有时需要靠一些药物牙膏来辅助治疗。显然，在咽喉类药品市场竞争激烈、口腔类药品市场松散空白的状况下，华素片的市场机会点就是：定位于口腔药，主打口腔药品市场。

了解了华素片面对的市场状况后，策划者还要了解华素片的消费者，即它所治疗的适应证的患者。因为市场定位是针对消费者的，只有知道是什么样的人来买，为什么买，在什么地方买，有什么样的心态等，才能更深层地了解消费者的购买行为，使定位巧妙地进入消费者心中。这对定位策划来说也是至关重要的。

华素片的消费者（口腔咽喉病患者）的购买行为怎样呢？

经过调查发现，华素片的患者并不是固定的一群人，男女老幼都可能成为患者，其中成人比例高，季节性变化大。他们的选药标准是疗效第一。一份对患者的抽样调查显示：患者重视疗效的占93.4%，重视服药方便的占67.6%，注重口感好的占40.3%；其次，再看看患者对口腔药的购买行为与心理。患者在关切自己生病的同时又不认为这是很严重的事，所以对品牌的忠诚度并不高，他们很可能因为广告或别人看法的影响而更换品牌。由于患者大多认为口腔病不是什么疼痛难忍、生死攸关的大病，因此他们不到无法忍受的程度不会自觉用药。而且患者在一般状态下不会有什么病痛反映，只在想说、想吃、想唱时才会有强烈的病痛感，因此患者普遍认为口腔病是很烦人的小病，希望尽快治好。

在分析了华素片的市场状况及患者的购买行为与心理之后，策划者充分了解到，华素片不仅能满足患者希望治好病的心理，同时还具有能尽快治愈的功能，它的卖点是"快速治愈"。于是，华素片的定位就清晰可见了，这就是：迅速治愈口腔疾病的口腔含片。

定位策略找到了，还得把它转变为与消费者沟通的语言。口腔病的患者患口腔溃疡、慢性牙周炎、牙龈炎、感染性口炎，都会有一种欲说不能、欲唱不成的感觉，也都会有小病烦人，想快快治好的心理。华素片在沟通中作出了"快治"人口的承诺和"病口不治，笑从何来"的呼唤，终于健步走进患者心中。

经过1年的广告投放，测试表明，华素片的知名度由原来的20.7%上升到82.8%，66.6%的被访者认为华素片是治口腔炎症的良药。经过知觉地图（Perceptual Map）的分析，采用产品类别定位的方式定位于口腔类药品，同时结合产品功能定位，这就是华素片策划的成功之处。

思考题：
1. 华素片之所以备受青睐，是因为它满足了消费者的何种需要和购买动机？
2. 你认为华素片在以后的竞争中将如何巩固自己的产品地位？

第 10 章
商品特征与消费者购买心理

本章要点
- 掌握新商品的内涵及新商品设计和推广的心理策略
- 掌握商品命名、品牌、商标设计的心理要求及心理策略
- 掌握包装设计的心理功能及心理策略
- 掌握价格制定与调整的心理策略

商品是企业营销的物质基础，消费者需求的满足、动机的实现，大多离不开商品。企业只有不断地向市场提供丰富多彩、品质优良的新商品，才能在激烈的竞争中生存与发展。在消费者购买商品的过程中，商品的名称、品牌、商标、包装和价格直接作用于消费者的感觉器官，首先被消费者感知并影响消费者的消费心理过程和消费行为。因此，根据消费者的心理特点采取恰当的新商品开发、命名、商标、包装和定价心理策略，同时利用品牌的心理效应促进消费者购买，是企业制定市场营销策略组合的重要组成部分。

10.1 新商品与消费者心理

10.1.1 新商品的概念及消费者的心理要求

1. 新商品的概念和类型

新商品的概念，在现代营销理论中是从"商品整体"的角度来理解的。在"商品整体"中任何一个层次的更新和变革，使商品有了新的结构、新的功能、新的品种或增加了新的服

务,从而给消费者带来了新的利益,与原商品有了明显差异,即可称为新商品。

新商品可以根据不同的标准分为若干类型。

(1) 按照商品的改进程度分类,可以分为全新商品、革新商品和改进商品。全新商品一般是指运用新技术创造的整体更新商品或为满足消费者某种新的需要而发明的商品;革新商品是指运用现代科技对市场上已经出售或普及的商品进行较大的革新,使商品性能有了重大突破;改进商品是指在原有商品的基础上进行某些改善而成的新商品。

(2) 按空间范围划分,可以分为世界范围的新商品、国家范围的新商品和地区范围的新商品。世界范围的新商品是指在全世界首次试制成功的新产品;国家范围的新商品是指国际市场已经出售过,但在本国则属于首次试制成功并投入市场的商品;地区范围的新商品是指某个局部地区范围首次出现的新商品。

2. 消费者对新商品的心理要求

新商品完成设计、生产后,并不意味着开发成功了。新商品开发的成功体现在商品能够在市场上为消费者所接受。现实生活中,消费者对新商品从不知到接受需要有一个过程。影响这一过程长短的因素是多方面的,其中消费者心理因素起了决定性的作用。新商品成为畅销品还是滞销品,关键在于它能否满足消费者的以下 6 种心理要求。

(1) 消费者追求时尚、流行的心理要求。消费者对商品时尚、流行的心理欲求是普遍存在的社会消费现象。它反映了消费者渴望变化,趋同从众,顺应时代,完善自我等多种心理需要。以满足消费者追求时尚、流行心理为目标的商品设计贵在"出新",只有"新"才能激起消费者"先买为快",继而兴起时尚潮流。

(2) 消费者追求便利、高效的心理要求。如今,消费者在追求商品时尚、流行的同时,还趋向追求商品的便利和实用。这一方面是由于社会生活的节奏日益加快,人们对日常消费活动越来越强调高效率;另一方面是由于社会进步,人们的兴趣、爱好不断变化,使商品功能的持久性相对地失去了意义。

(3) 消费者追求显示其地位、威望的心理要求。消费者为提高其社会威望,表现其事业成功,体现自己所属的某一阶层,代表某种身份或地位,或追求与同一阶层成员保持一致性而购买某些商品。企业要以满足消费者这种心理要求为目标进行新商品设计。

(4) 消费者追求舒适、享受的心理要求。消费者选购商品,不仅关心其使用价值,而且关心其使用是否能满足消费者追求舒适、享受的心理要求。新商品是否适合人体生理结构,给人以舒适感,有利于身心健康,也会影响人们的购买欲望。

(5) 消费者追求美感的心理要求。随着消费者文化素质的提高,对商品的欣赏和鉴别能力也不断增强,这就要求企业在新商品设计上,必须适应消费者的求美需要以及由文化、亚文化制约的审美标准,赋予新商品时代感与美感,使商品不但具有实实在在的使用价值,而且具有一定的欣赏价值。

(6) 消费者追求突出个性特征的心理要求。如今,人们开始抛弃千篇一律的生活模式,在消费活动中追求自我。为了适应消费者追求突出个性特征的心理要求,新商品设计一定要构思新颖，富于创造性，具有鲜明突出的象征意义，以显示使用者的性别、年龄、知识、兴趣、性格、气质、能力等特征。

3. 影响新商品购买行为的心理因素

影响消费者购买新商品的因素是多方面的，既有商品本身的因素，又有消费者自身的收入水平、职业特点、性别、年龄等因素，更受到消费者的需要、认知、态度、个性特征等的影响和制约。

（1）消费者对新商品的需要。需要是消费者一切行为的基础和原动力。只有符合并能满足消费者特定需要的新商品，才能吸引消费者踊跃购买。由于不同消费者的需要内容、需要程度千差万别，因而对新商品的购买行为也各不相同。另外，消费者对新商品有现实的需要，也有潜在的需要；可以由消费者自觉意识，也可以因新商品的上市或广告宣传而引发。

（2）消费者对新商品的感知程度。感知新商品是消费者购买新商品过程的起点。消费者只有对某一新商品的性能、特点、用途等有了基本了解之后，才能决定是否购买。当消费者认为购买新商品能够为自己带来新的利益时，就会由此激发购买欲望，进而产生购买行为。因此，正确和全面感知有关新商品的信息，对影响消费者购买新商品的行为具有重要作用。

（3）消费者对新商品的态度。消费者对新商品所持的态度是影响其是否购买新商品的决定因素。消费者在对新商品感知的基础上，通过对新、旧商品的比较分析，形成对新商品的不同态度。如果消费者经过比较，认为新商品具有独创、新奇、时尚等特点，能为自己带来新的利益及心理上的满足，就会对新商品持肯定的态度，进而采取购买行为。

10.1.2 新商品设计的心理策略

随着中国改革开放的深入发展，消费者生活水平有了很大的提高，其心理需求在购买行为中所起的作用越来越重要。消费者是否购买某一种新商品，常常取决于新商品能否满足其心理需求。因此，新商品的设计必须要适应消费者不断发展变化的心理需求。具体来说，要从以下4个方面研究新商品设计的心理策略。

1. 根据消费者的生理要求进行新商品功能的设计

商品的基本功能，就是商品具体的实用价值，是消费者购买新商品时最基本的出发点。满足消费者的生理需要是新商品功能设计中首先要考虑的因素。例如，目前市场上的足疗机就是在考虑到人体生理特点的基础上集按摩学、经络学、全息学、反射学为一体的高科技保健器械。

近年来，国内外的商品功能设计方面出现两种趋势：一种趋势是商品向多功能发展，例如，最新上市的佳能 iC MF8050Cn 彩色激光多功能一体机就融传真、打印、扫描、复印众多功能于一身，在提升办公效率的同时，为用户节省了更多办公空间；另一种趋势是商品向自动化发展，例如，全自动电脑控制洗衣机。商品自动化使消费者使用起来省时省力，更加方便，受到消费者的好评。

2. 按照人体工程学的要求进行新商品结构的设计

人体工程学，又称人类工程学，是指运用人体测量学、生理学、心理学和生物学等研究手段和方法，综合地进行人体结构、功能、心理以及力学等问题的研究的科学。近年来，人体工程学的发展很迅速，除主要在交通工具的设计和国防工业方面应用以外，还用于一些日用工业品的设计。一件商品必须适应人体结构的要求，才能使人感到方便、舒适。例如，椅子的设计，应该是根据人的腿部长短决定高矮，根据臀围确定宽窄，根据腰部坐姿确定靠背的倾斜度，根据手臂长短和关节部位安置扶手。因此，新商品的设计要根据人体结构特征，按照人体工程学的要求进行，以便更好地满足消费者生理和心理上的需要。

3. 根据消费者的个性心理特征进行新商品个性的设计

消费者的个性特征对其购买动机有重要影响。消费者个性心理特征的差异会导致对商品的不同需求。因此，在设计新商品时，一方面要考虑商品的性能、结构等共性要求；另一方面还要考虑商品的独特个性，使新商品具有明显的特点。这些特点具体表现为：① 体现威望的个性；② 标志社会地位的个性；③ 显示成熟的个性；④ 满足自尊和自我实现的个性；⑤ 满足情感要求的个性。

4. 参照时代性进行新商品设计

商品的时代性是由消费需要的时代性所决定的。它表现为在某一时期内，社会中某一群体或某一阶层的众多的消费者承认、接受或使用的同一商品式样，即流行式样。时代商品的流行，一方面反映了科学技术的进步，另一方也反映了消费者渴望变化、求新、求美、求奇的心理倾向。由于某些新商品一旦被接受，很容易形成时代商品，企业如果善于发现和运用时代现象，必然会大大提高创新商品的成功率。为此，企业在进行新商品设计时，应善于吸收和发展市场上最新流行商品的优点。同时，要善于研究和迎合消费者追求时尚的心理，设计出新颖独特、顺应时代潮流的新商品。

10.1.3 新商品推广的心理策略

1. 影响新商品推广的心理因素

新商品能否成为畅销品，与商品本身包含的基本功能与心理功能密切相关。很多新商品销售受阻，实际是消费者心理因素起着重要作用。因此，有必要联系商品特性来分析消费者心理与新商品销售、市场扩散速度和范围的相互关系。一般来说，影响新商品推广的心理因素有以下 5 个方面。

1）新商品的相对优点

新商品的相对优点是指新商品优于老商品的程度。对于消费者来讲，这是最具吸引力的一点，也是消费者购买新商品的重要心理动机。新商品的创新程度越高，就越容易在市场上扩散。

2）新商品使用上的一致性

新商品的使用能否与消费者在长期消费过程中逐步形成的消费方式、消费习惯、价值观念保持一致，对新商品能否为消费者承认并接受影响重大。能够与现有消费方式保持一致或基本一致的新商品，其市场扩散速度就快，扩散范围就广。反之，二者之间有距离，或者完全相悖，需要消费者调整原有价值观念，建立新的消费方式和消费习惯的，市场扩散速度就慢，扩散范围就窄。

3）新商品结构的复杂性

它是指消费者理解和使用新商品的难易程度。对于新商品的属性、性能、用途、使用方法等商品说明，消费者越容易理解，就越容易感兴趣，新商品在市场上的扩散速度就越快，扩散范围就越广。如果消费者要用很多精力和极大的耐心去了解和掌握新商品的用途和使用方法，无形中就会给消费者造成心理障碍，影响新商品的推广。

4）新商品的可试用性

有些新商品上市之初，消费者由于不了解其性能特点，可能反应冷淡，或抱有疑虑，因而影响了新商品的市场扩散。因此，新商品是否可供试用，对于消除消费者的疑虑，加快新商品推广速度有重要作用。

5）新商品的可传达性

新商品一般都在性能、用途、工艺以及效用上优于老商品。这些优越性若能准确及时地为消费者认知、想象和形容，则表明新商品可传达性强。可传达性强的新商品，在市场上的扩散速度比可传达性弱的新商品要快。

以上5方面是影响新商品推广的主要心理因素。其中，新商品的相对优点、新商品使用上的一致性、新商品的可适用性、新商品的可传达性，与新商品的推广速度是正相关关系；而新商品的复杂性与新商品的推广速度是负相关关系。

2. 新商品推广的心理策略

新商品一旦进入市场，即面临两种命运——成功或失败。为了保证新商品在市场上获得成功，除了要设计出能满足消费者生理和心理需求的商品外，还要运用正确的策略去推广新商品。常常有这种情况，尽管新商品有许多优点，但消费者并未完全感知和理解。这就需要进行各种方式的宣传，促使消费者认识到新商品能够更好地满足他们生理或心理上的需要。这样才能使消费者在短时间内认识、承认并接受新商品。

新商品最初出现在市场上时，消费者对它还很陌生，因而在心理上缺少安全感。这种心理障碍会导致许多消费者采取等待观望态度。特别是有些新商品的问世，是对消费者原有的消费习惯、消费方式及价值观念的否定，很多消费者在心理上没有接受和顺应这一变化的准备，这会导致他们对新商品采取消极甚至抵制态度。针对这些问题，企业在新商品进入市场的初期，要采用各种手段，大力宣传和介绍新商品的性能、效用、用途、使用方法以及为消费者所提供的服务，来消除消费者心理上的障碍。

商品进入成长阶段后，新商品在市场上已有了立足之地。这时的新商品购买者已不仅仅限于最早购买者，一些紧跟消费潮流的消费者也加入到购买新商品的行列中。与进入期相比，成长期的新商品质量趋于稳定，性能提高，成本下降，价格也降低，这些特点对于消费者很具有诱惑力。但是，由于新商品进入市场的时间还不长，大多数消费者还未完全消除心理上的障碍，有些消费者对新商品仍持抵制态度。这一时期企业宣传的重点是，运用消费者乐于接受的方式，向他们宣传和介绍使用新商品能为消费者带来哪些好处，着重宣传使用新商品后形成的新的消费习惯、消费方式。同时，企业还要注意收集新商品的反馈信息，根据消费者的态度反应，有针对性地进行宣传，消除消费者的各种心理障碍，使新商品在市场上的发散面不断扩大直至普及，进而使新商品顺利进入成熟状态。

10.2　商品命名、品牌、商标设计与消费者心理

10.2.1　商品的命名与消费者心理

商品名称就是生产企业赋予商品的称谓。商品的名称是商品信息与消费者认知商品的第一接触点，具有先声夺人的心理效应。同时，商品的命名必须首先能够概括地反映商品的性质特征，如用途、性质、内涵、组成等，才能给消费者传递准确的信息，使消费者对商品形成较完整的印象。因此，研究商品命名的心理特点，给商品起一个恰如其分的名字非常重要。

1. 商品命名的心理要求

在当今日益丰富的市场上，商品种类繁多，名称纷繁复杂，而消费者对不同商品名称的心理反应是截然不同的。一个脱离实际、晦涩难记、缺乏特点的名称不可能引发消费者的购买兴趣，而一个易读易记、富于联想、引人注意的商品名称往往会激发消费者的购买欲望。为使商品名称对消费者购买心理产生积极影响，在命名时必须注意以下5种心理要求。

（1）名实相符。名实相符，是指商品的名称要与商品的实体特性相适应，使消费者能够通过名称迅速地概括商品的主要特性，了解商品的基本效用，加快消费者认识商品、了解商品的过程。名实相符是商品命名的基本心理要求，也是一种商业道德。

（2）便于记忆。为了让消费者便于记忆，从而有利于信息传播，产品名称要注意以下3点：① 文字简洁，以5个字以内为好；② 文字顺口，具有韵味；③ 通俗易懂，避免使用专用术语。

（3）引人注意。商品的名称是否具有感情色彩，常常对消费者心理产生不同的影响，导致对商品产生不同的态度与情绪，影响其购买行为。因此，商品命名要有强烈的感情色彩，使消费者产生心灵共鸣，对商品产生注意。

（4）激发联想。商品名称新鲜脱俗、寓意深远、风趣幽默，能够激发消费者产生对美好事物的联想，增强对商品的好感，进而促进消费者采取购买行为。

（5）避免禁忌。不同国家、民族因社会文化传统的差异而有着不同的消费习惯、偏好和禁忌。特别是为销往他国的商品命名时，避免禁忌是必须慎重考虑的心理需求。

总之，商品命名应力求寓意深远、富有情趣、亲切健康、便于记忆，能高度概括商品特性，适应消费心理，这样才可能激发消费者的购买欲望，促成购买行为。

2. 商品命名的心理策略

商品命名的心理策略和方法多种多样，大致可以归纳为以下 9 种。

（1）效用命名策略。这种策略的特点是直接反映商品的主要性能和用途，突出商品的本质特征，使消费者望文生义，一目了然地迅速了解商品的功效，加快对商品的认知过程。日用工业品和医药品等商品的命名多采用这种策略，例如，"去斑灵"、"感冒通"等。

（2）成分命名策略。这种策略的特点是突出商品的主要成分和主要材料，可使消费者从名称上直接了解商品的原料构成，以便根据自己的实际需要选择商品。食品类、化妆品类、医药类商品多采用这种策略，例如，"人参蜂王浆"、"参茸酒"等。

（3）造型命名策略。这种策略具有形象化的特点，能突出商品优美、新奇的造型，引起消费者的注意和兴趣。食品类、工艺品类商品的命名多采用这种策略，例如，"喇叭裤"、"棒棒糖"等。

（4）制作方法命名策略。这种策略的特点是使消费者了解该产品研制过程中的艰辛和严谨，由此提高对商品的信任感，并满足消费者的求知心理。具有独特制作工艺或有纪念意义的研制过程的商品的命名多采用这种策略，例如，"二锅头"、"回锅肉"等。

（5）产地命名策略。这种策略的特点是符合消费者求名、求特、求新的心理，可以增加商品的名贵感和知名度，使消费者买到货真价实的特色商品。颇具名气或特色的地方土特产品的命名多采用这种策略，例如"孔府家酒"、"北京烤鸭"等。

（6）人名命名策略。这种策略的特点是使特定的人与特定的商品联系起来，使消费者睹物思人，引发丰富的联想、追忆和敬慕之情，从而使商品在消费者心目中留下深刻印象。这种命名具体可分为两种：一是以历史名人命名，例如，"中山装"、"东坡肘子"等；二是以产品首创者名字命名，例如，"陈麻婆豆腐"、"张小泉剪刀"等。

（7）译音命名策略。这种策略多用于进口商品的命名上，既可克服某些外来语翻译上的困难，又能满足消费者求新、求奇、求异等心理要求。例如，"巧克力"、"可口可乐"等就是这样命名的。

（8）词语命名策略。就是运用一个美好的词语为产品命名的策略。一些商品对消费者有很好的效用，使用褒义词语命名，既暗示了产品的性能和质量，也表达了厂商对消费者的良好祝愿，例如，"青春宝"、"长寿面"等。

（9）寓意命名策略。这种策略的特点是以色彩词语命名，突出视觉感受，使消费者对商品留下深刻印象。食品类产品的命名多采用这种策略，如"金丝蜜枣"等。

需要指出的是，无论采取何种命名策略，都要注意使商品名称与商品实体保持某种内在联系。唯有如此，才能达到以名称吸引、诱导消费者的目的。

10.2.2 商品的品牌、商标与消费者心理

商品的品牌与商标是市场条件下商品的重要组成部分之一，也是商品的无形资产。它们与商品的市场声誉有很大的关系，也会对消费者心理产生重要的影响。

1. 品牌与商标的定义与作用

世界著名市场营销权威菲利普·科特勒把品牌定义为："品牌是一种名称、术语、标记、符号或设计，或是它们的组合运用，其目的是借以辨认某个销售者或某群销售者的产品或服务，并使之同竞争对手的产品和服务区分开来。"

品牌俗称牌子、厂牌，是制造商或经销商加在其商品上的标志。它通常由两部分组成：一是品牌名称，它是品牌中的可读文字部分；二是品牌标志（商标），它是品牌中可以识别但不可读的部分，常常为某种符号、图案或其他独特的设计。

商标是经过注册登记受到法律保护的品牌，或品牌的一部分。经过申请注册的商标所有者具有使用品牌名称和品牌标志的专用权，受到法律的保护。品牌是商品的文字标记，商标是商品的形象标记，它们两者紧密联系，又有所区别，在市场营销中发挥着重要的作用。我国习惯上把品牌与商标联系起来等同看待，而在商标中再区分注册商标和非注册商标。

在现今的市场条件下，品牌与商标的意义已超越了仅仅是标志的范畴，具体而言，品牌对厂商们的作用有以下3点：① 品牌商标经注册登记，受法律保护，对假冒伪劣产品有抑制作用；② 品牌的建立有利于制造商管理订货，及时发现并处理销售业务方面的问题，为经销商经营销售提供方便，促进企业产品销售；③ 良好的品牌有助于树立企业形象，名牌企业的品牌的无形资产价值很高，是企业的巨大财富。

2. 品牌与商标的心理效能

品牌与商标能产生以下4种心理效能。

（1）识别商品效能。品牌和商标通过特定的文字、图案和符号，使企业某种商品区别于其他企业的同类产品。同时，品牌给消费者提供知觉线索，使其形成对产品质量、声誉、用途与价值的认识，建立起对企业与其产品的信任，促使企业保持、维护和提高产品质量及市场信誉。

（2）建立企业形象效能。品牌代表着企业的经营特色与形象，知名品牌常能给消费者以良好的市场形象，使消费者有深刻的感受。这种记忆随时都在发挥影响，逐步发展成为购买习惯。

（3）质量保障效能。品牌、商标是商品生产与进入市场的通行证，使消费者对商品质量建立信心，消费者的利益得到保障。同时，消费者还可以根据品牌、商标对产品质量实施监督。

（4）传播促销效能。品牌、商标作为企业及其产品的形象标志，可以充分发挥其促销效能。通过媒体或消费者之间的信息交流，不断扩大品牌的知名度、美誉度，使企业及其产品深入人心，引起消费者的品牌偏好，促使实施追求品牌的消费行为。

10.2.3 品牌和商标设计的心理要求

品牌和商标的设计是一项技术与艺术相结合的重要工作。好的品牌和商标设计将对消费者心理、市场信誉产生极大的影响。然而，精良的品牌和商标设计不仅需要熟悉企业与产品的特点，有较高的艺术素养和敢于创新的精神，同时还必须考虑到消费者的心理，以最大限度地发挥出应有的感召力。因此，在品牌和商标设计中要注意以下6个要点。

1. 品牌和商标设计要个性鲜明，富于特色

品牌和商标是用于表达商品的独特性质，并与竞争者产品相互区别的标志。因此，品牌和商标设计应注意强调个性，突出特色，显示独有的风格和形象。例如，"金钱豹"品牌就给人一种高速度的形象与印象。

2. 品牌和商标设计要造型优美，文字简洁，寓于艺术性和美学价值

现代消费者不仅要求商标具有明确的标识作用，而且追求商标的美学价值。所以，设计品牌和商标时，造型应力求生动优美，富于艺术感染力，语言文字的选用应简练、易记，能朗朗上口、悦耳动听。例如，"可口可乐"风靡全球，与其响亮的发音和极富艺术的商标有直接关系。

3. 品牌和商标设计要具有时代气息，反映社会发展的潮流趋向

品牌和商标与时代特点相呼应，甚至赋予一定的社会政治意义，有时可以收到很好的效果。例如，"富康轿车"、"步步高"等。

4. 品牌和商标的设计应与商品本身的性质和特点相协调

品牌和商标设计要根据企业和产品的特点，用语言、文字和图案来对其进行合理的概括与组合。例如，德国大众牌汽车取名"大众"就是要体现企业是在生产适合普通民众需要的汽车。

5. 品牌和商标设计要与目标市场的文化背景相适应

不同国家、地区、民族、宗教的消费者有着不同的心理习性，产品销往什么地区，就应使品牌和商标符合当地民族、宗教信仰、传统风俗习惯，避免使用当地忌讳的图案、文字等。例如，"小猪牌"的产品绝对不能销往伊斯兰教国家。

6. 品牌和商标设计采用的文字、语言要避免造成误解

例如，美国通用汽车公司曾用"NOVA"这个商标，它的寓意是"神枪手"，而在拉丁美洲，这个字的意思是"跑不动"，翻译成法语却是"使人怀孕"，同样的一个字，其含义却差之千里。

总之，优秀的品牌和商标设计应以巧妙的构思、鲜明的个性、丰富的内涵，以及具有高度感染力和冲击力的表象,成为商品乃至企业的象征,使消费者产生深刻而美好的印象。

10.2.4 品牌和商标运用的心理策略

有了成功的品牌和商标设计,而不能巧妙地加以运用,品牌和商标的心理功能就不能得到有效发挥。为此,在使用品牌和商标时,应注意针对消费者的心理特点采用适合的心理策略。

1. 品牌和商标化策略

优秀的品牌和商标可以起到积极的提示和强化作用。但是,对消费者而言,并非所有商品都必须标有品牌和商标。因此,企业应首先对是否使用品牌和商标加以权衡。一般来说,以下几种情况可以不使用品牌和商标。

(1) 商品本身并不因制造者的不同而有所不同。例如,电力、煤炭、矿石、木材等能源与初级原料产品,属于无差别商品,只要品种、规格相同,商品的性质和特点就基本相同。在这种情况下商品可以不使用品牌和商标。

(2) 一些差异较小的日常生活必需品及鲜活商品。例如,食盐、肉、蛋、蔬菜、鱼虾等,消费者没有根据品牌和商标购买的习惯,因此也可不使用品牌和商标。不过随着经济的发展和消费水平的提高,许多农副产品也开始加工成小包装,加上品牌和商标在超级市场出售。

(3) 一些临时性生产的一次性商品,或作为商品销售的物品。例如,纪念品等,也可以不使用商标。

(4) 不动产通常不使用商标。例如,房屋、土地等。应该注意的是,如果企业不使用商标,应标明厂名或产地、生产日期、有效使用日期等,以便对消费者和用户负责。

2. 使用统一品牌和商标的心理策略

统一品牌和商标,是指企业生产的若干类产品都使用同一品牌和商标,即同一品牌和商标的商品系列化。

使用统一品牌和商标可以强化消费者对该品牌和商标的印象,缩短消费者认识新产品的时间,节约设计、注册和推广费用。特别是已经树立起良好形象的品牌和商标,使消费者容易对该品牌和商标的其他系列产品产生信任感,刺激购买行为的发生。例如,海尔集团是以高质量的"海尔"冰箱打开市场的,得到消费者认可后,相继推出"海尔"空调、"海尔"洗衣机等系列产品,均顺利进入市场。

使用统一品牌和商标策略也有弱点,即不易突出新产品的个性,而且,一旦系列产品的某一两种遭到失败,则会影响其他商品的声誉,导致消费者对该系列的所有商品产生怀疑。

3. 使用独立品牌和商标的心理策略

独立品牌和商标,是指对同一企业生产的不同商品冠以不同的品牌和商标,使各产品之间相对独立。采用这种策略可以有效地表达不同产品的特色,以适应不同消费者的心理需求差异和习惯偏好。同时可以通过推出新品牌和新商标，不断给消费者以新鲜感和新刺激，提高企业和产品的声誉。例如，宝洁公司为了满足不同细分市场的特定需求，从洗衣粉的功能上和消费者心理上对洗衣粉加以区别。

10.3 包装与消费者心理

10.3.1 包装的作用及心理功能

菲利普·科特勒对包装的定义是："包装是指设计并生产容器或包扎物的一系列活动。这种容器或包扎物称为包装。"商品包装的最初作用是承载和保护商品，使之避免损坏、散落、溢出或变质。随着人们生活水平和审美情趣的提高，消费者对商品包装的要求也越来越高，不仅要求能妥善保护商品，而且要能美化商品，有效地展示其特性，增加商品的附加值或心理功效，实现包装的实用化、艺术化和个性化。

随着科学技术的进步和新材料的广泛应用，商品包装的手段和方法日趋多样化，这为充分发挥其心理功效提供了更为广阔的前景。概括来说，包装的心理功能包括以下4点。

1. 识别功能

商品包装已经成为产品差异化的基础之一。一个设计精良、富于美感、独具特色的商品包装，会在众多商品中脱颖而出，以其独特的魅力吸引消费者的注意并留下深刻印象。由此可以有效地帮助消费者对同类商品的不同品牌加以辨认。

2. 便利功能

商品从制造商，经过经销商，最后到消费者买回家里使用，要经过装卸、运输、储存、携带等环节。通过包装化零为整，便于从生产者到销售者之间的储运工作，而在销售过程中，能使消费者产生安全感和便利感，方便消费者的购买、携带、储存和消费。

3. 美化功能

商品包装本身应具有艺术性，使消费者赏心悦目，得到美的享受。好的包装会使商品锦上添花，有效地推动消费者的购买；而制作粗劣、形象欠佳的包装会直接影响消费者的选择，甚至抑制购买欲望。

4. 联想功能

好的商品包装能使消费者产生丰富的想象和美好的联想，从而加深对商品的好感。此外，商品包装高雅华贵，可以大大提高商品档次，使消费者受到尊重、自我表现等心理得到极大满足。

10.3.2 包装设计的心理策略

包装心理学家认为，消费者购买商品 80% 是在购物现场决定的，包装发挥着重要作用。因此，企业有必要针对消费者的购买需要与动机、行为方式与特点进行包装设计，以满足不同消费者的多样化需要。

1. 色彩协调搭配的设计策略

消费者在接触商品，尤其是与商品有一定空间距离时，首先进入视线的是色彩。因此，商品包装采用何种颜色，会直接影响到消费者的视觉感受。包装色彩搭配的协调性强调，色彩设计既要与商品的特性及使用环境相互协调配合，又要与消费者的心理习惯相符。例如，黑色包装具有重量感和压力感，运用到音响、电视等商品上，会使人更加确信商品的精密和优质；红色是一种温暖热烈的色彩，用于结婚礼品包装，可以增加喜庆气氛。

2. 符合商品性能的设计策略

许多商品由于物理、化学性质不同，其存在状态也不同。根据商品的形态和性能设计商品包装，是必须遵守的设计原则之一。包装设计应符合商品性能，强调包装的科学性、实用性和安全性，给商品提供可靠的保护，给消费者以安全感。例如，易燃、易爆，剧毒的液体商品，包装不仅要封闭、安全，而且还应在包装上作出明显的标记。

3. 便利消费者的设计策略

商品的包装必须为消费者提供方便，便于消费者观察、挑选、购买和携带。因此，采用"开窗式"、"透明式"、"半透明式"包装会给消费者直观、鲜明、真实的心理体验。这种包装在食品类商品中应用得最为广泛。此外，将若干相关联的商品组合在一起进行包装，也会给消费者带来方便。例如，化妆套盒便于消费者外出时随身携带，深受女性消费者青睐。

4. 商品系列化的包装设计策略

系列化设计是指企业对其生产的各种品质相近的产品，采用同种包装材料以及相似的形态、图案、色彩等，给消费者一个统一的印象。这种设计可以强化消费者对产品系列的认识，促进对其他产品的连带购买。同时，系列化的包装设计可以使商品拥有统一的视觉识别形象，有利于消费者通过产品形象加深对企业形象的认识。

5. 具有针对性的设计策略

消费者因收入水平、生活方式、消费习惯及购买目的的不同，对商品包装也有不同的要求。有的追求豪华高档，有的喜爱朴实，有的则注重简易廉价。因此，包装设计应强调对特定消费者的针对性。具体包括以下方面。

（1）礼品包装策略。如果商品多被用于送礼，则包装要设计精美考究，显示商品的高雅、贵重、喜庆、华丽等不同情调，供不同购买目的和品位的消费者挑选。

（2）简易包装策略。这是一种低成本、设计简单的包装。经济实惠、价格低廉，可以满足消费者日常生活中节约实用的心理要求。

（3）类似包装策略。即企业将所生产经营的不同产品，在包装上采用相同的图案、色彩或其他共同特征，使消费者容易发现同一个企业的产品。

（4）等级包装策略。即企业对不同等级的产品，按产品的特征，在设计上采取不同的风格、不同的色调和不同的材料进行包装。

（5）配套包装策略。即把使用时相互有关联的几种商品放在同一个包装容器内，一同出售。

（6）双重用途包装策略。即企业在进行产品包装时，要注意即使原包装的产品用完之后，空的包装容器还可以作其他用途。

（7）附赠品包装策略。目前，这是市场上比较流行的包装策略。这种策略的成本较高，容易影响产品在价格上的竞争力。

（8）创新包装策略。产品包装上的改变，正如产品本身的改进一样，对于扩展销路同样具有重要意义。

（9）透明包装策略。通过透明的包装材料，能看见部分或全部内装商品的实际形态，透视商品的新鲜度和色彩，增添商品的风采，使顾客放心地选购。

（10）附带标示语包装策略。它同时是一种宣传策略，提示性或解释性的标语可以起到消除消费者对产品所含成分的顾虑的作用。

（11）不同容器包装策略。这是根据消费者的使用习惯，按照产品的质量、数量设计不同的包装。

（12）错觉包装策略。即利用人们对外界事物的观察错觉进行产品的包装。这是利用人们的视觉误差设计包装的心理策略。

企业在包装决策过程中，要明确产品包装的主要功能，然后，根据实现这些功能的特定要求，决定采用哪种包装策略，以及采用的包装材料、形状、颜色、尺寸等。这些因素必须彼此协调，同时与价格、渠道、促销等营销组合因素保持协调一致。

值得注意的是，以"保护环境，崇尚自然"为宗旨的绿色消费浪潮声势日高，"绿色包装"正在全球兴起。"绿色包装"是指无毒、无污染，具有环保功能，可以回收综合利用的包装。在绿色包装革命中，不仅对包装废弃物的处理方式将有全新的变革，也使得包装材料的安全性、包装标准、包装的转换、包装的再制等许多方式都面临新的挑战。

10.4 价格与消费者心理

10.4.1 价格的心理功能

经济学理论认为，价格是商品价值的货币表现，是商品与货币交换比例的指数，也是商品经济特有的一个重要经济范畴。商品价格是消费者每天都要直接或间接接触的经济现象，也是影响消费者购买心理和行为的最敏感的因素之一。因此，研究价格对消费者的心理影响，把握其价格心理特征，是企业制定价格策略和成功营销的基础和前提。

1. 影响商品价格的客观因素

在市场经济条件下，商品的价格主要受到以下几个客观因素的影响。

（1）商品价值。商品的价值是凝结于商品中的社会必要劳动量，是对商品价格的内在决定因素，其外在的形式则是由货币表现为某种商品的价格。因此，价值是商品价格的支配性因素。

（2）商品供求关系。在实际购买行为中，价值并不能直接决定价格本身，而直接影响现实市场价格的是商品的供求关系。

（3）货币价值。当货币所代表的价值发生变化时，即使商品本身的价值量不变，商品的价格也必然发生变化。商品价格的变动和货币价值量的变动成反比例关系。

（4）市场竞争。市场竞争包括消费者竞争和生产者竞争，这两种竞争都会影响市场价格的运动。一个企业决定自身产品价格时，实际定价自主权的大小很大程度上取决于生产者竞争与消费者竞争的强度。

值得一提的是，在社会主义条件下，国家政策也会对价格进行适度的干预，这种干预是必要的。作为政策性的提高或降低价格，甚至在一定程度上价格背离价值，都是根据国家经济发展的需要，并受到客观经济规律的制约，受到社会承受能力的制约，但不能无限制地背离，而背离的最终目的仍是达到价格与价值相符。

2. 影响商品价格的社会心理因素

通俗地讲，社会心理是社会生活中一般人的心理，是社会生活中人与人及群体之间互相类似与互相感应的心理，例如，模仿、从众等。在市场经济条件下，消费者的社会心理因素对商品有重要的影响，这些心理因素主要有以下4个方面。

（1）价格预期心理。价格预期心理是指在经济运行过程中，消费者群体或消费者个人对未来一定时期内价格水平变动趋势和变动幅度的一种心理估计。如果形成一种消费者群的价格预期心理趋势，就会较大地影响市场某类商品现期价格和预期价格的变动水平。

（2）价格攀比心理。攀比心理是人们普遍存在的一种常见心理活动。价格攀比心理常常表现为不同消费者之间的攀比和生产经营者之间的攀比。消费者之间的攀比心理会成为推动价格上涨的重要因素；生产经营者之间的攀比会直接导致价格的盲目涨跌。

（3）价格观望心理。价格观望心理是指对价格水平变动趋势和变动量的观察等待，以期望达到自己希望的水平后，才采取购买行动，从而取得较为理想的对比效益，即现价和期望价格之间的差额。在市场行为比较活跃的时期，消费者往往根据自己的生活经验和社会群体的行为表现来确定观望的时间。

（4）价格倾斜心理。价格倾斜心理是指人们在某种利益或者价值观念的影响下，总是在某些心理与行为中出现偏向的现象，表现为对待某一种事物产生一种偏向，对待另一种事物又产生与前一种事物不对称的心理状态。这种心理若不正确引导，会导致某些经营者在缺乏法制观念的情况下产生侵害消费者合法权益的经营活动，破坏市场的正常秩序。

10.4.2 消费者的价格心理与价格判断

价格心理，是指消费者在购买过程中对价格刺激的各种心理反应及其表现。它是由消费者自身的个性心理和对价格的知觉判断共同构成的。消费者的价格判断既受其心理影响，也受到某些客观因素，例如销售环境、气氛、地点、商品等因素的影响。价格判断同时具有主观性和客观性。

1. 消费者的价格心理

消费者的价格心理主要表现在以下 4 个方面。

（1）习惯性心理。这种心理是由于消费者长期、多次购买某些商品，通过对某些商品价格的反复感知而逐步形成的。消费者的价格习惯性心理一经形成，是比较难以改变的，当商品价格变动时，消费者的心理会经历一个打破原有习惯，由不适应到逐步适应的过程。为此，企业对那些超出习惯价格的商品进行价格调整时，要注意把调整幅度限定在消费者可接受的范围内，同时做好宣传工作。

（2）敏感性心理。敏感性心理是指消费者对商品价格变动的反应程度。这种敏感性既有一定的客观标准，又有消费者在长期购买实践中逐步形成的一种心理价格尺度，具有一定的主观性。这两者共同作用，影响消费者对不同种类商品价格变动的敏感性。一般来讲，与消费者日常生活密切相关的商品价格，消费者的敏感性较高；而对一般生活用品，消费者的价格敏感性较低。

（3）倾向性心理。倾向性心理是指消费者在购买过程中，对商品价格选择所表现出的倾向。商品的价格有高、中、低档的区别。由于消费者的社会地位、经济收入、文化水平、个性特点、价值观念等方面存在较大差异，不同类型的消费者在购买商品时会表现出不同的价格倾向。

（4）感受性心理。价格感受性是指消费者对商品价格及其变动的感知强弱程度。消费者对商品价格的高与低、昂贵与便宜的认识，不完全基于某种商品价格是否超出或低于他们心目中的价格尺度，还根据与同类商品的价格进行比较，以及购物现场的不同类商品的价格比较来认识。这种受到情景刺激因素的影响，导致价格在感受上的差异，就形成了消费者对价格高低的不同的感受，而这种感受会直接影响消费者的价格判断。

2. 消费者的价格判断

消费者主要通过以下 3 种途径进行价格判断。

（1）与市场上的同类商品的价格进行比较。这是普遍使用的、最简单的一种判断商品价格高低的方法。

（2）与同一商场中的不同商品的价格进行比较。消费者在判断价格的过程中，常常会受到周围陪衬的各种商品价格的影响。

（3）通过商品的外观、重量、包装、使用特点、使用说明、品牌、产地等进行判断。例如，是否名牌、包装是否精美等都会使消费者产生不同的价格判断。

影响价格判断的主要因素主要有以下 5 个方面。

（1）消费者的经济情况。这是影响消费者价格判断的主要因素。

（2）消费者的价格心理。习惯性心理、倾向性心理、敏感性心理等价格心理都会影响消费者在购买商品时的价格判断。

（3）出售场地。同样的商品以同样的价格分别在专卖店和集市上出售，消费者会感到后者的价格太高，因为消费者一般对集市上出售的商品，价格判断标准较低。

（4）商品的类别。同一种商品因不同的用途，可归入不同的商品类别。消费者对不同类别的商品价格判断标准不同，因而对价格的感受也不相同。

（5）消费者对商品需求的紧迫程度。当消费者急需某种商品而又没有替代品时，价格即使高些，消费者也可能接受。

10.4.3 价格制定的心理策略

制定合理的价格，是企业市场营销管理中的一个十分重要的问题。任何一种商品价格的推出，必须得到消费者的接受才可称为成功的定价。因此，企业在制定商品价格时，除了要考虑成本、需求和竞争等因素的影响以外，还必须考虑消费者的价格心理，针对消费者的价格心理表现，采用适当的心理定价策略。价格制定的心理策略主要有以下 11 种。

（1）尾数定价策略。这种策略是指保留价格尾数，采用零头标价。一般来讲，价格较低的商品，采取零头结尾，特别是奇数结尾，给人以便宜感（心理错觉）。另外，因标价精确给人以信赖感，也利于扩大销售。

（2）整数定价策略。与尾数定价法不同，整数定价策略适用于某些价格特别高或特低的商品。对于某些价格较贵的商品，要采取整数定价，取消尾数，使消费者产生"一分钱一分货"的感觉；而对于某些价值极小的小商品，制定整数价格，对消费者来说在购买时会更方便。

（3）分档定价策略。把不同品牌、规格、型号的同一类商品（名牌商品除外）比较简单地划分为几档，每档定一个价格，可以简化交易手续，便于顾客选购，节省顾客的时间。

（4）声望定价策略。价格高低通常被看作商品质量最直观的反映，特别是在消费者购买名优产品时，这种心理意识尤为强烈。因此，对那些在消费者心目中享有声望、具有信誉的产品制定高价，可以扩大销售。

（5）习惯定价策略。习惯定价策略是按照消费者的价格习惯心理定价的策略。日常消费品的价格一般易于在消费者心目中形成一种习惯性标准，符合其标准的价格容易被消费者所接受，偏离其标准的价格则易引起消费者的怀疑。因此，这类商品定价要力求稳定，避免价格波动带来不必要的损失。

(6) 招徕价格策略。招徕价格是指低于一般市价，个别的甚至低于营销成本，以招徕顾客的定价策略。顾客多了，不仅卖出了低价商品，也带动和扩大了一般商品和高价商品的销售。

(7) 撇脂定价策略。这种定价策略是在新产品进入市场的初期，利用消费者的"求新"心理，高价投放新产品，高价高利以期迅速收回成本，获取利润，以后再根据市场销售情况逐步适当降价。

(8) 渗透定价策略。渗透定价策略是指以低价投放新产品，使产品在市场上广泛渗透，从而提高企业市场份额，然后再随市场份额的提高调整价格，实现企业盈利目标的一种策略。这种定价策略是迎合消费者求廉、求实的购买心理，从而刺激消费者的购买欲望。

(9) 理解价值定价策略。理解价值定价策略是指根据消费者对于某种商品的价值观念或对商品价值的感受及理解程度进行定价的策略。消费者对商品价值的理解不同，会形成不同的价格限度，如果价格刚好定在这一限度内，就可以促进消费者购买。

(10) 折价策略。折价策略是指在特定的条件下为鼓励消费者购买，以低于原定价格的优惠价格出售。它包括数量折价、季节折价、新产品推广折价和心理折价等形式。

(11) 处理价格策略。在企业营销过程中，由于多种原因会出现商品滞销压库和商品质量下降的现象，在这种情况下，多采取处理价格策略。

10.4.4 价格调整的心理策略

企业营销实践中，商品价格的变动与调整是经常发生的。调整价格的原因很多，例如，企业自身的条件发生了变化，市场供求态势发生了变化，商品价值变动，消费趋势变化等。企业在调整商品价格时，一方面要考虑以上诸多因素的影响；另一方面要充分考虑消费者对商品调价的心理反应。

1. 消费者对价格调整的心理反应

价格调整可以分为两种情况，一种是削价，另一种是提价。企业无论削价或提价，这种行为必然影响消费者的切身利益。因此，消费者对价格变动的反应十分敏感。此外，消费者对企业调整价格的动机、目的的理解不同，也会作出不同的心理反应。

(1) 消费者对调低商品价格的心理反应。调低商品价格，会对消费者有利，理应激发消费者的购买欲望，促使其大量购买。然而，在现实生活中，消费者会作出与之相反的各种心理反应，他们会认为：① 由"便宜—便宜货—质量低劣"等一系列联想引起疑虑；② 购买便宜货有损购买者的自尊心和满足感；③ 此产品式样已过时，将会被新型产品所取代；④ 降价商品可能是过期商品、残次品或低档劣质品；⑤ 价格还会进一步下跌，等一等再买；⑥ 削价商品肯定是质量下降了，拒绝购买。

(2) 消费者对调高商品价格的心理反应。调高商品价格，通常对消费者是不利的，按理会减少需求，影响商品销售。但实际生活中，消费者对企业提价的心理反应可能是：① 这种商品很畅销，不赶紧买就买不到了；② 这种产品很有价值；③ 这种产品价格看涨，可能还会继续涨价，先买下来保值。

可见，商品价格的调整引起消费者的心理反应是错综复杂的。既可能刺激消费者的购买欲望，促进销售，也可能抑制其购买欲望，使需求减少。因此，企业调整价格，一定要认真分析各种因素的影响，准确把握消费者的心理反应，采取适宜的调价策略，以便实现促进销售、增加企业盈利的目标。

2. 价格调整的心理策略

根据消费者对商品削价和提价的心理反应，企业可以采取相应的削价策略和提价策略。

1）削价的心理策略

企业在以下情况下必须考虑削价：① 企业的生产能力过剩，需要扩大销售，而又不能通过产品改进和加强销售工作来扩大销售；② 在强大的竞争者的压力下，企业的市场份额下降；③ 企业的成本费用比竞争者低，试图通过削价来掌握市场或提高市场份额。

企业要达到预期的削价目的，商品应具备与消费者心理要求相适应的特征：① 消费者注重商品的实际性能与质量，而较少将所购商品与自身的社会形象相联系；② 消费者对商品的质量和性能非常熟悉，降价后仍对商品保持足够的信任度；③ 能够向消费者充分说明削价的理由，并使其接受；④ 制造商和产品品牌信誉度高，消费者只有在以较低的价格买到"好东西"时，才会感到满意。

削价时机选择得好，会大大刺激消费者的购买欲望；选择得不好，则会大大抑制消费者的购买欲望而达不到目的。关于削价时机，要根据商品和企业的具体情况而定。根据营销经验，一般认为：① 对于时尚和新潮商品，进入模仿阶段后期就应降价；② 对季节性商品，应在换季时削价；③ 对于一般商品，进入成熟期的后期就应降价；④ 根据我国近年来出现的"假日经济"现象，节假日实行降价优惠可以促进销售。

应该注意的是，商品降价不能过于频繁，否则会造成消费者对削价不切实际的心理预期或者对商品的正常价格产生不信任感的负面效应。另外，削价的幅度也要适宜，以吸引消费者购买。

2）商品提价的心理策略

一般来讲，商品价格的提高会对消费者利益造成损害，引起消费者的不满。但在营销实践中，一个成功的提价可以使企业的利润大大增加。引起企业提价的主要原因有：① 由于通货膨胀，物价上涨，企业的成本费用提高，企业不得不提高产品价格；② 企业的产品供不应求，不能满足其所有顾客的需要；③ 资源稀缺或劳动力成本上升而导致产品成本提高；④ 开发新市场；⑤ 经营环节增多。

使消费者接受上涨的价格，企业应针对不同的提价原因，采取相应的心理策略，包括做好宣传解释工作、组织替代品的销售、提供热情周到的服务、尽量减少消费者的损失等，以求得消费者的理解与支持。

直接提价往往会使消费者产生反感，在可能的情况下，企业最好采用暗调策略进行提价。第一，可以更换产品型号、规格、花色、包装等。同一产品只要稍作改动，在消费者没有察觉的情况下提价，不会引起消费者心理上的反感。第二，减少产品原料配比或数量，而价格不变，以达到实际上的提价目的。但这种方法应尽量避免使用，因其容易引发投诉和失去消费者。另外，提价的幅度不宜过大，以避免引起消费者的抱怨，减少消费者的恐惧心理。

思 考 题

1. 影响新商品购买行为的心理因素有哪些？新商品设计的心理策略有哪些？
2. 试述品牌和商标设计的心理要求及品牌和商标运用的心理策略。
3. 包装设计的心理策略有哪些？
4. 消费者如何进行价格判断？价格制定的心理策略有哪些？

案例分析

"佳佳"和"乖乖"的不同命运

"佳佳"和"乖乖"是香脆小点心的商标，曾经相继风靡20世纪70年代的台湾市场，并掀起过一阵流行热潮，致使同类食品蜂拥而上，多得不胜枚举。然而时至今日，率先上市的佳佳在轰动一时之后销声匿迹了，而竞争对手乖乖却经久不衰。为什么会出现两种截然不同的命运呢？

经考察，佳佳上市前做过周密的准备，并以巨额的广告申明：销售对象是青少年，尤其是恋爱男女，还包括失恋者——广告中有一句话是"失恋的人爱吃佳佳"。显然，佳佳把希望寄托在"情人的嘴巴上"。而且做成的是咖喱味，并采用了大盒包装。乖乖则是以儿童为目标，以甜味与咖喱味抗衡，用廉价的小包装上市，去吸引敏感而又冲动的孩子们的小嘴，叫他们在举手之间吃完，嘴里留下余香。这就促使疼爱孩子们的家长重复购买。为了刺激消费者，乖乖的广告直截了当地说"吃"，"吃得个个笑逐颜开！"可见，佳佳和乖乖有不同的消费对象、不同大小的包装、不同的口味风格和不同的广告宣传。正是这几个不同，也最终决定了两个竞争者的不同命运。乖乖击败了佳佳，佳佳昙花一现。

消费心理研究指出，在购买活动中，不同消费者的不同心理现象，无论是简单的还是复杂的，都需要经过消费者对商品的认识过程、情感过程和意志过程这3种既相互区别又相互联系、相互促进的心理活动过程。

首先，从消费者心理活动的认识过程来看，消费者购买行为发生的心理基础是对商品已有的认识，但并不是任何商品都能引起消费者的认知的。心理实验证明，商品只有在某些属性或总体形象对消费者具有一定强度的刺激以后，才被选为认知对象的。如果刺激达不到强度或超过了感觉阈限的承受度，都不会引起消费者认知系统的兴奋。商品对消费者刺激强弱的影响因素较多。以佳佳和乖乖为例，商品包装规格大小、消费对象的设计、宣传语言的选择均对消费者产生程度不同的刺激，佳佳采用大盒包装，消费者对新产品的基本心理定势是"试试看"，偌大一包不知底细的食品，消费者很踌躇，往往不予问津；而消费对象限于恋爱情人，又赶走了一批消费者；再加上广告语中的"失恋者爱吃佳佳"一语，又使一部分消费者在"与我无关"的心理驱动下，对佳佳视而不见，充耳不闻。乖乖的设计就颇有吸引力：一是廉价小包装，消费者在"好坏不论，试试再说"的心理指导下，愿意一试，因为量小，品尝不佳损失也不大；再者广告突出了"吃"字，吃得开心，开心地吃，正是消费者满足食欲刺激的兴奋点。两相对比，乖乖以适度、恰当的刺激，引起了消费认知，在市场竞争中，最终击败了佳佳。

其次，从消费心理活动的情感过程来看，通常情况下，消费者完成对商品的认知过程后，具备了购买的可能性，但消费行为的发生，还需要消费者情感过程的参与，积极的情感如喜欢、热爱、愉快，可以增强消费者购买欲望；反之，消极的情感如厌恶、反感、失望等，会打消购买欲望。佳佳的口味设计，咖喱的辣味与恋爱情调中的轻松与甜蜜不太相宜。未免有些扫兴。再加上"失恋的人爱吃佳佳"这种晦气的印象，给人以消极性的情感刺激。因此，它最终败下阵来，也就没有什么可以奇怪的了。

在商品购买心理的认知过程和情感过程这两个阶段，佳佳都未能给消费者带来充分的良性情感刺激度，失去了顾客的喜爱；而乖乖则给人以充分的积极情绪的心理刺激，大获消费者青睐。因此，消费者在意志过程的决断中，舍谁取谁，已在不言之中了。

思考题：
1. 你同意上述的分析吗？为什么？
2. 从以上案例中你认为消费者几种心理活动过程之间的关系是怎样的？
3. 试就某一产品的成功销售，分析消费者心理过程的变化。
4. 根据你的分析，进行怎样的商品特征改变，才能扭转佳佳的命运？

第 11 章 营销环境与消费者购买心理

> **本章要点**
> - 掌握商店类型的心理影响及商店招牌与标志的心理功能
> - 掌握橱窗设计的心理策略
> - 掌握商品陈列的心理艺术
> - 掌握商店内部装饰的心理效应

商业企业营销的首要因素是营销环境。消费者的购买行为通常在一定的购物场所或环境中得以实现,购物环境的优劣对消费者购买过程中的心理感受具有多方面的影响。因此,适应消费者的心理特点,提供良好的购物环境,是企业扩大商品销售必不可少的条件,也是消费者心理与行为研究的重要内容之一。应当注意的是,这里研究的购物环境是狭义的,仅指商场(店)内外环境设施等硬件系统。广义的购物环境还应包括销售方式、销售人员的素质、服务态度、服务质量等软件系统。

11.1 商店类型与招牌的心理影响

近几年由于信息技术、网络技术的发展,销售方式趋向多元化,消费者部分购物活动可以通过邮购、电话订货、网络购物等无店铺销售方式实施。尽管如此,商店因其品种繁多、现场选择、综合服务、功能齐全、能满足消费者多方面需要等优势,仍然在各种销售方式中占据重要地位,成为消费者选购商品的首要渠道。相应而言,购物环境对消费者心理与行为的影响,也主要体现为商店环境的影响作用。

根据影响方式的不同，商店环境可分为外部环境和内部环境。前者是指商店外的各类设施，包括商店的类型、地理位置及店面设计、招牌、橱窗、霓虹灯、标识等；后者是指商店内部的设施，包括柜台设置、商品陈列、装饰风格、照明、音响等。上述因素的综合作用，即构成商店的整体购物环境。

商店的外部环境表现为一个商店的外观或外部容貌。它们是消费者在实际购买活动中首先加以感知的对象，往往给消费者以极为深刻的第一印象，并形成映象和经验保存于消费者的记忆之中，对继而发生的购买心理与行为产生直接影响。良好的外部环境可以吸引或促使消费者产生进入商店内部的愿望，为购买活动的发生创立先决条件；可以使消费者获得商店及商品的必要信息，顺利作出购买意向的初步选择。为此，应当根据消费者的心理特点，对商店的外部环境进行精心设计。

11.1.1 商店类型与地理位置

1. 商店类型的心理影响

现代商店类型众多，按经营规模，可以分为大型、中型、小型商店；按经营商品的种类，可以分为综合商店、专业商店；按经营方式，可以分为百货商店、超级市场、货仓式商店、连锁商店、便利商店；按经营商品及购物环境的档次，可分为高档精品店、中低档大众商店等。现代消费者的需要复杂多样，对商店类型的要求和选择也不一样。不同类型的商店，由于经营特色的差异，对消费者的心理需要也有不同的适应性。下面主要介绍几种重要的商店类型。

1）大型百货商店

大型百货商店具有经营门类广泛、品种齐全、设施优良、服务完善、地处繁华商业中心、拥有良好信誉等多种优势，具有较强的综合功能，可以满足消费者求全心理、选择心理、安全心理及享受心理等多方面的心理需要，同时适应各种职业收入水平和各种社会阶层的消费者的心理特性，因此，对大多数消费者具有较强的吸引力，是消费者集中选购多种商品、了解市场信息乃至享受购物乐趣的主要场所。一些知名度较高的大型百货商店往往代表着所在城市的经济发展水平，成为消费者判断该城市繁荣程度的窗口。

2）专业商店

专业商店因其专业化程度高而见长。由于它经营单一门类商品的规格、款式、档次齐全，技术服务深入细致，能更好地满足消费者对某种特定商品的深层需要，因此，在选购单一商品如汽车、电器、手表等时，经常成为消费者首选的商店类型。

3）超级市场

超级市场采取敞开货架、消费者自选的售货方式，使消费者能够亲手选择、比较商品，亲身体验使用效果。与其他商店类型相比，超级市场可以为消费者提供较多的参与和体现自身能力的机会，满足消费者在购买过程中的参与感以及发挥主动性、创造性的心理需要；同时，减少与售货人员产生人际摩擦的可能性。因此，超级市场一经出现，便受到了消费者的特别偏爱。

4）货仓式商店

近年来，货仓式商店在各种商店类型中呈异军突起之势，广州的"好又多"、上海的"大润发"等商店一反传统销售方式，将零售、批发和仓储各个环节合而为一，并采用小批量如成盒、成打的形式出售，因而可以最大限度地节约仓储、包装、运输等流通费用，进而大幅度降低商品的零售价格。尽管这类商场的环境设计简单，服务设施简陋，但因价格低廉的突出优势迎合了中低收入阶层求廉、求实的心理需要，因此，对多数消费者具有强大的吸引力。

5）连锁商店

连锁商店因具有统一经营方式、统一品种、统一价格、统一服务、统一标识、分布广泛、接近消费者等特点，在众多商店类型中独具特色，受到消费者的青睐。在连锁商店购物，可以使消费者消除风险防御心理，减少比较选择时间，缩短购买过程。尤其是一些连锁快餐店、便利店如麦当劳、肯德基等，以其方便、快捷、便于识别等优势，充分适应了现代消费者求快、求便的心理需要。

6）高档精品店

高档精品店以其经营商品品牌著名、质量精良、价格昂贵、环境设施豪华和高水准服务而见长，这类商店主要以高收入阶层、社会名流为服务对象，适应其对显示财富、身份、社会地位的心理要求。高档精品店多与世界知名品牌生产企业相结合，以专卖店的形式出现，如"皮尔·卡丹"、"鳄鱼"、"苹果"、"金利来"等，从而满足部分消费者求名、炫耀的购买动机，并以此赢得稳定的消费者群。

可见，商店类型不同，对消费者购买心理的影响和适应角度也有所不同。消费者往往在购买活动开始之前，根据自身的消费需要和购买习惯对商店类型进行选择，将适应和满足需要程度最高的作为实施购买的场所。因此，零售企业营销活动的首要任务，就是根据自身能力、经营商品种类和消费者的需求特点，选择确定理想的商店类型。

2. 商店地理位置的心理效应

商店地理位置的选择对商店的经营效益有着长期而重大的影响，是商店投资决策需要优先解决的问题。商店所处的地理位置对消费者的购买心理有多方面的影响，下面从3个方面进行分析。

1）选择繁华的商业中心作为商店的设置地点

一般来说，全市性商业网点群处于城市中心和繁华地区，交通便利、人口密集、客流量大，各种商店数量多而集中，类型齐全，功能配套，商品种类繁多，并以中高档为主，同时附有各种娱乐餐饮场所，可以同时满足人们购物、观光、娱乐、就餐等多方面的需要，因而对消费者有较强的吸引力。选择繁华的商业中心作为商店的设置地点，可以借助其显著的地理位置、浓厚的商业气氛、完备的综合功能，提高商店的地位和知名度，吸引更多的消费者光顾，同时激发消费者求名、求全的购买动机，促成对商品的连带性购买。

2）选择居民小区的商业网点作为商店的设置地点

居民小区的商业网点群分布广泛，地理位置与所在区域消费者十分接近，经营类型以小型、大众化为主，经营商品多为与消费者关系密切的日常生活用品。将商店设置在这类网点群中，可以借助深入居民、便利生活、物美价廉、综合服务等优势，激发消费者求廉、求便的心理需要和惠顾性购买动机，促成习惯性购买行为，以保持稳定的消费者群和销售量。

3）选择城乡交界处地带作为商店的设置地点

选择在城乡交界地带设置商店的优势在于：较少竞争者，物美价廉，可进行大面积的专业化营销，可降低经营费用。经营类型以货仓式商店、批发市场、家具城、装饰材料城等为主。尽管这类商店环境设计简单、地理位置偏僻、服务设施简陋，但因其价格低廉的突出优势，迎合了大多数消费者求廉的心理需要。

11.1.2 商店招牌与标志

1. 商店招牌的心理功能

招牌是商店的名字，是用以识别商店、招徕生意的牌号。消费者逛商店，购买商品往往是在商店招牌的引导下进行的。因此，设计精美、具有高度概括力和吸引力的商店招牌，不仅便于消费者识别，而且可以形成鲜明的视觉刺激，对消费者的购买心理产生重要影响。

1）招牌命名的心理要求

招牌的首要问题是命名。好的招牌命名要便于消费者识别、吸引眼球、上口易记，要适应和满足消费者方便、信赖、好奇、慕名、吉利等心理需要，以便吸引众多的消费者。具体作法有以下方面。

（1）以商店主营商品命名。这种命名方式，通常能从招牌上直接反映出商店经营商品的类别，例如，"大明眼镜店"、"亨得利钟表店"等，从而使消费者一目了然，可以直接根据招牌命名作出购买地点的选择。这样的招牌在客观上起到了引导消费者购买的作用，能满足其求速、求便的心理。

（2）以商店经营特点命名。消费者总是希望购买的商品质量上乘、货真价实，以经营特点命名，能反映出商店的良好信誉和优质服务。例如，"保真商城"显示出所售商品一律为真货，无假冒伪劣商品，"精时钟表店"使人联想到钟表的精确准时。上述命名易于使消费者对商店产生信赖感。

（3）以名人、名牌商标或象征高贵事物的词语命名。追求名望、高贵是某些消费者特有的心理倾向，随着收入水平的提高，现代消费者不仅追求"名牌商品"，同时也追求"名牌商店"。例如，在"希尔顿"、"王府"等高档饭店消费能成为显示身份、地位和财富的标志，因此，会激发消费者享受和自我表现的动机，对求名、求奢心理强烈的消费者具有极强的吸引力。

(4) 以新颖、奇特的表现方式命名。商店命名能采用别具一格、独具匠心、形象生动、耐人寻味的名称，会产生极大的吸引力，激发消费者的好奇心。宁波有一家汤圆店招牌上写着"老牌○○○名店"，4 字中间的为 3 幅画，画了一只水缸、一只鸭子、一条黄狗，创店人是名为"江阿狗"的小贩。这 3 幅画与创始人名字谐音，不乏幽默诙谐之感，因此而名声大振，生意兴隆。

(5) 以寓意美好的词语和事物命名。受民族文化传统影响，我国消费者历来把吉祥喜庆作为一种重要的心理需求。以寓意美好的词语、数字或事物命名，可以给消费者以吉祥如意的心理感受，平添一份对商店的好感。例如，广州的"陶陶居酒楼"，采用"陶陶"两字给人以"乐也陶陶"之感。

2) 招牌的艺术表现形式

招牌的表现形式较之命名给消费者的视觉冲击更为强烈，因而是招牌设计中不可忽视的重要内容。招牌如果在构图、用料、造型、色彩、格调等方面设计精巧，表现完美，可以给消费者赏心悦目、品位高雅等心理感受。

招牌形式的表现手法有很多种，主要有：① 广告塔式招牌。它通常设置在商店的顶部，使人远远就能望见，吸引消费者的注意。② 横式招牌。装在商店正门的招牌，是商店的主力招牌，加上各种装饰如彩灯、霓虹灯等，对消费者的吸引力更大。③ 立式招牌。放置在商店门口的招牌，通常采用灯箱、模型或人物造型等方式来增强对行人的吸引力。④ 遮篷式招牌。在商店的遮阳篷上印有文字、图案，在遮挡阳光、风雨的同时起到宣传的作用。除此以外，还有壁面招牌、突出招牌、悬挂式招牌等。

另外，招牌的设置应选择适当的位置才能起到良好的宣传作用，同时还必须考虑招牌的大小、色彩等相关因素。为了能给消费者以较大的视觉冲击力，招牌的造型、构图等都要力求设计精巧、表现完美。

2. 标志的心理功能

商店标志，是以独特造型的物体或特殊设计的色彩附设于商店的建筑物上，从而形成的一种识别载体。例如，麦当劳快餐店上方的金色"M"，肯德基快餐店门前的"山德士上校塑像"等，都是其独特的标志。

在现代商店的外观设计中，标志具有多方面的心理功能。

1) 标志是一家商店与其他商店的区别所在

由于标志通常设计独特、个性鲜明，为一家商店或企业所独有，因而成为商店的主要识别物，消费者仅从标志上即可对各种商店加以辨认。尤其在由多家商店组成的连锁经营方式中，标志更成为连锁组织的统一代表物，无论地点、时间、环境如何变化，消费者都能根据统一的标志迅速辨认出来。

2) 标志是商店或企业形象的物化象征

现代标志往往蕴含着丰富的内涵，是企业或商店经营宗旨、企业精神、经营特色等理念与识别形象的高度浓缩和象征。通过标志的视觉刺激，可以向消费者传递有关企业理念的多方面信息，使消费者获得对该企业或商店形象的初步了解，并留下深刻的印象。

3）标志如同招牌、橱窗等外观要素一样，还具有重要的广告宣传功能

设计新颖、独具特色、鲜明醒目的标志，本身就是良好的形体广告。它通过不间断地强化消费者的视觉感受，引起过往以及一定空间范围内的众多消费者的注意和记忆，从而成为招徕消费者的有效宣传手段。

为了充分发挥标志的心理功能，在设计标志时，应当充分适应消费者的心理特点，应体现以下 4 种基本要求。

（1）独特。避免相似或雷同是标志设计的最基本要求。对于消费者来说，一家商店或企业的标志应当是独一无二的。因此，在设计标志时，应力求做到构思巧妙、独具匠心。

（2）统一。不言而喻，连锁店或企业集团内各个分店或分支机构的标志必须是统一的。不仅如此，标志的字体、造型、色彩等还应与企业的形象识别系统（CIS）相统一。不仅要与其中的视觉识别系统如标准色、标准字等保持一致，而且应尽可能体现理念及行为识别系统的内涵与要求，以使消费者从标志中感知到企业或商店的整体形象。

（3）鲜明。标志的色彩应力求鲜明，以便形成强烈的视觉冲击效果，给消费者留下深刻的印象。色彩的设计可以采用同一色调，例如，大红、绿色、淡蓝等，也可以采用反差强烈的对比色。例如，麦当劳快餐店的红黄对比、肯德基快餐店的红白对比等，都因对比鲜明而产生了良好的视觉效果。

（4）醒目。除造型独特、色彩鲜明外，标志在形体大小和位置设计上还应做到醒目突出，能够被消费者迅速觉察。为此，标志的形体在与商店外观保持协调的前提下，应以大型为宜，设置位置一般应矗立在建筑物顶端或商店门前。例如，日本的大百货店建筑物顶端常竖有葵花、和平鸽等巨型标志，数公里之外清晰可见。反之，标志的形体过小、位置偏僻，难以从周围环境中突出、显现出来，则无法发挥其应有的心理影响效应。

11.2　橱窗设计的心理艺术

橱窗是以商品为主体，通过背景衬托，并配合各种艺术效果，进行商品介绍和宣传的综合性艺术形式。一个构思新颖、主题鲜明、风格独特、造型美观、色彩和谐、富于艺术感染力的橱窗设计，可以形象直观地向消费者介绍、展示商品，起到指导和示范作用。

11.2.1　橱窗布置的心理功能

1. 引起注意的功能

心理试验表明，当消费者漫步在繁华的商业街时，即使是有明确购买目标的消费者，目

光也常常是游移不定的。在走向目标商店或无目标漫步时，总是四处观望。店门、招牌、橱窗等都是在视觉范围之内，由于近距离观看，橱窗处于最佳视觉范围，所以最先引起注意。同时，橱窗内琳琅满目的商品，对视觉器官的直接刺激作用大于门面的其他部位。因此，橱窗具有引起注意的重要功能。

2. 激发兴趣的功能

橱窗展示商品的最大特点是在一定范围内，以商品实物，配以特定的环境布置，创造某种适应消费者心理的意境。再加上橱窗设计的艺术手法，不仅能给消费者一个经营项目的整体形象，还能给消费者以新鲜感和亲切感，极大地激发消费者的购买兴趣。

3. 暗示的功能

心理学认为，暗示是指在无对抗态度条件下，用含蓄间接的方式对人们的心理和行为产生影响。橱窗展示是使消费者接受某种销售暗示的有效途径。橱窗展示作为一种无声的暗示，对消费者的诱导在于意境的遐想，也就是通过橱窗布置的小环境，使消费者看后，能产生某种心理联想。

11.2.2 橱窗设计的心理策略

为了充分发挥橱窗的心理效应，在设计、布置时，应注意遵循以下要求。

1. 注意橱窗的整体效果，给消费者以统一协调感

（1）橱窗的大小、高矮、位置及数量多少要与商店的建筑形式保持和谐。小型商店建筑一般设一两个橱窗，大型商店建筑则可设十几个至二十个橱窗。

（2）橱窗本身的装饰性要略高于商店建筑外装饰的水平，在不破坏商店外观的前提下突出橱窗的装饰感，即橱窗本身应给整个商店的外装饰增添色彩，成为外观中最醒目的部分。

（3）具有两个以上橱窗的商店，还要注意橱窗之间做到既分割又相连，有区别、有呼应。

2. 选择适当的橱窗形式，迎合消费者的心理需要

橱窗按建筑结构可分为独立橱窗、半透明橱窗、透明橱窗，按商品陈列方式可分为特写橱窗、分类橱窗、综合橱窗。在橱窗形式设计中，应根据商店经营性质、售货现场布置、消费者心理需要等因素进行综合考虑和选择。

（1）独立橱窗。是指只有一面透明，其他侧面均呈封闭的橱窗。这种橱窗形式不仅与商店内部的售货现场隔离，在商店外观中也自成一体，保持相对独立，因而便于设计者充分展示商品，突出宣传效果，吸引消费者的注意。

（2）半透明橱窗。是指除正面外，侧面或背面也部分透明的橱窗。这种形式若运用得当，可以形成与内部售货场所的紧密联系，但容易分散消费者对橱窗的注意力。

（3）透明橱窗。这种橱窗与商店内部连为一体，可以使消费者直接看到售货现场，从而突出现场感,同时获得对商店外观和内部状况的整体感受。但是,由于里外透视,消费者的视线容易分散,不易突出商品本身。

(4) 特写橱窗。这种橱窗只陈列某一种商品,或者虽有其他商品,但都处于从属地位,陈列它们的目的是为了烘托主要商品。特写橱窗常用于介绍新产品,或是准备推销的、具有特色的、可能流行的商品。采用这种橱窗,可以充分发挥设计者的艺术才能,突出商品的特点,给消费者留下深刻的印象。

(5) 分类橱窗。这种橱窗把有连带性的、用途相近的商品摆放在一起陈列。容易引起消费者的联想,激发其潜在的购买欲望。

(6) 综合橱窗。这种橱窗陈列商品繁多,彼此很难取得艺术联系,因而主次不分,任何一种商品都不突出,整体上也难以给消费者以感染力,不易吸引消费者。

3. 注重橱窗设计的艺术手法,激发消费者多方面的心理反应与感受

橱窗的设计原则要通过设计手法体现。设计者应灵活运用样品、视线、层次、色调、摆放位置、灯光、道具等手段,力求使橱窗主题鲜明、构思巧妙、富于艺术感染力,从而激发消费者全方位的心理反应,产生良好的心理感受。具体应做到以下3个方面。

(1) 在样品选择上,应以反映商店经营特色、消费时尚及新上市流行的商品实物作为陈列品,能给消费者以真实感和信任感。

(2) 在摆放位置上,应把所宣传的商品摆放在突出、显眼的中心位置,然后围绕这一中心,对其他陪衬物进行布置、点缀,从而加大主题与背景的对比度,使商品更加醒目集中,能够迅速引起消费者的注意。

(3) 在色调运用上,应以所宣传的商品和季节为转移。春夏季以冷色调为主,秋冬季以暖色调为宜,同时做到上浅下深、搭配协调、浓淡相宜,使消费者得到美好、愉悦的情绪感受。

除了上述方面外,橱窗设计还应合理运用照明设备、支架、模特、陈列牌等道具,灯光的分布要均匀充足,亮度集中而不强烈。通过柔和舒适的光线,可以进一步美化商品形象,增强消费者视觉的立体感。道具是橱窗陈设的辅助品,不能喧宾夺主,转移消费者对陈设商品的注意力。

11.3 柜台设置与商品陈列的心理效应

步入店堂大门之后,消费者便置身于商店的内部环境之中。内部环境是商店内部建筑、设施、柜台摆放、商品陈列、装饰风格、色彩、照明、音响、空气等状况的综合体现。商店内部环境的好坏是直接影响消费者判断商品质量、功能、企业信誉、购买风险的一个重要因素,也是企业内部管理水平和营销活动适应程度的直接反映。就消费者心理而言,内部环境

在整体购物环境中起着决定性作用。

11.3.1 柜台设置方式的心理选择

柜台与货架是陈列商品的载体。柜台及货架的设置方式直接影响消费者的购买心理，相应地，不同的设置方式也会产生不同的心理效应。

1. 按照售货方式不同，可分为开放式和封闭式

1）开放式柜台

采取由消费者直接挑选商品的开放式柜台方式，消费者可以根据自己的需要和意愿，任意从货架上拿取和选择、比较商品，从而最大限度地缩短与商品的距离。在自由接触商品中形成轻松愉悦的情绪感受，使消费者感受到商店对自己的尊重和信任，激发消费者的购买欲望。因此，开放式柜台是深受消费者欢迎，同时也是大多数商店所普遍采用的设置形式。书店、鲜花商店、超级市场、专卖店等大多采用开放式柜台。

2）封闭式柜台

封闭式柜台是依靠售货员向消费者递送、出售商品的设置形式。与开放式柜台相比，这种形式增加了消费者与商品联系的中间环节，扩大了距离感，降低了个人的行为自主性，同时增加了与售货员产生人际摩擦的可能性，因此，对消费者心理的负面影响较多。但是，在诸如珠宝首饰、钟表、化妆品、电器等不宜或无法直接挑选的商品销售中，这种形式仍不失为较妥当的柜台形式。

2. 按照排列方式不同，可分为直线式和岛屿式

1）直线式柜台

直线式柜台是将若干个柜台呈直线排列。这种方式便于消费者通行，视野较开阔、深远，但不利于迅速寻找和发现目标，一般常用于小型商店的柜台设置。

2）岛屿式柜台

岛屿式柜台是将一组柜台呈球状排列，形成一个"售货岛屿"。这种排列方式可以增加柜台的总长度，扩大商品的陈列面积。这种方式还有利于营业现场的装饰和美化，通常为大型商场所采用。

在柜台的摆放地点或区位设计中，应以经营商品的性质及消费者的需求和购买特点作为主要依据。对于人们日常生活必需、价格较低、交易次数少、挑选性强、使用期较长的选购商品，如时装、家具等，应相对集中摆放在宽敞明亮的位置，以便消费者观看、接近、触摸商品，从而满足消费者的选择心理。对于一些高档、稀有、名贵的特殊商品，如彩电、照相机、工艺品、珠宝首饰、古董等，可以摆放在距出入口和便利品柜台较远的、环境优雅的地方，以满足消费者求名、自尊、私密等特殊心理。

11.3.2 商品陈列的心理艺术

商品陈列是指柜台及货架上商品摆放的位置、搭配及整体表现形式。消费者进入商店的主要目的是购买商品，而购买过程中能否清晰、准确地感知商品形象，广泛接收商品信息，同时获得良好的情绪体验，很大程度上取决于商品的摆放状况。为此，应根据消费者的心理特性讲求商品摆布艺术，使商品陈列做到醒目、便利、美观、实用。

1. 商品陈列的心理效应

1）首因效应

首因效应是指人们常常容易对其所最先接触到的事物形成较为深刻的印象，即先入为主的第一印象。商场在陈列商品时，如果能使消费者一进店门就可以接触到商品，能给人产生极为良好的第一印象，这样，对消费者以后的购买行为能产生积极的影响。

2）近因效应

近因效应是指人们某项行为完成时，最后接触到的事物也会给人留下深刻的印象。如果消费者在商场购物最后时的感受极为良好，则可能使其下次再来商场购物。因此，对商场出口处的商品陈列也应十分重视，尽可能使消费者产生正向近因效应。

3）晕轮效应

晕轮效应是指人们常会通过某一事物的印象来推断整体的心理效应，即以点及面效应。消费者常根据自己某一方面的感受来判断商场的整体优劣。因此，商场的商品陈列应十分注意晕轮效应对消费者的影响，力求每个局部的陈列都能给消费者留下良好的印象。

4）定型效应

定型效应是指人们在观察事物时，常把某种事物归纳到其头脑中已形成的固定形象之中的效应。消费者对商场陈列的商品常常也会有类似的、概念化的判断准则。商品的陈列与消费者心目中的判断准则是否一致，能影响消费者的购买行为，例如，将某新品牌的商品陈列在著名品牌的旁边，消费者很可能认为它是与著名品牌档次相似的新产品。

2. 商品陈列的心理要求

1）商品陈列能吸引消费者的兴趣与注意

商品陈列要尽可能做到醒目易见，主营商品陈列应放在商场进门或中央区域，陈列于柜台、货架最容易被消费者看见的地方。商品摆放要新颖奇特，形象鲜明，错落有致，必要时配以灯光或装饰物加以衬托。同时，应显示特色，给人以美感。

2）商品陈列应给消费者以干净、整洁、丰满的感觉

商店的柜台、货架上的商品在上架前应揩拭干净，摆放应整齐有序，色彩搭配应协调和谐，使消费者感到商品品种齐全、数量充足、挑选方便。有些商品的货架、货柜背面装有镜面玻璃，能使人感到商品更丰富。然而，商品并非越多越好，商品放得太拥挤会使人产生杂乱的感觉，也不利于营业人员取货。

3) 商品陈列应尽可能接近消费者

商品离消费者愈近，消费者能看得愈清楚，也可以触摸到商品，感受商品的质量，便于消费者比较、挑选。因此，凡是可以敞开摆放的商品应尽可能做到敞开摆放。同时，还应明示商品的价格、产地、规格、用途等信息，以便消费者作适当的选购。

3. 商品陈列的方法

1) 醒目陈列法

商品陈列应力求醒目突出，以便迅速引起消费者的注意。为此，应做到以下两点。

（1）合理调整陈列高度。当消费者走进商店时，经常会无意识地环视陈列商品，而商品摆放的位置高低会直接影响消费者的视觉注意和感受范围及程度。因此，商品摆放高度要根据商品的大小和消费者的视线、视角来综合考虑。一般来说，摆放高度应以 1～1.7 米为宜，与消费者的距离约为 2～5 米，视场宽度应保持在 3.3～8.2 米。在这个范围内摆放，可以提高商品的能视度，容易使消费者较清晰地感知商品形象。

（2）突出商品特点。商品的功能和特点是消费者关注并产生兴趣的集中点，将商品独有的优良性能、质量、款式、造型、包装等特性在陈列中突显出来，可以有效地刺激消费者的购买欲望。例如，把气味芬芳的商品摆放在最能引起消费者嗅觉感受的位置，把款式新颖的商品摆放在最能吸引消费者视线的位置，把多功能的商品摆放在消费者易于触摸、观察的位置，把名牌和流行性商品摆放在显要位置，都可以起到促进消费者购买的心理效应。

2) 裸露陈列法

好的商品摆布，应为消费者观察、触摸以及选购商品提供最大便利。为此，多数商品应采取裸露陈列，应允许消费者自由接触、选择、试穿、试用、亲口品尝商品，以便减少心理疑虑，降低购买风险，坚定购买信心。

3) 季节陈列法

季节性强的商品，应当随着季节的变化不断调整陈列方式和色调，尽量减少店内环境与自然环境变化的反差。这样不仅可以促进应季商品的销售，而且使消费者产生与自然环境和谐一致、愉悦顺畅的心理感受。

4) 艺术陈列法

这是通过商品组合的艺术造型进行摆布的方法。各种商品都有其独特的审美特征，例如，有的款式新颖，有的色泽鲜艳，有的气味芬芳。在陈列中，应在保持商品独立美感的前提下，通过艺术造型使各种商品达到整体美的艺术效果，为此，可以采用直线式、立体式、图案式、均衡式、形象式、艺术字式、单双层式、多层式等多种方式进行组合摆布，赋予商品陈列以高雅的艺术品位和强烈的艺术魅力，从而对消费者产生强大的吸引力。

5) 连带陈列法

许多商品在使用上具有连带性，例如，牙膏和牙刷、照相机和胶卷等。为了引起消费者潜在的购买意识，方便其购买相关商品，可采用连带陈列方式，把具有连带关系的商品相邻摆放。

6）重点陈列法

现代商店经营商品种类繁多，少则几千种，多达几十万种，要使全部商品都引人注目是非常困难的。为此，可以选择消费者大量需要的商品作为陈列重点，同时附带陈列一些次要的、周转缓慢的商品，使消费者在先对重点商品产生注意后，附带关注到大批次要商品。

以上是常用的一些商品摆布方法，在实践中，上述方法经常可以灵活组合，综合运用。同时，要适应环境和消费者需求的变化，不断调整，大胆创新，使静态的商品摆布充满生机和活力。

11.4 商店内部装饰的心理效应

内部装饰是指商店内部的建筑形式、设施、色彩、照明、音响等。这些要素与商品陈列一样，是内部环境不可分割的组成部分，对消费者的心理有重要影响。

11.4.1 商店店门

店门是商店内部与外部的分界线，也是消费者进入商店的必经之路。对店门形式与大小的选择，不仅应利于消费者进入，还要从内部装饰的角度考虑对消费者心理的影响。店门通常有3种类型：① 封闭型，这种形式可将店内与外部环境完全隔离开来，形成安静、高雅的购物气氛；② 开放型，这种形式将店门前面全部开放，消费者可以从外部直接观看店内全貌，并方便出入；③ 半开放型，即将上面两种形式结合起来，配设橱窗，并根据季节和客流量变化调节大门的开放度。

11.4.2 建筑的使用功能和辅助设施

1. 室内高度和空间设计

商店的室内高度要与面积相适应，要保证通风和采光。在多层商店中，底层高度不宜过低，以免使消费者产生压抑感。空间结构可采用丰富多变的设计手法，例如，各层中央留有垂直空间，使消费者从每一层都能看到商店的全貌，给人以宏大感。

2. 楼梯

合理的楼梯设计应以方便消费者上下行走为原则，要尽可能扩大客流量。在现代大型、多层商店中，自动扶梯已成为必不可少的内部设施。据调查，许多消费者将有无自动扶梯作为选择购买地点的重要条件，装有自动扶梯的商店可以将高层货场的客流量提高1～3倍。

3. 辅助设施

辅助设施是指商店内为消费者提供非商品销售的服务性设施，例如，临时幼儿寄托室、休息室、问询处等。这些设施可以为消费者提供托儿、休息、咨询指导等多方面的服务，使消费者在购买过程中获得极大的便利感，并对商店的内部环境产生舒适、亲切的良好印象。

11.4.3 色彩

色彩是指商店内部四壁、天花板和地面的颜色。心理学研究表明，不同的色彩能引起人们不同的联想和情绪反应，产生不同的心理感受。例如，黑色给人以严肃、庄重感；红色给人以热情、喜庆、燥热感；白色给人以纯真、圣洁感；蓝色给人以宁静、淡漠感；绿色给人以青春、生命、新鲜感；紫色给人以高贵、神秘感；橘红色能刺激人的情绪高涨；淡蓝色可以抑制人的情绪发展。各种浅色会造成扩大的感觉；各种深色会产生缩小的感觉，等等。

一般而言，商店内部装饰的色彩以淡雅为宜，如象牙白、乳黄色、浅粉色、淡蓝色、浅绿色等，会给人以宁静、清新、轻松宜人的感受，同时也容易突出所陈列的商品，达到浓淡相宜、色彩协调的整体效果；反之，配色不适或色调过于浓重，会喧宾夺主，使人产生杂乱、沉重的感觉。

11.4.4 照明

照明直接作用于消费者的视觉。营业厅明亮、柔和的照明，可以充分展示店容，宣传商品，吸引消费者的注意力；可以渲染气氛，调节情绪，为消费者创造良好的心境；还可以突出商品的个性特点，增强刺激强度，激发消费者的购买欲望。因此，讲求灯光照明的科学化、艺术化，是商店内部装饰的重要环节。

照明分为总照明和附加照明。总照明以天花板上布置荧光灯为主，其光度强弱要视商店的经营范围和主要销售对象而定。附加照明包括特别照明和装饰照明，前者是为增加柜台光度配置的，多采用聚光灯、探照灯等照明设备定向照射；后者的配置一般要视主要商品的特性而定，大多采用壁灯、吊灯、落地灯、霓虹灯等照明设备。

为了吸引消费者的注意力，在光线运用上可采用定向光束、增强明暗对比度、闪动的彩色灯光等。对消费者挑选性强的商品，例如，妇女用品、结婚用品、各式服装等，照明光度要强一些；对消费者挑选不细的商品，例如，日用杂品、洗涤用品等，照明光度可以弱一些。珠宝首饰、工艺美术品、钟表眼镜等贵重、精密商品，可用定向光束直射，以显示出商品的灵秀、华贵、精细，使消费者产生稀有、珍贵的心理感受。

11.4.5 音响

用音乐来促进销售可以说是古老的经商艺术。早在传统商业时期，叫唱或敲击竹梆、金属器物等就成为小商小贩招徕生意的独特形式。

心理学研究表明，人的听觉器官一旦接受某种适宜音响，传入大脑中枢神经，便会极大地调动听者的情绪，造成一种必要的意境。在此基础上，人们会萌发某种欲望，并受到欲望驱使而采取行动。这是因为人体本身就是由大量振动系统构成的，优美、轻松的音乐能够使人体产生有益的共振，促使体内产生一种有益健康的生理活性物质。这种物质可以调节血液的流量和神经的传导，使人保持朝气蓬勃的精神状态。但是，并不是任何音响都能唤起消费者的购买欲望；相反，一些不合时宜的音响会使人产生不适感。

因此，使用音响应当注意以下原则。

（1）音响度高低要适宜。人对音响高低的反应受到绝对听觉阈限的限制。音量过低，难以引起消费者的听觉感受；音量过高，会因刺激强度过大而形成噪声污染，给消费者带来身心不适，产生相反的效果。

（2）要能体现商品特点和经营特色。运用音乐或广告音响，应与所推销的商品及企业的经营特色结合起来，促使消费者产生与商品有关的联想，激起对商品及商店的良好情感，从而诱发购买欲望。

（3）音响的播放要适时有度。人们对任何外界刺激的感受都有一定的限度，超过限度便会产生感觉疲劳，进而引发抵触情绪。因此，音乐或音响的播放要适时有度，切忌无休止、无变化地延续。

1. 货仓式商店与连锁商店有何不同，它们分别满足消费者怎样的消费心理？
2. 试述橱窗布置的心理功能及橱窗设计的心理策略。
3. 试述商品陈列的心理要求及方法。
4. 在使用音响时应注意哪些原则？

案例分析

B 商厦超市的困惑

爱美之心人皆有之，购物者也一样，顾客总喜欢到环境好一些的超市里去购物，环境好的超市让人仿佛沉浸于优美的大自然一样，不知不觉地选购自己需要的商品。这样的环境给购物者能留下美好的记忆和印象，再次购物也会到留下美好印象的超市。

小倩所在的城市并不大，是一个中等地级城市下的一个区，离市中心有 20 多里路，但在火车站旁，有旱码头之称，流动人口特别的多，人口也不亚于市中心的一个区。近年连续有两家商场依次建成投入运营，两家的外部环境都相对比较好。A 商城在步行街中心，商场前是宽阔的步行街，音乐喷泉正在商场前，商场虽然只有 4 层，但每层建筑面积很大，很宽敞。一楼为综合区，二楼为超市，三楼为服装区，四楼为家电区。B 商厦位于火车站前不远处的一角，四面环街。北临步行街，南接风景线，东通公交车，西近菜市场。B 商厦为高层建筑，1～4 层和地下室为商业区，5 层以上为住宅区。该商厦地下室为超市，1～4 层依次设置各种商业区域。

从两商城商厦的地理环境来说，各具特色，互不逊色。但就从超市的购物环境来说，两者相差很大。

A 商城是二楼为超市，超市由外省一家颇具实力的商业集团租赁经营。B 商厦地下室为超市，由建筑商自己投资经营超市。A 商城的超市由于地方宽敞，自然采光，窗明几净，各种商品摆放有条有理，琳琅满目。一些商品都能按《超市购物环境标准》摆放，顾客只要从入口处进入，随着环行通道往前走，自己要的商品随手可及，到出口处时顾客选择的商品已经一览无余，应有尽有，已经基本不缺什么。即使忘记一两件，也有导购员很快为你取来你所要的商品，顾客只要掏钱就是了。

B 商厦的超市，下了楼梯从入口处进去后，首先从感觉上给人以压抑感，没有自然采光，白天也是黑夜，所有灯光都开着，但有些货架看上去总感觉是黑糊糊的，优质商品放在这种环境下也会显得质量差、档次低。还有各种商品摆放很不规范，为了充分利用商场的空间，柜台安放过多，过道太狭窄，购物高峰时期就会造成拥挤。有些商品摆放有点重复，入口处有，出口处好像还有，似曾相识的感觉。从入口处到出口处选择了一圈，还有没选上的，到了出口处又很想返回去再选，也没有导购员为顾客服务。这样费时费力，一些物品明显没有按《超市购物环境标准》摆放，因而感觉上就不是很舒服。

除此之外，A 商城的超市从早到晚人流不断，出口处十几个收款机不停地服务，还有人在排队。星期一（不是购物高峰期）早晨顾客去随便选购了几样蔬菜，也要排队近半个小时，但还感觉很好，没有感到不舒服或烦躁。B 商厦的地下超市从早到晚，营业时间也比 A 商城的超市长，晚上要到 10 时才打烊，出口处共有 6 个收款机，可只营运了 3 处，也不见排长队，可想而知，谁胜谁败，不言自明。

B商厦的建筑商为了提高竞争力，痛下决心，拿出一笔资金对超市购物环境进行彻底改造。对商店的地板、墙壁、照明和屋顶都进行了装修，以使超市看起来更加明亮；减少了柜台的数量，加宽了走道，以方便顾客购物。

整修一新开业后，立刻见到了效果，头一个星期的销售额和利润比过去增加了70%。可是随后的销售额和利润又不断下降，半个月后降到了以往的水平，一个月后低于以往的水平。为什么会出现这种情况呢？观察发现，有些老顾客不来购物了，增加了一批新顾客，但是新增的顾客没有流失的老顾客多。对部分顾客的调查表明，顾客认为购物环境是比原先好了，商品档次也提高了，但是商品摆放依然不太合理，同时商品价格也提高了。而A商城的超市更便宜些，一批老顾客就到别处购买了。

听到这种反映，B商厦的建筑商感到诧异。因为一般来说，装修后商品的价格并未提高，只是调整了商品结构，减少了部分微利商品，增加正常利润和厚利商品，其价格与A商城的超市相同。究竟怎样才能满足顾客呢？

思考题：

1. 两个超市的购物环境最主要的区别在哪里？

2. B商厦超市原先的购物环境中哪些因素不利于吸引顾客的注意？为何改造后的B商厦超市仍然不能吸引顾客的注意？

3. B商厦超市应当再做怎样改造和安排购物环境，才能增加消费者的注意，并诱导消费者的认知朝着经营者所希望的方向发展？

第 12 章 广告心理的认知诉求

> **本章要点**
> - 正确区分感觉、知觉的概念及在认知过程中的作用
> - 掌握感觉的种类、感觉现象及其一般规律
> - 掌握知觉的特性及影响因素
> - 掌握注意、记忆和联想在广告设计中的应用方法

广告大师大卫·奥格威（1911—1999 年）说，在广告活动中，消费者是我们的上帝，而消费者心理则是上帝中的上帝。消费者心理学研究表明，在广告传播和影响过程中，消费者并不是被动地接受广告信息，消极地接受外界刺激并作出预期反应的客体，相反，他们是信息处理的主体，他们会根据自己的兴趣和需要主动地对广告信息进行加工，形成相应的认识并产生相应的情感，最终决定着消费者的购买行为。因此，对消费者广告信息处理心理机制的把握是否准确，决定着广告创意的成效。

12.1 感觉与知觉概述

12.1.1 感觉、知觉及其在认知过程中的地位

感觉与知觉是产生感性认识的心理过程。它们是感性认识过程中两个不同的心理层次。二者既有层次和深度上的区分，又密切联系，相互不可分割。人们常常把它们合称为感知。

1. 感觉和知觉的概念

感觉是人脑对直接作用于感觉器官的客观事物个别属性的反映。理解这一概念要注意两点。① 感觉是一种直接反映。它所反映的事物，在时间上是此刻的，而不是过去或将来的；在空间上是感觉器官所能直接触及的范围。② 感觉所反映的是客观事物的个别属性，例如，不同感官对光、声、味、温度、光滑度等事物是特性的分别反映，而不是对事物整体或全貌的反映。

知觉是人脑对直接作用于感觉器官的客观事物整体属性的综合反映。知觉与感觉同样都是对客观事物的直接反映，但知觉反映的并不是事物的某一属性，而是事物的整体和全貌。通过知觉，我们才能对某一具体事物有一个完整的印象，知道它的意义，并对它作出解释。知觉是在感觉的基础上产生的，没有对事物个别属性的反映，就不能形成对该事物的整体印象。但知觉已超出了感觉的范围，它是对感觉所获得事物各种属性的综合反映，这种反映比感觉要深入和完整。知觉反映要借助过去的经验，有记忆和思维的参与。例如，看见梅就会有口水，是感觉，感觉它的酸；吃到梅发现原来它很甜，那是知觉。在人的正常反映中很少有孤立的感觉，我们一般总是以知觉的形式直接反映事物。

2. 感觉、知觉在认识过程中的地位和作用

感觉是认识过程的初级阶段，是人类认识世界的第一步，它为知觉和其他更为复杂的认识过程提供了最基本的原始材料。通过感觉，人们从外界获取了有关刺激物各方面属性的信息，在感觉系统的不同水平上对这些信息进行加工，并将它与已经储存的信息进行对照，加以补充，从而产生了对外界事物属性的反映。离开了感觉，其他任何较高级复杂的心理现象都不能产生，感觉是一切心理活动的基础，是人的意识形成和发展的基本条件。

感觉是认识的开端，但是人的反映活动不能停留在感觉阶段，人对所面临的事物，总要搞楚它是什么，这就要依靠知觉。知觉是确定作用于我们的物的意义的过程。人类的感性认识主要通过知觉过程获得。感知是人类认识世界的基础，是人获得感性知识、直接经验的主要形式。正是由于人对外界事物的反复感知，才能在头脑中留下深刻的印象，形成记忆，从而为思维提供素材。

3. 感觉、知觉的客观性与主观性

感知是客观存在的反映，没有作用于感觉器官的客观事物，便不会产生任何感觉和知觉。感觉和知觉从其来源和内容来看是客观的，但是从其形成和表现来看，却是主观的。因为感觉和知觉是在每一个具体人的身上形成、表现和存在着的，因此，必然要受到主体知识经验、个性倾向性、身体状况等因素的影响。

主体特点的影响，在知觉过程中反映得尤为明显。知觉不仅要受感觉系统生理因素的影响，而且极大地依赖于一个人过去的知识和经验，受人的各种心理特点如兴趣、需要、动机、情绪等因素的制约。感觉与知觉既是客观的，又是主观的，是人的主体对客观事物主观能动的反映。

12.1.2 感觉的种类及感觉现象

1. 感觉的种类

感觉分为外部感觉和内部感觉两大类。外部感觉分为视觉、听觉、嗅觉、味觉和皮肤觉5大类。它们分别通过眼、耳、鼻、舌、身等不同的外部感觉器官产生。皮肤觉又可分为温、冷、痛、触4种感觉。所有的上述感觉主要接受有机体外部的刺激,反映外部事物的属性,故又称为外部感觉。除此之外,机体还接受来自身体内部的刺激,反映躯体位置、运动和内脏器官不同状态的内部感觉。内部感觉主要有平衡觉、运动觉、机体觉。各种感觉都有各自特异化的感受器和适宜刺激。

2. 感觉现象及其一般规律

早在心理学科发展的初期,心理学家就开始对感觉现象做了大量研究,积累了相当丰富的研究成果,许多感觉的基本现象和一般规律已为人们所认识和了解。

1) 感觉的心理物理学特点

在我们周围,物质能量以发光、振动、化学、热量和机械的形式存在。科学家们通常通过两种途径测量这些能量。一种是依据物理学的手段,借助物理学仪器,测量这些能量的大小,并用一定单位来表达。心理学家更感兴趣的一种测量途径,是人们对这些能量的主观感受。他们根据刺激的主观属性来描述能量。例如,明度、响度、热度或重量等。如果你要求人们报告他们对感觉刺激的心理反应,他们一般报告两个方面:一是刺激的性质,例如,视觉刺激的颜色,听觉刺激的音高等;二是刺激的强度,例如,光的明度,听觉刺激的响度等。这些特征是感觉的心理维量,是感觉经验的主观属性。它们一般与刺激的物理属性相对应,是刺激的物理属性在心理反应上的体现。

(1) 感觉的绝对阈限。感觉是当感觉器官受到外部客观刺激作用时所产生的反应。但是,对于物质能量范围中的所有刺激,我们的感觉器官并不能都感觉到。只有当刺激达到一定强度时,我们才能够感觉到。感觉的绝对阈限就是刚刚能引起感觉的最小刺激量,也被称为感觉下限。

实际上,人的感觉并不稳定,同样的临界强度刺激有时可以引起感觉,有时则不会引起感觉。或者说,有时一个刺激在阈下强度时就可能引起感觉,而有时刺激超过了阈限强度仍可能不会引起感觉。为了建立一个标准,心理物理学规定,绝对阈限为一个刺激有50%的次数能被感觉出来的最低刺激强度。表12-1显示了早期心理物理学家研究总结得出的一般人的各种感觉的绝对感觉阈限。

表12-1 人类各种感觉的绝对感觉阈限

感　觉	绝 对 阈 限
视　觉	30英里以外的1烛光

续表

感 觉	绝 对 阈 限
听 觉	安静环境中 20 英尺以外的手表滴答声
味 觉	两加仑水中的 1 匙白糖
嗅 觉	弥散于 6 个房间中的 1 滴香水
触 觉	从 1 厘米距离落到你脸上 1 个苍蝇的翅膀

每种感觉都有各自的绝对阈限。应当注意的是，绝对阈限在不同个体之间的差别相当大，即它表现出感受能力的个体差异。敏感的个体，其绝对感觉阈限值较小，而迟钝的个体，其绝对阈限值较大。此外，对同一个体，绝对阈限值也会因个人的身体条件和动机状态而不断变化。例如，个体通过感受性训练，可以降低绝对感觉阈限。

（2）感觉的差别阈限。心理物理学家关心的另一个问题是：两个刺激量之间差别达到多大水平时，人们的感觉器官才能觉察得出来。也就是说，刚刚能引起差别感觉的最小刺激变化量是多大，这就是差别阈限。心理物理学将有一半次数（50%）被感觉出有差别时的最小刺激变化量确定为差别阈限的值。

差别阈限不是依赖刺激强度变化的绝对量，而是刺激强度变化的相对差。如果原有刺激的强度很小，那么一个较小的变化便会引起差别的感觉；如果刺激强度很大，那么就需要一个较大的变化值才会引起差别感觉。

韦伯定律，即感觉的差别阈限随原来刺激量的变化而变化，而且表现为一定的规律性，可用下边的公式来表示

$$\Delta I / I = K$$

式中：I——原刺激量；

ΔI——此时的差别阈限；

K——常数，又称为韦伯率。

2）感觉的适应

感觉的适应指感受器在刺激物的持续作用下，感受性发生变化的现象。适应可以引起感受性提高，也可引起感受性降低，它们对于人适应环境有着很重要的生物学意义。视觉中的明适应和暗适应是最明显的适应现象。明适应是指从暗处进入亮处，由于视觉感受性降低而使人适应强光刺激的适应现象。这种适应很快，一般只需几秒钟至一分钟，视觉就可以恢复正常。暗适应则相反，是指从亮处进入暗处，由于视觉感受性的提高而使人能在暗处辨别物体的适应现象。视觉的适应意义重大，如果没有适应机制，人就不能靠视觉精细地反映变化的环境。

3）后像和闪光融合

在刺激作用停止后，感觉在短暂的时间内仍不消失的现象称为后像。这是由于神经兴奋的后作用所致，也叫感觉暂留。它存在于各种感觉之中，而在视觉中尤为明显。视觉后像有两种：正后像和负后像。正后像保持刺激所具有的同一品质。例如，注意日光灯几秒钟，再

闭上眼睛，就会感觉到眼前一个同日光灯差不多的形象出现在暗的背景上，这种现象叫作正后像。随着正后像的出现，再将视线转向白色的背景，就会发现在亮的背景上出现黑色的斑点，这就是负后像。视觉后像暂留的时间大约为 0.1 秒，但延续时间的长短与刺激的强度和作用的时间也有关系。一般来讲，刺激的强度越大，时间越长，后像延续的时间也越长。

闪光融合现象是与视觉后像相联系的一种视觉现象。当断续作用的光刺激达到一定频率时，感觉到的不再是断续而是连续的刺激，这种现象叫作闪光融合现象。能引起连续感觉到的最小断续频率，叫作闪光融合频率。例如，交流日光灯，每秒钟闪动约 100 次，但我们并不感到它是断续的。

4）联觉

联觉是一种感觉引起另一种感觉的心理现象。这一现象是感觉之间相互作用的结果。联觉有多种表现，最明显的是色觉与其他感觉的相互影响。色觉可以引起不同的温度觉。例如，红、橙、黄等颜色使人联想到阳光和火焰而产生温暖的感觉；蓝、青、绿、白使人联想到蓝天、白云、海水、草木而产生清凉的感觉。前者称为暖色，后者称为冷色。色觉可以影响食欲。一般认为橙黄色可以促进食欲，黑白色有时能降低食欲。联觉的种种心理效应常常被应用于广告、艺术、建筑、环境布置以及社会活动的组织等许多方面。

5）感觉的对比

有些时候，当两个刺激作用于同一感受器官时，会使感觉反映发生变化。例如，同一个灰色的方块，如果放在白色的背景中，看上去会显得深一些，但如果放在黑色的背景中，就会显得浅一些，这种现象叫同时对比。若两种刺激先后作用于同一种感受器时，也会产生对比现象，我们称之为继时对比。例如，先凝视红色物体之后，再看白色物体便显得微带绿色。这种对比在味觉上也存在。例如，先吃过糖，再吃橘子，就会觉得橘子很酸。

12.1.3 知觉的特性及影响因素

1. 知觉的基本特性

人对客观世界的知觉过程，是一个积极主动的反映过程。这一反映过程首先要受到客观刺激的影响，客观事物是知觉的具体内容。但是，不同的人或同一个人在不同的主观状态下，对同一客观事物的反映却存在着种种差异，因为知觉过程还要受主体生理、心理特点的影响。从心理上看，知觉主体已有的知识经验及需要、动机、兴趣等因素直接影响着知觉的进行。知觉的基本特性，就是对知觉过程中反映主体能动作用的一个概括。

1）知觉的选择性

人所生活的环境是丰富多彩、变幻多端的，在同一时刻作用于人的刺激物也是极为众多的。但是，由于感觉通道的限制，人不能反映同时作用于感觉器官的所有刺激，而只能有选择地对其中一小部分进行反映。人对外部信息有选择地进行加工的能力就是知觉的选择性。由于这一特性，人才能把注意力集中到少数对人具有重要意义的刺激之上，排除次要刺激的干扰，从而有效地识别事物，适应环境。

在选择知觉对象的过程中，凡是被我们清晰地知觉到的事物就成为我们知觉的对象，那些在知觉对象周围的未被选择的事物，我们只能模糊地觉察到它们的存在，它们成了衬托知觉对象的背景。但对象和背景不是一成不变的，这会经常相互转换。例如，图12－1所示的花瓶和人面双关图，就是对象、背景相互转换的一个明显例子。影响知觉选择性的因素有主客观两方面。主观方面的因素主要是主体的需要、任务、愿望、爱好、知识经验、情绪状态等；客观方面的因素，是刺激物本身的特点。

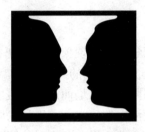

图12－1　对象和背景转换双关图

知觉选择性规律的研究，在广告实践中有着重要的应用价值。

2）知觉的整体性

知觉是对客观事物各种属性和各个部分整体的综合反映。但在我们知觉一种熟悉的事物时，并不需要重新细致地去体察它的每一个别属性和各个部分，只要抓住了它的主要特征，就可以根据过去的经验对它进行识别，把它作为一个整体进行反映。一般可以依据组合关系或关键成分把一些零散的刺激物作为一个整体进行反映。

作为一个整体的客观事物对人是一种复合刺激物，事物的各个部分和各种属性分别作用于不同感觉器官的时候，它们之间形成了一种固定的联系，由于经验的积累，使人能在大脑中把这种联系保存并形成一种关系反射。当这些复合刺激物再度出现时，人们就能依据其关键成分把它们当作经验过的整体进行反映。

影响知觉整体性的因素与知觉对象的组合特征有关。一般来说，位置接近的、图像相似的、图形闭合的、形态完整的图形易被知觉为整体。一个未连成整体的三角形，有三个角的关键特征，亦可以产生三角形的整体感（见图12－2）。

图12－2　知觉的整体性

格式塔学派的心理学家指出，对整体的知觉不等于并且大于个别感觉的总和。格式塔学派提出的知觉组织原则被普遍接受，也称格式塔原则，主要包括以下几条规律。

（1）接近性（Proximity）：距离上相近的物体容易被知觉组织在一起。

（2）相似性（Similarity）：凡物理属性相近的物体容易被组织在一起。

（3）连续性（Continuity）：凡具有连续性或共同运动方向的刺激容易被看成一个整体。

（4）封闭性（Closure）：人们倾向于将缺损的轮廓加以补充，使知觉成为一个完整的封闭图形。

3）知觉的理解性

人对客观事物的知觉是一个主动反映的过程，它要根据主体的知识经验，对知觉对象进行加工处理，并用语词把它们标示出来。这种特性就是知觉的理解性。同一个知觉对象，知识经验不同的人，对其内容的广度、深度、精确度的知觉有很大差异。图12-3是一个斑点图，正是以知识、经验为基础的理解作用，使我们填补画面成为一个的整体。

图12-3 斑点图

4）知觉的恒常性

当我们从不同角度、不同距离，在不同的物理环境下知觉某一熟悉的物体时，虽然该物体的物理特征受到外在环境的影响而有所改变，但由于对该物体的知觉经验，我们的主观感受并不随该物体物理条件的变化而变化。这种特征称为知觉的恒常性。常见的知觉恒常性现象主要有大小、形状、明度、颜色等方面。

（1）大小恒常性。同一物体在视网膜上呈象的大小，常随距离远近而改变；距离越远，视像越小。但是，这一视觉资料并不影响我们对不同距离物体大小知觉的判断。例如，从窗口望远处的楼房，其视像往往小于窗台上的一个花瓶，但在心理上的知觉却永远是楼房大于花瓶很多倍。

（2）形状恒常性。从不同角度观察同一物体时，该物体随着角度不同而改变其视网膜上的视像形状，但我们的知觉并不因此而改变。例如，站在屋内适当位置观察房门从全部关闭到全部打开时，房门的视像形状随转动角度不同而改变。但是房门在我们的知觉经验中仍然是保持长方形的形状。

（3）明度恒常性。物体的明度取决于它的反射率，反射率大的物体感知为亮，反射率小的物体感知为暗。例如，煤炭在强光照射下，其某些部位的反射率大于石灰，但我们仍觉得石灰为白色而煤炭为黑色。

（4）其他方面的恒常性。知觉的恒常性在我们的感受中普遍存在。红色的花朵和绿色的草坪，在白昼、黄昏和月色下，其色彩变化很大，但我们总觉得花是红的，草坪是绿的。此外，在味觉、嗅觉、肤觉及身体位置的知觉中，也都有恒常性的特点。

知觉的恒常性在生活中有重要意义，它使人摆脱从单纯物理刺激中得到局部信息的影响，进而全面、真实、稳定地反映客观世界，从而保证了有机体对瞬息万变的环境的适应。

2. 错觉

错觉是指对作用于人感觉器官的客观刺激的不正确知觉。它是在特定条件下所产生的对外界事物的歪曲知觉，这种歪曲带有固定的倾向，只要条件具备，它就必然产生。它与幻觉不同，错觉是在客观刺激作用下产生的对刺激的主观歪曲，而幻觉是在不存在客观刺激的情况下产生的，是一种虚幻的知觉。

错觉有许多种。例如，视错觉、听错觉等属于各种感知觉中的错觉，以及由不同感觉器官之间的相互作用而产生的错觉。产生错觉的原因是相当复杂的，有生理因素，也有心理因素。此外感官输入了相互矛盾的信息，如当前的知觉和过去经验之间的矛盾，以及思维推理上的错误等，都可成为错觉产生的原因。错觉在广告设计中有着重要的应用。

3. 影响知觉选择性的各种因素

人的知觉的选择性受多种因素的影响，但总的来说，包括两方面的因素：客观因素和主观因素。

1）客观因素

知觉是客观事物的反映，因此，知觉的选择性首先决定于知觉对象的特点。心理学的实验和日常生活经验表明，知觉对象的下述特点对于知觉的选择性有重要影响。

（1）相似与非相似性。物理性质相似的事物，人们会将其联系在一起；而性质不相似的则不被视为一类。例如，一个律师事务所的主管可以将事务所中的成员分成秘书和律师两类。

（2）空间上的接近。知觉对象和事件可能因为空间上的接近而被看作是有关系的。例如，当我们在汽车候车室里看到一个男人、一个女人和两个孩子站在一起时，我们则可能认为他们是一个家庭的成员。

（3）时间上接近。知觉对象或事件也可能因为时间上的接近，而使人们认为它们是有关联的。例如，如果公司里3个部门的主管同时被撤换，则必然会出现"有内幕"的传说。

2）主观因素

人的知觉的选择性不仅受客观因素的影响，也受人本身主观因素的影响。不同人对于同一个事件往往会产生不同的知觉。这是因为许多个体因素都会影响或反映到人的社会知觉中来。这些因素包括过去的经验、兴趣、态度、动机、期望、习惯等。

（1）人们的兴趣是各不相同的。兴趣的个别差异往往决定着知觉的选择性。例如，对戏剧感兴趣的人往往会注意介绍戏剧艺术的书籍、杂志，使之成为知觉的对象，而对戏剧不感兴趣的人则可能根本就不会注意到这些书籍、杂志。

（2）动机也会影响到知觉。凡是能够满足人的需要，符合人的动机的事物，往往会成为知觉的对象和注意的中心。例如，一个饥饿的人，对于和食物有关的刺激物就会特别敏感。

（3）个人经验会影响到知觉。个人过去的经验以信息的形式储存于大脑中，并形成信息系统，而对当前知觉的选择产生影响。其主要表现在，使熟悉的对象易于从环境中区分出来，成为知觉的对象。例如，凭着过去的经验，熟练的工人能够在嘈杂的环境中感知到机器声音的细微变化。

（4）个性特征也影响着知觉的选择性。一个外向、好交际的人和一个内向、不乐于人际接触的人，在介入一个群体活动时会有截然不同的感受：前者如鱼得水，很高兴有一个自我表现的环境；后者则很不情愿，对这种环境感到很别扭。

12.1.4 社会知觉

社会知觉是人们在社会活动中对人、对己、对群体进行认识的过程。它是人对社会刺激物的知觉，是一种最基本的社会心理现象，是人所特有的高级知觉形式。这个概念是美国心理学家布鲁纳于 1947 年首先提出来的，包括 4 种形式：人际知觉、角色知觉、自我知觉、对他人的知觉。社会知觉是人们对人与人之间关系和作用的认识，所揭示的是知觉的特殊规律，它遵循知觉过程的一般规律。

在现实社会生活中，由于受到主客观条件的限制而不能全面地知觉事物。同样，对人和物的知觉也可能因为受到个人各种主观倾向的影响，而造成歪曲或错误的知觉。这种带有规律性的现象在许多情况下是难以克服的。了解社会知觉中的各种主观倾向及其表现并尽力克服它，对于广告策划和广告制作有着重要的意义。

1. 知觉的防卫

知觉的防卫是指人们对不利于自己的信息会视而不见或加以歪曲，以达到保护自己的目的。由于知觉防卫的作用，许多人习惯于选择有利于自己的信息，而漠视不利于自己的信息，导致所获得的资料不完整，从而给社会知觉带来消极影响。

2. 社会刻板印象

社会刻板印象是指由于地理、经济、政治、文化等条件的集合作用，人们会在过去有限经验的基础上产生对某个群体的一些刻板印象，并常以此作为评价的依据。这种定型化的过程既会帮助人们简化社会认知的过程，也容易造成偏见，影响到某个人对特定群体成员的正确看法并产生不友好的态度。

3. 晕轮效应

晕轮效应也称光环作用。其实质是把相互独立、没必然联系的特性予以叠加，统统赋予认知的对象。而且这种效应往往对个体道德品质、个性及能力等方面的知觉中表现得特别明显。如果一个人被赋予了一个肯定或有价值的特征,那么他就很可能被赋予了其他许多积极的特征。了解和研究这种现象的实质和发生的原因,将有助于广告人员更好地进行广告创作。

4. 首因效应

人们根据最初获得的信息所形成的印象不易改变,甚至会左右对后来获得的新信息的解释,这就是首因效应。人们在认知中,比较重视前面收到的信息,据此对别人作出判断,而在最初的印象形成之后,对后来的信息就不太重视。这种现象也被称为第一印象。了解第一印象的作用,对于广告策划者和制作者来说具有积极的意义。

5. 投射作用

投射作用指的是,在认知及对他人形成印象时,以为他人也具备与自己相似的特性。影响投射效应的因素有两个。① 相似性。两个人的社会特征相似的程度越大,推己及人的情形就越容易发生。例如,一个男性更有可能用他自己作为基线来判断和他年龄相似的其他男性。② 喜爱程度。如果个体喜欢对方,倾向于对对方作出较好评价时,就假设别人和我们是相似的。通过投射,能无意识地保护自己,使自己免受真正或联想的威胁,因而这也是一种心理防卫反应。

12.1.5 影响社会认知的因素

影响社会认知的因素主要可以分为三大类,分别是认知者因素、认知对象因素和认知情境因素。下面分别进行阐述。

1. 认知者因素

(1) 认知者的哲学观点。认知主体在对他人进行认知时,往往会受到其所持有的有关人性哲学观点的影响。这些哲学观点主要有:性善论、性恶论、利己论、利他论、理论性及非理性论等。尽管在现实生活中,许多人并没有意识到他会用某种特定的哲学观点来认知他人,形成对他人的印象,但是这些观点会潜移默化地影响着对他人的认知。

(2) 认知者原有的经验。人们原有的经验对认知过程产生着特殊的影响。个体在一定的基础上,形成某些概括对象特征的标准、原型,从而使认知判断更加简捷、明了。例如,不同专业知识背景的人对同一种商品的认知,会有完全不同的结论和观点。

(3) 认知者的心理需要。需要是有机体内部的一种不平衡状态,它表现在有机体对内部环境或外部生活条件的一种稳定的需求,并成为有机体活动的源泉。正因为人的需要指向不同的方面,才会使人的认知结果有所差异。能够满足认知者心理需要的,可以优先成为认知的对象,而且积极和肯定的评价较多。

(4) 认知者的价值观念。个人如何评判社会事物在自己心目中的意义或重要性,直接受到价值观念的影响,而事件的价值则能增强个人对该事件的敏感性。

(5) 认知者的情感状态。个人的情感状态会直接影响个人的认知活动积极性。例如,心情好、情绪饱满的人,活动领域比较开阔,往往信息灵通;而情绪低落的人,则更容易将周围的世界看的灰暗一片,好像一切都在与自己作对,这种心情必然会影响其对人和事的看法和判断。

2. 认知对象因素

(1) 魅力。构成个体魅力的因素既有外表特征和行为反应方面,又有内在性格特征方面。魅力往往与一系列的积极属性联系在一起,例如,容貌美、有能力、正直、聪明、友好等,这实际上是晕轮效应在起作用。除了外貌以外,态度也与魅力有关,一般来说,对方的态度与自己越一致,个体越容易将其看成有魅力并对他持积极肯定的态度。

(2) 知名度。一个人的知名度的大小也影响着别人对他的认知。当一个人有一定的知名度后,人们会通过各种传播途径或周围人传递他的消息,实际上已经开始了对这个人的认知。这时候,人们所接受到的都是间接材料,受他人的暗示的成分较大。无论他是否相信这些材料,都已经形成了一定的判断。一般来说,知名度高、社会评价积极的人,对认知者的心理有特殊的影响力。所谓"人重言重,人微言轻"就说明了认知对象知名度对认知者态度与评价的影响。

(3) 自我展示。有时候,认知对象的自我展示会影响别人对他的评价。在社会生活中,其实每个人都力图通过"表演",强调自己许多属性中的某些积极属性,而隐瞒其消极属性,试图控制别人对自己的印象。尽管其效果会受到试图要影响的人、情境等其他因素的制约,但认知对象的自我展示对于认知者的作用是不可否认的。

3. 认知情境因素

(1) 空间距离。空间距离显示了交往双方的接近程度。在认知活动中,它构成了一种情境因素。这些人际空间距离是人们在无意之中确定的,人与人之间的亲疏程度,可以从人与人之间距离的大小看出来,并直接影响着我们的判断。

(2) 背景参考。在认知活动中,对象所处的场合背景也常常成为判断的参考系统。对象周围的环境常常会引起我们对其一定行为的联想,从而影响我们的认知。人们往往认为,出现于特定环境背景下的人必然是从事某种行为的,其个性特征也可以通过环境加以认定。因此,有时候,相同的人和事件发生在不同的背景中,我们对其的认知有相当大的差异。

12.2 广告与消费者的注意

12.2.1 注意的概念

注意是心理活动对一定对象的指向和集中。指向性和集中性是注意的两个特点。指向性,首先是指认识活动的选择性,即对认识活动对象进行有意和无意的选择,并且还表现在对选择出的这些事物比较长久的保持。集中性,不仅是指心理活动离开无关事物,而且也表现为抑制无关活动。这样,注意对象就能够得到鲜明和清晰的反映。

研究表明,注意本身不是一种独立的心理过程,而是感觉、知觉、思维、联想等心理过程的一种共同特性。注意是心理活动的指向性和集中性,它表现在人的心理活动中,并且总是和心理过程相联系。例如,注意听、注意看等。不仅在认识过程中有注意,而且在人的情感体验和意志行动中,注意同样也不可缺少。所以,我们的任何心理过程都离不开注意。

12.2.2 注意的功能

广告作用于消费者心理的过程中,"引起注意"是广告成功的第一步,也是最关键的一步。一幅广告如果无法引起消费者注意,那么即使广告以排山倒海之势推出,也毫无任何经济效益而言。在消费心理活动中,注意是维持个体广告心理活动持续进行并导致购买行为的前提和条件。心理学的研究表明,注意具有以下功能。

1. 选择功能

注意的选择功能,即选择有意义的、符合需要的和当前活动相一致的对象,避开或抑制那些非本质的、附加的和次要的各种对象。由于注意的选择性,人的心理活动才能正确指向和反映客观事物。如果心理活动没有注意的选择功能,人们就不能将有关的信息检索出来,意识就会处于混乱状态;如果没有这种选择功能,广告信息也无法认知。

2. 保持功能

注意的保持,即注意对象的内容在意识中的保持,一直保持到达到目的为止。如果没有注意的保持功能,头脑中的信息很快就会在意识中消失,任何智力操作都无法成功。注意也是广告记忆的必要条件。如没有这种功能,顾客便不能对广告进行深刻的认知。

3. 调节和监督功能

注意最重要的功能是对认知活动进行调节与监督。只有注意对广告信息进行适当的调节与监督,人们才可能相当迅速地对各种广告信息进行综合、概括、迁移直到购买行为最后完成。

由于注意具有以上的功能,人们才能对广告信息进行全面的审视与探究,从而保证消费者能够更全面、更深刻、更准确地认知广告信息。所以"引起注意"是广告成功的第一步,也是广告促销功能得以实现的前提和条件。

12.2.3 注意的品质

注意的品质是注意心理学的一个重要组成部分,作为广告注意心理的一部分,也必须为广告设计者所了解,以便在广告创意和制作过程中采取更加高明的手段。注意有以下4方面品质。

1. 注意的广度

注意的广度也叫注意的范围。它是指一个人在同一时间内能够清楚把握的对象的数量。由于在同一时间内，人加工信息的能力很有限，所以注意的范围也是有限的。但是，注意的广度并不是固定不变的，它受到知觉对象的特点和个人知识经验的影响。影响注意广度的因素主要有以下3个方面：① 注意对象的特点；② 活动的性质和任务；③ 个体的知识经验。

一般来说，广告标题在6～7个字内能起到良好的注意效果。

2. 注意的稳定性

注意的稳定性是注意在时间上的特征。它是指注意力在一定对象上所持续的时间。注意的稳定性有狭义和广义之分。狭义的注意稳定性是指注意在某一具体对象上所能维持的时间；广义的注意稳定性是指注意在某一活动范围内所能维持的时间。在广告心理过程中，消费者的注意稳定性与广告刺激因素与消费者精神状态因素有关。影响注意的稳定性的因素有如下3个方面：① 注意对象的特点；② 主体的精神状态；③ 主体的意志力水平。

对于正常人来说，注意时间超过15～20分钟，注意力就会分散。

3. 注意的分配

注意的分配是指在同一时间，注意力指向两种以上注意对象的现象。也就是我们日常所说的一心能否二用的问题。注意力的分配是有条件的。在同时进行的两项活动中，必须有一项已经达到了自动化程度时，人的注意力才有可能集中于另外一项活动。因此，广告中宣传的事物不能过多，也不能太复杂，以免喧宾夺主。

4. 注意的转移

注意的转移是指消费者根据新的任务主动地把注意力从一个对象转向另一个对象的现象。注意转移的特征对于人类适应环境有着重要意义。人既能对原先重要的事物加以注意，也能根据环境刺激的变化将注意力及时转移到新出现的而未加注意的事件上去。影响注意转移的因素有以下4个方面：① 对原活动的注意集中程度；② 新注意对象的吸引力；③ 明确的信号提示；④ 个体的神经类型和自控能力。

上述注意的品质，在一定程度上反映出一个人在注意力方面的发展水平。这些品质在个体之间存在着一定的差异。这些差异的存在除了与个体的神经生理特点有关外，与实践活动中的培养也有很大关系。

12.2.4 注意规律在广告设计中的应用

一个精心设计的广告，如果没有引起消费者的注意，或被消费者轻轻掠过，那么这个广告所付出的一切努力，包括广告主的投资，将全部付之东流。因此，制作成功广告的第一步，就是引起消费者对广告的注意。

1. 有意注意和无意注意的概念

注意是意识的高度选择，它限制进入人们头脑中的信息数量，以便人们有效地加工信息。注意可以分为无意注意和有意注意。人们在没有明确购买目的的情况下逛商店时，在左顾右盼中进入人们视野的东西所引起的注意，就是无意注意。无意注意的发生是被动的，需要外界刺激有一定的特征。有意注意指预先有一定的目的，需要意志努力，主动地对某一特定事物所发生的注意。

2. 有意注意和无意注意在广告中的应用

在有意注意的情况下，外界刺激特征并不是重要的，因为它主要是由个体的内部因素所引起。在无意注意过程中，外界刺激物的外部特征就是至关重要的因素。

1）消费者的注意特点分析

在消费者中，一般有两种人会对广告有所注意：第一种是那些有购买某种商品的意向而寻求该商品信息的人；第二种是新近购买了某种商品的人，他们会再次通过广告来判断自己的决策是否正确，希望广告为自己的决策提供支持而获得一种心理安慰。除了这两种人之外，一般人对广告只能是无意注意或"有意"回避。如果广告是针对那些有预定目的的消费者，可以较少地考虑前面所说的那些刺激特征。但对大多数消费者来说，广告必须能够引起无意注意。

2）商品的注意特征分析

如果广告宣传的是一种全新功能的商品，只能期望首先引起无意注意，因为消费者如果事先没有消费某些新商品的需要，即使新商品出现了也不会转化为在市场中主动寻求商品信息的行为。在这种情况下，广告就应该增大刺激的强度和新异性来一遍遍冲击消费者的注意力。

3）外部客观因素与广告的注意策略

人们每时每刻都处在大量外部广告信息的包围之中，但只有少量刺激能够引起人们的注意。心理学研究表明，这些容易引起人们注意的刺激特征，主要有以下7个方面。

（1）增加刺激物的新异性。它是刺激物唤起人们注意的最重要特性。所谓新异性是指刺激物异乎寻常的特性。它又分为绝对新异性和相对新异性。绝对新异性是指人们从未体验过的事物及其特性；相对新异性是指刺激物异常变化或异常组合的特性。从根本上说，刺激物的新异性，是引起无意注意的最主要特征。

（2）增加刺激物的强度。广告必须要使刺激达到一定强度，才能引起消费者的注意，在没有超出人们感官可以承受的范围内，刺激的强度越大，引起的注意越强烈。但是，如果刺激物的强度过大，也会引起消费者的烦躁和反感。成功的广告设计要有意识地增强其对消费者感觉器官的冲击，提高消费者对商品的注意程度。

（3）运用运动的刺激物。在静止的背景上，各种运动物体容易引起人们的注意。例如，微风吹动的树叶，夜空中飘逝的流星都很容易吸引人们的注意。运动，不仅指连续运动，也指断续运动。例如，固定地呈现在电视屏幕角落的商标，可能不会被观众所发现，而如果以忽隐忽现的方式呈现，观众反而容易注意到它。

（4）增加刺激物的对比性。当刺激物与周围环境中的景物存在着明显反差时，也就是说对比非常强烈时，它就具有很强的吸引力。因此，扩大广告元素间的反差，就可以形成强烈对比。研究表明，刺激物强度对比的层次拉开后注意率会显著上升。因此，在广告设计中，采用动静、明暗、强弱、长短、高低、轻重等视觉刺激的反差，都会强烈地吸引消费者的注意力。

（5）强调刺激物的重要性。重要性是指刺激物对个体来说是否有意义，是否重要。当刺激物对个体来说很重要时，就容易引起个体的关注。除了上述特性会影响到人们对广告的注意以外，广告在媒体中的位置，广告的前后节目因素，广告中的视觉导向因素等，也会影响消费者对广告或广告中某一要素的注意。

（6）强化广告刺激的感染力。消费者注意被激活以后，如果广告信息没有什么意义，平淡无奇，还是不能引起消费者的注意，那么注意力在很短时间内就会消失，并随之产生怅然若失的感觉。因此，选择诱人的广告内容，使之对消费者产生吸引力、号召力和感染力是广告制作的重要手段。

（7）突出刺激物与个体之间的关系。很多广告都有特定范围的诉求对象，也就是说，广告是针对某些人群特别制作的。在这样的广告中，如果能出现这类人的形象或指出这类人的名字，有助于引起他们的注意。例如，奥迪汽车的广告语"前途掌握在自己手中，未来征程才会乐趣无穷"，特别强调商品与用户的关系，就很容易引起消费者的注意。

4）消费者的个体主观因素与广告的注意策略

无意注意虽然主要是外界刺激物的特性所引起的，但也决定于个体自身状态。一般来说，消费行为是外界刺激物（广告）和消费者主观内部心理因素相互作用的结果。而消费者主观心理因素又与需要、兴趣、生活经验、价值观、态度、情绪状态有关。利用消费者的主观因素一般可以采取以下策略。

（1）利用消费者一定时期中的兴趣中心。所谓兴趣中心，就是一个人对特定事物所抱积极的态度。兴趣和注意具有极其密切的联系，注意以一定兴趣作为发生的前提条件。根据不同类型的消费对象，恰当而适时地利用人们的兴趣和敏感点进行广告设计，会取得意想不到的效果。

（2）利用人们当时具有的迫切需要。人的当前需要具有先后排列的特点。当消费者同时存在几种需要而又只能暂时选购其中一件时，如果广告宣传某种产品能满足消费者最迫切的需要，消费者就可能会采取优先购买的行为。

（3）利用人们某种特殊的情感和情绪。人们在购买商品时，情绪或感情色彩不同，可能会赋予相同商品以不同的意义。此外，人们精神状态好的时候，容易受到广告中欢快情绪的影响；相反，在精神状态不好的时候，对广告中的宣传常常会感到厌烦。

（4）利用人们以往的知识经验。人们在知觉事物的时候，往往优先感知那些曾经被我们感知过的事物。消费者之所以对特定的事物发生兴趣或注意，通常是因为这些事物与他以往的知识经验有密切关系。

12.3　记忆和联想规律对广告设计的启示

12.3.1　记忆概述及其在广告设计中的运用

1. 记忆的概念

记忆是脑对过去经验的反映。一个人在经历过程中，曾经感知过的事物，思考过的问题和理论，体验过的情绪情感，采取过的行动，练习过的动作，都会有一部分在头脑中保留下来，成为记忆的内容。

记忆包括识记、保持和回忆3个基本环节。识记是记忆的开端，是为获得外界事物较深的印象而反复感知的过程；保持是对识记内容的保存和巩固，只有在头脑中得以保持的识记内容，日后才能回忆起来；回忆是恢复经验的过程，是对识记内容的重新辨认或在脑中的浮现。这3个基本环节是相互联系的：识记是保持和回忆的前提，保持是识记和回忆的中间环节，回忆是识记和保持的结果和检验，通过回忆还能进一步巩固和保持。

曾经感知过的事物形象在人脑中保留的映象被称为表象。表象是记忆的主要形式，所以表象也被称为记忆表象。表象在人的心理活动，特别是认识活动过程中有着极为重要的作用。它是从知觉向思维过渡的桥梁。表象具有直观性和概括性的特点。表象在记忆中占有重要的地位，它是记忆的主要内容。在记忆中，我们能够回忆过去的事物，并且再认出曾经接触过的事物，主要是依据表象来实现的。

2. 记忆的分类

按照记忆内容的不同，可将记忆分为5类：直观形象记忆、语言逻辑记忆、情绪记忆、运动记忆以及综合记忆。各类记忆虽然有区别，但又相互联系。在任何记忆过程中，各种记忆总是协同活动的，纯粹属于某一记忆类型的人很少，现实生活中综合记忆类型的人占大多数。

按照信息保持时间的长短来划分，记忆可以划分为瞬时记忆、短时记忆和长时记忆3类。

1）瞬时记忆

瞬时记忆是一个时间非常短暂的记忆储存系统，保持时间约为0.25～2秒之间。视觉后象就是瞬时记忆的一个例子。在瞬时记忆阶段，信息以感觉痕迹的形式被登记下来。这种记忆的特点是：信息保持有鲜明的形象性，保持时间短，信息量大。在瞬时记忆中登记的材料如果受到注意，就可转为短时记忆，否则就很快消失。

2）短时记忆

短时记忆也被称为工作记忆，它是对信息进行编码的一个重要环节，是正在工作的、活动着的记忆。短时记忆在保持时间上比感觉记忆长，大约是 5～20 秒，一般不超过一分钟。与瞬时记忆不同，短时记忆内容是我们充分意识到的。短时记忆材料也可以因为特别注意得到加强而转入长时记忆。短时记忆的特点是：容量有限，保持时间较短，记忆内容经过特别注意便可以转为长时记忆。

3）长时记忆

长时记忆是保持的时间在一分钟以上，甚至可以是终身不忘的记忆。长时记忆的容量被认为是无限的，是一个大的储存库。长时记忆来源于短时记忆的加工和复述，也有些印象深刻的内容，一次即可形成长时记忆。长时记忆的特点是以信息的意义性为核心的，而不是按照输入的顺序。

从信息加工理论的角度来看，上述 3 类记忆系统实质上就是记忆过程的 3 个阶段。外界物理刺激的痕迹就是瞬时记忆，如不注意便瞬息即逝，如果注意，就转为短时记忆。短时记忆的信息如果得到及时的加工复述，就转为长时记忆，否则便消失或被新的信息取代。长时记忆中的信息则被编码和储存起来，在一定的条件下可以提取出来。

3. 广告记忆的过程和遗忘

1）广告记忆的过程

广告的记忆过程包括：识记、保持和再认 3 个基本环节。寻找其中的内在规律性对指导广告和营销活动非常有必要。

（1）广告的识记。广告的识记是广告记忆的第一阶段，是记忆保持的前提。识记可分为无意识记和有意识记两类。① 无意识记是事先没有识记的目的，也不借助任何有助于识记方法进行的识记活动。它缺乏目的性，识记的内容往往带有偶然性和不连续性，仅靠无意识记不能获得系统科学知识。② 有意识记是有明确识记目的，并借助和运用一定方法，经过意志努力而形成的识记，在有意识记中有时还需要一定的意志努力。掌握系统的知识，主要依靠有意识记。在其他条件相同的情况下，有意识记的效果要比无意识记的效果好得多。

（2）广告的再认和回忆。当过去经历过的广告宣传重新出现时，消费者可以识别，这就是再认。对象并不在眼前时，但对过去接触过的广告信息能够重现，就是回忆。回忆经常以联想的形式出现。大量形成联想和充分利用联想是提高记忆的有效方法。

（3）广告信息的记忆保持。广告信息的记忆保持，是指接触到的广告信息在消费者的头脑中得到巩固和保留的状态。影响记忆保持的因素除了有刺激强度、新异性等因素外，还有理解和遗忘这两个因素。当广告的信息被消费者理解时，消费者的需求和认识状态，决定着对广告信息内容的记忆。

2）遗忘

遗忘是指人们识记过的事物不能再认和回忆，或错误的再认和回忆。有的心理学家认为，遗忘是刺激－反应联结没有得到强化而消退引起的，也有的认为是由于识记后受到内外环境的干扰而提取不出来的缘故所引起的。

德国心理学家艾宾浩斯是第一个对记忆中遗忘规律进行系统实验研究的人。他对记忆进行了大量研究,并得出心理学上著名的艾宾浩斯遗忘曲线。曲线表明了遗忘的时间规律:遗忘的速度是先快后慢。在识记一停止,遗忘就开始,遗忘开始很快,以后逐渐变缓,到了一定时间后,几乎就不再遗忘了。国内外的心理学家的记忆实验,证明了这个规律具有普遍的意义。但是,艾宾浩斯遗忘曲线所反映的是无意义联系材料的遗忘规律,而材料的性质对遗忘进程有着重要影响。

对广告信息不能再认或错误的再认,即属于广告信息的遗忘。广告信息在头脑中保持的时间可能很短,也可以很长。广告心理学认为,要使广告信息保持牢固,就要和遗忘作斗争。

4. 增进广告信息内容记忆的策略

通常,人们对广告的记忆主要是无意识记,也就是事先并未确定记忆目的而在无意中形成的记忆。如何根据这一特点,来增强人们对广告内容的记忆呢?一般可采用以下6种方法。

1)减少材料的数量

一般来说,在同样时间内,材料越少记忆的量就越大。要提高消费者对广告信息的记忆率,广告内容应该简明扼要,尤其是广告的标题必须短小精干。国外广告心理学家通过实验得出结论:少于6个字的广告标题,读者的记忆率为34%;而多于6个字的,记忆率只有13%。特别是广播广告,声音转瞬即逝,所以其文字说明就更要简洁。

2)有意义的材料比无意义的材料更容易记住

有的研究人员曾经做过这样的研究,让个体识记诗歌、散文和无意义字母。结果表明:最容易记住的是诗歌,其次是散文,而最容易遗忘的是无意义音节。广告中所宣传商品的品牌名称以及广告语,最好能够引起消费者丰富的联想,消费者才容易记住。有意义的材料还要求具体,有助于人们的理解。

3)最初和最后出现的材料比中间出现的材料保持的时间长

一般说来,材料的中间部分最难记忆,这已经为许多实验所证明。例如,在多个商品广告同时宣传的情况下,消费者往往容易记住第一个和最后一个播出的广告,中间播出的广告则不容易记住。因此,由于这个原因,电视、广播中插播的广告,放在最前面和最后面的广告价格应比放在中间的更高。

4)自我参与的程度

如果一个消费者已经有了某种商品,那么他对该商品的广告宣传可能会不太关心。即使是看过这种商品的广告,也未必就能记住。如果这个消费者对某种商品有渴望得到的欲望,那么他就容易记住宣传这种商品的广告信息。

5)多次反复的形式

重复对于消费者的广告记忆起着一定作用。重复的实质是强化刺激,使消费者能有多次接触刺激的机会,从而达到记忆的目的。当然,多次反复,并不意味着简单重复。为了吸引消费者的注意,应该结合商品的特点,根据消费者的不同情况,经常更换方式,以提高消费者的注意水平,从而达到记忆的效果。多次反复宣传的企业商品广告,还可增加企业和商品的知名度。

广告通常采用重复方式有 3 种:① 对广告中重要的部分加以重复;② 在同一媒体上重复做同一种广告;③ 在不同媒体上重复做同一广告。有些广告专家认为,在不同媒体上做同一广告会收到更好效果。即在电视上做 50 次广告,不如用同样的经费在电视、广播、报纸、杂志上各做几次广告。

6) 易读易记的形式

在记忆中所保持的客观事物的形象,称为记忆表象。心理学认为,人的表象经常是同语词联系在一起的。通过语言的形式使广告内容产生记忆表象,可以加强消费者对广告内容的记忆。例如,将广告文稿写成诗歌、顺口溜、对联等形式则更好。

12.3.2 联想概述及其在广告设计中的运用

1. 联想的概念

联想是记忆过程的一个重要环节,是在现实刺激的影响下,头脑对早期形象进行加工改造,形成新形象的心理过程。它是人们感知当前事物时引发的对其他事物关联性回忆的一种暂时神经联系。人们在回忆的过程中,常常会不由自主地从一个事物连带地回忆相关的事物。人们不仅可以从事物的接近点、相似点形成联想,而且可以从相反、对立点形成联想。在广告活动中,利用联想的方法可以使消费者从相关事物的内在联系和不同程度的共性中,引起情感活动,扩展思路,以加强对广告所宣传商品的认识,促使消费者消费欲求的形成。

一些成功的广告,都力求诱发消费者的联想,以加深刺激的深度。联想可以分为接近联想、类比联想、对比联想、关系联想 4 种。

2. 联想在广告中的作用

广告媒体,不论是呈现形式、版面空间,还是时间表征等都有明显的区别,这些方面对广告的限制很明显。例如,印刷广告受到篇幅限制,电视和广播受播放时间限制等。但广告想要传播的内容却涉及方方面面。这个矛盾指望从媒体本身来解决是不可能的。但是利用联想规律,可以使广告的时间和空间在人的心理上得到扩大和延伸。所以,联想规律对于广告设计非常重要。广告设计者应该在商品广告设计中有意识地增加激发联想的条件,丰富广告内容,扩大刺激的广度,激发起消费者的情感体验,发挥联想在商品广告中的心理作用。

3. 启发消费者对商品联想的方法

在商品广告设计中运用联想规律,可以大大提高广告宣传的效果。主要方法有以下 4 种。

1) 利用接近联想

利用接近联想原理设计的商品广告,就是利用事物间的相近、相似或连带的关系引发消费者的联想,以达到对商品广告再记忆的效果,起到促使消费者购买这种商品的作用。所以，在广告设计中，可以根据接近联想的原理，将广告内容与消费者熟悉和喜欢的事物联系在一起。

2）利用类比联想

利用类比联想原理而设计的商品广告，主要是通过直喻、隐喻、暗喻等比拟的表现手法，以揭示商品信息的内涵，唤起消费者对商品使用价值的联想。所以，可以根据类比联想的原理，用耐人寻味的相关语言或人物来暗示商品功能。在广告设计中，人们常常用一些双关语或富有哲理性的语言来暗示商品的功能，并暗示消费者购买和使用广告商品后带来的运气或好处。

3）利用对比联想

对比联想的运用中，广告设计者常常借助商品使用前后的情景对比或效果对比来说明商品的性质、功能和效用。当消费者感知到某一商品广告时，立刻引起相反特点事物的联想，或者从对立面产生联想。这类联想较多地运用在洗涤剂、食品、化妆品、药品和保健品等广告中。

4）利用关系联想

利用关系联想原理而设计的商品广告，主要是通过事物间的相关关系、因果关系、部分与整体关系等关系中引起对其他事物的联想。例如，企业对体育比赛的赞助，能使消费者一看到某个体育比赛就自然而然地想起某种商品，从而将对该商品的良好印象牢固地储存在消费者的记忆之中。

总之，广告策划中运用联想原理，能使广告内容从被动、消极的形态转化为具有主动说服力和艺术感染力的完整诉求，为广告注入了感性因素，极大地加强了广告的生命力，并有效地强化和提高了消费者对广告信息的记忆，更大限度地发挥了广告对消费的引导作用。

1. 感觉和知觉的概念是什么？
2. 感觉的现象有哪些？
3. 知觉的特征有哪些？
4. 影响知觉选择性的影响因素？
5. 注意的功能有哪些？
6. 广告记忆的过程是什么？
7. 如何在广告设计中运用注意、记忆和联想？

案例分析

斯达舒广告的成功点到底在哪里

"斯达舒"胶囊是修涞贵和数十位博士、医药专家苦心研究的成果,据称这是50年胃病治疗史上的重大突破。一般胃药往往针对胃病的单一症状,而"斯达舒"胶囊既能快速止痛,又能促进溃疡愈合。1997年,"斯达舒"胶囊准备推向市场以前,即使有很强的疗效作后盾,修正药业还是不敢过于乐观。毕竟从三九胃泰开始,丽珠得乐、胃炎平、吗叮啉、胃仙U等,近10年来胃药市场已形成了众多的胃药品牌。在强手如林的胃药市场,"斯达舒"只是一个毫无根基的小字辈。不管是产品的直接销售力、医院的学术推广资源,还是品牌的基础,要想杀开一条血路,仅靠原来那种简单的营销模式肯定行不通。细心的人不难发现,斯达舒的成功之处就在于它的广告——总是耐人寻味,引起观众的听觉误解,激发好奇心,从而想进一步去了解。

"斯达舒"在古汉语中有"迅速舒缓"的意思,一语点出了药效。在初期,投向市场以后,发现消费者很难记住这个拗口的名字。斯达舒要解决知名度的问题,就必须让消费者先记住这个名字。经过反复斟酌,很快就在中央电视台出现这样一条广告:在紧张的鼓点节奏下,一位年轻的母亲焦急地翻找着抽屉,原来丈夫胃病又犯了,找不到胃药。年轻的母亲急忙让儿子去找斯达舒,结果儿子却找来了一个呆头呆脑的男人,他是所谓的四大叔。妈妈气鼓鼓地拿出真正的斯达舒胶囊纠正儿子的错误。该产品1999年上市之时,修正药业用了近1年的时间,在电视广告里反复强调3个字"四大叔",并获得了该年度"最恶俗广告"的评价。尽管如此,人们还是记住了这3个字。

在广告的媒体投放策略上,修正没有采用常规的普遍性"轰炸"方式,而是非常重视广告的有效性和专业投放,最终选择了央视。一是从传播的角度出发,央视的名牌栏目包装要比一般的卫视栏目强得多,传播冲击力强,可信赖程度高;二是央视广告对于招商来说,无疑是一把利器,我们随便翻翻《销售与市场》、《中国经营报》等杂志报纸,有很多将央视投放作为吸引经销商的醒目标题。修正药业集中力量,在央视仅花了300多万元的广告费,就让人们记住了"斯达舒"这个名字,并且直接带动了销售额的增长。

修正药业撇开令受众引发反感的明星名人广告片,寻求个性化的诉求渠道。2002年,随着一位历经沧桑的普通中年男子一声洪亮的吆喝——"胃(喂)!你好吗?",镜头转到几个少数民族姑娘在溪边回答:"胃(喂)!你好吗?"随之出现一个外国人在山头喊着:"胃(喂)!你好吗?"在山野间的这一唱一和,反复回荡,给观众一种荡气回肠的充满个性的英雄气概。

但是,大多数观众会被这个广告弄得一头雾水,不知所云。大家会以为这个集意境美、人美的广告在给观众一声久别重逢的关怀、一道温暖心脉的呼唤、一缕牵肠挂肚的友情,那就大错特错了。其实是醉翁之意不在酒。那还有什么呢?这时大家会不约而同地产生这个疑问,到底什么意思呢?

此时,修正的广告已经成功一半了,要想知道答案,需要观众充分想象,去体会。当观众还没从疑问中跳出来时,最后的斯达舒字样给了大家一个答案。这样观众才恍然大悟,知道听到的"喂"不只是"喂",还掺杂着谐音"胃"。这则广告不仅传达给观众一种人文关怀,通过谐音造成观众的听觉误差,引起观众的云里雾里,进而激发好奇心,还充分发挥观众的想象,把"喂"等同于"胃",使受众耳目一新,百读不厌,百看不烦。诉求清新、凝练、简约、得体。正是这样一个广告,造就了斯达舒,使斯达舒这个胃药界的后起之秀崭露头角。

据调查显示,修正药业出品的斯达舒每年的销售额呈现稳步上升趋势,成为胃药中的销售王,而修正药业也成为了制药业中的龙头企业。正是这些抓住观众内心、需要充分发挥观众想象、不易忘记的广告成就了斯达舒,成就了修正!个性化诉求、走出诉求老俗套、耳目一新,这是斯达舒成功的关键!

胃药领域是医药市场竞争最为激烈的市场之一,在斯达舒之前,就有三九胃泰、丽珠得乐、胃炎平、吗叮啉、胃仙U、气滞胃痛颗粒等比较成熟的响亮品牌,占据了中国胃药市场的半壁江山,要想分一杯羹,谈何容易?

斯达舒又一次告诉了我们,企业是如何在夹缝中求生存的。无论竞争是多么激烈,市场是永远存在的,关键在于你的创新能力,营销就是发现。在以前,在广告和品牌业界,人们老是追求好和美的战术。现在我们回头看看,其实消费者对产品的品牌需求和具体市场的产品价值,远没有那么高尚,都是"俗"品!与其做前途渺茫的"空想营销者",不如作一个市井小贩的俗!

思考题:
1. "斯达舒"的广告是怎样引起观众的注意的?
2. 结合该案例谈谈如何在广告设计中应用注意的技巧?

第 13 章

广告心理的情感诉求

> **本章要点**
> - 掌握情感和情绪的区别和种类
> - 掌握情绪和情感的积极和消极作用
> - 掌握消费者对广告的情感反映
> - 掌握情感广告的作用机制的 4 大理论
> - 情感在广告设计中的运用

感性消费时代需要情感广告，因为广告中的情感诉求能最大限度地满足消费者的需要与张扬个性。广告大师大卫·奥格威（1911—1999 年）说，企业不善于做广告，无异于在黑暗中抛媚眼。这深刻地说明，媚眼有不有效，光有角度、力度和速度还不够，还要有对象和感情，媚眼和眼色之间最核心的差异就是情感的投入程度，决定了广告有效性的大小。因此，广告中的情感诉求受到了越来越多的重视。

13.1 情绪和情感概述

人在认识世界和改造世界的时候，并不是冷漠无情、无动于衷的，而是伴随着喜、怒、哀、乐、惧等各种情绪和情感。情绪和情感是人类心理活动的一个重要方面，它伴随着认识过程而产生，并对认识过程有重要的影响作用。但是，情绪和情感的反映不同于认识过程的反映，它是人脑对客观现实的另一种反映形式。

13.1.1 情绪和情感的概念

情绪和情感是人对客观事物是否符合自身需要而产生的态度体验。它是人脑对客观事物与主体需要之间关系的反映。人总是生活在一定的自然环境和社会环境之中,每时每刻都要与周围世界发生各种各样的联系。客观事物如果与自己有直接关系,人就会关注它,并对它抱有一定的态度,同时在自身产生相应的情绪体验。快乐、愤怒、恐惧和悲哀,通常被认为是最基本、最原始的情绪和情感。其他情绪和情感都是在这些基本情绪的基础上形成的。

情绪和情感与人们的认识过程不同,它不是人们对客观现实本身的反映,而是人们对客观现实与人本身之间关系的反映,是对客观事物能否满足人们需要而产生的主观体验,它是伴随着特殊的生理反应和外部表现的一种内部状态。

需要是情绪和情感产生的基础。当客观事物同个体的需要以及在需要的基础上形成的动机、兴趣、观念与信念相符合时,人们便产生肯定的、愉快的情绪;反之,就会产生否定的、不愉快的情绪。从心理学方面来说,能否激发消费者肯定的情绪和情感,能否满足消费者的心理需要是检验广告效果的重要条件之一。

13.1.2 情绪与情感的区别和联系

情绪与情感都是人类在种族进化与社会发展的长期历史过程中形成的,它们是同一类心理过程,都是人对现实事物所抱态度的一种主观体验,是客观事物与主体需要之间关系的反映。但两者在发生过程、表现形式、反映深度等方面又有所区别。

首先,情绪出现的比较早,它是比较简单和初级的反映,它是与有机体的生理性需要是否得到满足相联系的体验;而情感则出现的较晚,它是与人的社会性需要是否得到满足相联系的人类特有的复杂而高级的体验形式。这种由劳动、交往、参加社会活动等需要诱发出来的责任感、友谊感和义务感等体验,是人类所独有的。

其次,情绪是不断变化的一种状态,带有情境性、易变性,一旦情境发生改变,相应的情绪就会很快消失,而情感则具有深刻性和稳定性,是与人类社会历史进程所产生的社会性需要相联系的一种体验,其稳定性与深刻性一般不会因环境变化而改变。另外,情绪的产生往往与作用于感官的直接刺激物相联系,情感则与反映事物本质属性和内在关系的思维相联系。

第三,情绪比情感更具有较强的冲动性和明显的外部表现,而情感体验一般较少有冲动性,比较内隐。

情绪和情感的区别不是绝对的。它们都是同一性质的心理活动,因而存在着密切的联系。情绪是情感的具体表现形式,情绪依赖于情感。与生理需要相联系的情绪反映,有时也会因情感的社会内容而改变其表现形式。例如,一个道德高尚的人,为了一个崇高的目标,可以克制自己的生理需要而不产生消极情绪。

13.1.3 情绪和情感的种类

1. 情绪状态

在日常生活中，人们以心境、激情和应激3种形式来表现自己的情绪状态，不同的情绪状态依赖于所进行的活动、行为的性质和自我感觉的性质。同时它本身也会对活动、行为和自我感觉产生积极或消极的影响。

1) 心境

心境是一种比较持久而微弱并带有弥散性特点的情绪状态。一段时间内的心境，能使人的一切活动都渲染上这一特定的情绪色彩。心境的表现不像激情那样明显和强烈，它好像是一种背景，对其他情绪起着衬托作用。

某种心境的产生，总是有一定原因的。这些原因有些能被人清楚地意识到，有些一时则意识不到。引起心境的原因是多种多样的，有些来自客观因素，有些则是主观方面的原因。在客观方面，社会历史条件是引起人们心境的根本原因。就个人来说，对人具有重大意义的事件是引起心境的重要原因。另外，身体健康状况、疲劳程度，以至时令、季节和气候等自然环境的变化，也会影响人的心境。在主观方面，总的心境状态要受世界观、人生观的调节。

心境对人的学习、工作、生活和身体健康都有很大的影响。首先，心境影响个体的动机；其次，心境影响人们记忆的选择性；再次，心境也影响利他行为。因此，在广告活动中努力培养和激发积极的消费心境，克服消极的消费心境是很重要的。

2) 激情

激情是一种迅速强烈地爆发而时间短暂的情绪状态。激情是由客观事物与主体需要之间发生了突然的、剧烈的、重大的变化而引起的，具有剧烈、短暂、爆发的特征。激情发生时有明显的外部表现。

激情有积极和消极之分，积极的激情能激励人们战胜艰险，攻克难关，是促使人们行动的巨大动力；消极的激情则会降低活力，销蚀信心与斗志，或使人作出一些不理智的冲动行为，起到影响学习、工作、身体健康，损害和谐人际关系的不良作用。因而，应当控制消极的激情。

人在激情状态下，并不是完全意识不到或不能控制自己的言论和行动。激情是可以受意识控制的。在消极激情将要爆发时，应当通过有意识地转移注意或内部言语提示来控制自己的情绪。

3) 应激

应激是出乎意料的紧急情况所引起的高度紧张的情绪状态。在生活和工作中，有时会出现一些突如其来、意想不到的紧急情况，这时人必须迅速而果断地采取行动以应付这种意外的危急形势。于是人就进入了应激的情绪状态。在应激状态下，人可能会有两种表现：一种是突如其来的重大刺激使皮层和机体活动处于抑制状态，这时人可能是目瞪口呆、手足无措、行动紊乱，甚至出现感知、记忆的错误；另一种是皮层和机体处于高度兴奋状态，使身体各部分的力量充分集中起来，思维格外清晰、敏锐，并表现出临危不惧、急中生智的清醒状态。

应激情绪状态虽然可以调动机体的能量，应付意外事故，但对身体消耗过大，极不利于身体的发育和生长。因而在生活中要尽量减少和避免不必要的应激状态，并学会科学地应付这种特殊的情绪状态。

2. 人类的社会性情感

在人类社会历史发展过程中，形成了许多社会性的需要，例如，从事生产物质财富的需要，从事文化艺术活动的需要，共同遵守社会准则的需要。这些需要的满足能给人带来愉快、满意等肯定的感觉，反映着人们的社会关系和社会生活状况，调节着人类的社会性行为。是与人类物质文明、精神文明相联系的主体体验。这些情感是人类所特有的高级社会情感。我们按其性质和内容划分，有道德感、美感和理智感。

1）道德感

道德感是指人的行为、举止、言论、思想和意图是否符合社会道德行为准则，是否满足人的道德需要而产生的情绪体验。它是人类关于道德的认识。这些情绪体验是人们把自己的或他人的行为同已转化为道德信念的社会道德行为标准加以比较的结果。如果人们仅知道行为规范，而没有产生履行行为规范的需要，那么道德感也就无从谈起。

道德是一种社会现象，是人们共同生活及行动的准则和规范。不同的历史时代、不同的社会制度、不同的社会集团有不同的道德标准。一个人的道德品质包含有道德认识、道德情感和道德性习惯等成分。道德认识是对于人们社会行为的是非、好坏、善恶及其意义的认识，是道德行为的基础。道德情感是在道德认识的基础上，在帮助别人的过程中，自己有一种愉快和欢乐的情绪和情感体验。道德情感体验的形式，大致分为3种：① 直接的情绪体验，它是由于对某种情境的感知而引起的；② 与具体的道德形象相联系的情绪体验，它是通过想象发生作用的一种情感；③ 与伦理道德相联系的情绪体验，这种体验中清晰地意识到社会道德要求的高级情感，它是与人们深刻的伦理观念相联系的、在对人生理想的理解基础上产生的深刻而自觉的情感体验。所以，在广告词或画面上，如果有某些与道德准则相违背的地方，则必然会引起消费者的反感。所以在进行广告创意和策划时，还必须遵循社会道德的准则。

2）理智感

理智感是人在智力活动中，对客观真理的探求和评价过程中所产生的情感体验。理智感与人的认识活动、求知欲望、兴趣的满足等有密切关系。

理智主要包括：对在科学研究进程中出现的复杂而不理解的问题所产生的求知欲，对解决方法的正确性表示怀疑的情感，对新出现的问题还不能作出判断的犹豫感，相信结论绝对可靠的确信感，有了新发现而欢欣喜悦的情感等。理智感对于人类认识世界和改造世界的实践活动起着重要作用。只有在丰富的理智感的激励下，一个人才有可能不断提高自己的求知欲望并不懈地追求真理和维护真理。

3）美感

美感是人对客观事物反映过程中产生的主体体验。它是客观事物与主体美的需要之间关系的反映。美感亦称审美意识。

美感首先是由现实生活中美的客观对象所引起的。美感产生的根源是美的客观存在，它是按照个人所掌握的美的标准，对自然景物、社会生活及艺术作品进行评价时所产生的情绪体验。凡是客观事物中存在符合于我们美的需要的一切方面都能引起美感体验。

美感受到社会生活条件的制约，因而具有明显的社会性。不同社会历史阶段、不同社会制度和不同风俗习惯都会影响人对客观事物美的评价标准。另外，人的生活经验、文化修养、观念、世界观、认识深度及个性特征等都影响着对客观美的反映。人对美的体验由弱到强经历着不同的程度，它具有两个明显的特征。① 美感能带来愉悦等积极的情绪体验。它能使人心旷神怡、乐而忘忧、精神焕发。② 美感是一种带有倾向性的体验。它使人注意集中、流连忘返。美感伴有某种快感，不同于生理上的快感，是一种与认识紧密联系的精神享受。

在广告中，人们也能发现美，感觉美。例如，"太阳神"口服液的广告中就渲染了一种男子汉的力与美。在一片似火般燃烧的红色背景下，一位男子挥动铁锤，努力地打击着，那肌肉纠结着的手臂上渗出了颗颗汗珠。随着那嘹亮的劳动号子，广告词"当太阳升起的时候，我们的爱天长地久"缓缓唱起，伴随着高亢的歌声，一种雄壮的美、力量的美在人们心中油然而生。

13.1.4 情绪和情感对人行为的影响

心理学家通过实验发现，个体在相同情境下可以产生两种不同性质的情绪，即正性情绪和负性情绪。通常我们把以愉快、欢乐、兴奋等为主的情绪体验称为正性情绪；而把以厌恶、愤怒、恐惧、悲伤等为主的情绪体验称为负性情绪。二者对人们行为的交互作用会产生两种不同性质的影响，我们可以根据情绪和情感的极端状态，将它们对人们行为的积极影响与消极影响区分出来。

1. 情绪和情感的积极作用

情绪和情感对人们行为所产生的积极影响，表现在以下4个方面。

（1）情绪和情感有利于人类在进化过程中为了生存和种族延续而更好地适应客观环境。情绪自产生之日起就成为适应生存的心理工具。通过不同的情绪行为，改善和完善着人类的生存条件，情绪时刻在提醒着个人和社会群体去了解自身和他们所处的环境状态，以求得良好的社会适应。

（2）情绪具有动机的放大器功能。通过它把内驱力自身的信号放大，有利于人们形成满足需要的动机。情绪构成了一个基本的动机系统，它能够驱动有机体发生反应，从事活动，在最广泛的领域里为人类的各种活动提供动机。情绪的这一动机功能既体现在生理活动中，也体现在人的认识活动中。

（3）情绪是脑内的一个监测系统，具有调节其他心理过程的组织作用。情绪是独立的心理过程，有自己的发生机制和操作规律；作为脑内的一个监测系统，情绪对其他心理活动具有组织作用。情绪的组织作用包括对活动的瓦解或促进两个方面，一般说来，正性情绪起着协调组织的作用。

（4）情绪和言语一样，具有通信交流的功能，是人们社会生活的协调器。表情和出声言语一样，是人类在漫长演化过程中形成的通信交流的重要手段，是人类社会化的媒介。人与人之间情感的通信交流有时传送着言语所不能表达的内容。这种感情交流往往可以引起对方的共鸣，使对方受到感染，产生移情或同情，协调着人们的社会日常生活。

2. 情绪和情感对人们行为的消极影响

情绪和情感对行为的消极影响，主要是指负性情绪所引起的破坏、瓦解或干扰作用。例如，个体在学习、工作和生活中过度紧张焦虑的情绪，使皮层和机体活动产生一定程度的抑制，使个体原有的知识和技能不能得到正常的发挥。同时，情绪和情感对人的健康也有着重要影响。由于大脑长期处于紧张状态，使激素的分泌发生了变化，降低了人体的免疫力而导致疾病。在治疗疾病方面，心理因素也是很重要的。

情绪情感在道德品质形成中有重要作用。高尚的道德情感是良好品德的基础。品德高尚的人，当自己的行为有利于社会、集体和他人时，会伴随着产生各种积极的情绪体验；而对于危害人的丑恶行为深恶痛绝。因而他的行为总是趋向于真、善、美，而远离虚伪和丑恶。

13.2　广告中的情感诉求

13.2.1　消费者对广告的情感反应

大多数研究表明，当一则广告作用于消费者的感官时，一般会引起两方面的反应：一方面是消费者对广告内容的认知和理解；另一方面是消费者对广告的情感反应。这两方面的结合形成了消费者对商品的态度，并直接影响他们的购买行为。一般来说，消费者对广告的情感反应所起的作用主要体现在以下4个方面。

（1）影响认知过程。广告不仅能引起人们的情感体验，而且也能加深对广告的理解和回忆。消费心理学研究表明，当情感与广告的内容一致时，人们对广告的回忆量显著增加。

（2）影响消费者对商品的态度。认知和情感作为态度体系中的两个重要组成部分，对态度的形成和发展有着重要作用。因此，广告所引起的对广告内容的认识理解和情感体验（积极和消极）将会直接影响消费者对商品品牌的态度。

（3）影响消费者对品牌的选择。消费者通过感受特定的广告信息，很容易把广告所宣传的商品通过经典条件反射作用与品牌联系起来，并最终影响到消费者对该品牌的态度和选择，以至消费者是否购买该品牌商品。

（4）情感作用还可以转化为使用的经验。消费者感受到广告中的主人公使用特定品牌的商品时所产生的积极情感，并通过该广告的重复播出，由该广告所产生的同感就有可能转变为消费者实际的使用体验，促使消费者作出购买行为。

广告心理学的研究表明，对广告的态度以及使用体验的转化，都会受到认知过程的影响。具体地讲，消费者的情感是基于对该商品特性的认识评估而产生的，反过来，这些情感又会巩固和加深消费者的认知；另一方面，一则认知性的广告，即使它没有任何情感性因素，也还是可以引起人们对该广告的喜爱和讨厌。因此，消费者的情感反应和认知反应是相互作用和相互影响的。

13.2.2　情感诉求及其特点

情感诉求是广告活动中又一重要的说服方式。它是一种极富有人情味的诉求，是指广告策划者利用人们的情绪和情感活动规律，通过激发消费者积极的情绪和情感体验，以情动人，使消费者产生情感上的共鸣，进而产生购买动机，作出购买行为的过程。所以，我们把直接诉诸于消费者情绪和情感的信息表达方式，称为情感诉求。以情感诉求为基础的广告称为情感广告。在一般情况下，情感广告对消费者极具感染力，非常受欢迎。特别是在感性消费时代，消费者越来越注重消费中的情感体验。

情感诉求是相对于理性诉求而言的，通过与理性诉求的比较，可以看出情感诉求有以下4个特点。

（1）理性诉求试图传递广告品牌商品特征的信息，通过影响消费者的逻辑、认知过程来形成或改变其品牌态度。而情感诉求则试图通过直接影响目标消费者的情绪、情感，以形成或改变消费者的品牌态度。这种"软信息"能在无形中将所要推销的商品注入到消费者的意识中，从而潜移默化地改变消费者的态度。

（2）理性诉求假定消费是积极主动的，即消费者积极主动地寻找与商品有关的信息，其品牌态度或购买决策建立在信息加工的基础之上。因此，理性诉求广告注重广告信息的逻辑性和说服力。而情感诉求则假定消费者是低卷入的，即消费者并不主动去寻找与商品有关的信息，也不愿花费精力与时间去仔细考虑商品信息的内容。因此，情感广告注重广告制作和表现，用声、色、形等各种手段一次次冲击消费者的感觉器官，使之动情。

（3）理性诉求针对的是消费者的物质需要或理性需要，主要宣传商品的功能、特性、给消费者带来的益处等。因此，理性广告诉求必须以事实为根据。而情感诉求以消费者情感或社会性需要为基础来宣传广告品牌的附加价值。广告创作人员可以充分发挥其想象力和创造力，赋予广告品牌以附加价值，并将其与广告商品联系起来。

（4）情感诉求与理性诉求是相对的，绝对的理性诉求和情感诉求广告比较少。即使是最理性的广告，也能引起消费者的情感或情绪反应。广告的内容只有与消费者的情感沟通，才能诱发消费者的购买动机。同样，情感广告似乎不包含关于商品特性的信息，也能引起某种思维和认知活动。因为人们的情感反应是通过回忆与广告有关的亲身体验或理解广告情节才得以激发的。

13.2.3 情感诉求的作用

近年来，以情感诉求为基础的广告逐渐增多，其原因何在？魅力何在？从情感广告的产生就可看出它的作用。

1. 情感诉求可区分同类商品

随着市场上同类商品在特性上非常接近，广告主已无法给予消费者任何能分辨得出的或者有实际意义的商品特性或特点。因此，广告主很难以理性诉求突出其品牌，或者与竞争品牌相区分。情感诉求可以给消费者留下一个印象，一种对商品及其制造商的好感。以可口可乐与百事可乐为例，它们的配方差异仅在百分之零点零几的不同，虽然有些消费者可以喝出两种可乐的不同之处，但是，他们这种味觉上的差异与其说是品尝出来的，倒不如说是不同广告创造出来的。

2. 情感广告是吸引消费者注意的手段

美国广告研究人员通过调查发现，受消费者欢迎的广告有两类：一类是能向消费者提供有用信息的广告；另一类是能使消费者从中得到娱乐的广告。正是根据消费者想从广告中获得娱乐的这种心理，广告主便纷纷采用情感诉求的方式来娱乐消费者，吸引消费者，期望在潜移默化中影响他们的态度和购买行为。

3. 情感诉求是说服消费者购买的途径之一

随着物质的丰富，商品种类的增多，以及人民生活水平的提高，消费者已不再把商品特性看作是高于一切的购物标准，转而追求购买和使用商品时感情上的满足。因此，针对这种消费心理的变化，广告必然要作出相应的反应，即从理性诉求转向情感诉求。

研究表明，消费者的许多购买行为是建立在感性或情感基础上的。现代消费者选购产品时，他们对某一品牌的情感至少同其对该商品特点或属性的认识同等重要。这时，只有同时能满足消费者物质需要与情感需要的商品，才能引起消费者的购买行为。而情感广告正是将广告商品与情感联结起来的工具。

13.3 情感广告作用的机制与条件

13.3.1 情感广告的作用机制

情感广告的作用已为大家所公认。但是,情感广告是如何发挥作用的呢?具体地说,情感广告是如何唤起消费者的某种情感反应,而这种情感反应又是如何影响消费者品牌态度的呢?了解情感广告的作用机制,对于创作成功的情感广告是非常有益的。

在广告心理学中,关于情感广告的作用机制主要有以下4个理论。

1. 情感广告与消费者的心境

一种理论认为,情感广告之所以有效,是因为情感广告能使消费者处于一种良好心境之中,这种心境有助于形成良好的品牌态度。

心境是一种比较平静而持久的情绪状态。它具有弥漫性,一般不与某一具体事物相联系,而使人以同样的态度体验对待一切事物。消费者的心境很容易受到广告的影响,如广告中的音乐、颜色、人物、场面等。反过来,这种心境又会影响消费者的品牌态度。其影响方式或途径主要有两个。

(1) 处于某一心境状态的消费者倾向于以同样的心境对刺激作出反应。研究表明,肯定的情感诉求能使消费者处于积极、愉快的心境状态中,这种心境对消费者的品牌态度有着良好影响。

(2) 心境影响消费者信息加工程度与方向。首先,肯定心境促进肯定思维。处于良好心境状态的消费者,对广告信息的反应会更加肯定。其次,具有良好心境的人思维活动较少。由于不愿花时间或精力思考广告信息,就使消费者的品牌态度更依赖于广告态度,即如果喜欢该广告,就喜欢该广告所宣传的商品。

2. 情感广告与情感迁移

关于情感广告发挥作用的第二种理论认为,情感广告能使人产生某种肯定的情感,这种情感与个体对商品的使用经验紧密地联系在一起,以致当消费者使用该商品或服务时,就产生了广告中所描绘的那种情感体验。这种情感体验通过迁移广告来实现。

所谓迁移广告,就是在广告中创造出对广告商品或服务的某种情感,或赋予它某种象征意义。当消费者观看广告时,就会产生同一情感体验。经过多次广告暴露,当消费者使用该商品或服务时,这种体验被迁移到自己的使用经历中,广告中所描述的情感体验与消费者的实际体验达到一致。简而言之,某种肯定情感或情感体验与广告商品本身无固有联系,只是在情感广告中将它们联系起来。

3. 情感广告与广告态度

情感广告发挥作用的第三种理论认为，情感广告能引起消费者良好的广告态度，进而引起对广告品牌的肯定态度。

所谓广告态度，即个体对广告的态度，就是人们喜欢或欣赏广告的程度。如果人们喜欢该广告，并且将这个态度迁移到广告品牌上，或与广告品牌连结起来，就能产生良好的品牌态度。这是对情感广告如何起作用的最简单解释。

一般来说，情感广告中令人喜欢的广告模特、优美的音乐、动人的诗句等使人产生某种美好的情感。这种美好情感本身能直接引起消费者对特定广告的好感。因此，成功的情感广告将有助于形成良好的广告态度。

广告态度确实影响品牌态度。一项调查发现，同既不喜欢也不讨厌某个电视广告的消费者相比，那些喜欢、欣赏该电视广告的消费者对广告品牌的接受率比前者高出两倍。该研究表明，消费者的广告态度是非常重要的，它将直接影响广告效果。

4. 情感广告与经典条件反射

情感广告发挥作用的第四种理论认为，情感广告能通过经典条件作用，将广告引起的情感直接与广告品牌联系起来，从而影响消费者的品牌态度。

下面，我们以巴甫洛夫的实验为例子，说明经典条件反射形成的基本原理。在巴甫洛夫的经典实验中，如果给狗以食物（称为无条件刺激），狗就会分泌唾液（称无条件反应）。如果只出节拍器的声响，狗并不分泌唾液。但是，如果在节拍器音响出现几秒钟之后喂狗以食物，并如此重复多次之后，仅仅出现节拍器音响而不给狗食物，也会引起唾液分泌。这样节拍器音响就成为一种条件刺激，成为食物即将到来的信号而引起狗的唾液分泌。这样，狗就形成了一种以节拍器音响为条件刺激的食物条件反应。值得注意的是，在这里，唾液分泌（条件反应）的出现仅仅是由于节拍器音响与食物在时间上有规律地联系起来（一个刺激总是较另一个刺激先出现、后出现或同时出现），唾液分泌才会与节拍器音响联系起来，即节拍器音响成为唾液分泌的信号。

同样，如果具有人物、场景、音乐等成分的情感广告代表无条件刺激，广告所要激发的肯定的情感就是无条件反射。这里关键是要把广告品牌或品牌使用（条件刺激）与这种情感反应（无条件刺激）作时间和空间上的联系（如同时出现在一个广告中）。经过若干次重复之后，就会产生经典条件反应。也就是说，在没有广告的情况下，人们一看到该品牌或使用该品牌商品时就能产生同样的情感反应，这样，就产生了对该广告品牌的好感。例如，许多婴儿食品的广告就是试图将母子的欢快情感或婴儿的欢快与广告宣传的婴儿食品连在一起。

13.3.2 情感广告发挥作用的条件

情感广告确实是打动消费者的一个有效方法，但必须使用恰当，才能发挥它的效果。下面我们将说明情感诉求发挥作用的一些主要条件。

1. 情感广告要能使消费者产生移情

情感广告要发挥作用，必须能使消费者产生广告想要激发的特定情感或情绪体验。从心理学的术语说，就是能使消费者产生移情。所谓移情，就是消费者能深刻地理解广告情节，或理解广告演员所处的情境，由此产生与广告演员一致的情绪和情感体验，并将这种情感迁移到广告品牌上。移情是人们内心世界相互沟通的桥梁，是情感广告发挥作用的首要条件。

广告情节的可信度是引起移情的基础，如果广告情节不真实，或在现实生活中不可能发生，就很难引起消费者的情感反应。广告商品与广告想要激发的情感之间的联结强度也是影响移情的因素。广告心理学研究表明，如果广告演员与目标消费者身份和地位比较一致，广告情境为消费者所熟悉，就容易引起移情。

2. 情感要与品牌联结起来

在情感诉求中，情感与品牌的联结非常重要。研究表明，情感广告要发挥作用，必须把广告引起的肯定情感或肯定态度与广告品牌紧紧地联系起来。

1）联结的建立

在广告实践中，有些广告尽管也有令人愉快、受人喜欢的广告情节，却达不到预定效果。其主要原因是没有把情感与品牌联系起来。把广告品牌作为广告的主角，是建立情感与品牌之间联系的一个较好方法。

2）联结的保持

情感与品牌之间的联系建立后，还必须加以保持。这就意味着情感广告要求大量重复，以保持或强化这种联结。重复很重要，它可以加强情感与广告品牌之间的联结强度。

情感与品牌之间联结的保持，还意味着广告中能引起情感反应的刺激必须随时间的流逝保持一致。消费者对广告品牌的情感反应是由于广告中的某个刺激，如广告人物、广告歌曲和广告语句等引起的。一旦这个刺激与广告品牌建立了联系，这个刺激必须保持不变，甚至几十年不变。研究表明，消费者对广告品牌的良好反应会因为该刺激与广告品牌关系的中断而消失。可见，一个成功的情感广告必须注意广告中的主要成分（刺激）与品牌联结的保持。

13.4　广告设计中的情感作用及特征

在广告心理活动的整个过程中，例如，感觉、知觉、记忆、联想、想象等心理活动，都伴随着情感活动，情感是广告心理活动最活跃的因素。它在整个广告审美、广告策划、广告设计过程中，始终起着积极的能动作用，直接影响着广告活动的效果。

13.4.1 广告中情感设计的作用

审美情感是审美过程中各种心理因素的综合结果。情感本身是人的主观心理活动，但它受社会环境的影响及生理状态的制约，同时也和人的各种内心需要相联系。情感的本质是一种价值判断。当客体的某些此类属性能够满足主体的某种需要时，主体便以内部体验的情感，外露的表情和情绪状态来表示对价值的评价。美国艺术理论学家阿恩海姆认为："人的情感活动实际上是一种兴奋，是各种心理要素，例如，意志、思想、想象等充分活动起来之后达到的一种兴奋状态"。广告中的情感运用，就是要引起人们的兴奋情绪，使人们在这种兴奋状态中接受广告。

审美情感贯穿于广告创意、广告表现及广告接受的整个过程中，广告的情感设计对消费者的心理有着极大的影响，它是促成消费者购买行为的重要因素。广告有情感的介入，就能够打动人，感染人，激发起消费者内心潜在的需求，缩短商品与消费者之间的距离，使人们在情感的体验中不知不觉地接受广告。

13.4.2 广告中情感设计的特征

把广告情感设计与其他艺术作品中的情感表现加以比较，我们就能够清楚地看到广告中的情感设计的特征，它与其他艺术作品中情感表现虽然有一定共性，但更有其独特的个性。就共性而言，首先它们都是运用情感来达到一定目的。广告如果没有情感色彩，只能是枯燥无味的宣传和说教。其次，它们都是将情感作为一种意象，并通过恰当的媒介体现出来。它们的目的都在于唤起情感，唤起相当一部分消费者的情感共鸣。然而，它们之间又有着极大差异，突出地表现在以下3个方面。

1. 情感设计中目的性不同

艺术作品中表现情感是以欣赏为目的的，它可以使人在精神上得到某种满足。而广告是为商品经济服务的，是宣传商品和推销商品的一种手段。如果所设计的情感广告不能达到销售目的，那么，这种情感设计就是失败的。

2. 情感设计的理解性

在众多的艺术形式中，例如，绘画作品，其情感表现大多是画家个人的主观感受，这种情感表现可以是隐晦和深奥的，即使别人不理解也可以。但是，广告作品绝对不能这样，它必须注重时间效应。这一方面是由于商品不断更新换代，要求广告必须在一定时间内发生作用；另一方面由于人们的生活节奏加快，不可能有太多时间面对广告作品细细揣摩。因此，广告中的情感设计较为直接和外露，使人们在短时间内可以理解和接受。

3. 情感设计的特定性

在众多的艺术作品中，情感表现是多方面的，喜、怒、哀、乐、爱、恶等都可以表现，通过情感触动与联想，使人们产生各种不同的感受。但一般说来，广告的情感设计只能引起人们喜和乐等良好的、肯定的情绪，只有在这类情绪中，才能激发消费者对商品的热情。因此，广告中情感设计的选择多采用幽默、趣味、夸张、抒情等手段，用以唤起人们愉悦情绪，触发人们的积极情感。

在广告作品中，艺术价值与商业价值是处在一个统一体中的，它们之间相互制约，形成了广告情感设计的鲜明性。人们在接受广告的过程之中，首先被商品特定的形象所吸引，进而体会到广告的情绪。在独特的形式中，情感设计得以成功的表现，加深了人们对商品的美好印象，有力地起到了推销商品的作用。

13.4.3 广告语情感诉求的 11 种方式

广告语之所以有感染力和号召力，就在于它创造的形象传递了特定的情感，这种情感就是审美情感。在广告日趋情感化的今天，广告语则是情感设计中不可缺少的内容。广告标语设计制作中的感情色彩处理方式有多种，归纳起来大致有以下 11 种。

1. 自我表现方式

作为一种外在的、社会性的动机，自我表现往往通过"我"的行为来表现。名牌产品、高档商品的象征性和表达效果，可以使消费者表现出与众不同的个性。因此，一些名优高档商品的广告标语，往往从人的自我表现欲望入手，以求能够满足人的感情需要。例如，"要穿就要穿好的"、"出手不凡的钻石手表"，等等。

2. 制造悬念方式

悬念，是文学创作中的一种艺术手法，就是作者有意识地把某件事、某个问题提出来，却不马上作出回答，"欲言即止"，把它们悬起来，让人作出种种猜度，最后才把"谜"底揭开，以期收到一种意想不到的效果。广告语创作时，有时根据创意，也运用悬念的方式。例如，上海有一家滋补药酒经营商曾在店门口放了一个大桶，上书"请勿偷看"4 个大字。在强烈好奇心的驱动下，几乎所有的行人都要伸头向桶内看个究竟，却发现桶内写着这样一句话："本滋补酒与众不同，请君享用。"无论如何，这个小小的恶作剧毕竟让人知道了这种产品的存在。

3. 差别提示的方式

各个企业所生产的商品一般在质量、性能、价格等因素基本相似的情况下，寻找自己产品的独特之处似乎很困难。但是，如果仔细研究和认真分析，就会发现商品之间还是存在着一定差别的。通过艺术化表现处理，差别提示可以使消费者对商品的特点和长处在比较之后有充分的了解，从而判断并最终作出选择。例如，华菱冰箱的广告语为"华菱冰箱唯一不能回答的问题就是什么是霜"，非常含蓄地暗示出了其商品与众不同的内在品质。

4. 呼唤定势方式

定势，又叫心向，是指人们由于先前的体验而造成的以一定方式对其周围现实事物进行感知、评价和行动的内心活动。成语、古诗词、对联、俗语等均为定势形式内容。内容深刻，言简意赅，富于形式美与音乐美的语词，可以原文照搬，稍加易位，或者略经借用，就可以起到唤起心理定势之后又打破心理定势的效果，从而达到吸引消费者注意的目的。例如，"一夫当关"（出自李白的《蜀道难》，挂锁的广告标语）。

5. 设问（反问）方式

商品的一些特点和长处往往在消费者的使用过程中被忽略。解决这个问题的最好方法便是制作设问方式的广告语。这类广告标语中的问题是不需要消费者回答的，而主要在于激发消费者的思考，引起兴趣，最终达到促销的目的。例如，"想想今天和昨天的洗发感觉有何不同？"就是一种很典型的设问广告方式。再例如，上海行知家园的广告标题为："为何这边风景独好？"这也属于设问式的广告语。设问式的广告语，充分利用了人们普遍的好奇本能来引起消费者注意和思考，产生共鸣，所以容易收到良好效果。

6. 重复方式

识记—保持—再认—再现，是记忆的基本过程。广告标语中运用重复手法可使广告信息为人们所接受并形成再认识，从而引起购买欲望。广告标语的重复手法类似于文学创作的顶真、回环、回文手法，因而其艺术效果由此大大增强。例如，成都沱牌酒业曾经以一句"悠悠岁月酒，滴滴沱牌情"风行全国。在形容词中有许多单音节和双音节的词语，采取重复使用的方法，可以大大加强和加深语义，同时也给消费者留下了深刻印象。

7. 朴素陈述方式

文学中有一种说法为"无技巧便是最高技巧"，商业中也有一种现象，即消费者对广告中惯用的修饰性宣传有本能性怀疑，所以如果在广告标语中使用形容词过多，反而不会达到预期的目的。所以，制作广告标语的其他方式自然有效，朴素地进行陈述也不失为高招。例如，某外国刀片厂的广告语为："我们公司制造的刀片要比别人贵一些，工厂曾努力降低成本，但无法办到。我们想到，刮脸刮得干干净净，总比留下一点点重要得多。"这则广告语采用了顺叙的方式，直陈其辞，主旨鲜明。

8. 感情切入方式

感情切入方式的文字处理类似文学创作中的"通感"，即通过"借景"进行感情化描述，达成消费者心中的广大视野和丰富层次。感情通过借景的切入，可以强化广告的诉求力量。例如，"孔府家酒，叫人想家"。出门在外者，接触到孔府家酒，许多人就会产生饮酒的念头。因为这时酒已经超越本身的功能，成为抒发思乡、想家之情的一种表达方式。

9. 夸张方式

荒诞与真实是矛盾的，荒诞是指不真实和不合理。在广告语中常常运用夸张的方式即故意夸大广告语描述对象的某一特征。例如，美国芝加哥的一个擅长处理遗产纠纷的律师，在其办公室门外写了这么一条广告语："我尽我最大的努力使这个世界和另外一个世界的人都感到幸福和满意。""另一个世界"的人，当然是指留下遗产弃世而去的人。这种看似古怪的创意，会让人在会心的微笑中感到他处理遗产的非凡本领。

10. 风险领悟方式

昂贵高档的商品，消费者的购买行为往往是非常理性的，不会一时冲动而购买。因为人们首先想到的是购买风险这个问题。风险是人们对前途不明、收益不明、得失不明的情况产生的一种心理估量。风险领悟则是对经济、安全、健康、名誉等方面的认识。所以，广告标语在这一类商品广告中首先应该发挥风险领悟的作用。例如，上海大众汽车公司的"为您负责到底"的广告语，无疑可以排除消费者的顾虑。

11. 间接表达方式

使用委婉含蓄的语言，不仅能满足人们形式多样的审美要求，引起他们的想象和联想，而且会产生真切的感受与很强的感染力。所谓含蓄，就是把丰富的内容与作者的情感深含于简练的语言文字或具体鲜明的形象之中，以有限表现无限，达到苏轼所说的"言有尽而意无穷"的境界。例如，"嘉士伯"啤酒的广告语："也许嘉士伯啤酒是世界上最好的啤酒。"一个"也许"用得含蓄却又很妙。委婉，就是一种不得不说，却又不便或不好明说的语言表述方式。由于委婉经常巧妙掩饰了一些难以启齿或忌讳的东西，因而能赢得人们的好感。例如，"做女人挺好"，这句丰韵丹的广告语避开了对女性生理特征的直接描述，用词狡黠而风趣，把产品的效果又说得十分清晰，因此这句话很快就在大众中流行开来。

"情感设计"的广告语往往能在缩短商品与消费者距离的同时，使他们在情感体验中不知不觉地接受了广告商品信息。所以，分析和研究商品广告语的情感特征，准确把握情感设计在商品广告标语创作上的运用，具有十分重要的现实意义。

思 考 题

1. 情绪和情感有哪些区别和联系？
2. 情绪的状态有哪些？
3. 情绪和情感对人行为的影响有哪些？
4. 消费者对广告的情感反应所起的作用有哪些？
5. 情感诉求的特点和作用有哪些？
6. 情感广告发挥作用的条件有哪些？
7. 广告中情感设计的特征有哪些？
8. 广告与情感诉求的 11 种方式是哪些？

案例分析

我有喜事——金六福酒

从1998年的"代理品牌"起步，经过"创造品牌"，到"拥有名牌"，"金六福"在品牌建设上走了一条别人需要20年才能完成的"卓越品牌之路"，并一跃成为现在国内最大的拥有22个分公司，4个生产企业，2个葡萄园基地，700多名营销人员，5 000多人的促销队伍的酒水生产营销专业企业。"金六福"品牌价值已达28.8亿元，可谓中国白酒业的"杰出人物"。

金六福就是一个富有情感号召力的品牌，因为它意味着充满希望、喜庆、幸福；金六福是一个情感品牌，它深植于中国传统文化，深度挖掘出的"福文化"，代表了越来越多的消费者的心理需求，追求喜庆、好运、吉祥、幸福，让消费者第一时间感触金六福带给人们的好运，是金六福营销的关键所在。研究金六福的所有传播媒体和行销活动，都可以感触到金六福与消费者的零距离体验。姑且把金六福这种体验营销的创新公式归纳为从"视觉"到"听觉"的"完美行销"。媒体与行销活动一致，消费者看见的与听见的一致，消费者品味的与感触的一致，是金六福营销的成功所在。"金六福"给消费者的是什么体验价值？无疑是中华民族传统文化的精髓——"福文化"。为使消费者从"看"到"听"，再到"融"，最后到"味"，都能感触到"幸福、喜庆、好运、吉祥"，"金六福酒"可谓是样样有讲究。富有喜庆和祝福文化的包装、广告、促销活动现场、终端POP展示，等等，总是以中国红配合不同主题营销的吉祥文化特色，让消费者"看"见"金六福"的"福文化"所在。

不同主题营销的传播口号，在富有喜庆和祝福文化的视觉行为的装饰下，"喊"出不同的主题福文化，让消费者"听"到"金六福"的"喜庆、幸福、好运、吉祥"的氛围。"融"就是消费者的参与。"金六福"在每一次主题营销过程中，除了解决好"视觉"、"听觉"的喜庆和幸福氛围以外，让消费者参与和融合进来，也是不可缺少的体验营销。比如说在2004年的"奥运福，金六福"的奥运体育营销中，金六福很好地让消费者融合到奥运会重在参与的精神中，较好地实现了消费者与品牌的互动体验。

第一，奥运刮卡现场兑奖活动——在酒店终端与现实目标消费者进行深度沟通。酒店终端是消费者聚饮的场合，也是现实消费者最聚集的地方，而与现实消费者最好的沟通方式，就是直面的沟通。通过酒店终端的促销人员，利用促销活动和宣传实物向消费者直面传达"奥运福"的概念。为让越来越多的消费者参与到这项互动活动中来，并有效地在"金六福"品牌、金六福酒与奥运会、消费者之间建立"情感黏点"，金六福"奥运刮卡现场兑奖"活动的奖品，全部选用运动器材，最高奖是纯金的"奥运纪念金牌"。刮刮卡的中奖标记分别是"欢聚是福"，"参与是福"，"和平是福"，"进取是福"，"友谊是福"，"分享是福"。金六福强化了消费者对"奥运福"和"金六福"的记忆。

第二，"喝金六福，赢24K金牌"奥运竞猜活动。通过奥运冠军竞猜活动，与广泛的社会公众进行互动,强化了大众消费者对"金六福"品牌的核心记忆,并通过媒体向大众的有效传播,使"奥运福,金六福"与消费者产生情感共鸣,并将"奥运福,金六福"从多个角度、多个层次,深入贯彻到消费者的内心记忆当中。

第三,万人签名送祝福,奥运健儿喜出征——"奥运福·金六福万人签名活动"。公关活动的关键在于,引起媒体的广泛关注。"奥运福,金六福"在公关活动上,看似只有发布金六福成为第 28 届奥运会中国体育代表团唯一庆功酒和向中国体育代表团赠送"奥运福旗帜",但受到媒体关注的程度相当高。一是"金六福"重在参与的精神值得人们关注和学习;二是能从众多白酒品牌中脱颖而出,成为中国体育代表团唯一庆功酒;三是首次通过万人签名活动,将全国人民的祝福,送给出征雅典奥运会的体育健儿;再如,配合 2007 年春节市场的"春节回家,金六福酒"主题营销。"金六福"自 2006 年 12 月在全国市场启动了"心动三星,金六福酒"的大型促销活动。针对金六福酒二星及三星以上产品,消费者只要购酒参加刮卡活动,就有机会获得价值 4 000 元的三星手机一部。该活动以"产品品质好,奖品力度大,中奖概率高"为特点,受到了广大消费者的热烈追捧,促进了销售大幅提升。"喝金六福酒,送三星手机"活动在消费者中间通过口碑流传,使愈来愈多的消费者争相参加到购酒刮奖的活动中来,达到了消费者与金六福品牌深度体验的目的。

"味",则是酒的感观体验,五粮液集团出品足够给人以信心。这样一来,才成就市场上诸如"没有金六福就不结婚"、"没有金六福就不过年"等销售火爆场景!

当消费者愈来愈对单纯的电视广告或者报纸、杂志、户外等传统媒体产生抗体时,我们应该更加关注与消费者的情感沟通和互动体验。"关注消费者的需求,并力所能及地满足消费者的需求",是未来营销的关键所在。

思考题:
1. 从金六福的广告策划中你得到了什么启示?
2. 如果你是一位酒业商家,在推销时应抓住消费者什么样的心理特征?

第 14 章

广告心理的理性诉求

本章要点
- 掌握广告理性诉求的概念
- 掌握 USP 理论
- 掌握个体需要、动机和消费行为的关系
- 掌握马斯洛的需要层次理论
- 掌握理性广告的说服理论
- 掌握理性广告的心理策略

广告的目的之一是说服消费者形成积极的品牌态度，进而产生购买行为。如何对消费者进行说服才能达到这一目的呢？这就涉及广告的诉求策略问题。能否选择适当的广告诉求点与诉求形式是影响广告说服效果的重要因素。本章将对一种重要的广告诉求形式——理性诉求进行分析和讨论。

14.1 广告的理性诉求及独特销售点（USP）理论

14.1.1 什么是广告的理性诉求

消费者接受广告说服的过程，实质上是对广告信息进行接收、处理、分析、加工、判断和评价的过程。但是需要强调的是，广告对消费者心理的刺激作用是客观存在的，但消费者对广告的接受和反应却是具有选择性的。所以，广告必须采取一定的诉求方式来达到说服消费者的目的。理性诉求是广告中经常使用的方式之一。

理性诉求，是一种采用理性说服方式的诉求。这种诉求说服性较强，有材料、有理论，虚实结合，既能直接陈述商品的优势、商品或服务的特点及好处，又能向消费者传达有关商品的科技知识等，因而易于为消费者所接受。所以许多广告都采用理性诉求的方式来表现创意。

在广告实践中，如何判断一个广告是否使用了理性诉求手段呢？有人指出，只要一个广告中包含以下14条关于产品的事实性信息线索中的一个或一个以上时，该广告就是理性广告。这些线索有：价格，质量，性能，配料，销售的时间、地点及联系电话，特价销售，口感，营养，包装，售后服务，产品安全特点，独立研究（即由独立研究机构进行的研究），公司研究（即由广告主进行的研究），新产品概念。

14.1.2 广告理性诉求中应该注意的问题

从以上的定义中可以看出，理性诉求就是从消费者的立场出发，强调产品或服务的特性，拥有或使用该商品所能带给消费者的益处。这种理性诉求的广告通常以直接的、逻辑的方式传达广告信息，通过解释或比较，以充分的论据说明广告品牌在一个或几个特性方面的优势。理性诉求在广告中的运用应注意以下几个问题。

1. 要确定说服的重点

理性诉求广告必须要有明确的说服重点，做到有的放矢，否则，难以取得良好的说服效果。解决这一问题，需要从两个方面入手。

1）明确广告的目标对象

广告目标对象的分析是从社会阶层、家庭、个人等方面进行的。在分析过程中，广告设计者应弄清目标消费者需要的共同性和特异性，尤其是准确地判断出广告对象对商品的哪一方面感兴趣。然后，根据沟通原则，突出地宣传广告商品能够给广告对象带来的直接利益和间接利益，调动其兴趣，唤醒其需求，诱发并强化其动机，从而达到说服的目的。

2）要准确地进行广告商品定位

这是以确立广告目标对象和商品定位为基础的。所谓商品定位，就是根据消费者对所宣传商品某些属性的重视程度，规定它应于何时、何地对哪一阶层的消费者出售。其特点是突出商品的个性，即同类商品中没有的优异之处，而这些优点正是消费者所需要的。准确的广告商品定位，是现代企业市场竞争的重要手段。

2. 暗示

在理性诉求中，经常会采用的心理学原理就是暗示。暗示是采用某种含蓄、间接的方式对人的心理和行为施加影响的过程。在暗示作用下，被暗示者的心理和行为将发生很大变化。在理性广告诉求中，运用暗示的手法主要有两种。

1）权威暗示

在商品信息纷繁复杂的现代社会中，消费者不可能掌握各方面的信息，这就使他们难以摆脱对权威的依赖。广告说服正是利用这一原理，聘请一些有影响的专家来介绍商品的性能、特点和优点。由于这些人在社会上有着广泛的影响，所以在消费者看来，他们推荐的商品要比从厂商嘴里直接说出来的作用大得多，效果也好得多，这其中的奥妙就是消费者的暗示心理在起作用。

2）消费者的证言

就是将消费者主动投寄的信函，连同销售重点一起刊登在广告上。目的是利用消费者普遍存在的从众心理，利用他人的消费经验，消除消费者最初对新商品的怀疑态度。在这里，他人的良好的消费经验将为消费者提供有效的暗示。消费者一旦有这种想法，其购买动机的形成和购买行为的实现也就是非常容易的事情了。不过，使用"名人"做广告，要特别注意几点：① 此名人的社会形象很好；② 此名人确实使用了该商品；③ 广告商品要与名人的职业或工作性质有一定的联系。

3. 恐惧唤醒在理性诉求中的作用

美国社会心理学家施肯认为，宣传必须使人们的内心感到有压力和威胁，只有听其劝告，按宣传者所宣传的方法去做，才能消除心理上的负担。心理学家关于这方面的研究成果在理性广告诉求中得到了应用，许多广告都是通过唤醒消费者内心的恐惧感来说服他们顺应广告意向的。这一点在某些药物广告中使用得比较多，其主要表现是告诫人们，不用这种药物将会如何，用了这种药物之后又会怎样，以此来引起消费者的心理压力，迫使他们通过购买商品去达到心理上的平衡状态。

恐惧唤醒在广告说服中的确有一定作用和效果，但这种效果的大小、有无则取决于恐惧的程度。从有关研究来看，不是所有的引起消费者恐惧的广告诉求都能达到目的，也并不是消费者内心越恐惧，他们的消费活动就越顺从广告者的意愿。另一方面，如果唤起的恐惧程度太弱，则难以引起消费者对广告诉求内容的注意和关心，也不会收到说服的效果。因此，在理性广告诉求中，过高或过低的恐惧唤醒水平都不是合适的。而只有中等强度的恐惧唤醒才会产生最佳的说服效果。

14.1.3 独特的销售主张或销售点说——USP 理论

USP 理论是由罗瑟·瑞夫斯（R. Reeves）提出的。USP 由英文 Unique Selling Proposition or Point 的首位字母组成，意为独特的销售主张或销售点。根据 USP 理论，选择什么样的商品特性加以传播，对广告效果的关系影响很大。任何商品都有很多特性，但是，消费者能够记住的东西是有限的。因此，广告中对这些特性不能面面俱到，只有找出何者是消费者最喜欢的，商品的效能才能被消费者所重视。与其他品牌相比，你的商品特性越独特，就越能够从众多的品牌中脱颖而出，使消费者对该品牌产生好感。因此，要找出竞争对手的商品所没有的特性,在广告中加以强调。消费者一旦将这种特性与特定的商标联系起来,USP 就会给该商品以持久受益的地位。例如,当不少矿泉水广告千篇一律地强调纯净、卫生、含有矿物质等特性的时候,农夫山泉矿泉水的广告独树一帜,推出自己的 USP "农夫山泉有点甜",强调这一商品所特有的口感,给人一种亲切、温馨的感觉。由于农夫山泉抢先占领了这一 USP,即使其他厂商今后制造出同样的产品,在广告中强调这种特性,也很难把它从消费者心目中夺走。

在广告实践中,不仅要善于找出竞争对手的品牌所没有的特性,还要善于发现在各品牌共有特性中,竞争对手所忽略的特性,把一特性作为自己品牌的 USP 加以传播。例如,当各种品牌的啤酒都在宣传自己口味的时候,美国施利茨啤酒在广告中鲜明地宣称:"每一只瓶子都用蒸汽机清洗过。"其实,当时各啤酒厂都是用蒸汽机清洗瓶子的,但它们都没有在广告中宣传这一点。结果,广告推出以后,施利茨啤酒的销量从第 5 位跃升到第 1 位。可见,USP 的作用是不可低估的。

USP 理论的基本前提是,视消费者为理性思维者。他们在作出购买决策时,追求利益最大化。由此出发,广告应建立在理性诉求上,传播带给消费者的实际利益。具体说,广告应对准消费者的需要,提供可以带给他们实惠的许诺。而这种许诺必须有理由支持,因为理性思维者会在许诺上发问,为什么会有这样的实惠?USP 的语法程序是:特有的许诺加理由的支持。

例如,安眠药的理性诉求,人们自然要强调它会给失眠患者带来福音。但是,这样的诉求依然难以奏效,因为,这类西药药品在给患者带去福音的同时,也带去了副作用。在趋向与回避的动机冲突之下,一些患者宁愿忍受彻夜难眠的煎熬,也不愿吞服安眠药品。在这种背景下,一种全新的纯中药安眠药问世了。该药品广告把不用吞服,即通过自然呼吸达到安然入睡作为独特卖点进行了理性诉求。一句醒目的广告语——"不用吞服的安眠药"让人耳目一新。并且其文案明确写道:"鼻吸后,经呼吸道迅速吸收,明显改善精神神经失调症状,减低其反射兴奋性,因而能更有效地诱导平静而舒畅的睡眠。"这段话表达了对该特有许诺的理由的支持。

由这个理论看来,许诺与理由之间并非一定要严格的科学论证。例如,一种狗食的商品在其广告中许诺:延长寿命。理由是该食品含有骨髓的成分。至于该成分与延寿的关系并无科学论证,但是,狗爱啃骨头并从中获取骨髓成分。这个行为的本身让人推断它对狗有好处。所以,在里沃斯看来,信念与人的愿望之间的相关远胜过信念与证据之间的相关。

14.2 广告理性诉求的需要基础

消费者的消费行为源于其消费需要。在许多场合下,消费者的需要处在一种潜伏的、朦胧的状态。唤醒或激发消费者对自身潜在需要的意识或认知，使其变为显现的需要，便成为广告理性诉求的一个基本目标。因此，广告理性诉求必须对准消费者的需要，即广告主题与定位的确定必须建立在消费者需要的基础上。

14.2.1 人类的基本需要

1. 需要、动机与消费行为

1）需要

人类的一切活动，包括消费者的消费行为，总是以需要为基础的。在正常情况下，个体的生理状态与心理状态是趋向均衡的，这种均衡是个体维持其生存所必需的条件。如果个体生理或者心理上出现某种缺乏，便会导致均衡状态的破坏。在这种场合下，个体便处于一种不舒服的紧张状态。只有减少或消除这种紧张状态，才能恢复到原来的满意状态。因此，需要就是个体对维持其生存和发展所必需的条件的缺乏所引起的紧张状态的反映。

2）动机

人生来就有天赋的生理需要，但是，这种需要只能说是一种潜伏的状态，它提供的也只是活动的条件和前提。只有当需要有了明确的对象，它才获得了激励和引导活动的功能，成为推动机体活动的动力。动机就是推动有机体发动某种行为，并使行为指向特定目标的内部动力。动机在活动过程中发挥两个方面的功能。

（1）唤起身体的能量，激活一般的紧张状态，它的功能表现为对其行为的发动、加强、维持，直至终止。

（2）把个体的行为指向于个体所处环境中可以满足需要的对象，并离开其他对象，使行为表现出明显的选择性。

动机是在需要的基础上形成的，一般来说，有什么样的需要，就会产生满足这种需要的动机。需要的多样性，可能形成多样性的动机，从而构成个体的动机系统。

3）需要、动机与消费行为

个体的需要，动机与消费行为的关系可用图14-1表示。

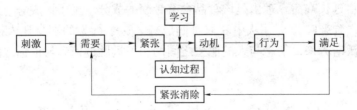

图14-1 需要、动机与消费行为的关系模型

在这一模型中，个体的需要是从刺激开始的。这种刺激既包括来自外界的刺激，也包括来自个体自身内部的刺激。当个体接受到来自内外的刺激时，就可能在刺激作用下产生某种

需要，这种需要使个体处于心理紧张状态中。由于学习和认知过程的提示，个体会意识到什么对象能够满足自己的需要。于是，就形成了一种推动个体去获得满足需要的目标的动力，然后就会发动指向这种目标的实际行为。达到目标后，需要得到满足，原来的紧张状态得以解除。然后，又会在新的刺激下产生新的需要，然后产生新的动机和行为，如此循环往复，人的消费行为便不断向前发展。

2. 需要的分类

（1）依据需要的起源，可以分为自然需要和社会需要（或心理需要）两大类。自然需要是个体对保护和维持自己生命及延续其后代所需条件的要求。具体说，是人类对衣、食、住、行及异性、安全等的需要。这些需要若得不到满足，就不能维持个体的生存及后代的延续。社会性需要指个体对文化艺术、道德、知识、交往及劳动等的需求。这是对维持和发展社会正常生活所必需的条件的反映。

（2）依据需要的对象，需要又可分为物质需要和精神需要。物质需要包括对自然需要和社会需要中的物质对象的需要；而精神需要则是指对观念对象的需要，例如，道德、情感、求知、审美等。

以上不同需要之间是相互渗透和相互制约的。自然需要打着人类文明的印记（社会性）；而社会需要又是在自然需要的基础上形成和发展的。在精神需要和物质需要之间，物质需要是精神需要赖以发展的基础，同时，它本身也渗透着精神需要。

3. 需要层次理论

美国心理学家马斯洛（A. H. Maslow）于1943年提出了一种需要层次理论。该理论的基本假设可以概括为以下3点。

（1）人类至少有5种基本需要，即生理的需要、安全的需要、归属与爱的需要、尊重的需要及自我实现的需要。

（2）上述基本需要是相互联系的，并且每一种需要相对地组成层次，由低级（生理性）需要向高级（心理性）需要顺次发展，组成一个金字塔式的结构（如图14-2所示）。

（3）未满足的需要将支配意识，并调动有机体的能量去获得满足。已经满足的需要，就不再是活动的推动力。新的需要会取代已满足的需要，而成为待满足的需要。只有当人们的一些低层次需要基本得到满足后，才会有动力促使高一级需要的产生和发展。

图14-2 马斯洛的需要层次理论

应当指出的是，马斯洛的这一理论在哲学上是有缺点的。因为它过于强调自我，而忽视了社会因素的作用。但是，它对于了解消费者的动机是有价值的。因为消费者购买商品时总是期望商品的特性能满足其一定层次的需要。例如，消费者购买食物和衣服是为了满足其生理方面的需要；购买防护用具、存款、买保险等可满足其安全的需要；购买美容与装饰等方面的物品，可满足其社会的需要；而支付受教育和艺术培训费用及一切智力投资，则是出于满足自我实现的需要。

14.2.2 消费者的需要与广告诉求策略

1. 消费者的优势需要与广告诉求点的选择

人的需要是多方面的，这就决定了消费动机的多样性。不过，诸多需要中经常会有一种优势需要。能否满足这种优势需要，直接影响到消费者对该商品的态度和购买行为。从商品本身来说，一种商品具有多种属性，究竟突出哪个或哪些属性作为该商品的广告主题，是广告策划中的重要问题。广告的作用就是在商品的特性与消费者的优势需要之间建立最佳匹配。能否根据商品自身的特性和目标消费者的优势需要选择恰当的广告诉求点，是广告能否取得成功的关键。

2. 对不同消费群体的广告策略

不同年龄、性别、职业和社会经济地位的消费者可能有不同的兴趣。如何对不同兴趣的消费者进行广告宣传，直接影响广告的效果。例如，对于年幼小孩的广告的诉求点，应侧重于自然需要，即生理的和安全的需要，他们对高层次的需要感到不易接受和乏味。而青年们的兴趣范围更为广泛，心理需要，特别是发展的需要、尊重的需要和交往的需要超过了生理需要和安全需要。因此，广告主题适合他们的特点和兴趣具有重要意义。

社会经济地位高的消费者与社会经济地位低的消费者相比较，前者对产品的心理价值更感兴趣，而后者对产品的实用性更关注，因而广告诉求形式的选择自然也应有所侧重。

3. 广告主题的变换与动态需要

动态需要，是指需要的时间特征。从宏观方面说，无论人类需要的内容、水平和满足需要的方式，都制约于社会经济的发展，即需要具有时代性。而且，自然季节的变化也明显影响到需要的变化，即需要具有季节性。从微观方面说，优势需要与非优势需要会相互转化。因此，要根据需要的这种动态特征不断更换广告主题，才能达到预期的促销效果。例如，传统的冰箱广告大多强调产品的快速制冷效果，随着生活水平的提高，人们对营养、卫生、环境保护等越来越重视，因此，保鲜、抗菌和无氟成为新的诉求点。

4. 根据竞争对手的广告主题选择适当的广告诉求点

需要层次理论认为，没有一种需要是已经完全得到满足了的。因此，广告要善于从众多竞争对手的产品中，寻找尚未被占领的位置，从而期待未来的消费者能被该产品所吸引。例如，许多高级轿车的广告主，经常把其广告定位在表明身份、地位的需要，或者尊重的需要，或者社交的需要上，但是很少有突出安全需要的广告。为此，"沃尔沃"汽车广告毅然占据了这一"空缺",把安全需要和社交需要结合起来。

14.3 理性广告的说服理论及心理策略

14.3.1 理性广告的说服理论

1. 系统加工理论

理论的基本假设是,消费者在接受理性广告时,是一个积极的信息加工者。其信息加工过程包括首先对信息进行获取、评价、权衡重要性,并与其他信息综合;然后对不同商标的同类商品所可能提供的好处做比较;最后决定要购买的具体对象。因此,广告的诉求应立足于传播商品功能上的优点。系统加工理论包括以下3种从属理论。

1) 功能一致性理论

理性广告的说服过程是消费者把从广告中所获得的产品性能方面的特点与其心目中理想的产品性能特点相匹配的过程。这一过程被称为功能一致性过程。消费者购买商品的时候,对商品的性能特点往往有一定的期望和要求,从几个不同的维度对产品进行评价。例如,在购买冰箱类商品时,消费者考虑的因素可能包括容积、价格、耗电量、保鲜效果、制冷效果、噪声大小、安全性、使用方便、售后服务、是否有抗菌功能和环保功能等众多方面。在每一个方面,消费者对商品都有一定的要求。广告中所强调的商品的某方面特性与他的要求越一致,消费者对这一特性就越满意。如果他对某一品牌的各方面的特性都满意的话,消费者购买这类商品时选择该品牌的可能性最大。但是,在现实生活中,一个品牌的商品很难在所有的方面都达到最优的水平,而不同的消费者对不同方面的重视程度可能也是不一样的。例如,购买冰箱时,可能有的消费者重视容积,有的看重价格,有的关心节能效果,还有的注重产品的高科技含量。消费者最后购买哪种品牌的商品,是他对不同品牌的特性综合比较的结果。如果某一品牌的综合性能与消费者心目中的理想品牌相一致,那么,这种商品与消费者的期望或要求之间就有了功能一致性,或者说两者间是相匹配的。在这种场合下强调这一特性的广告的说服效果就好。

2) 认知反应理论

心理学家格林沃德提出的认知反应理论认为,真正的说服力不在于说服信息本身,而在于信息所可能带给说服对象的认知反应。例如,对信息的赞同及对论点的进一步支持,或对信息的反对及对论点的反驳等都是认知反应。如果信息所引发的说服对象的认知反应多是支持信息立场的,他就会被自己的反应所说服而改变立场;如果信息本身所引发的是对信息立论的反驳或嘲笑,那么说服对象就不会改变原有的态度,甚至会强化原来的态度。因此,根据这个理论,说服过程实际上是一个自我说服的过程,而说服信息只是提供自我说服的刺激而已。信息的说服力与信息立论的优劣有很大关系。立论优秀的信息，能够引发有利于信息立场的各种认知反应，说服对象容易因此而自我说服。但是立论拙劣的信息引发的是说服对象对信息的反驳，从而巩固原有的与说服信息相反的立场，甚至使原来对信息立场持赞成态度的人转向相反的立场。

根据这一理论，消费者接受和加工理性广告时所产生的思想，能对说服效果产生中介作用。也就是说，消费者不是被动地被说服，而是主动地评价广告信息，并在这一过程中说服自己。具体说，消费者在评价广告信息时，会产生和记住赞成或反对该传播观点的想法，从而中介态度的变化。根据这一理论，消费者接受一则理性广告时，可能会自发地引出有关功能上的好处这样一些意想不到的想法。这种意外的特有想法会影响人们的信念，并由此中介态度的变化。依据这一提示，广告的说服可以刺激人们去记住或推论有关商标产品的信息，而该信息并不一定包含在广告本身之中。

3）认知失谐理论

认知失谐理论是由费斯庭格于1957年提出的。该理论认为，人们对于一个对象形成新的态度时会有下述倾向：使新的态度与原有的态度、价值观和个性相一致。如果感知到的新信息与原有的信念或态度不一致，就会体验到失谐并由此产生态度的改变。消费者在购买活动中，常会遇到这种情景：根据过去的经验，甲商标产品比乙商标产品好，而眼前却受到乙商标产品的积极信息的挑战，这便引起认知的失谐。面临此境，解除失谐的办法就是要让甲商标产品的广告，给消费者提供减少失谐所需的信息，以加强对该商标产品的肯定信念和/或弱化对甲商标的消极信念。反之，也可加强对乙商标产品的消极信念和/或弱化对乙商标产品的积极信念。这两种方法都会削弱失谐，并增加未来购买甲商标产品的可能性。

2. 启发式加工理论

当消费者时间紧迫，不可能或无意对众多信息进行系统加工时，经常会依据一些简单的规则作出决策，特别是在决策风险较低的情况下，更容易采取这种决策方式。

1）启发式加工

柴肯、佩蒂、卡西奥波和休曼发现这样一个事实：在许多场合下，人们没有觉察、理解和评价那些支持性的论据，也能发生态度的改变。这就是所谓的启发式加工。消费者接触广告时，若时间紧迫或由于缺少必要的知识不可能仔细思考广告中的产品信息，或在低卷入条件下无意对众多信息进行系统加工会采取一种启发式加工策略，即不去仔细思考、理解和评价广告中的那些支持性的论据，而是根据广告中的一些线索，例如，广告诉求点的多少、专家评价、广告中所用的名人声望、广告者的吸引力和可靠性等直接形成一定品牌态度。这样的线索被称为启发式线索。它并非广告信息本身，也无需和难以在逻辑上作论证。这种启发式的信息加工策略，有利于消费者在面临无数的广告信息时作出一种省时省力的决策。

2）启发式加工的条件

启发式加工通常发生在消费者低卷入的情况下。克鲁格曼是最早涉及低卷入概念的作者之一。这一概念作为广告说服的一种模型，预测广告的目标对象常常只有最简单的启发线索，例如，除商标名称、标记或包装会给人留下印象之外，其余的一切都易忘。这种现象多半发生在购买活动中人们无须作更多努力的场合。也就是说，在较少努力的低卷入购买活动中，人们就常会利用和依靠这样的启发性线索。因此，广告中也就常常使用充满情感的刺激，如色彩和想象，来加强商标名称、标记和/或包装的特点。

一则广告立足于启发性的线索可能刺激购买行为的发生。这仅仅是因为消费者更可能记住广告商标或容易对它们进行识别，而很少会涉及对该商标的信念和态度。

14.3.2 制约理性广告效果的因素

理性诉求作为一种重要的广告诉求手段，通过展示商品的质量、性能、价格等有关商品的事实性信息，传达商品所固有的属性给消费者带来的实际利益，对消费者进行说服，以期使消费者形成积极的品牌态度。这种诉求形式的优点是，能给消费者提供确凿的商品特性信息，便于消费者对不同品牌的特性进行比较，具有较强的说服力。其不足之处是，这种诉求形式往往显得单调，不易吸引消费者的注意，同时要求消费者具有一定的有关商品的知识，因此其说服效果会受到一定的限制。理性诉求的说服效果受以下两方面的因素影响。

1. 有关商品的因素

（1）商品的生命周期与同质化程度。对处于成长期的产品来说，产品的同质化程度较低，不同品牌的产品之间质量、性能、价格等方面的差异较大，因此，厂商可以通过理性诉求的手段，选择消费者较为关注、而自己的品牌又占明显优势的特性，作为自己的 USP 加以传播，可望收到较好的广告效果。

（2）购买风险水平。消费者购买商品时往往要面临一定的购买风险，但是不同类别的商品给消费者带来的购买风险水平是不同的。一般来说，价格较低的、经常购买的、制造技术较为成熟的商品，给消费者带来的购买风险较低；反之，对于价格昂贵、偶尔购买及新开发的商品来说，消费者购买时往往面临较多的不确定性，他们会从多方面收集信息，仔细权衡之后才能作出购买决策。因此，在为后一类商品做广告时，应通过理性诉求手段如实地向消费者介绍商品的特性，以消除其疑虑。

（3）商品的吸引力。商品是否引人注目是影响消费者购买决策的重要因素。对于容易引起他人注意的商品来说，消费者更注重其社会和心理价值；而对于不太引人注目的商品来说，消费者更加注重其实用性价值。因此，对于后一类商品来说，理性诉求的广告说服效果较好。

2. 有关消费者的因素

（1）消费者有关商品的知识和经验。消费者对有关商品的知识经验越多，越关心商品的技术指标。他们较少做冲动性的购买。商品的性能价格比往往是其作出购买决策的重要依据。若广告不传达有关商品特性的信息，人们会觉得广告只是在制造一种气氛，并没有什么实质性内容。因此，对于这一类消费者来说，理性诉求的广告效果优于情感诉求的广告效果。

（2）消费者的社会经济地位。社会经济地位高的消费者与低的消费者相比较，前者对产品的心理价值更感兴趣，而后者对产品的实用性更关注。对于后一类消费者来说，理性诉求的广告效果更好。

（3）消费者的购买预期。在近期内有购买打算的消费者与无意购买的消费者相比，前者对商品的性能特点和技术指标往往更加关心。因此，更易受理性诉求的影响。

（4）消费者的个性心理特点。消费者的个性心理特点也是影响理性广告说服效果的重要因素。研究表明，消费者的认知需要（Need for Cognition）和自我监控（Self-monitoring）是影响理性广告说服效果的重要因素。认知需要高的消费者与认知需要低的消费者相比，更容易被理性诉求的广告说服，而后者则更容易被情感诉求的广告说服。而与自我监控程度高的消费者相比，自我监控程度低的消费者更加喜欢理性诉求的广告，愿意花更多的钱购买理性诉求的商品，并且更愿意试用它。

14.3.3 理性广告的心理策略

从心理学角度看，理性广告欲达到预期的最佳效果，必须遵循以下5个策略。

1. 提供购买理由

理性购买者常常要找到一些合理的理由，才作出购买决定，所以广告必须把合情理的购买理由提供给消费者。例如，中国人一向是以节俭为美德，而雅戈尔西服作为中国名牌西服，其价格是一般西服价格的几倍，一般工薪阶层向往名牌，但下决心购买确实有一个痛苦的过程。雅戈尔针对消费者的这一心理，适时提出"男人应该享受"这一宣传主题，为这些很想买又舍不得买的人们提供了一个恰当的理由。

2. 拟定说服的重点

文字广告不可能很长，形象广告呈现的时间也很短。除了费用的因素外，消费者也不可能花很多的时间与精力去研究某则广告。因此，无论从哪个角度来看，都有必要拟定一个十分明确的说服重点。重点的确定不能是随意的，也不能是一厢情愿的，它应当是处于几个重要因素的交汇点，并且是这几个因素的有机交融。这些因素是：目标市场消费者的心理特点；目标市场消费者的需求状况；所欲宣传产品的优点与特点。当这几个因素同时出现并聚集在同一焦点上时，广告将出现震撼人心的说服力。

3. 论据比论点、论证更重要

无可否认，消费者对厂商有一种天然的怀疑与抗拒心理。因此，厂商的说辞再动人、再有道理，他们也不见得真正相信。他们更想看到、也更愿相信的是强有力的论据。因此，在理性诉求广告中，提供论据比发表漂亮的说辞更重要，也更省力。

在广告中出现的论据可分为两大类，一类是人，另一类是物。人又可以分为两种，一种是本产品所属行业的权威人士，另一种是曾使用过该产品的消费者。虽然现代人崇尚独立与个性，但由于知识爆炸局面的出现，使之不可能通晓一切生活方面的知识，他们不得不在某种程度上依赖于权威，这就为利用权威人士来说服消费者的广告主提供了一个最佳契机。当然，并非任何利用权威的广告都能自动显示出最佳功效，这里面还有一系列的技术性问题应予以高度重视。社会心理学家 W·巴克指出："如果有一种产品经过一位颇有魅力的人物宣传，那么这是否意味着人人都会跑来购买它呢？事情并非如此……如果人们看到，某人的劝导是出于自己的私利，那么这一信息的说服力就减弱了。"可见，在利用权威人物作理性诉求广告时，无论在形式上还是在内容上，都不能使受众觉察到权威人物"隐蔽的动机"，是为了自己的私利或商业目的。如果很好地解决了这一问题，那么说服效果将倍增。消费者的证言具有社会心理学所说的"自己人效应"，它的作用亦不可低估。在这一点上，广告制作者必须注意的问题是：所出现的消费者应是有名、有姓、有地址，否则，消费者将怀疑此人是否为厂商所"捏造"出来的虚幻人物。

相比较而言，以物作为论据比以人作为论据的诉求更具说服力，因为它具有更高的直接性。以物作为论据的形式有：实物演示、实验数据、图表等。所有这些演示、数据、图表所反映的内容都必须是真实的、经得起重复实验的。如果消费者所购买的商品与广告中表现的情况相距甚远，厂商的形象将会破坏殆尽，甚至还会带来法律上的纷争。

4. 运用双向信息交流，增加可信度

在说服过程中，尤其是在带有浓厚商业性色彩的广告宣传中，可信度一直是困扰着说服者的一个问题。如何解决这一矛盾呢？一种可行的方式就是提供双向信息，即在大力张扬产品优点的同时，也说出产品的一些不足之处。但并非任何宣传说服都是以提供双向信息为佳。当目标市场消费者文化水准较高时，双向信息为佳；文化水准偏低时，单向信息为佳。此外，当人们原先的认识与宣传者所强调的方向一致时，单向信息有效；而在最初的态度与宣传者的意图相左时，双向宣传的效果比较好。落实到广告宣传中，应遵守这样的准则：新产品及新广告出现之初，可采取双向信息的方式，以打消消费者的怀疑感并建立起信赖感。当消费者已经接受了广告的说服宣传，或者是基本上接受了广告宣传，这时就可以运用单向信息对消费者已经建立起来的观点予以强化。

5. 将"硬"广告"软化"

理性广告最忌讳而又最易犯的痼疾是"硬化症"，具体表现为语言呆板，口气生硬，术语过多，还有内容太多造成的"信息溢出"也是常见的毛病。但是，理性诉求广告仍然可以做得亲切动人，也就是使用通俗易懂的大众语言，陈述简洁明快，多用短句和短的自然段，适当贴切地运用比喻和形象化的方法说明，有时还可逗逗趣。但在理性诉求广告的"软化"过程中，也要牢记理性诉求广告还要用信息唱主角，"软化"的目的是更好地传递信息。

1. 什么是广告的理性诉求？
2. 运用暗示的手段有哪些？
3. 什么是 USP 理论？
4. 需要的分类有哪些？
5. 什么是需要层次理论？
6. 什么是系统加工理论？
7. 什么是启发式加工理论？
8. 制约理性广告效果的因素有哪些？
9. 理性广告的心理策略有哪些？

案例分析

农夫山泉有点甜

每当提起农夫山泉，消费者脑海中首先闪现的是那句出色的广告语："农夫山泉有点甜。"这句广告语出现在农夫山泉一则有趣的电视广告中：一个乡村学校里，当老师往黑板上写字时，调皮的学生忍不住喝农夫山泉，开启瓶盖发出的砰砰声让老师很生气，说："上课请不要发出这样的声音。"下课后老师却一边喝着农夫山泉，一边称赞道："农夫山泉有点甜。"于是"农夫山泉有点甜"的广告语广为流传，农夫山泉也借"有点甜"的优势，由名不见经传发展到现在饮水市场三分其天下，声势直逼传统霸主乐百氏、娃哈哈。

为什么农夫山泉广告定位于"有点甜"，而不是像乐百氏广告那样，诉求重点为"27层净化"呢？这就是农夫山泉广告的精髓所在了。首先，农夫山泉对纯净水进行了深入分析，发现纯净水有很大的问题，问题就出在纯净上：它连人体需要的微量元素也没有，这违反了人类与自然和谐的天性，与消费者的需求不符。这个弱点被农夫山泉抓住。作为天然水，它自然高举起反对纯净水的大旗，而它通过"有点甜"正是在向消费者透露这样的信息：我农夫山泉才是天然的、健康的。一个既无污染又含微量元素的天然水品牌，如果与纯净水相比，价格相差并不大，可想而知，对于每个消费者来说，他们都会作出理性的选择。"农夫山泉有点甜"，体现了农夫山泉味道甘甜的特点，诉求角度独特。天然水是农夫山泉的主体，通过对"天然水"这一核心概念的诠释，将环境（水源）、绿色、环保、野趣等回归自然的理念统摄在自己的旗下。与之相比,水本体上的"纯净"、"矿物质"、"微量元素"、"销量第几"等诉求点表现显得苍白无力。

但事实上,农夫山泉在甜味上并没有什么优势可言,因为所有的纯净水、矿泉水,仔细品尝,都是有点儿甜味的。农夫山泉首先提出了"有点甜"的概念,在消费者心理上抢占了制高点,其思维敏捷令人叹服。

1998年,农夫山泉550毫升运动装在全国推广时,目标市场首先锁定中小学生这一消费群,作为市场切入点,以包装中的运动盖为重点去引导他们。中小学生天性好奇又好动,最容易接受新事物。养生堂公司在中央电视台最先插播的是农夫山泉"课堂篇"广告。一女生上课时因欲喝农夫山泉而拉动瓶盖引起了"哆哆"声,受了惊,其表情十分丰富,老师的告诫更使一些上课爱搞小动作恶作剧,具有逆反心理的调皮学生心情急切,跃跃欲试,购买农夫山泉的欲望强烈。创意者用此小计,传递了一个产品包装上与众不同的信息,将无声之水变有声,揭示了包装上的吸引力,响声同时又起到了提醒和强化记忆作用。出现在广告最后的那句"农夫山泉有点甜",出其不意地从另一个角度挖掘了矿泉水的特质——不是无味,而是略甜。从而把自己和所有其他矿泉水都区别开来,为自己开辟了一个新的市场。农夫山泉的红色风景开始席卷全国各地。当年,农夫山泉的市场占有率迅速上升为全国第三。

迅速发展起来的农夫山泉并没有故步自封,1999年6月,在中央电视台播出的农夫山泉"衬衣篇"广告:"受过污染的水,虽然可以提纯净化,但水质已发生根本变化,就如白衬衣弄脏后,再怎么洗也很难恢复原状。"广告一经推出,立即引起轩然大波,同时挑起了天然水与纯净水的争论。2000年4月,农夫山泉突然隆重宣布了"长期饮用纯净水有害健康"的实验报告,并声称从此放弃纯净水生产,只从事天然水生产,俨然成为消费者利益的代言人。农夫山泉对纯净水的挑战,遭到了纯净水厂商的激烈反击,甚至诉诸法律。这一系列事件的发生,引来了媒体和公众的兴趣,形成了轰动效应。而作为众矢之的的农夫山泉却暗自庆幸,因为有更多的人知道了它含有微量元素而不同于纯净水。

2000年7月,中国奥委会特别授予养生堂2001—2002年中国奥委会合作伙伴,养生堂拥有了中国体育代表团专用标志特许使用权,从此农夫山泉广告与奥运会挂上了钩,并邀请了孔令辉、刘璇做代言人,农夫山泉品牌形象再一次得以发扬光大。

农夫山泉一环扣一环的广告策略,让人领略了东方智慧的魅力。我们在叹服的同时,不忘把它列入十大最佳广告策略排行榜。

思考题:
1. 农夫山泉的市场成功主要依赖什么广告策略?
2. 农夫山泉如何将"硬"广告"软化"?

第15章

广告心理的形象诉求

> **本章要点**
> - 掌握形象的概念和特点
> - 掌握企业形象诉求广告的创作过程
> - 掌握商品形象和品牌表现的心理策略
> - 掌握明星广告效应的策略

美国企业形象管理大师劳伦斯·阿克曼曾说过:"企业形象是一个企业区别于其他企业的独特价值,它决定企业会走到哪里,也决定企业能走多远。"可见形象力对于企业的重要性。如果我们把执行力竞争看作是企业比内功的话,那么形象力竞争就是企业比外功。企业形象力致胜的时代已经到来,企业必须关注自己的形象力,并在广告诉求中进行有效地运用形象力,才能够在激烈的市场竞争中处于有利地位。

15.1 企业形象诉求

在现代企业经营中,企业形象对企业的生存和发展起着相当重要的作用。良好的企业形象不但是企业的无形资产和潜在的巨大财富,同时也是企业走向市场,参与竞争的重要力量,是企业追求的最高目标。

15.1.1 形象与形象力

1. 形象

形象就是心理学中的知觉,即各种感觉的再现。人们通过听觉、视觉、味觉等感知事物,在大脑中形成一个关于事物的整体印象即知觉,就是"形象"。形象有如下特点。

(1) 它是人们对某一事物的感知,但它不是事物本身。形象可以是对事物不正确的认识,即假象。

(2) 形象受人们意识的影响,它不完全是感觉的。

(3) 已经形成的形象规范人的行动。例如,某人认为某企业的形象好,就可能产生购买该公司产品的行动。

2. 形象力时代

在产品匮乏的年代,只要生产出质量好的产品,就不怕没有销路,因此企业的首要任务是生产质量过硬的产品,在广告宣传上也主要是突出产品的质量。例如,"××省优、部优","容声、容声,质量的保证"都是这一阶段的产物,这一时期被称为"产品力时代"。随着产品的极大丰富,各个企业又非常注重销售,注重销售渠道的建设、销售网络的建立,加大产品促销力度,这一时期被称为"销售力时代"。随着经济和技术的不断发展,竞争企业之间的产品力(质量、包装等)和销售力(销售网、促销等)的差距越来越小,那么消费者一般会选择哪家企业的产品呢?这就引出现代企业市场营销的一个关键因素——企业形象力(如知名度、信誉度等)。当今这个时代可称为"形象力时代"。

形象力虽然是一种无形资源,却可以通过社会公众的共识性感受和认可,使企业的实体性资源得以充分发挥,激发出企业生存发展的新智慧和新力量。所以,企业经营不能仅仅局限于人、财、物等有形资产要素的组织运行,还要运用好形象力等无形资源,不但要重视商品力和销售力,还必须认识到形象力作为企业的一种重要资源的巨大作用。只有不断开发形象力资源,将无形的形象力价值转化为有形的品牌价值,提升产品和服务品位,凸显文化元素,使文化依附于品牌,利用品牌的张力,使得文化价值的无形性得以有效传播和浸润,发挥品牌文化价值的竞争力,企业才能在激烈的市场竞争中立于不败之地。

15.1.2 企业形象的重要性

所谓企业形象,概括地说,就是企业在各界人士心目中的形象。它是消费者、社会公众、企业员工及相关的政府部门、社会机构和协作单位对企业、企业行为、企业的各种活动成果的总体评价。它包括企业内部的管理形象,企业外部的经营形象,企业经营管理理念的深层形象,企业外部特征和企业业绩的表层形象。这些形象相互协调统一,从而形成一体化的企业形象。

在现代企业中,有相当多的企业名字与商品品牌的名字是一致的,例如,日本的索尼、松下，美国的可口可乐、柯达，韩国的现代，中国的海尔、长虹、春兰等。对于这些企业来说，企业形象也是品牌形象。

在经济发达的国家，市场竞争不仅仅是商品品牌的竞争，而且还是企业之间的形象竞争。绝大多数的企业都非常重视自己的企业形象，并常常把企业形象的塑造或巩固作为广告活动的长远战略目标。

企业形象的好坏，对于企业的生存和发展有着深远而巨大的影响。具体而言，企业形象的重要性体现在以下几个方面。

1. 帮助产品打开市场，提高广告宣传效果

消费者品牌态度的形成与企业形象的好坏也有一定的关系。特别是对于新品牌形象的确立，企业形象的作用意义更大。在评价一种新的品牌时，消费者最直接的方法是了解它是哪一家企业的产品，然后把对企业的形象转移或强加在这一新的品牌上。因此，如果企业形象良好，消费者的评价高，那么新品牌导入市场就容易；反之如果企业形象不良，那么新产品的市场推广难度就会增大。

2. 拓宽销售渠道，稳定货源供应

销售渠道畅通、原材料来源供应稳定是企业稳定发展的基本前提。良好的企业形象、良好的信誉，可以增加销售代理商、批发商、零售商的信心，同时也能增加原材料供应商的信心，从而产生一种良性的循环。

3. 增强企业凝聚力，招揽优秀人才

企业有了统一的理念，有良好的人际环境和工作环境，一方面能稳定员工队伍，调动现有员工的积极性，增强他们的进取心，促使他们不断开拓和创新；另一方面能够吸引大量的优秀人才，使企业保持青春活力。

4. 扩大社会资金来源，增加投资者的信心

企业要扩大再生产，获得更大的规模效益，资金来源是一个关键问题。形象良好的企业，可以增加投资者的安全感和信任感，扩大投资渠道。当今的股票市场活动有力地说明了这一点，股票投资者一般比较愿意把资金投在他们熟悉并认为发展良好的企业上。

当企业形象与品牌形象相统一时，企业形象也即品牌形象还有以下作用。

1. 有利于新产品的市场导入

在公司导入一种新产品时，有3种选择：① 开发一个新品牌；② 运用一个已经存在的品牌；③ 已有品牌与新品牌综合使用。后两种选择都属于品牌延伸，都是在利用一个已经存在的品牌的影响力。当然品牌延伸的重要条件之一就是：这个已有的品牌要具有影响力，要有高的知名度，要有良好的形象，消费者要对它偏爱有加。否则，跟采用新品牌就没有本质的区别。

2. 提供特许经营的机会

特许，即拥有注册商标的企业特别允许其他企业使用其某注册商标的权利。特许经营是迅速扩大企业规模和利润的有效途径。通过特许，拥有注册商标的企业可以"不劳而获"，还可以阻止竞争对手发展，阻止其他企业合法地使用该品牌进入其他产品类别。特许经营是许多著名品牌的一种重要经营方式。肯德基、麦当劳等著名企业都采用这种方式。可口可乐在无线广播设备、玻璃器具、玩具卡车和服装等领域均特许别人经营。其他公司之所以愿意经营别人的品牌，原因就在于特许经营的品牌有良好的形象，有助于销售产品，获得利润。

15.1.3　企业形象诉求

随着市场竞争的主要内容由产品竞争，到经营竞争，再发展到今天的企业形象竞争，树立企业形象已成为企业经营的当务之急。特别是现代市场经济下大企业争相实施名牌战略，首先必须以企业形象为基础，这便使广告这种市场竞争的重要手段越来越重视发挥塑造企业形象的作用，而企业形象诉求是塑造企业形象的主要广告艺术方法。企业形象表达是运用比拟、烘托、说理等形式集中表现企业精神、哲学、理念的广告艺术方法。企业形象表达是现代世界超级公司广告的主要表现方式，这种方式一般在企业发展到一定规模，趋于成熟阶段，具有一定知名度时采用是比较适宜的。

1. 企业形象广告的作用

企业形象广告的作用主要体现在以下 4 个方面。

（1）反映企业情况。通过及时地向消费者反映企业的实力和前景，引起消费者对企业的重视，提高企业的社会地位，扩大企业的社会影响。

（2）阐明企业贡献。通过详细阐明企业为社会和消费者利益所做的贡献，表明企业为社会和消费者服务的宗旨和决心，求得消费者的信任和赞誉。

（3）沟通消费者感情。通过形象广告，就消费者关注的重大问题表达企业的态度，并提出有助于消费者利益的观念和主张，沟通消费者感情，赢得消费者好感。

（4）消除消费者误解。在企业形象出现危机的时候，通过形象广告，企业真诚地向消费者说明情况并疏通倡导，使其化险为夷。

2. 企业形象广告的类型

企业形象一般是围绕宣传理念、赢得声誉、经济贡献、人事关系、特别事项等主题展开的，主要有以下 6 种类型。

1）理念广告

理念广告是向社会传播管理哲学、价值观念、企业精神的广告。理念广告把企业的价值观念宣传出来，对内会产生凝聚力，对外会产生号召力和感染力，使企业形象连同它的观念和口号深入人心，达到整合化一的效果。例如，飞利浦的"让我们做得更好"，海尔的"真诚到永远"等。

2）实力广告

实力广告是用广告的形式向公众展示企业生产、科技、营销、资金等方面的实力来强化品牌意识,主要目的在于使公众通过对该企业的经济、技术、人才实力的了解,增强对该企业及其产品的信任。例如,"世界级品牌,春兰空调"、"波司登羽绒服,连续6年销量遥遥领先"等。

3) 公益广告

这种广告是显示企业对社会公共事业和公益事业热情关心的广告。它或以广告的形式关注社会生活中某个现实问题,以求得社会各界的理解与支持,或以企业的名义率先发起某种有益活动,表明企业积极参与社会公益事业,以此赢得公众对企业的赞赏。这类广告能产生深远的影响和效果,是树立企业形象的一个重要手段。

4) 赞助广告

这种广告是通过赞助各种活动,如赞助歌咏大赛、专题讲座、纪念活动、体育比赛等,借此显示企业的实力,提高企业或产品的知名度和信誉度。

5) 致贺广告

这种广告是指企业利用节假日或纪念日,公开向公众致喜和祝贺的广告形式,例如,各企业的过年贺岁广告。同时,对其他企业的开业、庆典、重大成就等也可通过致贺广告表达本企业的情谊和态度,以展示本企业关注社会利益,尊重其他企业的良好的协作者形象和竞争者形象。

6) 歉意广告

这种广告是指企业以真诚的态度对自己的过错或失误向公众道歉,以取得公众谅解,挽回形象危机。这种广告有利于展示本企业敢于承担社会责任和有错必改的公正态度和信誉形象。

15.1.4 企业形象诉求广告的创作

1. 企业形象诉求广告的定位

如何制作出完美的企业形象广告,关键在于企业形象的科学定位。企业形象广告的定位是企业文化特征的整体性、综合性的集中表现,其特点有以下3点。

(1) 整体性。这种定位能够消除因商品销售场所的市场气氛太浓而造成的消费者心理上的不安与烦躁,可将消费者纳入一种文化氛围中享受亲切的服务。例如,IBM公司的"IBM,就意味着服务",波音公司的"我们每个人都代表公司"。这些都是各自企业整体文化特征的集中体现。

(2) 哲理性。归根到底,企业文化生命力来源于深刻的哲学内涵,因此这种定位必然带有抽象的哲理色彩。例如,奥妮的"长城永不倒,国货当自强",丰田公司的"车到山前必有路,有路必有丰田车"。这些都意境深远,充分体现了企业文化的哲理特征。

(3) 情感性。企业形象的传播对象是市场的广大消费者,所以企业广告定位的企业形象及代表企业商品的广告语言越具有人情味,就越能与消费者沟通。例如,孔府家酒的

"孔府家酒，叫人想家"等。在形象广告策划中，要善于挖掘消费者心中的各种情感需要，使之与商品巧妙吻合，激发消费者潜在的购买欲。

企业形象的科学定位在企业形象广告策划中占有主导作用，也是企业形象广告实施的导向。经过核心创意，可以建立明确的企业形象，由此带动企业品牌的知名度、认知度，进而长期积累成不可取代的品牌资产，形成消费者和品牌间稳固的关系。

2. 企业形象诉求广告的表现方法

尽管企业形象诉求主要在于表现企业理念和经营哲学，但艺术方法却是丰富多彩的。企业形象诉求主要表现方法如下。

1）集中表现企业哲学和精神理念

企业形象广告的目的主要是在公众心目中建立企业经营思想和哲学理念，突出企业的优势和特征。例如，企业经济实力强大，求贤若渴，生产精品，热衷社会公益等。凡此种种，都要上升到一种理论观念来表述，高度概括为企业哲学，以便目标明确，深入人心。

2）力求使指称对象人格化、形象化

企业形象表达的指称对象不是具体的商品或劳务，而是企业哲学和理念，是以理性化抽象概念和判断的形式来表述的。在众多同类广告竞争中，为了增强艺术魅力，提高对受众的感染力，表达方法上应力求使概念形象化、人格化。即将企业哲学和理念以比拟或"实录"的形式转化为形象，使精神理念成为一种鲜活的人格和个性，与受众进行心理和情感"对话"，以便有效理解企业的哲学理念。

3）定位要高度集中、统一

尽管指称对象不是商品或劳务，但广告在诉求点上绝不能模糊和泛化，必须高度集中和统一。图像和文案，文案的标题和正文，正文的各部分之间都必须保持统一。企业形象表达广告的表现对象是理性内容，很容易出现双重或多重卖点，例如，一方面诉求企业精神，一方面又进行产品或劳务的具体诉求，在广告效果中企业形象塑造必然受到伤害。

4）语言要诚信、生动、富有哲理

无论图像如何具有视觉冲击力，真正感染消费者的主要是文案。文案要依靠语言打动消费者，使企业形象树立起来，必须坚持诚信原则。生动性是进行这种表达所必不可少的。除此之外，由于企业形象表达反映的是大道理、大观念，因此，语言应带有一定的哲理性，发人深思。

5）应具有长期稳定性、系列化特点

企业形象表达的诉求对象常常是企业的经营战略，或者是比战略更加宽泛的企业精神，这些都具有相对长期的稳定性，因此，企业形象表达的广告也应体现长期稳定性特征，一种主题一旦采用则应保持相对稳定，并且要采取系列化策略，从多种方式和多种媒体来表现企业理念，使企业形象牢固树立起来。

15.2 商品与品牌形象诉求

15.2.1 商品形象诉求

当今时代是一个形象至上的时代,"形象力"是企业稳定发展的主要因素。形象力既包括企业形象,也包括商品形象。为商品塑造一个良好的形象是广告形象诉求的一种主要方法。商品形象表达是指直接描写和展示指称对象的视觉形象的表达方式。这类广告并不追求复杂的内容,而是以直接的商品形象诉诸消费者,使其获得直观感受。这类广告在市场经济早期运用较多,在现代广告中,也大量存在着,不过在方法上不是简单再现,而是以各种独特形式加以修饰、衬托和美化,使之具有个性特征和更强的感染力。

商品形象表现的心理策略包括以下 5 点。

1. 视觉形象要精美、逼真

给受众以美感是商品形象表达的首要任务。将商品形象运用摄影或绘画技巧表现得精美无比,会使人感到亲切和信任。有些商品可以展示全貌风采,有些则可以着重表现重点部位。例如,上衣的正面上方部位,牛仔裤的后臀部位,都是消费者十分关注的地方,这些部位是商品形象表现的重点,拍摄要讲求角度、光线,使纹理质地历历可见,从而使消费者能从这里获得对商品整体的美感。

2. 形象要有神采

商品本身是被动安置的无生命之物,并且很容易给人以呆板感,很难引起受众的认知兴趣。因此,商品形象表现要经过充分的技术处理,注重产品的组合及展示的角度,着力表现商品最动人的风采。例如,改变拍摄角度,设置光线、道具、陪衬物等,使商品形象表现出动感韵律、生命活力和艺术风采,甚至使之神采奕奕,呼之欲出。有些商品的动感可以采用拟人手法,例如,两台 3 节型台灯宛如两个舞伴对舞,令人感受亲切,趣味无穷。

3. 要表现出人的情感

现代产品中许多新品种和消费者之间距离较大,很陌生。这需要在广告中运用情感手段使商品建立起一种亲和感,缩小与消费者的心理距离。要以人情味、性格化来建立心理沟通,使消费者对商品产生爱恋、羡慕和追求。例如,雪碧《张惠妹篇》电视广告中,代言人张惠妹把面具抛向空中,尽情歌舞,最后广告语点明主题"我就是我,晶晶亮,雪碧"。这时,在消费者心目中,雪碧已不仅是解渴的饮料,更是一种"自由、个性"的象征。广告要使商品表现出人的情感,但情感性在形象表达中只是一种辅助手段,要在突出商品形象中有所创新地灵活运用,要用得自然和谐,不要构造成一个复杂情节来表达情感,以免喧宾夺主。

4. 适当运用创造意境的方法

创造意境是烘托商品形象的方法之一。商品形象本身内容不多，采用一种富有人情味的意境来烘托，或者使商品与其他要素组成一个引人入胜的意境，便可以将受众的兴趣吸引过来，在形成的积极心理情绪中关注商品。例如，玛柏特公司的"SCARP"香水，瓶身设计的灵感来自女人永远不变的女性气质，经过优美的视觉化之后，附上一条圣洁的围巾，晶莹透亮的玻璃瓶身因生动的人体造型散发出肉体的温存，磨砂处理过的围巾朦朦胧胧更是带着性的触感。商品的形、色在这富有韵味的氛围中得到了充分的表现。

5. 包装装潢的审美性与信息性相结合

许多本身形象并不成"形"的商品，例如，酒类、饮料类及化妆品类等，其包装装潢非常精美，形象表达常常以外形包装出现。而商品本身的状况必须通过介绍来说明，广告要在表现商品的外形美的同时，充分体现商品的信息性。介绍说明一定要到位、准确、明白，并与商品形象相吻合，以提高消费者的记忆率。

15.2.2 品牌形象诉求

品牌形象是消费者对于品牌的知觉性概念，可用来表达消费者以自己的方式诠释其对一项产品的内存属性与外加属性的看法。品牌形象诉求是指以突出展示商品品牌形象为诉求目标的广告表达形式。这类广告一般出现在产品已经跻身市场，而且已经在一定程度上树立了商品形象的时候，这时为了创牌或塑造著名品牌，采取品牌表达是很适宜的。我国市场经济发展很快，已经历了企业形象竞争阶段。现在企业家都将目光集中于品牌战略上，为了塑造名牌，许多广告采用了品牌表现，表现形式也极为丰富多彩。

品牌形象表现的心理策略包括以下5点。

1. 要以商品的一定市场占有率和形象为基础

品牌形象诉求作为一种广告战略策划意义上的主要方法，其目的在于树立品牌形象，并且实施名牌战略，这就要求商品在市场的发展必须进入成熟期，市场占有率相对较高，或者一个企业已开始享有一定的知名度。这时企业广告品牌形象诉求比较容易将商品形象或企业形象符号化、标识化，以便高度凝练、定型地在消费者心目中留下难以忘怀的印记。如果商品对于消费者来说是一个陌生的品牌，一上市就一味采用品牌形象诉求，会使消费者不知所云，从而极大地浪费广告资源。

2. 强调品牌的广告中心位置形象

品牌诉求要充分显示品牌形象，应运用特写方式在广告图像的整体或中心位置上予以表现，以增强品牌视觉刺激效果。有些品牌诉求广告为了追求趣味性，构思了许多复杂的情节和修饰，用以突出品牌信息，结果反而喧宾夺主，使品牌在纷杂的其他形象中淡化。因此，必须简化品牌表达广告上的其他信息和形象，使消费者真正记住品牌。例如，我们常常看到巨大的霓虹灯牌上面仅仅是"SONY"、"NOKIA"等品牌标志，再多一点就是加上一句广告宣传语。这实际上是强调品牌的广告中心位置形象，以强化品牌符号的手法激发符号崇拜，从而突显品牌形象。

3. 在突出品牌前提下追求新奇创意

显示品牌的表达方法很可能产生单调、呆板的效果，这是现代一切广告中必须克服的。对于毫无创意的广告，消费者一般会感到乏味而加以排斥。设计者必须追求别出心裁的创意，以引发受众的积极心理情绪。当然，创意的重点是寻求一种显示品牌的巧妙方法或创造一种衬托品牌的环境氛围。创意要和品牌和谐一致，切忌猎奇式创意，致使与品牌相脱节。

4. 品牌表达力求个性化

品牌是企业形象、商品形象高度凝练的符号，企业和商品的个性化、人格化都应通过品牌体现出来。例如，在文案和图像创意中，力求品牌体现出商品的功能效用、对人类的贡献，或者力求体现品牌和人类生活中某些观念、思想、情感之间的密切联系等，这种具有较强个性的表达，成为人们记忆品牌、鉴别品牌的信号。如果一个品牌表达缺乏特征和个性，那就很难引起受众对不同品牌的明晰印象和牢固记忆。

5. 品牌诉求系列化，立体化

为了实施名牌战略，塑造品牌形象，无论是一种媒体几组画面，还是不同媒体组合的广告，都应提倡系列化和立体化。系列化是指同一品牌、同一风格、同一主题，而形式有一定变化的几则广告。立体化是指不同媒体而同一品牌的广告组合。提倡系列化、立体化是为了形成一种力度和声势，造成较大的影响。例如，杜邦公司是一个遍布世界60多个国家和地区，涉及多种工业领域的跨国公司，生产1 800多种产品。这样的企业仅仅只作商品宣传是很难想象的，也是对广告资源的巨大浪费。杜邦公司采用品牌形象诉求，让工业品贴近生活，系列广告涉及人们日常生活的衣、食、住、行，诠释了杜邦公司"许多梦想，因杜邦而实现"的经营理念，向人们表达了杜邦创造美好生活的经营哲学。

15.3 明星形象代言广告策略

当今广告世界由明星所作的广告比重越来越大，明星做广告已成为人们经常议论的话题。几乎所有的影视、体育明星都在广告中粉墨登场，以各种方式为广告主说好话。

15.3.1 明星广告效应

明星作为消费者耳闻目睹的公众人物，有其难以形容的特定魅力，明星越有名，这种魅力就越大。广告主也正是看中这一点而乐于采用明星广告策略。明星为产品做广告宣传，只要所传播的信息真实确切，画面和语言配合得体，自身与产品有一定的关联，就能在一定程度上将自身的魅力移植到产品上,既刺激大众的注意与兴趣,又能提高品牌的知名度与接受度,赋予产品更多的附加值。同时通过明星的推荐与介绍,使消费者对产品与企业产生好感,从而有助于树立产品和企业的形象。具体来讲,这种明星效应包括以下3点。

1. 引起注意,快速产生市场效应

资讯的发达,使各种媒体的广告量不断增长,如何让你的广告在纷纷扬扬的广告轰炸中脱颖而出,有效地引起消费者的注意,明星广告策略是一种立竿见影的选择。消费者能凭借自身对明星的好感去主动理解产品信息,并作出快速的市场反应,好的明星广告的效果几乎都是"快热型"的。因为明星广告代表了一种流行趋势,目标消费群体很容易在他们所崇拜的明星的暗示或说服下,去尝试消费,体会明星的消费经验,并因心理上的这种认同倾向而成为某一品牌的忠实消费者。

2. 提升产品档次,增加品牌知名度和美誉度

采用明星广告策略,对于广告商家来说,可借助明星良好的公众形象、较高的知名度及美誉度,来有效提升产品的档次,塑造企业及产品,使其具有明星一样的良好形象。好的明星广告可利用明星本身所具有的特质,使商品带上其独特的品位、格调、地位和威望,这是其他类型的广告创意策略难以在短时间内达到的效果。明星的知名度、公信度和美誉度是与他所做广告的产品或企业相对应的,企业主只有真正找准了明星的价值,这样的明星广告才有可能真正发挥出明星广告的效应。

3. 昭示企业实力,提高品牌信任度

广告是一种商业行为,明星不仅有社会价值,在广告中更体现其经济价值,很多时候,企业请不请明星做广告以及请哪一个级别的明星做广告,已成为衡量各企业经济实力的一种标志。从普通消费者的心理反应角度看,企业请明星做广告,的确直观地昭示了企业的实力和魄力,而且因消费者对明星的崇拜和喜爱,"爱屋及乌"地对明星所做广告的产品和企业产生连带信任也是顺理成章的。

15.3.2 明星广告的不利因素

《国际广告》杂志社、国际广告研究所曾在1996年对中国5大城市的消费者进行了有关"明星广告"的调查。本调查的结果和以往的研究表明,明星广告除了其优点之外,还存在着许多不利因素值得注意,主要包括以下4点。

1. 存在明显的地方差异

地方不同,对明星广告的认知差异也不同。这取决于消费者对明星本身的认同,也和地方文化背景、生活品味和已有观念有很大的关系。因而广告中所选明星要看其在当地的知名度和是否被当地消费者所接受。

2. 不同年龄阶段的消费者对广告明星的记忆度不同

由于不同年龄阶段的消费者在文化、生活习惯和心理上都存在差异,因而他们对不同明星的接受度和喜爱度不同，这影响了对广告的记忆度。广告中选用明星要先了解广告对象属于哪个年龄及心理层次。

3. 有些明星同时身兼数职

明星同时为好几家公司做广告，几乎同一时期出现在不同的产品广告中，容易造成消费者记忆混乱。另外，由于同一明星同一时期出现在不同广告中，可能使消费者对其产生偏见，认为他对高额的广告费十分感兴趣，进而怀疑其广告立场，影响对产品的可信度，同时也降低了明星本身在公众心中的形象。

4. 由于明星本人的某些丑闻被曝光而使企业蒙受损失

由于明星本人的某些丑闻被曝光而连带企业受累的事例屡见不鲜。在众多的形象代言人中，企业更多青睐名人。但作为名人，是非也多，各种引起公众关注的是非曲直、新闻层出不穷，让企业防不胜防。名人因绯闻影响，名气下降，所代言的企业产品销售也会受到影响。

15.3.3 明星形象代言广告策略

无数广告实践证明，明星广告策略是一种较为直接、影响广泛、效果显著的广告创意策略。但由于明星广告策略执行中牵涉许多环节，任何一个环节处理不当或不到位，都有可能影响整个广告的播放效果。明星广告策略既有巨大的市场效益，同时也潜伏着许多风险。如何从产品及企业的实际出发，科学、理智而又有创造性地利用明星广告策略，值得总结和深思。

1. 明星选择必须与指称对象密切结合

不同类型的企业，不同特色的产品，在采用明星广告策略时，应注意选择与之相适应的明星，将明星细分开来。例如，化妆品最大的消费群体是女性，广告主应该选择年轻艳丽的女艺人作形象代言人。另外，明星的形象与产品形象应一致。同样一个产品，由著名艺人、体育明星或科学界卓越学者来推荐，其效果是不同的。所以采用明星广告策略，要针对产品的定位，选择从外形到气质与产品最适应的明星，这样两者才能相得益彰，互为映衬。

2. 产品与明星在广告中的地位应主次分明

企业花钱做广告，自然是想让自己的产品家喻户晓，人人喜爱，所以不论采取什么样的广告创意策略，产品信息传达都应成为第一要素。明星广告策略也不例外，再有名的明星在广告中也只是一种表现与沟通的手段，只能从属于产品，为产品的宣传服务。这个关系处理得不好，就可能导致明星与产品的角色错位，最后不是使推销的品牌出名，而是让明星更有名。

3. 要确保形象代言人广告的真实性

广告的真实性不仅要求所传达的信息要实事求是，还要求艺术表达要真切自然、合情合理。明星中许多人不善表演，许多人又只善艺术表演，对广告艺术表现的生活化很不习惯，极容易矫揉造作和故弄玄虚，这是很容易失去受众信赖的。因此，明星表演广告，首先要有好的广告脚本，设计要求生活化；另外，演员要完成角色转换，深入体验消费者的心态和情感。

4. 处理好明星与普通消费者的关系

虽然这类广告由明星来表现，但他们必须面向普通消费者，必须了解消费者的心理需求和情感，为消费者所喜爱和理解。如果没有真正了解和表现消费者的心理需求和情感，采用再好的明星做形象代言人也不能引起消费者的共鸣。

5. 不要单纯只看知名度，更要注重美誉度

对很多企业而言，考虑得最多的是明星的"名气"、"人气"大小，至于是否适合为本企业、本品牌做广告却不在考虑之列，这是非常错误的。研究表明，消费者对于自己喜欢的明星所推荐的产品会更加信任，但是仅有知名度是不够的，还要具备美誉度。由于形象代言人大多为影视明星、歌星，而其所处的娱乐圈容易出绯闻，这些明星的名气稳定性不好。尽管某个明星名气很大，但如果其名声不好，这样的明星肯定是不会受到消费者欢迎的。

6. 控制明星使用频率，掌握明星广告时机

明星通常都是曝光于社会媒体的公众人物，其广泛的知名度和公信度是一笔宝贵的广告资源，但明星也不是取之不尽、用之不竭的，选择和利用明星为产品做广告，也要掌握一个"度"和"时机"。首先，要控制明星的使用频率。其次，避免与其他公司同一时期使用同一明星。最后，要巧选时机，最大限度地发挥明星广告的作用。

1. 形象的概念和特点是什么？
2. 企业形象的重要性体现在哪些方面？
3. 企业形象广告的作用有哪些？
4. 企业形象广告的类型有哪些？
5. 企业形象诉求广告的表现方法有哪些？
6. 商品形象表现的心理策略有哪些？
7. 品牌形象的心理策略有哪些？
8. 明星广告的不利因素有哪些？
9. 明星广告代言策略有哪些？

案例分析

美的电热水器

寒冷的冬天，温度可以带来最简单的快乐；特别是在洗浴的时候，脱下厚厚的保暖衣服，冰冷的浴室总是让人有种不寒而栗的感觉。在这种情况下，等待热水器加热的时间会显得更加漫长。加热速度快成为消费者心里潜在的对电热水器产品普遍的期待。

美的电热水器敏锐地捕捉到市场上消费者对电热水器产品的这一诉求，准确地将所有大功率电热水器都具备的"加热速度快"的特点专门提炼出来，打出了"10秒速热，无需等待"的广告。

同时，美的又恰当地选择了国际巨星巩俐作为形象代言人，以一种很清晰简洁的方式将速热的性能扩大化地宣传出来，并在广告的结尾加上"美的电热水器"，完美地诠释了这一市场诉求，给同质化比较严重的大功率美的电热水器产品赋予了新的联想与特质，从而在市场上脱颖而出。

于是在迷幻的背景音乐里，身着性感又飘逸的红裙的巩俐款款而出，用29秒的时间完整形象地演绎了美的电热水器速热的性能，最后用富有磁性的话"10秒速热，无需等待，美的电热水器"，使消费者有身临其境之感，拉近了产品与消费者的距离。这个冬天选择了美的电热水器，就是选择了加热的速度，可以在短短10秒加热，不再为冬季洗浴的寒冷而感到畏惧。

本则广告选择国际巨星巩俐作为形象代言人，有以下几个很好的契合点。

首先，巩俐是性感美丽的。以前人们洗澡是种生活需求，而现在则充满了更多的暧昧和情趣，一想到洗澡的时候伴着的是巩俐这样的性感女神，相信在消费者的心中，是别有一番滋味的，这也是目前广告宣传比较常用的一种效果。

其次，巩俐的形象是成熟的。正如美的品牌一般，现在40多岁的巩俐与美的算是同龄人，这一代人对生活品质的要求更高，更丰富。同时家庭成员也相对多元化，美的电热水器的丰富产品线给这些家庭提供了更多选择。多人洗、速热、清晰面板显示等功能和设计都充分满足了消费者需求的功能和设计。

第三，巩俐是时尚的。她的每一次创新的国际形象都是国际大师们的得意之作，她不是最潮流尖端服装缔造者，但却从不会有人评价她的服装失败。正如现在美的电热水器在外观设计上的突破，花样多变，青花瓷、并蒂莲及卡通等设计，将东方传统美与西方时尚结合在一起。

第四，巩俐是世界的。她是从中国走向世界的头号女明星，国际获奖无数，声名远播，而美的在世界经济最低谷的时候敢于斥巨资找国际巨星代言，也充分展示了美的要作国际化大品牌的营销策略。

第五，巩俐是影后。在29秒内完整演绎回家—开机—加热—洗浴—感叹，其中进入浴室时的期待的眼神,等待时开心的眼神,洗浴时快乐的表情,最后非常享受的表情……表演技巧精湛的巩俐表现得十分到位。

在这些观众看来,大多数中等收入的工薪阶层,辛苦劳作一生,哪里能挣到100万元!而巩俐短短数秒的嫣然一笑,就挣到了100万元,显然是不公平的。但争议归争议,美的空调却在这场全国电视观众的争议中,被更多的消费者所了解和认知,其知名度和市场占有率都有大幅度提高。

但是,我们不能否认明星效应的作用,美的电热水器凭借这条广告,在2009—2010年热水器市场取得了轰动性的成功。品牌家电网的数据显示,在2010年一季度的电热水器咨询中,70%以上的用户会咨询10秒速热的电热水器;而美的电热水器的销量在这个季节占据了该网站所有厨卫类家电45%的份额,绝对性地压倒了其他电热水器品牌。

思考题:
1. 你是如何评价明星形象代言广告的?
2. 结合本案例,请你谈谈设计明星形象代言广告需要注意哪些问题?

第16章 广告策划心理

本章要点
- 掌握广告策划的基本内容和作用
- 掌握锁定目标消费者的方法
- 了解广告中常用的心理学原理
- 掌握影响广告策划的消费心理

企业营销包括企业的整个业务经营活动,主要有市场调查与分析、商品策略、价格策略、促销策略、企业决策和售后服务等方面的有机组合。在现代化大生产高度发展的今天,企业营销活动的各个部分并不是孤立存在的,它们之间有着紧密的联系并相互制约。广告策划必须从企业营销组合全局着眼,统筹安排,使之与营销组合的各个部分有机地协调起来,从而表现广告策划的魅力。

16.1 广告策划的内容和作用

策划是指对某一活动进行运筹和规划。广告策划,就是根据企业的营销计划和目标,在市场调查和预测的基础上,对广告活动战略进行整体和系统的筹划。广告策划为企业生产经营的各个方面服务。从商品开发、生产、销售,到企业经营管理和形象的塑造,广告策划都直接或间接地起到了促进作用。当广告的目标消费群体、品牌定位、媒体安排一旦确定,广告代理商便可以策划和创作广告。

广告策划一般有两种:一种是单独性广告策划,即对一个或几个单一性的广告活动进行策划；另一种是系统的，规模较大的广告策划，即为同一目标而进行连续的、立体的各种不同广告活动的策划，也就是整体广告策划。整体广告策划是广告专业化水平不断提高，专业功能不断加强，专业化管理不断完善的结果，是现代广告活动发展的必然趋势。它从市场调查开始，根据消费者的需求，对企业的生产和商品进行设计和指导。现代企业组织以消费者需求为中心的生产活动，是通过广告促销来推动商品的销售，同时根据消费者对商品的反应，组织信息反馈，为企业的下一步商品开发和生产提供进一步决策依据。与单独广告策划相比，整体广告策划能够更好地把握市场信息，准确地制定广告战略，使广告活动能够做到有的放矢，有利于从整体上提高企业商品的知名度和消费者的购买率，有利于企业迅速树立品牌形象，创造有竞争力的"品牌先锋"，以取得整体营销的效果。目前，整体广告策划已为国际上许多大型企业和广告公司所采用。

16.1.1 广告策划的内容

广告策划，无论是单独的还是整体的，都是一项综合性工程，它所涉及的内容是多方面的，同时它又是按照一定程序，有计划、有步骤地来实施的。一般来说，广告策划的内容主要有以下9个方面。

1. 分析环境，明确要求

由于广告策划环境对广告活动有直接或间接的影响，所以首先应该对它进行深入细致的研究和分析，系统掌握企业内部和外部资料，并明确企业整体营销对广告提出的要求，以确定企业商品在市场中的地位，最终摆正广告在市场中的位置。广告调查是广告策划的重要组成部分。它包括为制定完善而有效的广告决策而进行的调查，以及测定广告活动效果的调查。

2. 商品研究

在进行商品研究时，既要对商品进行整体研究，也要对商品进行分类研究，还要对商品的生命周期进行研究，对商品本身特点进行研究。除了研究商品固有的能够满足人们某种需要的自然属性以外，也要研究商品满足个人消费者和集团消费者的心理属性和社会属性。只有对商品加以深刻的研究，才能找出满足消费者需求的要点和特性，才能确定广告活动的主题与诉求点，才能有优秀的广告创意。

3. 确定广告对象

广告对象是指广告信息的传播对象，即信息接收者。因为不同商品要推销给不同类型的消费者，所以不同商品广告的诉求点也不一样。因此，企业在做广告之前，应该寻找出现实和潜在的消费者。针对这些具有不同年龄、性别、文化、生活背景和经历的消费者群体进行有的放矢的广告宣传，才可能达到预期效果。

4. 确定广告目标

广告目标是广告主通过广告活动所要达到的目的。现代企业在不同时期，由于广告任务不同，广告的具体目标也不同。广告最基本的目标是促进销售，除了上述基本目标以外，在广告活动中，还存在着许多特殊目标。因此，在广告活动中，一般都有多重目标。并且目标与目标之间构成了一个目标系统，这是一个总目标分解为分目标的多层次目标系统。在这个系统中，分目标往往是实现总目标的具体手段。广告所要达到的目标是在汇总有关广告环境和目标消费者群体信息的基础上，由企业的最高决策层和营销部门负责人一起制定的。

5. 确定广告主题与创意

广告主题是广告所要表达的中心思想。广告创意是在广告策划过程中要确定和表达广告主题的创造性思维活动，所以应对广告商品或服务和广告目标进行全面考虑，并通过一定方法，提炼出广告主题。

6. 广告策略的选择

为了将广告主题和广告创意付诸实施，并取得理想的广告效果，必须对各种广告媒体、表现方式、传播范围、发布时机等进行多方面研究，并选择最合适的广告媒体、广告方式、广告范围、广告时机，从而更好地实现广告目标。其中媒体的选择特别重要，应根据商品与媒体的特点，恰当地选择媒体，以期用最少的广告费用获得最佳的传播效果。因此，获得最佳效益便成为广告策划的目标。

7. 确定广告预算

广告预算的确定是广告目标确定以后更为主要的工作。它要求广告部门、营销部门、财务部门一起确定广告预算的总投资，进而对广告费用进行具体的分配。

8. 广告决策

以上7个环节确定以后，就要从总体上进行广告决策，选择最佳组合方案，从而制订广告策划书，确定广告活动实施的具体步骤和方法。

9. 广告效果分析

在广告策划及实施过程中，要及时地进行信息反馈，经常对广告效果进行科学、准确的分析，以便调整广告整体策划。广告效果分析可在广告之前进行，也可在广告之后进行。它既有阶段性又有连续性。

广告策划是一项双向的过程，既有广告调查研究分析、广告目标分析、广告策略分析等这种正向进行的活动，又有广告效果检验、反馈、广告策略修正这种反向进行的活动。正是这种双向过程，使广告策划水平不断提高，也使广告活动更加科学化、规范化。

16.1.2 广告策划与企业市场营销策划的关系

广告策划是企业营销活动中的一个有机组成部分，它在企业营销活动中居于服从、服务的地位。在企业营销活动中，首先要分析企业的外部营销环境，它包括政治、经济、文化、科技、竞争、法律6个方面。这6个因素对企业来说是不可控制的因素，同时又对企业有着重大影响。企业只能适应这个环境，而不可能改变这个环境。企业内部可控制的因素为商品、价格、促销、管理4个方面。企业通过调整内部因素去适应外部环境，以发掘原有市场机会，开拓新的市场。4个可控制因素的组合即市场营销组合，促销作为市场营销组合的4个因素之一，又由广告、公共关系、人员推销、特种推销方法等部分构成。广告是企业促销措施之一，是作为企业的营销组合的一个有机组成部分存在并发挥作用的。

1. 广告策划必须服从于企业营销计划

对企业来说，进行广告策划的目的是为了提高广告宣传效果，使企业以最低的广告开支，最大限度地达到企业的营销目标。广告作为市场营销组合的一项策略措施，必须服从其整体性、协调性、多变性的要求，即要服从市场营销总目标和总体要求，又要与市场、商品价格、销售渠道相匹配。总之，广告策划要服从企业的营销策划，绝不能让广告与市场、商品、价格、销售各行其道。

2. 广告策划服务于企业的市场营销活动，要以商品销售为中心

广告策划要生动、形象、精确、适时地体现企业营销的总体构思、策略意图和具体安排。首先，要体现出市场策划的意图，即进行广告策划之前，必须搞清楚企业的目标市场是什么，有哪些市场，有何特性，本企业商品在市场中的位置如何等问题。其次，要体现商品策划的意图：一要体现商品做广告的必要性；二要体现出商品的差异性；三要体现出商品的阶段性。再次，要体现出销售渠道策划的意图，即广告要与商品销售的路线相配合。

总之，广告目标是企业市场营销目标之一，它直接为企业的营销目标服务。广告策划虽然从客观上说是服从或服务于现代企业营销目标的，但它并不是一种被动的活动，广告策划也应体现出其主动性、创造性的特点。企业营销策划对广告策划起着决定性作用，规定着广告策划的方向、方法、内涵、外延，但是广告策划又对企业市场营销策划有着反作用，它对于实现企业营销计划不可缺少，起着先导、辅助和促进作用。

16.2 广告策划的最根本出发点——消费者分析

16.2.1 尊重消费者是广告活动的出发点和归宿

广告策划的出发点是说服消费者，其目的是唤起消费者的购买欲望，因此广告活动具有明确的意图。

广告策划者要牢记大师的告诫："记住，你正在和自己的朋友对话"。对现代广告来说，如何使商品生产者的广告抛开他们的文化和个人观点，而学会以他人的文化和观点来看待世界十分重要。这一切，又必须建立在消费者的基础上。消费者的困难就是广告活动的机会，任何一个广告策划者，恐怕都迫切地希望消费者处于困境之中，但是，广告活动的规律要求广告策划者在广告策划开始，必须挖掘消费者在消费过程中还存在着哪些难点，这是广告活动的突破点。

16.2.2 市场细分——消费者研究的核心概念

在目标市场中，由于受到许多因素影响，不同消费者有着不同的购买习惯和购买行为。例如，日本的资生堂公司为了更好地推销化妆品，对化妆品的消费者进行了市场细分，详细地对化妆品的主要消费者即十七八岁至40岁左右的妇女进行了调查，根据不同年龄段妇女对化妆品需求的特点，将她们划分为不同的消费群。其中十七八岁的女学生为一个消费者群，她们开始注重打扮，追求时髦，但因尚未就业，没有独立的经济来源，所以只能购买单一的、装饰较强的化妆品；第二个消费者群是20多岁的青年，她们非常注重化妆打扮，加之有自己的收入，所以喜欢买成套的高档化妆品；第三个细分市场是30岁左右的妇女，她们已经成家，但年纪不大，喜欢价格合适、质量又好的化妆品；至于40岁左右的妇女，虽然需求差异存在，但大都喜欢保护皮肤、抗衰老和遮盖效果好的化妆品。通过这样的分析，就把妇女化妆品市场细分为4个子市场，资生堂公司在市场细分的基础上，根据各细分市场的特点，采取针对性的营销手段，取得了很好的效果。

16.2.3 锁定目标消费者

在策划活动中，消费者研究首先就要确定谁是广告活动的目标消费者，而且要用具体指标体现出来。在确定目标消费者群体时，所得到的各项指标越严谨、越具体，对广告策划的指导意义也就越明显。确定目标消费者，一般从下面6个方面入手。

1. 从社会因素分析入手，确定目标消费者

社会因素是附着在消费者身上的特征，就是消费者在社会组织中所处的位置和所担任的社会角色。例如，农民、工人、干部、知识分子等。在分析过程中，要遵守这样一个原则：大处着眼，小处着手。例如，当限定知识分子为目标消费者群体之后，还要进一步限定是高级知识分子、中级知识分子，还是初级知识分子，每个群体的具体情况越清楚，则目标消费群体也就越明确。

2. 从地理环境分析入手，界定出消费者的活动空间

不同的地理环境，对个体人格会有很大影响，而不同人格的个体，消费行为又有很大差异。从广告活动的角度来讲，尤其不能忽视地域文化对消费者的影响。

3. 从人口因素分析入手，寻找与消费者沟通的要点

广告活动面对的是"心理"人口，而不仅仅是社会学意义上的人口概念。有些城市已经进入老年型社会，而有些城市却又属于年轻型社会，还有诸如人口变动速率、人口变动类型等因素都属于广告活动中消费者分析的范畴。

4. 从家庭因素入手，把握消费者的消费主要场所

家庭是在婚姻和血缘关系的基础上建立的以夫妻子女为基本成员，共同生活的初级社会群体。在中国，消费者的家庭观念很强烈。一个消费者，看到广告所介绍的商品时，除了想到自己需要外，也许更多的是想到自己家庭成员的需要。因此，关于生活用品的广告，渲染该商品给家庭成员带来的乐趣和欢乐，比一味地介绍商品优点更能打动消费者的心扉。

5. 从消费者个人因素分析入手，将消费者概念具体化

这是指从消费者的自身素质分析入手。例如，文化程度、年龄、爱好、消费习惯等因素，使目标消费者群体如同一个真实存在的活人一样明确。只有做到这一步，广告主和广告创作人员，才能在广告活动计划书的引导下，准确地理解、把握广告策划者的意图。

6. 消费者相关群体研究

将目标消费者群体具体定位以后，并不意味着所有的力量都集中于研究目标消费者而放弃非目标消费者群体。因为任何一个消费者，都扮演着一定的社会角色并占有一定的社会地位。任何特定的社会地位，都包括了与这个地位相关的一组关系，这些关系对于这个特定社会地位和角色的消费者来说非常必要。例如，某化妆品的目标群体是年轻女性，在广告活动中除了研究年轻女性以外，也要研究年轻男性，因为"女为悦己者容"，男性青年对此商品的评价也可能对女性消费者的购买行为产生影响。

所以，确定目标消费者群体的过程，应该从以上 6 个方面来对目标消费者进行分析和研究。任何从单方面来考虑和确定目标消费者都是不够的，广告策划者必须从多角度、多方面来进行综合考虑。

16.2.4 聚合之后的分离——消费类型分析

前面我们介绍了如何确定消费者，即从 6 个方面纵横交错，多侧面、多角度地加以分析和界定，对目标对象就会有一个比较完整的概念。当多种因素聚合在一起，对消费者有了一个比较完整的轮廓之后，消费者分析的下一步工作，就是将这个整体分离。

1. 买者不常是用者，用者也不永远是买者

在谈论买者与卖者关系之前，要先弄清楚个人购买者和集团购买者。集团购买行为决策者多，购买次数少，比较固定；个人购买行为决策者少，购买次数多，易变换品牌和购买地点等。同时，个人购买者也可以划分为多种层次，处于不同层次的消费者，在消费过程中所承担的责任不同。主要可以划分为：倡导者；影响者；决定购买者；执行购买者；最终使用者。在具体购买过程中，有时是"一人数职"，有时又是"一职数人"。由于存在着这种"一对多"、"多对一"的现象，因此在策划中，要做到有效地分析比较困难。广告活动既要鼓励执行购买者去影响使用者，也要鼓励使用者去影响购买者。

2. 现实消费者与潜在消费者

那些正在或已经与商品发生消费关系的消费者，可以看作现实消费者；可能的消费者称为潜在消费者。虽然可以将消费者划分为现实消费者和潜在消费者，但广告活动针对的只能是"潜在消费者"。"潜在消费者"不仅指未使用过本商品的但有可能使用本商品的人，也包括曾经使用过本商品的消费者。因为这部分消费者虽然过去使用过本商品，但其未来行为却无法把握。这个结论，也吻合了"广告活动的时态永远是将来进行时"的观点。现实消费者和潜在消费者可以划分为以下4类。

（1）未使用者。这类消费者没有使用过本品牌商品。广告活动的目标就是促使这些消费者对本品牌商品产生关注或使用本品牌商品。

（2）少量使用者。这类人由于某些原因，大量使用竞争对手的商品，或者没有养成固定的使用习惯。广告活动的目标就要促使这类人使用本品牌商品。

（3）平均使用者。广告目标应该是在巩固这类消费者数量的基础上，鼓励他们大量使用本品牌商品。

（4）大量使用者。广告活动目标应是巩固这类忠实消费者的品牌态度，并给予一定的信息反馈。这里所说的信息反馈，就是指通过广告活动，让那些大量使用本商品的消费者，因为使用了本品牌商品而感到自豪。一个消费者作出购买商品决定之前，常常会向大量拥有欲购买商品的人咨询，而后者对前者的影响作用往往超过广告或销售人员的介绍。

3. 消费者类别的游移

现实市场上的任何商品或服务，其目标消费者群体不是静止的。所以，广告活动要时刻应付"变动群体"。① 作为广告活动的有效目标，主要是消费者群体的数量，这又有两层含义：一是扩大人数；二是在人数不增加的情况下，扩大消费者对本商品用途的认识或增加使用频率，以此来增加销量。② 广告活动的目标，就是引导、教育未曾使用者或曾经使用而不再使用者，要他们知道使用这类商品的好处，从而使他们开始使用这种商品，或回心转意再使用这种商品。③ 广告活动的目标，就是使竞争者的消费者群体产生分化。"这种做法不在于增大'蛋糕的尺寸'，而只是改变蛋糕的分法。"

16.2.5　消费行为的双重性

1. 人化的消费者

消费者存在的最根本依据是因为"人的属性"。消费行为产生的原因是多样化的，有文化因素、心理因素、社会因素、民族因素、经济因素等。但是综合起来，消费者又可分为以下6种类型。

（1）习惯型消费者。这类消费者往往忠实于一种或数种品牌。当消费者忠实于本品牌时，广告活动的目的是巩固这种习惯，在必要的时候还要加以强化；当消费者习惯于选择别的品牌时，广告活动的目的是要转变消费者的态度，这种情况对广告活动的要求较高；当消费者不再使用此类商品或者消费习惯落后时，广告活动的目的是要改变消费者原有的消费习惯，培养新的消费习惯。

（2）理智型消费者。这类消费者在购买之前已经对要购买商品的相关资料进行了周密地比较、研究和分析，因此在购买时已心中有数。

（3）经济型消费者。这类消费者特别重视价格，廉价物品是其钟爱的对象，他们对产品的功能及经济效用比较关注。

（4）冲动型消费者。这类消费者习惯于感性购买，容易受商品外观或品牌名称的影响。

（5）情感型消费者。广告中情感因素能打动这类消费者的心，而且在购物时深受联想的影响。

（6）年轻型消费者。这类消费者属于新的消费群体，他们的消费行为大多尚未稳定，缺乏商品消费经验。"用了都说好"之类的诉求对其影响较大。

2. 物化的消费者

这里所说的"物化"，是针对前面"人化"而言的。在经过前几个阶段分析之后，从商品的角度来观察一下消费者，可以分为以下6种类型。

（1）威望类商品消费者。消费者拥有某类商品，既是威望的象征，也是具有威望的证明。

（2）成人类商品消费者。由于社会风俗习惯，健康方面的原因，成人消费者可以拥有某类商品的特权。

（3）地位类商品消费者。不同地位的消费者，可以拥有与其地位相一致的商品为标志，这与威望类型商品消费者不同。

（4）渴望类商品消费者。有些商品是消费者在日常生活中渴望拥有的。

（5）快乐类商品消费者。这类商品容易引起该类消费者冲动性购买，包括各种零食。例如，花生米、瓜子、玉米花等，还包括时装、儿童玩具等。

（6）功能类商品消费者。有些商品，消费者在购买时，主要从该商品所能提供的功能方面来考虑。

以上这6个方面，我们既可以把它看作是从商品角度观察消费者的结果，也可以把它看作是从消费者需求角度来分析商品。

16.2.6 消费者购买过程研究

消费者在作购买决策之前，都要对所获得的信息和相关因素有所认识和权衡。因此，购买不是瞬时行为，而是一个过程。这个过程可以分成以下9个步骤（具体内容前面的章节已经有详细介绍）：① 需求种类决策；② 商品属性决策；③ 商品种类决策；④ 商品型式决策；⑤ 品牌决策；⑥ 购买地点决策；⑦ 购买数量决策；⑧ 付款方式决策；⑨ 完成购买。

消费者的购买过程，实际上是一个通过广告媒体、推销员、亲友、观察等方式，对商品价格、品质、形式、效益、形象等信息进行全面的认知，然后采取有益于自己的决策，最后作出购买行为。

16.2.7 消费者的关心点

所谓关心点，就是指消费者对于本商品或服务所关心的重点。关心点是一种心理现象。在消费过程中，消费者的消费行为往往会受到关心点的支配和控制。

任何一个商品或一项服务，其特点不止一个，其中有优点，也有缺点。如果消费者的关心点恰好在商品的优势方面，那么，广告活动便可在商品的优点上下工夫。此时，关心点起到了掩盖非关心点的作用，这有点类似俗话中的"一俊遮百丑"。如果消费者的关心点恰好在商品的弱势方面，那么广告活动就要通过优势与弱势的对比，强调优势，转化消费者的关心点，变弱势为优点和关心点。寻找消费者的关心点主要表现在以下6个方面。

（1）新点。商品或服务总是处于不断更新之中，商品的新型号、新功能等都较易成为消费者的关心点。

（2）近点。商品或服务越与消费者接近，消费者越关心。

（3）热点。在消费生活中，往往有一种流行的行为模式。对于这种模式，许多消费者往往怀有很大的热情，在消费过程中常常具有一时的冲动性和较少的计划性。

（4）难点。如前文所说，消费者一举手、一投足都存在困难，而消费者的困难正是广告活动的良机。

（5）疑点。许多商品或服务，在消费者群体中会存在着许多疑点，成为消费者对该商品的关注焦点。

（6）歧点。不同的消费者，对商品或服务有不同的说法，众说纷纭。

除了上面6个方面外，消费者的关心点还可能在其他方面产生。不过，上面6个方面较其他方面更易引起消费者的关注。

16.2.8 消费理由的提出

消费者既然选择了某种商品，自然是有一定理由的。但是，消费者的消费理由，有些是显性的，而有些则是隐性的。显性消费理由，例如，买衣服是为了遮体，买面包是为了充饥，买自行车是为了代步等。一般而言，在充满活力的商业环境下，显性的消费理由几乎已经没有可供广告活动挖掘的余地，而隐性的消费理由则是广告策划研究的主要对象。

粗略地划分，隐性消费理由可分为两种：一种是商品或服务本身所固有的，但消费者不易察觉，此时，需要借助广告活动大力宣传，使隐性变为显性；二是商品或服务本身并不具备的性质，通过广告活动附加在商品或服务之上。当然，这种附加是有别于虚假广告的，其主要目的是使商品或者服务上升到文化层面。

在广告活动中，将消费理由研究透彻以后，就要在广告诉求中有针对性地提出消费理由。概括起来，下面5种方式比较常见。

1. 直接在广告诉求中陈述消费理由

这是最普遍的一种，也是最容易把握和理解的一种形式。这种诉求方式，主要针对的是显性消费理由。例如，"白加黑"感冒药在广告中宣称"白天服白片不瞌睡，晚上服黑片睡得香"；"斯达舒"胃药的"胃痛、胃酸、胃胀，就用斯达舒"。这些广告重点突出产品与众不同的功效和性能，引起消费者的注意、兴趣，并博得青睐。

2. 间接陈述消费理由

这也是针对显性消费理由的一种诉求方式。有的时候，有些商品或服务是消费者必需的，但是消费者尚未意识到，或者消费者无法接受直接陈述。"一辈子只有平安好！"平安保险公司的这句广告文案，恰当地描述了这家保险公司重视人的价值，为消费者说出了到这家保险公司投保的理由。

3. 合情合理地提出消费理由，不必寻求合理的支持系统

有些消费理由，如果仔细分析，就会觉得并不那么合乎道理。所以，广告活动就要寻求合情合理的消费理由，以期在消费者心中形成冲击力。例如，人头马XO的广告语："人头马开，好事自然来。"从逻辑上分析，这是不可能的，但能给消费者带来一种心理上的满足感。

4. 没有消费理由时，想想是否可以强词夺理

前面我们已经说过，在消费者行为中，消费习惯是个很关键的环节。有些商品，在某些区域或某段时间里，消费者没有形成消费习惯。面对这种情况，如果轻易加以回避，那么广告的诱惑力和刺激性就要减弱许多。这就要考虑在没有消费理由时，是否可以强行寻找或附加一个能让消费者接受的理由。例如，日本东芝电子的广告"拥有东芝，拥有世界"，为东芝电子的商品增添了不少豪迈的气魄，有利于消费者接受。

5. 如果正当的消费理由可能会引起社会反感时，可以反其道而行之

有些商品的消费理由与社会规范相抵触，例如，污染环境的商品（香烟、氟利昂等）和社会风俗难容的商品（与性有关的商品等）。这类商品无法正面阐述其消费理由，但是社会生活中又确实离不开它们。面对这种情况，广告活动在陈述消费理由时，应顺应社会潮流，适应社会风俗。

16.3 广告策划的心理策略

广告的目的是为了促使消费者购买商品，然而它只是通过信息传播这种外在的刺激手段来实现这一目的。广告能否发生效应，还在于传播活动的另一方——广告的接受者能否对广告产生积极的反应。因此，在广告策划时，根据不同的受众群体应用不同的心理策略显得尤其重要。

16.3.1 广告受众心理特征分析

不同的接受者对信息的认识处理有较大差别，智力和受教育水平不同的人，其认识和处理问题的方法、技巧不同；不同的消费者在考察、记忆、理解问题时有自己的选择倾向，因此被说服的程度有很大的差别。广告策划应该注意研究各种接受者的特征，并利用这些特征来指导广告策划。

广告受众对广告信息认识和处理的不同特征可以归纳为不同的模型，主要有AIDMA模型、学习反应模型、低度感情反应模型和失衡—归因反应模型。

（1）AIDMA模式。人们接触到广告时会产生注意（Attention），继而产生兴趣（Interest），对消费产生需求欲望（Desire），并对广告的产品有良好印象和记忆（Memory），最后是激发购买行为（Action）。具体过程是：① 诉诸感觉，引起注意；② 赋予特色，激发兴趣；③ 确立信念，刺激欲望；④ 创造印象，加强记忆；⑤ 坚定信心，导致行动。

（2）学习反应模型，又称为主动学习理论。这一种模型或理论是表明消费者由后天经验所引起的反应层次，它假设广告能将产品信息有效地传达到目标消费者那里，以影响他们对该产品的印象，印象好就能增加消费者购买该产品或劳务的可能性，因而销售量就会上升。这个模型要求广告主首先要提供款式新颖，质量上乘的商品。引发消费者的兴趣和情感，以达到促进购买的目的。因此，广告策划者主要应在广告中传达产品有关的性能、特点等知识。

（3）低度感情反应模型。这个模型或理论表明，消费者购买商品是经过了"认识→行动→情感"的过程。在这一模式下消费者首先是以较低的程度投入购买，而后形成印象。这种模型适用于产品的"品牌差别不大"、顾客对品牌感情不深的场合。按照这个模型，消费者的"行动"是以"认识"为基础的理智型购买，但对产品并无深厚的情感。因此，在这种情况下，广告的重点是引导消费者低程度购买，广告策略是先提高企业和产品的知名度和美誉度，然后激发消费者购买后的信任感和满足感，以推动消费者的高程度购买行为。

（4）失衡—归因反应模型，又称减少不满理论。这个模型表明了消费者经历"行动→情感→认识"的反顺序过程。有的消费者首先根据别人的介绍购买了某商品，然后在使用过程中，以个人的经验感受来培养对产品的情感，最后通过寻找支持该产品的信息，来了解产品的属性，消除由于仓促购买而引起的心理上的不平衡或者是不满。这里的不满是指消费者在购买过程中感到所放弃的购买机会比所得到的购买机会更好。这个模型适用于消费者对产品高度关心，但对品牌的优劣不易弄清楚的情况，按照这种模型，广告策划可采用阶段性广告策略：先通过广告宣传，以奖金、奖品等促销手段吸引人们购买，然后再介绍产品的性能、特点，着重宣传产品能够给消费者带来的比较性利益，消除人们购买后的不安心理，减少消费者的不满程度，并促使他们学习如何使用产品以及如何识别产品。

16.3.2 广告策划中常用的心理学原理

1. 需要的原理

需要是人们进行实践活动的原动力，人们购买某种商品是源于其某种需要。广告要着重说明广告产品正是符合消费者的需要，只有消费者真正认识到这种商品是他们所需要的，他们才会购买，也才能起到促进销售的作用。因此，广告要成功，就必须首先掌握人们的需要，针对人们的需要去确立广告诉求重点和策划制作广告。

广告策划不仅要了解人们的需要，还要能引起需要，刺激需要。这里所说的需要，不是指某一个人的具体需要，而是指群体的需要、社会性的需要，以及依据各种标准划分的人群的共同需要。

广告策划通常通过 3 种方式来实施心理性需要诉求。

（1）需要的反面。广告诉求突出不满足需要时所得的坏结果。出外旅游不带"风油精"，容易晕车晕船，得不到及时治疗，后果可想而知。这种利用需要的反面诉求，也称为恐怖诉求。

（2）需要的正面。多数广告采用这种方式，一开始就介绍商品的好处，从而激发人们的购买欲望。

（3）需要的障碍。广告要引起和刺激人们去满足某种需要，告诉人们必须加强信心，排除障碍，迅速行动。常见的广告"数量有限，欲购从速"便属于这类，它促使人们迅速购买。

2. 注意的原理

注意是人的意识心理的一种机能，是人们心理活动的一种普遍现象，是人的心理活动对外界事物的指向和集中。引起人们对广告的注意，是任何一则广告成功的基础。在广告策划中，有意识地加强广告注意的作用，是广告心理的重要运用。在现实生活中各种广告越多，广告引起人们注意的机会就越少，这是因为人们对于外界信息的注意是有选择的，通常称之为"选择性注意"。

注意明显地表现了人们的意识对客观事物的警觉性与选择性。有明显购买目标的消费者，往往会有意注意从广告中找寻要购买的商品的信息，成功的广告就是要吸引这些人接触自己的广告。但大多数人对广告是无意注意的，这时广告就要使他们在无意中留下广告印象，并设法引起他们的注意。而且，广告成功的关键，就在于设法使消费者对广告从无意注意变成有意注意，或在下意识里潜伏广告的印象，时机一到，就变成有意注意广告了。

广告策划应弄清楚哪些信息最容易引起人们的注意，引起人们注意的主要因素有以下几个方面。

（1）人们的需要。一般来说，人们对某种商品或事物的需求会引导人们去寻找和注意有关的信息，或者说人们需要什么就会注意什么。由于需求是人们注意的内在动因，所以是引起注意的主观因素。

（2）外界的刺激。事实上并非只有需求的信息才会引起人们的注意，只要这种信息对人们的刺激能达到一定的强度，同样会引起人们的注意，热闹的开张仪式，新颖独特的广告设计，都会引起人们的普遍注意，而不管是对此有无需求。

不论有意注意或无意注意，都有指向性和集中性。注意是人的意志只集中在少数事物上，而对其他事物不闻不问。注意主要由刺激的深刻性与主体的意向性两个因素引起的。广告的作用在于适应和诱导主体的意向性，并加强对他们的刺激，集中他们的意向指向自己的广告，掌握和满足人们的需要。运用各种刺激心理反应的办法，是集中人们注意广告的外在因素。所以广告要引起人们的注意，除了要掌握需要的原理以外，还要运用各种技巧，增强对人们视觉的刺激。在一定程度上这种强度愈大，人们对这种刺激物的注意就愈强烈。扩大广告的空间、延长广告的时间、突出广告的色泽、增强广告的艺术美、使广告动态化等，都是广告常用的刺激表现手法。

总之，通过增大刺激物的强度（如采用鲜明强烈的色彩或光线，醒目突出的字体或图案以及特殊的音响），增大刺激元素间的对比（如色彩与光线的明暗、强弱对比，音响高低、节奏对比，语言的长短对比，字体粗细对比等，以引起消费者大脑皮层的部分兴奋），增强刺激物的感染力（搞好广告创意与设计，选择人们所关心的广告题材，增强刺激物的感染力）等来提高广告的注意。

3. 联想的原理

联想也是人们特定的心理活动方式之一。人们在回忆时，往往会由当前感知的事物"触景生情"地联想到有关的其他事物。广告运用各种手法激发有益的联想，能加剧刺激的深度和广度，这是广告策划设计中，有意识地增强广告效果的重要手段。

依据事物间联系的不同，广告中运用联想的原理，主要有接近联想、连续联想、相似联想、对比联想、关系联想、颜色联想。

（1）接近联想。这是指人们对在时间或空间上接近的事物形成的联想，由一事物想到另一事物。到火车站，就会想到火车，这是空间接近产生的联想。春节到了，要送礼品，这是时间接近产生的联想。广告策划要有意识地利用时机，启发接近联想，这样能扩大广告宣传效果，刺激购买欲望。

（2）连续联想。客观事物总是有连续性的，人们会根据过去的经验，想到其一便会联想到其二。广告策划要运用这一原理，适应人们已习惯了的连续性。

（3）相似联想。又叫类比联想，是将形似、义近的事物加以类比形成的联想，是人们对一件事物的感知，立即引起对和它在性质上、形态上相似的事物的回忆。

（4）对比联想。这与相似联想相反，人们对某一事物感知，常常会引起和它相反特点的事物的联想，如在黑夜会联想到光明和白天。须注意的是，对比联想时，应少用或不用恐惧式诉求，以免引起不良的社会效应。更不要靠贬低别人来抬高自己。

（5）关系联想。这是人们依靠事物之间的各种关系而导致对别的事物的联想，如整体与局部、上下左右、原因与结果等。一个广告选定一曲优美动人的乐曲作前奏或伴音,时间长了,当人们一听到这一乐曲,就会联想到这一广告。

（6）颜色联想。色彩与人的心理有密切关系,不同的色彩代表不同意义,引起人们不同的联想。白色使人想到清洁、神圣、诚实;黑色使人想到严肃、庄重;红色使人联想到热烈、欢快等。广告画面要善于运用色彩联想,增强感染力。

4. 记忆的原理

记忆是人们重要的心理活动之一,是人脑对过去经历过的事物的反映,是人的主体对经历过的事物的感受,由记到忆的一种心理过程。简言之,记忆是再生过去的经验。

人的记忆也有规律,一般来说,简单与复杂、形象与抽象、活动与静止、联想与孤立、有趣与乏味、反复与偶然、理解与无知、需要与不需要、注意与忽视等不同事物之间,前者比后者容易记忆。所以广告策划应尽可能按需要的、注意的、有趣的、形象的、活动的、联想的、易解的、简单的、反复的等要求来设计,容易给人们留下深刻印象,保持记忆,便于回想。

强化广告受众对广告信息的记忆的方法有很多,如加强信息的刺激、提高显示的频率、注意传播的节奏,都能在一定程度上强化广告受众的记忆。然而,通过环境因素的影响,建立辅助记忆的第二信息系统,是强化记忆的有效方法。

所谓第二信息系统,通常称作"记忆坐标",它们是独立于所要记忆的信息之外,又同这些信息存在着一定程度联系的信息集,也就是所要记忆信息的环境因素。例如,要某人记住某一个历史事件的日期可能是比较困难的事情,但如果这一历史事件的月份或日期同这个人的生日相一致,这个人就会轻而易举地记住这个历史事件。这就是因为这个人的生日这个不易忘怀的日期,成为记住该历史事件发生日的"记忆坐标"。在广告策划中,可以应用这个"记忆坐标",如在一个精彩电视剧中插播的广告,或在重大体育比赛现场出现的广告现象,就比较容易给人留下难以忘怀的印象,这就是环境因素对记忆所产生的影响。

在广告策划中通过建立特定标识,利用流行效应,选择宣传场合,防止产生负效应来建立"第二信息系统",以提高广告宣传效果。

（1）建立特定标识。通过在广告中建立某些反映企业或产品特色的标识,并在所有广告中反复出现,就有可能使这些标识成为加深广告受众印象的"第二信息"系统,它们能使广告受众因它们的存在而对广告产生强烈的识别和记忆效应。

（2）利用流行效应。某种特定的形象或事物在一定的时期内,由于为公众的普遍接受或集中追求而在社会上得到流行,对这种事物的适当借用,也可使其成为强化广告效应的"第二信息系统"。

（3）选择宣传场合。适当场合也会对在该场合所做的广告产生环境渲染作用,加深广告受众对广告的印象,成为有利于广告信息传播的"第二信息系统"。如在运动场内及其周围,各种运动器材和运动服装的广告往往最容易产生效应;而在车站、码头,各种旅行用品、宾馆酒店和各种交通工具的广告则更容易引起人们的注意。

(4) 防止负效应。"第二信息系统"的作用是双向的，可能产生"正效应"，也可能产生"负效应"。在吃饭时，如果电视正在做厕所洁具宣传的广告，就会引起人们的恶心。这种不顾场合和时机进行广告宣传对人们通过"第二信息系统"所产生的联想和记忆是消极的，所以不仅不可能提高广告宣传的效应，相反，只会造成受众对广告信息的抵制。

16.3.3　影响广告策划的消费心理

广告策划的最终目的是激发消费者的消费动机。美国广告学家麦克利兰提出每个人都有其独具特色的消费见解，由此可见消费动机是由多方面的消费心理活动构成的。影响广告策划主要有以下几个方面。

1. 从众心理

从社会心理学角度看，从众心理就是由一个人或一个团体的真实的或是臆想的压力所引起的人的行为或观点的变化。简言之，盲目顺从别人的判断现象称为从众心理。如某位女性起初并不喜欢某种服装，但第二天看到不少人抢购那种服装，她便改变看法，也参加抢购行列，这便是从众心理在起作用。再如某些产品广告一再宣扬该产品在全国同类产品中销量第一，或强调该产品畅销国外，等等，即是着眼于消费者的从众心理。

2. 求名、求美、求新、求廉心理

求名心理是以追求名牌或"吉利"的商品名称为主要目的的消费心理。一般说来，名牌是一种受社会普遍信任的商品或劳务，追求名牌，是消费者炫耀自己的地位与身份的心理动机的表现。追求商品或劳务的名牌的心理动机，主要是追求某种吉利、喜欢的字眼。如为同事、朋友、长辈祝寿，往往就喜欢买"寿桃"、"延寿酒"等商品；新婚往往喜欢买双喜牌用品等。

求美心理是指人类总是按照美的规律去认识生活和创造生活。消费者越来越趋向追求美感，这种美感包括商品美感，人自身美感和新技术、新材料带来的美感。因此，对商品的造型、色彩、质地等内容尽可能用艺术的手法来表现，以美感为诉求点进行广告越来越引起人们的重视。

求新心理是以追求时尚、流行商品为特点的消费心理。人们具有求新、好奇的心理特征，希望所购买的商品能独具一格，别开生面，以满足求新的欲望，增加生活的情趣。对这类消费者，在广告中要突出商品的新颖性、独特性，广告必须有个性，有风格。

求廉心理是追求实惠和经济利益为主的消费心理。有这种心理的消费者往往只图价格便宜，而不重视商品的质量、色彩、款式，经常喜欢买处理货，对折价商品、过时商品给予较多注意。针对他们的广告宜强调物美价廉，突出价格便宜。

3. 逆反心理

逆反心理是客观环境与主体需要不相符时产生的一种心理。其特征表现为认识的偏见、观点的极端、情绪的抵触、行为的盲从放纵等。广告巧妙运用逆反心理的原理，能够收到明显效果。美国有家饭店的老板别出心裁地做了一个"本饭店经营最差的食品，由差劲的厨师烹调"的广告。同时老板还在店门口亮出一块招牌，上边醒目地写着"最糟糕的食品"。许多顾客感到新奇，争先光顾这家饭店，都想尝尝"最糟糕的食品"的味道。品尝后发现，其实都是最美味的佳肴，结果饭店美名远扬，顾客纷至沓来。

由此可见，基于消费者需要的消费动机包含着多种消费心理因素，而不同的消费者必然会有不同的消费动机。广告策划针对特定的消费动机制定广告策略，找准诉求点，才可能影响消费者的心理。

思 考 题

1. 广告策划的基本内容是什么？有哪些作用？
2. 锁定目标消费者的方法有哪些？
3. 影响广告策划的消费心理包括哪些？

案例分析

"新生代"百事可乐 VS "本土化"可口可乐

百事可乐广告策略

百事可乐作为世界饮料业两大巨头之一，100多年来与可口可乐上演了一场蔚为壮观的两乐之战。两乐之战的前期，也即20世纪80年代之前，百事可乐一直惨淡经营，由于其竞争手法不够高明，尤其是广告的竞争不得力，所以被可口可乐远远地甩在后头。然而经历了与可口可乐无数交锋之后，百事可乐终于明确了自己的定位，以"新生代的可乐"形象对可口可乐实施了侧翼攻击，从年轻人身上赢得了广大的市场。

百事可乐的定位是具有其战略眼光的。因为百事可乐配方、色泽、味道都与可口可乐相似，绝大多数消费者根本喝不出二者的区别，所以百事在质量上根本无法胜出，百事选择的挑战方式是在消费者定位上实施差异化。百事可乐摒弃了不分男女老少"全面覆盖"的策略，而从年轻人入手，对可口实施了侧翼攻击。并且通过广告，百事力图树立其"年轻，活泼，时尚"的形象，而暗示可口的"老迈，落伍，过时"。

百事可乐完成了自己的定位后，开始研究年轻人的特点。精心调查发现，年轻人现在最流行的东西是酷，而酷表达出来，就是独特的、新潮的、有内涵的、有风格创意的意思。百事抓住了年轻人喜欢酷的心理特征，开始推出了一系列以年轻人认为最酷明星为形象代言人的广告。

在美国本土，1994年百事可乐以500万美元聘请了流行乐坛巨星麦克尔·杰克逊做广告。此举被誉为有史以来最大手笔的广告运动。杰克逊果然不辱使命。当他踏着如梦似狂的舞步，唱着百事广告主题曲出现在屏幕上时，年轻消费者的心无不为之震撼。在中国大陆，继邀请张国荣和刘德华做其代言人之后，百事可乐又力邀郭富城、王菲、珍妮·杰克逊和瑞奇·马丁四大歌星做它的形象代表。两位香港歌星自然不同凡响，郭富城的劲歌劲舞，王菲的冷酷气质，迷倒了全国无数年轻消费者。在全国各地百事销售点上，我们无法逃避的就是郭富城那执著、坚定、热情的渴望眼神。不过，因为两个外国歌星在中国大陆的知名度并不高，也造成了资源的浪费，在这点上，百事做的稍逊于可口可乐。即使如此，百事可乐那年轻、活力的形象已深入人心。在上海电台一次6 000人调查中，年轻人说出了自己认为最酷的东西。他们认为，最酷的男歌手是郭富城，最酷的女歌手是王菲，而最酷的饮料是百事可乐，最酷的广告是百事可乐郭富城超长版。现在年轻人最酷的行为就是喝百事可乐了。比如，1997年北京饮料市场百事与可口占有率为1:10，到1999年升至1:2.5，其中绝大部分贡献就是由年轻人做的。总而言之，我们认为百事可乐以新生代喜欢的超级巨星做形象代言人是它广告策略最成功的一点。

百事可乐广告语也是颇具特色的。它以"新一代的选择"、"渴望无限"做自己的广告语。百事认为，年轻人对所有事物都有所追求，比如音乐、运动，于是百事可乐提出了"渴望无限"的广告语。百事提倡年轻人作出"新一代的选择"，那就是喝百事可乐。百事这两句富有活力的广告语很快赢得了年轻人的认可。配合百事的广告语，百事广告内容一般是音乐、运动，比如麦克尔·杰克逊、郭富城都是劲歌劲舞。百事还善打足球牌，百事利用大部分青少年喜欢足球的特点，特意推出了百事足球明星。可谓充满洞察力。

百事可乐作为挑战者，没有模仿可口可乐的广告策略，而是勇于创新，通过广告树立了一个"后来居上"的形象，并把品牌蕴含的那种积极向上、时尚进取、机智幽默和不懈追求美好生活的新一代精神发扬到百事可乐所在的每一个角落。百事可乐是受人尊崇的，百事可乐的广告策略也是值得推崇的。像非常可乐曾以"年轻没有失败"为广告语，广告内容是音乐和运动，也赢得了年轻人的喜爱。

可口可乐广告策略

可口可乐公司的前老板伍德拉夫有一句名言："可口可乐99.61%是碳酸、糖浆和水。如果不进行广告宣传，那还有谁会喝它呢？"从历史上看，可口可乐公司是以广告投入巨大而取胜的。如今可口可乐在全球每年广告费超过6亿美元。中国市场也不例外，可口可乐在中国每年广告投入高达几千万元。

起初，可口可乐是以国际化形象出现在中国消费者面前的，凭最典型化的美国风格和美国个性来打动消费者，所用广告也是美国亚特兰大版本。临近20世纪末时，可口可乐意识到，要当中国饮料市场的领导者，品牌融合中国文化才是长久之路。于是在1997年，可口可乐的广告营销策略发生了显著的变化，其在中国推出的电视广告，第一次选择在中国拍摄，第一次请中国广告公司设计，第一次邀请中国演员拍广告。可口可乐开始大踏步实施广告本土化的策略。

可口可乐广告本土化策略，首先体现在其广告与中国文化的结合。中国人喜欢热闹，尤其是春节这个合家团聚的日子，而可口可乐广告引人注目的手笔就是1997—2002年一系列的春节贺岁片了。可口可乐贺岁片选择了典型的中国情境拍摄，运用对联、木偶、剪纸等中国传统艺术，通过贴春联、放烟花等民俗活动，来表现中国浓厚的乡土味。可口可乐还就北京申奥成功、中国加入世界贸易组织大打广告宣传，现在它又大力赞助中国足球队，声称喝可口可乐，"分享世界杯精彩"。可口可乐俨然成了中国本地产品，而这种乡土形象，确实达到了与中国消费者沟通的效果。

其次，可口可乐积极选择华人新生代偶像做形象代言人。可口可乐一贯采用无差异市场涵盖策略，目标客户显得比较广泛。近来，可口可乐广告策略把受众集中到年轻人身上，广告画面以活力充沛的健康青年形象为主体。1999年，先是起用张惠妹，这个女歌手泼辣、野性、"妹"力四射，赢得了一大批青少年的喜爱，然后由新生代偶像谢霆锋出任可口可乐数码精英总动员。

2001年又推出当红偶像张柏芝，作为可口可乐夏季市场推广活动的形象代言人，紧接着就是跳水明星、三届奥运冠军得主、中国跳水皇后伏明霞与可口可乐签约，成为新世纪"雪碧"品牌在中国的第一位广告代言人。电视广告中伏明霞从千米高空的飞机上腾空跃起，落在晶莹剔透的冰雪中，暗示了雪碧的清新凉爽。据称，起用华人新生代偶像做宣传之后，可口可乐在中国的销售增长了24%。

可口可乐不愧为世界第一品牌，具有长期的战略眼光。为了长期保持在中国软饮料市场的霸主地位，它的广告策略可以放弃美国思维，而主动融合中国本土观念。这种本土化策略，受到了每一位中国民众的欢迎。据中央电视台调查咨询中心数据，可口可乐已连续7年在市场占有率、最佳品牌认同比例和品牌知名度上名列第一，中国现在有90%的消费者认识可口可乐。

思考题：
1. 百事可乐和可口可乐广告成功的原因各是什么？
2. 百事可乐的广告策略针对的是消费者怎样的心理？
3. 作为竞争对手，百事可乐和可口可乐各自需要从对方的广告策略中学习些什么？

第 17 章

广告创意心理

本章要点
- 掌握广告创意的含义与特征
- 了解广告创意的基本内容
- 掌握广告创意的基本原则和过程
- 了解广告创意的思维方法与技巧
- 掌握社会文化背景对广告创意的影响

创意,英文为 idea,是广告学中的专用词。通俗地说,创意就是构思。广告作品意境、形象、风格的形成,关键在于创意。因此,创意是广告的灵魂。广告创意是广告活动中最引人注目的环节,是驱使广告信息战略制定并实施的力量。美国著名的广告创意指导戈登·怀特将创意称为广告策划中的 X 因子,因为与媒介策划和广告预算策划不同,各种广告创意的潜在作用不能像其他广告活动决策那样比较确定。好的创意在广告设计中有着极为重要的意义,它能拓展消费者的思路,扩大广告的影响。可以说,好的创意就是成功广告的秘诀。

17.1 广告创意的含义与特征

现代许多广告业发达的国家都建立了比较完整的广告运作体制。在这种体制下,广告策划成为主体,而创意则居于中心。缺乏优秀的广告创意,广告战略的主题就难以充分体现,广告表现也就只是一些没有意义的图文。广告创意在广告策划和广告活动中的地位与作用,在学术界多有论述,在企业界则常用精彩的创意进行广告宣传,或以创意方案的优劣来测试广告创意人员的才华,其重要性是不言自明的。

17.1.1 广告创意的具体含义

据专家统计,电视台每天播出的广告节目中,一般居民每人可收看3%的广告,而收看后能留下一些印象的只占1%,能被正确理解的只占0.5%,能在24小时内被记住的仅占0.05%。在这种现实情况下,要争取观众记住企业的广告,相信其真实性,并决定采取购买行动,真是困难之极。所以,必须把希望寄托于创意,富于创意的广告才可能吸引观众的注意力。那么,什么才是真正的创意呢?美国广告专家大卫·奥格威认为,好的"点子"即创意,也有的人称广告创意为"伟大的构思","创造性的思维劳动","以艺术创作为主要内容的广告活动"等。这些说法,都在不同程度上道出了广告创意的含义,但也存在某些不足之处,下面对其含义略加讨论。

1. 从广告战略上理解创意

从广告战略上看,广告创意的含义主要应从创意内容上加以说明。广告创意应站在战略策划的高度,力求在竞争激烈的市场中找出潜在市场,并根据商品品牌如何影响潜在消费者这种全局性问题,提出媒介组合方案或促销活动计划,进而考虑如何改善商品品牌定位,这是从战略上来理解广告的创意。

这种理解还包含着另外一层意思:在市场竞争越来越激烈的情况下,广告创意往往要考虑如何针对竞争对手的弱点,如何从侧翼削弱竞争对手的影响力,如何调整广告形式以增强广告的影响力,最终超越自己的竞争对手。

从广告策略上理解广告创意,其含义主要应以执行广告战略,表现广告主题的"战术"选择上加以说明。这方面的策略选择主要应着眼于策略战术,被称为"战术型"广告创意。此外,企业在进行商品促销活动时,需要独特的广告创意相配合,这类创意是策略性的。从广告战略和策略上理解广告创意,其含义相当广泛,大到广告目标、广告主题、广告表现手法,小至广告语言、广告色彩,都可以用有无创意或创意优劣来评价。

2. 从广告活动特征上理解创意

按照这种理解,创意是以艺术创作为主要内容的广告活动,以塑造广告艺术形象为其主要特征。

首先,创意是广告活动,因而它与一般的文学艺术创作有着根本区别。它要受市场环境和广告战略方案的制约,只限于表现某一广告主题,而不能像一般艺术创作那样,全凭作家、艺术家个人的生活体验和审美情趣去决定和表现生活主题。广告创意构思和塑造的是广告艺术形象,追求的是以最经济、最简洁的手法,突出、鲜明地宣传企业的商品,有效地与消费者沟通,激起消费者的购买欲望,促成消费者的购买行为,进而树立企业的整体形象,巩固和增强商品在市场上的优势地位。在广告创意中,作者的个人情怀和艺术风格都必须退居于次要地位。

其次，广告创意虽属广告活动，但它不同于一般的广告计划或宣传，它是一种创造性的思维活动。它必须有"艺术性"，必须创造适合广告主题的意境，必须构思表达广告主题的艺术形象。枯燥乏味的说明，干巴巴的宣传介绍，空洞的口号，在某种程度上也可以称为"广而告之"的作品，但十有八九是注定要失败的，因为这样无法打动消费者。广告创意正是要为广告作品赋予强大的艺术感染力，用艺术形象感染视听众，借助艺术的巨大力量去震撼消费者的心灵，唤起人们的购买欲望。因此，从这方面归结起来说，广告创意就是关于如何创作艺术形象吸引消费者的构想。

3. 广告创意是表现广告主题的艺术构思

以上两种解释从不同方面说明了广告创意的含义，但仍不完备，值得进一步探讨。

首先，从广告战略上理解广告创意是一种创造性思维活动，其含义显得过于广泛。当然，任何一则成功的广告作品，都必然是创造性思维活动的结果。但这类说法，扩展了广告创意的外延，可能使人们对其产生误解。

其次，创意必须服从于广告战略，必须体现广告主题，必须以市场策略为依据。但据此给广告创意下定义，却没有抓住其最本质的方面。那些只注意市场策略灌输，将广告主题简单地文字化或图像化的广告作品毫无生命力，很快就会引起视听众的反感。可见，从这方面强调并给广告创意下定义是不够科学的。

第三种观点认为，广告创意就是如何用艺术形象吸引消费者的构想，这是大多数论著和广告界人士的流行看法，当然也是言之成理的，创意必须进行艺术形象的构思。但是，那些醉心于艺术表现手法和文字技巧的广告作品中，广告要传达的信息甚少，即使有，往往会引起对视听众的误导，因为消费者的注意力集中于艺术欣赏，对广告中所包含的信息必然不感兴趣，这类"喧宾夺主"的现象经常可见，说明广告创意的含义不能过多从艺术方面强调。

那么，什么是广告创意？如何定义才算科学、准确呢？面对日新月异、蓬勃发展的广告业，很难出现大家都认同的广告创意的定义。从广告活动的基本属性和宗旨来说，必须把广告创意与广告主题联系起来考虑。简而言之，广告创意就是表现广告主题的艺术构思。

首先，创意必须紧紧围绕和全力表现广告主题。在广告策划中如何把广告主题表现出来，怎样表现得更加准确、更富有感染力，这就是广告创意的宗旨。有了很好的广告主题，但是如果没有一个体现广告主题的很好创意，广告就不可能引人入胜，不可能为消费者所注目。广告主题只有通过广告创意创造出引人入胜的艺术境界，才能在广告作品中脱颖而出。

广告创意与广告主题策划有不可分割的关系，但两者又有差异。两者都是创造性思维活动。但广告主题策划是选择、确定广告的核心思想或要说明的基本观念，而广告创意则是把广告主题策划所确定的中心思想或要说明的基本观念通过一定的艺术构思表现出来，是研究表现广告主题的艺术构想。

其次，广告创意还必须是艺术构思。一般化、简单化的构思也能够表现广告主题，但却称不上是广告创意。艺术构思的基本特征是具有创造性和艺术美。广告创意要创造出一种意境，使广告内容与形式达到完美统一。

广告创意是广告制作的前提。广告制作是把广告创意构思出来的意境，利用艺术手段生动形象地体现出来。因此，广告作品是广告内容与形式的有机结合，是广告创意的具体体现。没有广告创意就根本谈不上广告制作，而广告创意则要通过广告制作来具体地表现出来。

由此可见，广告创意的含义包括两个要点：第一，必须以广告主题为核心，必须紧扣广告主题；第二，必须是艺术构思。就广告创意而言，广告主题与艺术构思是有机的统一体。广告创意是根据广告主题这种抽象的思想和观念，构思成为一种逼真、情浓、意切的艺术境界，以便制作成向读者、观众展现的作品。广告创意就是通过艺术表现形式把要传递的信息完整、准确地传达给目标对象，且富于情感，能够使受众清楚地了解广告意图。创造这种意境并非追求艺术美感，让受众欣赏其艺术效果，而是要把广告所要传递的信息做有效传达，即要把广告主题塑造成艺术形象，使广告内容与广告形式有机结合，以达到预期广告效果。

17.1.2 广告创意的特征

优秀的广告创意，既能把握共性，又能表现个性。因此，广告创意的特征也有共性与个性的问题。

当仅仅把某一个广告作品当作研究对象时，往往只会注意到其独特个性，结论是千千万万的成功广告，其优秀创意各呈异彩，各具特色，但是当把千千万万的成功广告作为总体研究对象，通过比较分析来探讨广告创意的某些规律时，则可以看到，这些优秀的广告创意都具有一些共同特点。所谓广告创意的特征，就是指体现广告创意某种规律性的共同特点。广告创意的主要特征有以下 4 个方面。

1. 主题构想单纯

所谓单纯，是指创意完全围绕着一个主题进行构思，不允许其他概念介入，以免造成干扰，冲淡主题效果或给人造成混乱的印象。主题构想单纯，有利于印象长久保持，同时，也有利于提高具体设计作品时的表现效率，以达到简洁明快的效果。

2. 表现方式构想新颖

广告作品所宣传的商品或服务有什么优点和功能，与消费者的生活有什么关系，能给消费者带来什么利益，所有这些信息都必须通过一定的表现方式才能传达给视听众。表现方式越精彩，其传达功能越强，传达效果越好，给视听众的印象也越深刻。因此，表现方式的构想，必须力求新颖。新颖是精彩的必要前提，只有那些出人意料的、有趣的，甚至是惊人的表现方式，才能给人以强烈的视觉刺激，造成强大的冲击效应。从心理分析的观点来说，感觉刺激越强烈，印象就越深刻，记忆就越容易巩固。将生活的普通事物，以精心设计的惊人表现方式传达给消费者，使消费者久久难以忘怀。

3. 广告形象构思确切

任何广告作品都要确立一种广告形象，包括文字的、声音的和图形的形象。广告形象包含着特定的传播内容和传播方式,是经过创造性的构思而确立的。广告形象一方面必须是确定的,要使消费者一看到就可以识别,使竞争者无法模仿或不便摹仿;另一方面,广告形象必须与其所宣传的商品或服务相吻合,即广告创意所构想的广告形象在"性格"上要与广告策划中所确定的商品"性格"相吻合。优秀的广告创意,总是力求使自己的广告形象既能淋漓尽致地表现出商品性格,又能流传千家万户。所以,广告形象构思的确定性和贴切性,是广告创意的一个重要特征。

4. 情感效应构想自然

广告创意人员为了尽量接近消费者,使广告创意扎根于人们的潜意识,深入人们的灵魂,总是极力想方设法在感情上征服消费者。优秀的广告创意,无一例外地避免用硬性的或牵强附会的推销去劝说消费者,而是力求在亲切感人的气氛中含蓄地劝说消费者,使受众在欣喜愉快或激奋感动的情绪中自然而然地接受广告宣传。例如,纳爱斯洗衣粉广告《懂事篇》——妈妈下岗了,为找工作而四处奔波。女儿心疼妈妈,帮妈妈洗衣服,"妈妈说,雕牌洗衣粉只要一点点,就能洗好多好多的衣服,可以省钱了!"门帘轻动,妈妈无果而回,正想亲吻熟睡中的女儿,看见女儿的留言——妈妈,我能帮你干活了!妈妈热泪盈眶。情到深处自然浓,母女相依为命的感觉跃然纸上,怎能不让人深深感动。广告创意对这种情感因素所引起的视听众的反应要做预先估计,对如何利用情感因素去最大限度地打动人心要进行构想,这就是所谓情感效应构想,情感效应构想要亲切自然,牵强附会无法打动人心,而矫揉造作则会失去视听众的信任,引起"虚情假意"、"故作姿态"等负面效应。合情合理、和谐自然的情感效应构想,是优秀广告创意的最大特征。

广告创意的上述4大特征,在一般情况下是并存的,对于某一具体的广告创意过程来说,可能有某些特征会比较明显,而另一些特征比较隐蔽的情形。但从广告创意的普遍规律来说,它们是相互联系、有机配合的,不能把它们孤立地分割开来。

17.1.3 广告创意的基本原理

从20世纪50年代至今,广告创意策略理论一直在不断地发展和演变,从而形成了丰富多彩、变幻无穷、各具特色的理论流派。下面着重介绍卢泰宏先生总结出的6大创意策略理论。这6大创意策略理论分别是罗素·瑞夫斯的USP理论(独特的销售主张)、大卫·奥格威的BI理论(品牌形象论)、A·莱斯和J·屈特的Positioning理论(定位论)、CI理论(整体形象论)、BC理论(品牌性格论)和ROI论(创意指南)。

1. USP理论

USP的英文全称是Unique Selling Proposition,即为"独特的销售主张",其创始人是美国极具传奇色彩的广告大师罗瑟·瑞夫斯,他是世界十大广告公司之一的达彼恩广告公司的老板,美国杰出撰文家称号的第一位得主。20世纪50年代,他冲破广告艺术论迷雾,第一个向当时的广告界扔下了一枚重磅"炸弹":广告是科学。广告创意必须遵循USP的创意原则。该理论使广告界摆脱了随意性很大的经验状态，为广告学殿堂树立了一根坚实的支柱。

USP 理论的基本要点是以下 3 点。

（1）每一则广告必须向消费者"说一个主张（Proposition）"，必须让消费者明白，购买广告中的产品可以获得什么具体的利益。

（2）所强调的主张必须是竞争对手做不到的或无法提供的，必须说出其独特之处，在品牌和说辞方面是独一无二的。

（3）所强调的主张必须是强而有力的，必须聚焦在一个点上，集中打动、感动和吸引消费者来购买相应的产品。

2. BI 理论

BI 的英文全称是"brand image"，即为"品牌形象论"，其创始人是被称为"广告怪杰"的大卫·奥格威（David Ogilvy），奥格威在全球广告界负有盛名，他被列为 20 世纪 60 年代美国广告"创意革命"的三大旗手之一，"最伟大的广告撰稿人"。他提出的"品牌形象论"是广告创意理论中一个非常重要的流派。

品牌形象论的基本观点如下。

（1）广告最主要的目标是为塑造品牌服务，力求使广告中的商品品牌具有较高的知名度。

（2）任何一个广告都是对广告品牌的长期投资。广告的诉求重点应具有长远性，为维护一个良好的品牌形象，可以牺牲短期的经济效益。

（3）随着同类产品的同一化趋势。同类产品的差异性日渐缩小，消费者往往根据对品牌的好恶来选择、购买，因此，描绘品牌形象比强调产品的具体功能特征重要得多。

（4）消费者购买时所追求的不仅是量的满足，质的提高，而且是感性需求的满足，即"实质利益＋心理利益"，因此广告应尤其重视运用形象来满足消费者的心理需求。

3. Positioning 理论

Positioning 理论又称"定位论"。其创始人是美国两位行销大师 J·屈特（J. Tront）和 A·莱斯（A. Ries）。20 世纪 70 年代，他们在《工业行销》（Industrial Marketing）杂志上，提出了广告定位理论。他们主张在广告创意中运用一种新的沟通方法，创造更有效的传播效果。

广告定位论的基本观点如下。

（1）广告的目标是使某一品牌、公司或产品在消费者心目中获得一个据点，一个认定的区域位置，或者占有一席之地。

（2）广告应将火力集中在一个狭窄的目标上，在消费者的心智上下功夫，是要创造出一个心理的位置。

（3）应该运用广告创造出独有的位置，特别是"第一说法、第一事件、第一位置"。因为创造第一，才能在消费者心中造成难以忘怀的、不易混淆的优势效果。

（4）广告表现出的差异性，并不是指出产品的具体的特殊的功能利益，而是要显示和突现出品牌之间的类的区别。

（5）这样的定位一旦建立，无论何时何地，只要消费者产生了相关的需求，就会自动地、首先想到广告中的这种品牌、这家公司或产品，达到"先入为主"的效果。

4. CI 理论

CI 的英文全称是"corporate identity"，即"企业识别或企业形象"。20 世纪 70 年代，CI 作为一种企业系统形象战略被广泛运用到企业的经营发展当中，并掀起了一场风起云涌的"形象革命"。在 CI 战略的统摄下，广告只是其中一个组成部分，因此对广告"说什么"提出了新的要求和主张，即形成了广告创意理论中的 CI 论。

CI 论的基本观点如下。

（1）广告内容必须与 CI 战略所规定的整体形象保持统一性，CI 战略中的广告应注意延续和积累广告效果。

（2）CI 战略中的广告应着眼于塑造公司整体形象，而不仅仅是某一品牌的形象。这是比 BI 理论进步的地方。

5. BC 理论

BC 的英文全称是"brand character"，译为"品牌个性"。美国格雷广告公司对品牌内涵进一步挖掘，提出了"品牌性格论"，这是一种后起的、充满生命力的广告创意新理论。该理论可以用公式表示为：产品 + 定位 + 个性 = 品牌性格。意思是广告在"说什么"时，不只是"说利益（产品）"，"说形象（定位）"，还要"说个性"。

品牌个性论的基本要点如下。

（1）在与消费者的沟通中，从标志到形象再到个性，"个性"是最高的层面。品牌个性比品牌形象更深一层，形象只是造成认同，个性可以造成崇拜。

（2）为了实现更好的传播沟通效果，应该品牌人格化，即思考"如果这个品牌是一个人，它应该是什么样子……"（找出其价值观、外观、行为、声音等特征）

（3）塑造品牌个性应使之独具一格，令人心动，历久不衰，关键是用什么核心图案或主题文案能表现出品牌的特定个性。

（4）寻找选择能代表品牌个性的象征物往往很重要。例如，"花旗参"以鹰为象征物；IBM 以大象为象征物；"万宝路"以马和牛仔为象征物；骆驼牌香烟以驼脸人身为象征物等。

6. ROI 论

ROI 的英文全称是"Relevance, Originality, Impact"意思是"关联性、原创性和震撼性"，它是 20 世纪 60 年代 DDB 广告公司的一套很实用的创意指南。

ROI 论的基本观点如下。

（1）一个好的广告创意应具备 3 个基本特质：关联性（Relevance），原创性（Originality）和震撼性（Impact）。

（2）关联性要求广告创意要与商品、消费者、竞争者相关，没有关联性的广告就失去广告的意义；原创力要求广告创意要突破常规，出人意料，与众不同，没有原创力，广告就缺乏吸引力和生命力；震撼力要求广告创意能够深入到人性的深处，冲击消费者的心灵，没有震撼性，广告就难以给人留下深刻印象。

（3）同时实现"关联"、"创新"和"震撼"是一个广告的要求，因此必须明确解决下列5个基本问题：广告的目的是什么？广告的对象是谁？品牌有什么特别的个性？何种媒体最合适？受众的突破口或切入口在哪里？

17.2 广告创意的原则和过程

17.2.1 广告创意的基本原则

1. 真实性原则

广告创意应该忠实地反映事实，坚持实事求是，不要把低劣的商品说成是优质商品。广告创意离开了事实，所有的创意都是纸上谈兵。要在真实的基础上把商品最本质的、最具代表性的特点表现出来，形成一种独特风格。没有独特风格的广告作品，是没有生命力的。

2. 独创性原则

所谓独创性，指在广告设计中不能因循守旧、墨守成规，要敢于创新、独辟蹊径。为什么有些广告作品不受公众欢迎呢？其根本原因就是"千人一面"。不管销售什么商品，在广告宣传中都要避免千篇一律的套话或照搬别人的创意。例如，"车到山前必有路，有路必有丰田车"，这是日本人在中国宣传丰田汽车所用的广告词，其创意很有独到之处。而我国有个生产汽车的厂家，也采用了这条广告语，这不仅毫无创造性，而且是在为日本丰田车做宣传。所以，广告创作者在广告制作中要独立思考，创造新意，要有"不获新意誓不休"的劲头。不要沿用老模式，这是广告创意的独创性原则，即既要表现商品的本质属性，又要具有创造性，这就对广告创作者提出了很高的要求。

3. 简洁性原则

简洁原则又称"KISS 原则"。KISS 是英文"Keep It Simple Stupid"的缩写，意思是"使之简单笨拙"。广告创意必须简单明了、纯真质朴、切中主题，才能使人过目不忘，印象深刻。广告大师波恩巴克认为："在创意的表现上，光是求新求变、与众不同并不够。杰出的广告既不是夸大，也不是虚饰，而是要竭尽你的智慧使广告信息单纯化、清晰化、戏剧化，使它在消费者脑海里留下深刻而难以磨灭的记忆。"

4. 目标性原则

如果不了解广告活动的目标是什么，便不会轻易产生好的创意，也很难按照传播效益来衡量广告创意的优劣。美国广告专家大卫·都茨特别提出，为提高广告创意水平所能做的最有价值的事情，便是简明扼要地锁定广告欲向目标消费者传达的内容。广告创意目标不仅要产生感知，增强理解，建立信任，促使消费者行动等，而且还要说明预期反应的确切情况，并能以某种方式测定出所达到的预期效益。

5. 情感性原则

俗话说"天老情难老"，情感是人类永远不老的话题，以情感为诉求重点来寻求广告创意，是当今广告发展的主要趋势。因为在一个高度成熟的社会里，消费者的消费意识日益成熟，他们追求的是一种与自己内心深处的情绪和情感相一致的"感性消费"，而不仅仅注重于广告商品的性能和特点，因此若能在广告创意中注入浓浓的情感因素，便可以打动人，感动人，从而影响人，在他们强烈的感情共鸣中，宣传广告内容，达到非同一般的广告效果。

17.2.2 广告创意过程

现代广告学把广告创意过程看作是广告创作人员，根据广告主题和广告主的要求及意志，经过一番精心地策划和思考，然后运用艺术手段，把所掌握的材料创造出可以体现广告主题的艺术形象的思维过程。美国著名广告大师詹姆斯·韦伯·扬根据创意的内涵和实践，将创意描述成以下5个阶段。

1. 准备阶段

成功的广告创意绝不是凭空虚构或者坐待灵感的到来，它需要大量的实践经验和广告创作人员广博的知识积累。与广告创意有关的知识大体包括以下3个方面。

1）一般性知识

广告既是一门科学，又是一门艺术。从现代广告表现手法和方式来看，它吸收和综合了音乐、绘画、雕塑、装潢、文学、电影、电视、广播、新闻等各方面的营养，形成一种新型的艺术表现形式。所以，现代广告已涉及了人类生活各个方面的知识，例如，政治、经济、社会、心理、民俗、历史、地理、文学艺术以及各种自然科学的知识。广告制作者当然不能样样都精通，但起码应该做到略知一二。所以，广告制作者应把积累各种知识视为一种职业乐趣。了解一点小常识，也许在当时没什么用处，说不定日后却受用无穷。凡是知识广博的广告制作者，总是显得足智多谋，出手不凡。

2）特殊性知识

为商品做广告，就应对该商品作特殊的了解。应该了解该商品的性能、特点、原料成分、生产过程及营销路线等。把平时积累的知识和有关该商品的特殊知识融会起来进行系统分析，就能在分析过程中产生出好的创意。特殊性知识还包括对广告主意图的了解，在保证广告制作质量的前提下，广告创意应尽量和广告主的意图相吻合。

3）消费者的了解

好的创意还离不开对消费者购买态度、习惯、欲望、需要等方面的研究和了解。任何创意都要符合消费者的需要，不符合消费者需要的创意没有任何传播价值。

2. 分析阶段

在这一阶段，主要是对收集来的一大堆资料进行分析、归纳和整理。从中找出商品或服务最有特色的地方，即找出广告的诉求点，然后再进一步找出最能吸引消费者的地方，以确定广告的主要诉求点，即定位点，这样广告创意的基本概念就比较清晰了。对资料的分析研究一般要经过如下步骤。

（1）列出广告商品与同类商品都具有的共同属性。

（2）分别列出广告商品和竞争商品的优势、劣势，通过对比分析，找出广告商品的竞争优势。

（3）列出广告商品的竞争优势带给消费者的种种便利，即诉求点。

（4）找出消费者最关心、最迫切需要的要求，即定位点，找到了定位点，也就找到了广告创意的突破口。

3. 酝酿阶段

酝酿阶段即广告创意的潜伏阶段。经过长时间的苦思冥想之后，还没有找到满意的创意，这时候不如丢开广告概念，松弛一下紧绷的神经，去做一些轻松愉快的事情，说不定什么时候，灵感就会突然闪现在脑际，从而产生创意。

事实上，大多数的创意灵感都是在轻松悠闲的身心状态下产生的。例如，宋代文学家欧阳修总是在马上、枕上和厕上获得灵感；爱因斯坦产生解决相对论的灵感出现在休息状态。日本一家研究所曾对821名日本发明家产生灵感的地点作了一次调查，结果如下。

① 枕上　　　52%　　② 步行中　　46%
③ 乘车中　　45%　　④ 家中桌旁　32%
⑤ 茶馆中　　31%　　⑥ 资料室　　21%
⑦ 办公桌前　21%　　⑧ 浴室　　　18%
⑨ 厕所　　　11%　　⑩ 会议室　　7%

4. 启发阶段

启发是广告创意的产生阶段，即灵感闪现阶段。经过长时间的酝酿、思考之后，一旦得到某些事物的刺激或触发，脑子中建立的零乱的、间断的、暂时的联系，就会如同电路接通那样使人恍然大悟，茅塞顿开。广告工作者在长期的工作实践中，摸索出了在启发阶段行之有效的4种构思方式。

（1）潜影淡出式。潜影淡出式的表现形式是：存在于广告创作人员潜意识中的朦胧印象，随着构思的不断深化和信息的不断交流而逐步清晰起来。这个过程就像冲洗照片时的显影过程，起初只是模糊不清的影子，然后才渐渐清晰起来。这种显影式思维过程的第一线索往往会成为创意的材料，如果广告创作者的主体意识指向与朦胧的印象逐渐相吻合，那么形象思维活动就会活跃起来。

（2）焦点扩散式。焦点扩散式的表现形式是抓住灵感或一闪念所获得的朦胧印象，这个灵感或一闪念就是焦点。整个创意活动就是围绕着焦点进行，包括形象加工、整理材料和构思布局。

（3）杂乱提纯式。杂乱提纯式就是对大量的形象信息进行加工，从中精选出有价值的创意构思。采用这种方法时，广告创作人员应该有一个比较明确的创意框架，要避免出现那种"挑花了眼"的现象。

（4）累积加减式。这种方式主要在修改广告创意时使用。当广告创意者在构思过程中察觉到表现广告主题的形象偏离目标时，就应当削减不必要的部分，增加有利于深化主题形象的要素或材料。这是不断完善艺术形象的一种重要方法。

5. 验证阶段

验证阶段就是发展广告创意的阶段。创意刚刚出现时，常常是模糊、粗糙和支离破碎的，它往往只是一种粗糙的雏形，因此还需要下一番工夫仔细推敲和进行必要的调查和完善。验证时可以将新生的创意交与其他广告同仁审阅评论，使之不断完善，不断成熟。

17.3 广告创意的思维方法和技巧

17.3.1 广告创意的思维方法

广告创意是高智慧劳动，是一种运用脑力的创造性思维活动。当前国际上流行的广告创意思维方法主要有以下4种。

1. 发散思维和聚合思维

发散思维又叫扩散思维，辐射思维、开放思维、立体思维。这是一种可以海阔天空、异想天开的思维形式。它是由一点向四面八方想开去，充分运用丰富的想象力，调动沉淀在大脑中的知识、信息和观念，重新排列组合，从而产生更多更新的设想和方案。

聚合思维又称收敛思维和集中思维。它是以某个问题为中心，运用多种方法、知识或手段，从不同的方向和不同的角度，将思维指向这个中心点，以达到解决问题的目的。

相对于扩散思维，聚合思维是一种异中求同，量中求质的方法。只扩散不集中会造成一盘散沙，因此扩散后要进行筛选和集中，通过分析比较，选择出最有价值的设想和方案。

2. 顺向思维和逆向思维

顺向思维是指人们按照传统的程序从上到下，从小到大，从前到后等常规序列方向进行思考的方法。这种方法在处理常规性事物时比较常用。所谓逆向思维，是一种反常规、反传统、反顺序的思考方法。广告大师A·莱斯在《广告攻心战略——品牌定位》一书中提出："寻求空隙，你一定要有反其道而想的能力。如果每个人都往东走，想一下，你往西走能不能找到你要的空隙。"这里的"往西走"就是一种逆向思维。

3. 垂直思维和水平思维

所谓垂直思维就是在一个固定的范围内向上或向下进行垂直思考，它按照一定的思路进行，利用固有的经验和观念进行广告创意。这种思考方法是在前人经验的基础上向前跨进了一步，因而比较容易出新意，在广告界也比较流行，被人们评价为最理想的思考方法。这种思考法也有缺点，主要是让所有的人都用同一种方法去思考，必然会严重影响每个人独创性的发挥。于是，英国的生态心理学家艾德华·戴勃诺主张使用"水平思考法"。

水平思维又称横向思维，这是一种力求摆脱既存观念而从新的角度对某一事物重新思考的方法。

戴勃诺认为，垂直思考法的大敌在于头脑中的偏执性。老经验、老观念固然是一种优势，但从中很难产生独特的创意。因此，他提出对问题应从多方位去考虑，突破固有思维框架，力求创出新意。当然，任何例子都具有其特殊性。我们认为经验是宝贵的，策划广告创作者在思考问题时，首先应该运用垂直思考方法，然后再运用水平思考法，这样做有益于发挥两种思考方法的长处。

4. 头脑风暴法

头脑风暴思考法就是集合一批广告创作者、专家、学者和其他人员，对广告创意共同进行会商。这种方法是由美国的 BBDO 广告公司负责人奥斯本提出来的。现在这种方法已成为最有价值的创意方法。头脑风暴法是利用集体的知识和智慧来完成广告创意的。作为组织者，在讨论之前，首先要确定讨论的题目。题目宜小不宜大，从小处着手，让各位与会者运用垂直思考法和水平思考法进行思考，使智力碰撞，最后集思广益，得出最佳的广告创意方案来。

17.3.2 广告创意的技巧

一则广告是否成功，是否具有强烈而持久的艺术感染力和魅力，完全取决于广告创意及其表现技巧。广告创意的灵魂就是别出心裁，有个性。这里介绍几种富有实用价值的创意技巧。

（1）直接法。这是最常用的，同时也是很难运用到独具匠心程度的创意技巧之一。它的价值在于能够很好地表现商品的现实性和真实性本质，并能为商品扬长避短。这种创意法注重展示产品的优点和特长。

（2）对比法。以直接、挑战、尖锐的方式，将同类产品或竞争对手产品拿来与自己的产品比较优劣的表现。这种对比式的创意发现，最重要在于所比较的事物特点，且是在相同的基础或条件下比较，最好比较的内容是消费者所关心的，更易激起他们的注意和认同。通常对比法广告的表现有两种执行方式：一种是挑出品牌名称，直接指名叫阵的方式；另一种向普遍存在的市场现象或产品共通的毛病挑战。广告创意无论采用哪种表现技巧，进行何种广告诉求，都可以谋求意在扬己贬人的对比技巧，以获得竞争的优势。

(3) 戏剧化。这种广告创意是将看似十分平淡的内容加以戏剧化或情节化,用想象力创造出令人折服的广告故事或情节。它是在一场戏中使用的方法,不外是让品牌登场或以品牌功效为中心展开故事。

(4) 转移法。当广告设计遇到正面宣传困难的时候,可以利用转移法进行宣传,这种避实就虚的方法有时候还能收到意想不到的奇妙效果。例如,浙江"好来西"公司推出了一个"好来西承诺"广告:凡购买好来西高级衬衣,如因正常穿洗,在领口、袖口洗破前出现起泡现象,可在全国任何城市好来西专卖店无偿退换,公司同时赠送一件服饰精品致歉。这种对消费者负责精神的广告创意,给人留下了深刻的印象。

(5) 夸张法。夸张是在一般中求新奇变化,通过虚构把对象的特点和个性中美的方面加以夸大,赋予一种新奇和变化的情趣。夸张手法的运用都会为广告的艺术美注入浓郁的感情色彩,使产品的特征性更加鲜明、突出、动人。

(6) 证言法。证言法广告创意是利用使用过的该商品的消费者现身说法,为商品的效果作证。此种表现的方式,所选用的代言人越生活化、越平凡越好,最好是真有其人,真有其事,更能取信于消费者。

(7) 反诉求法。创意的思路不见得只能往前。可迂回,亦可往后。故意以反方向的表现来作为广告的诉求,有时反而比正面的说法更具震撼性。反诉求的广告创意最好从消费者最在意、最担心的问题切入,较易引起共鸣。

(8) 比喻法。这种广告是以某种东西作比喻产生亲近感,使消费者更易接受。

(9) 联想法。就是由一事物想到另一事物的心理过程。联想是广告创意中的黏合剂,它把两个看起来是不相干的事物联系在一起,就能产生一种新的想象力,给人以启迪,给人以智慧,给人以美感。

(10) 杂交法。如同生物学中的动植物杂交优势一样,广告创意中同样可以综合运用各种创意思考方法、创意技巧、创意表现形式,从而创造出更新的创意来。

17.4 社会文化背景对广告创意的影响

文化一词是用来表达人类生存所积累的一切成就的概括。各个国家由于民族、历史、地理位置及物质生活等方面的不同,便产生了各自独特的文化。每个消费者都在一定的文化环境中成长,并在一定的文化环境中生活着,其思想意识必然打上了深深的文化烙印。我们这里所说的文化,是指一国中大多数人与消费有关的崇尚爱好和风俗习惯、宗教信仰、价值观、语言习惯等,这些文化背景对消费者作出的购买决策会产生巨大的潜在影响。为什么有些广告的产品质量再好,广告创意再新颖,也难免要遭到冷遇,甚至导致广告失败。其中很重要的因素是,广告没有体现或者违背了当地的风俗习惯、宗教信仰、价值观念、民族文化、语言习惯及民间禁忌等社会文化背景。因此,广告创意人应该了解社会文化背景对消费行为的影响,才能使广告创意合适,并被接受。

1. 风俗习惯

不同的民族在其各自漫长的经济生活和社会生活中,形成了独特的风俗习惯,这些风俗习惯反映了各族人民的共同心理。广告创意必须尊重各民族的风俗习惯。丰田汽车广告就由于创意时没有考虑其他国家人民的风俗习惯而受到了挫败。一次丰田公司在南非为了表现其公司小吨位卡车行车稳、牵引性能好等特点,该公司的广告画面上出现了汽车和站稳的猪,结果在南非占有相当数量的穆斯林马上提出强烈抗议!丰田公司除公开致歉认错外,不得不修改广告,在画面上把猪变成了鸡。

2. 宗教信仰

世界各国信仰宗教的人很多。不同宗教信仰,使人们形成了各具特色的消费群体。这些群体文化观念不同,生活方式不同,接受外界信息的方式也不同。因此,经常发生因广告创意不慎涉及宗教信仰问题而引起麻烦的问题。如日本索尼公司为了在泰国推销收录机,煞费苦心地想出了一个高招:用释迦牟尼作广告。在电视广告中,这位佛祖安详侧卧,双目紧闭,进入物我两忘的境界。不一会儿,画面上的索尼收录机放出美妙音乐。佛祖听了居然凡心萌动,全身随音乐不停摆动,最后睁开了双眼。日本商人的广告创意,本来只是想宣扬自己的产品连佛祖听了也会动心。岂料泰国是佛教之邦,举国上下信奉佛教,对释迦牟尼至为崇敬。他们认为这个广告是对佛祖的莫大侮辱,是对泰国的公然挑衅。泰国当局忍无可忍,最后通过外交途径向索尼公司提出抗议。此时索尼公司才醒悟过来,决定立即停播这个广告,并公开作了道歉。

3. 价值观念

价值观念指的是消费者崇尚什么,鄙视什么。由于消费者在需要、期望、情感体验等个体心理因素的差异,在评价某商品的好坏时,常常使得人们对同一商品产生不同的看法。因此,广告创意必须与说服对象的价值观相符,否则很难激起他们的购买欲求。

4. 民族文化

现代广告作为一个抽象概念,它是概括一种社会文化现象,但当人们把这一概念进行现实具体化时,它便必然体现出民族文化的规定性。不同的民族文化,其广告文化表现出差异性。之所以会如此,是因为民族文化构入广告活动的各个方面,形成特定的广告理解、广告意识、广告传播、广告接受等。广告妙语中成语的运用、双关语的运用、对偶句式的运用等,就明显地具有民族文化的特点。日本人在中国的广告就比较刻意追求中华民族文化的认同感,如3家汽车公司的广告语"车到山前必有路,有路必有丰田车","有朋远方来,喜乘三菱牌","古有千里马,今有日产车",巧妙引用了中国人非常熟悉的3句古话,增强了广告的感染力和渗透力。

5. 语言习惯

有时候,一个词语在某一语言中有很好的意思,而在另一个语言环境中则可能误会成不好的意思。广告没有国界,随着商品经济的国际化,越来越多的广告必然会跨过国界,成为国际商品信息传播的媒介。因此,对于涉外商品,广告人必须了解消费对象的语言习惯、生活方式和购物习惯等。这对商标的名称尤为重要。如我国"白象"牌电池商标,在出口时意译成英文"White Elephant"(白色的象),而在英语中,"白色的象"是专用作比喻累赘无用的东西的。因此"白象牌电池"在英美国家销售很不利,难道有谁敢相信你这种"累赘无用的电池"的质量信誉吗?

6. 民间禁忌

从最通俗的意义上说,"禁忌"是指犯忌讳的言语或行为。在不同的社会文化背景中,禁忌的内容也各不相同。例如,熊猫在我国,乃至多数国家与地区均颇受欢迎,是"和平"和"友谊"的象征,但在伊斯兰国家或信奉伊斯兰教的地区,如在广告中出现熊猫的形象,那就是严重的触犯禁忌,因为它形似肥猪。仙鹤在我国与日本都被视为长寿的象征,而在法国则被看成是蠢汉或淫妇的代表。菊花在意大利被奉为国花,但在拉丁美洲,有的国家视菊花为妖花,只有在送葬时才会用菊花供奉死者;法国人也认为菊花是不吉利的。触犯禁忌的严重后果不仅仅是广告的失败,而且可能引起尖锐的社会矛盾,影响国家、民族、各教派人民之间的和睦。因此,广告创意必须"入乡随俗"、"入国问禁",针对不同的消费者的社会文化背景而定,这样才能取得良好的广告效果。

思考题

1. 广告创意的具体含义是什么?有哪些特征?
2. 广告创意的基本原则是什么?包括哪些过程?
3. 广告创意的思维方法和技巧各有哪些?
4. 影响广告创意的社会文化背景有哪些?

案例分析

恒源祥"广告门"

2008年除夕夜,湖南卫视、东方卫视等多家影响力较大的频道集中播出恒源祥的一则长达1分钟的贺岁形象广告。在这则广告中,由北京奥运会会徽和恒源祥商标组成的画面一直静止不动,画外音则从"恒源祥,北京奥运赞助商,鼠鼠鼠",一直念到"恒源祥,北京奥运赞助商,猪猪猪",将中国12个生肖轮番念过,简单的语调重复了12次。单调毫无创意的高密度播出,遭到许多观众炮轰,让人简直有砸电视的冲动。

这则名为"十二生肖"的广告可以说是"羊羊羊"的延伸,但无论从广告制作还是创意上,这则广告都颇为粗糙。广告播出后,许多观众都不堪忍受,有人说,开始的时候"还以为电视卡壳了",有人骂它是"比脑白金更恶俗质劣的脑残广告",有人说看得"要崩溃",大部分人反映,现在看到这则广告就会赶紧换台,当然也有人说,频频轰炸观众耳朵,恒源祥的目的也达到了——让人记住了恒源祥是2008年北京奥运会的赞助商。

《广告法》明确规定:"广告内容应当有利于人民的身心健康,促进商品和服务质量的提高,保护消费者的合法权益,遵守社会公德和职业道德,维护国家的尊严和利益。"而恒源祥这么做,非但谈不上"有利于人民的身心健康",简直是对全国人民心灵的一种摧残。而且,作为北京奥运会的赞助商,冠以奥运会会徽来搞这些令人反感的广告,还有可能会影响奥运形象。这样低劣的广告竟能在春节高密度与电视观众见面,实在让人怀疑。

而恒源祥的目的果真如此吗?面对观众的负面反馈,恒源祥作了什么回应呢?

恒源祥:每分钱都要花在刀刃上

"什么难听的话我都听到了,但是也有人表示,这样的广告有创意,毁誉参半吧。"恒源祥广告部有关人士曾在接受记者采访时说。据介绍,这则广告在播出不满200次的短时间内,就引起了高度的关注。

奥运会的其他赞助商和合作伙伴都是世界或中国的顶尖企业,财力雄厚,而恒源祥在这个行列里只能算是个小企业。恒源祥集团副总经理陈忠伟曾在接受记者采访时坦言,在成为北京奥运赞助商以来,公司自觉压力很大。另外,奥运会历史上还没有羊毛和羊毛衫这个行业的赞助商,他们完全没有任何案例可以借鉴。

数据显示,恒源祥2006年的销售额约为45亿元,但自己不从事生产和销售,只靠品牌输出收费的恒源祥利润总额不一定丰厚,规模的进一步扩大也将增加更多的管理压力。另外,这家2001年由国企转制的民营企业,到2005年底,才还清因转制欠下的所有债务。而此次恒源祥赞助奥运,其代价相当于"再买一次恒源祥"。

所以,这一财务状况令恒源祥决定,必须将每分钱都花在刀刃上。1分钟的电视台广告投入不菲。恒源祥在安徽、江苏、浙江、湖南、上海和山东等地各大电视台都投放了这则广告,时间段从早上到晚上的都有。陈忠伟曾告诉记者,恒源祥此举就是在尽力压缩成本,为了创造"令人记住"的传播效果,宁愿被骂也不能被忘记,这种一开始就确定的营销方针,至今仍为恒源祥营销部门的案头格言。

专家:专家褒贬不一,是奥运败笔还是"独门暗器"?

"这类广告如果是一个民营企业推出,能在短期内增大知名度,估计是一个好广告,但是如果是恒源祥这么一家大公司来做的,有些不太适宜。"中国十大策划专家、上海杰信营销咨询有限公司总经理翁向东如此评价。而新锐广告人董梅则直言说,成功的广告片要在短时间内最大限度地抢夺观众的注意力,以独特创新的广告诉求赢得观众眼球。广告片中的"创新与创意"一定要达到观点眼前一亮,耳目一新,回味悠长。"恒源祥60秒12生肖广告片"让部分人看后有砸电视的冲动，企业一味追求个性，全然不顾观众感受，恒源祥要实现消费者认可的理由何来？

也有其他业内人士指出，从营销角度来讲，虽然"恒源祥60秒12生肖广告片"大大提升了恒源祥品牌的知名度，以较少的媒体投播赢得较大社会关注度。但是恒源祥本来就是值得中国人骄傲的民族品牌之一，几年前"恒源祥，羊羊羊"，早已被行业人士视为成功经典的案例，现在却用此策略进行盲目的宣传炒作，盲目地吸引眼球，作为2008年奥运会的赞助单位，恒源祥的生肖广告不能算是一个好广告，是2008年奥运营销上的第一个败笔。

而中央电视台经济频道制片人刘正举则认为："据统计，世界范围内曾经赞助过奥运会的企业有144家，但能让老百姓记住的还不到30%。恒源祥这次只花了不多的钱，就让老百姓知道了它是奥运会的赞助商，已属相当不易了。"他说，虽然这种广告宣传的方式存在争议，但还不可恶，希望观众能够对恒源祥的广告宽容一些，希望媒体能够继续支持中国的老字号企业，支持民族品牌走向奥运会。

中国著名品牌战略专家李光斗也说，恒源祥的这则广告以成本低廉、短期高效出奇制胜，在春节期间，很多企业都在电视台投放了广告，但能让观众记住的却没有几家，而恒源祥的这则广告引来大量的评论，可见是达到了广告的目的。从另一方面也能说明，恒源祥有自己的"独门暗器"。

思考题：
1. 如何评价恒源祥的"广告门"事件？
2. 恒源祥该则广告创意技巧是什么？
3. 从该事件中，你得到什么启示？

第 18 章
广告消费心理与企业形象战略

> **本章要点**
> - 掌握 CIS 的组成和作用
> - 掌握通过广告塑造企业形象的方法
> - 掌握企业形象的内容
> - 掌握设计企业形象的方法
> - 掌握企业形象危机处理的方法

企业形象简称 CI（Corporate Identity 的缩写）。所谓企业形象，概括地说，就是企业在各界人士心目中的形象。它是消费者、社会公众、企业员工及与企业相关政府部门、社会机构和协作单位对企业、企业行为，企业各种活动成果的总体评价。它包括企业外部特征，企业业绩的表层形象与企业经营理念的深层形象。这些形象相互协调统一，从而形成一体化的企业形象。

在经济发达国家，市场竞争不仅是产品品牌的竞争，而且还是企业的形象竞争。绝大多数企业都非常重视自己的企业形象，并常常把企业形象的塑造和巩固作为长期广告活动的战略目标。企业形象的好坏，对于现代企业的生存和发展有着深远影响。

18.1　CIS——企业识别系统

18.1.1　CIS 的组成

CIS 由理念识别（Mind Identity，MI），行为识别（Behavior Identity，BI）与视觉识别

(Visual Identity, VI) 3 项内容组成。

1. 理念识别（MI）

理念识别即企业的经营理念，是企业在长期运作过程中形成的，所有员工认同并接受的价值观念、精神境界和理想追求的发育、完善和成熟的标志。理念识别无形无象，却统摄一切。很难想象，一个没有正确价值观念，良好精神境界和崇高理想追求的企业，能充满活力并超凡出众。理念识别主导着行为识别和视觉识别，包括企业的经营信条、宗旨主张、精神标语、企业文化、经营哲学与方针策略等，其核心是企业精神。美国麦金瑟管理咨询公司的管理专家们在研究了美国43家大公司的经营业绩之后，得出结论认为，"超凡出众的企业之所以能做到这一步，正是因为它们有一套独特的企业文化特质，这种特质使他们脱颖而出。"

MI是企业的灵魂，在MI的正确指导下，企业才能达到预期的目标，企业员工才能团结奋斗。驰名世界的美国麦当劳快餐店，在全世界有连锁商店一万余家，每年的营业额占美国整个食品业销售额的17%。麦当劳快餐店从门面装修到门口的垃圾箱、营业用包装、托盘、桌椅、服务员的服装等几乎无一例外的都有统一标志和醒目的专用色彩——红底黄色字母"M"标志，强烈地刺激着人们的感觉器官。人们无论在哪里，一看到"M"就会分泌唾液，吃麦当劳快餐成为美国人日常生活中不可缺少的一部分。以麦当劳为例，其MI体现在以下3方面。

（1）坚持优良的品质。麦当劳在大力宣扬食品优质的同时，还强调其食品如果超过一定时间未售出，即舍弃不售。这种坚决不出售劣质食品的承诺，获得了消费者的信任与好评。

（2）强调完善的服务。这包括舒适典雅的进餐环境，优美的背景音乐，各种方便顾客的设施，热心快捷的服务等，从而让顾客充分感觉和享受到他们的特色服务。

（3）清净明朗的环境。麦当劳坚持给顾客提供完善、清净的饮食空间，绝不在店内张贴广告、公告等宣传品，给顾客统一、清洁的环境形象。

麦当劳正是根据上述经营理念，再辅之以红底黄色的"M"字母，建筑物的"L"形设计等识别标志，创建了快餐连锁店的光辉业绩。

2. 行为识别（BI）

行为识别是一种动态识别形式，是企业理念的动态实施，也是表现企业形象的主要支柱。它规划着企业内部的组织、管理、教育、培训活动和企业的对外行为，例如，市场调查、产品开发、公共关系、广告策略、促销活动与社会公益活动等。通过这些企业行为，实施其企业理念，其目的是塑造良好的企业形象。

例如，北京蓝岛大厦为了在公众心中树立良好的企业形象，导入了CIS系统，从内部和外部两个方面开展企业形象教育。首先是强化内部员工教育。企业从服务态度、服务水准、应接技巧、文明礼貌等方面对一线售货员进行培训，要求广大职工具备4方面的素质：① 要像战士那样遵守铁的纪律，上柜台要像战士那样进入战斗岗位，思想要高度集中；② 要像工人那样严格遵守操作规程；③ 要像农民那样具备不失时机、不误季节的观念，即根据各季节所需来组织时令商品，更好地满足顾客要求；④ 要像教师那样，耐心启发，诱导消费者,做消费者的购物向导。其次,企业开展了一系列公关活动。例如 1996 年 4 月,该店在蓝岛大厦伊甸歌舞厅与北京市婚介服务中心联合举办了"迎奥运集体婚礼",此举对争办奥运、弘扬民族文化、推进婚俗改革起到了积极促进作用;"六·一"儿童节前夕,该店在门前广场举办了"迎奥运六·一儿童车大赛",在社会上引起了强烈反响。一年来,《北京日报》、《北京晚报》、《中国商报》、《经济日报》等报纸报道该店的文章有 100 余篇,使企业的信誉大大提高。

3. 视觉识别(VI)

企业的视觉识别是企业整体形象的静态识别符号系统,是企业全部经营理念和行为规范的集中反映,是企业理念识别(MI)和行为识别(BI)的具体化与视觉化,它属于 CIS 构成中的物化信息表征系统。VI 在企业识别系统中最具有传播力与感染力,最为社会大众所接受。经过有组织的、有系统的策划与设计,可以快速而明确地达到识别和认知企业,塑造出独特企业形象的目的。因此,企业形象在视觉识别上的统一和有效传播,在 CIS 的整体构成中具有十分特殊的意义。

企业的视觉识别一般分为基本要素体系和应用要素体系两个层面。

1)企业视觉识别的基本要素体系

企业视觉识别的基本要素体系包括以下几个方面:

(1)企业标识及其意义;

(2)企业标识的绘制方法;

(3)企业精神标识的使用范围;

(4)企业标准字(中文及外文)及其意义;

(5)企业标准字使用规范;

(6)企业象征、应用图形;

(7)企业象征、应用图形的意义和使用规范;

(8)企业精神标识与企业标准字组合系统及使用规范;

(9)企业标准色与辅助色及解释;

(10)企业吉祥物。

视觉识别的基本要素是应用要素具体再现的标准,一般对基本要素的使用都有严格规定,不得随意改变。

2)企业视觉识别的应用要素体系

企业视觉识别的应用要素体系包括以下几个方面。

(1)广告媒体,例如,报纸广告、杂志广告、电视媒体、电影媒体、电台媒体、海报广告、日历广告等。

(2)交通运输工具,例如,货车、大客车、工程车、旅行车、自行车、手推车、飞机、火车、集装箱等。

(3)事物用品,例如,名片、工作证、信封、便条纸、贺卡、明信片、会员卡、文具用品、公文卷宗、公文纸、笔记本、资料夹、茶具、餐具等。

（4）制服设计，例如，夏季服饰（男女）、冬季服饰（男女）、夏季工作服（男女）、冬季工作服（男女）、办公服（男女）、运动服（男女）、公文包、领带、领带夹、厂徽、帽徽、胸卡等。

（5）室用设计，例如，办公室设备、灯饰、盆景、室内造型设计、公告栏等。

（6）建筑设计，例如，建筑外观、风景设计、装饰点缀等。

（7）展示设计，例如，会场、展示牌、指示牌、路线标志等。

（8）包装设计，例如，包装纸、手提袋、包装箱、包装盒、胶带等。

此外，企业视觉识别样本的使用，还有一系列特殊使用的规格和使用方法，目的是克服"样本"放大或缩小后可能造成的失真现象，以达到视觉识别的统一和规范。

CIS（企业形象系统）的理念识别（MI）、行为识别（BI）、视觉识别（VI）构成了一个有机整体，这3个系统之间相互联系，层层递进，形成一个完整的形象识别系统。MI是CI的核心和原动力，其内涵和实质必须通过BI和VI体现出来。BI是CI的非视觉化的行为识别，VI是CI最直观、最具体、最富感染力的外在表现，这3者是不可分离的统一体。

综上所述，我们可以对CIS作出如下归纳与概括。

（1）CIS不仅只是视觉系统的企业识别，还包括企业建筑设计、企业文化、企业经营理念等一系列重大战略设计，以求得企业实体形象与整体形象的统一。

（2）CIS不仅是广告、宣传部门的工作，而且要求全公司各个部门，各个成员的参与。

（3）CIS不仅体现在企业硬件系统（实体形象、经营管理等），还反映出企业的软件系统（企业经营理念、企业文化等）。

（4）CIS不仅是企业家理念的产物，还要得到全体员工上下一致的认可。

（5）CIS不只是针对部分社会公众，而且是面向内部职工和广大社会公众。

（6）CIS不是一种单向的信息传递，而是一种双向的信息沟通。

（7）CIS绝不是企业的营销策略，权宜之计，而是企业的战略性举措。

18.1.2 CIS的作用

1. 提高企业的知名度

一个企业在社会大众、消费者心目中的重要程度，产品使用率的高低，在很大程度上取决于该企业的知名度。企业的知名度越高，它的产品就越容易被认可，就越有可能在激烈的市场竞争中取胜。CIS战略的实施，正是为了提高企业的知名度。它通过一系列同一化、整体化、全方位的理念识别、行为识别、视觉识别的应用和宣传，使企业良好形象在社会公众中根深蒂固。

2. 塑造鲜明、良好的企业形象

企业形象是企业潜在的无形资产，良好的企业形象会给企业带来不可估量的社会效益和经济效益。良好的企业形象，使得消费者在使用该企业产品时感到放心和满意；该企业发行的股票在证券市场上也特别抢手；企业对人才具有强大的吸引力；社会各个行业对该企业信用会更有信心，同时与该企业的联系也会更加密切，等等。而 CIS 实施的目的，是使社会和公众对企业产生良好的印象和意识，企业的经营环境变得更加有利于该企业的经营和发展，最终使该企业在市场竞争中处于优势地位。从上述讨论中，我们可以看到，CIS 发挥了与广告相同的效能。

3. 增强员工对企业的认同

企业员工是企业构成的基本要素之一，是企业活动的主体和企业行为的承担者，是企业中人的因素的具体体现。CIS 战略通过理念识别，导入更加成熟的经营方针、经营理念和经营思想，并通过经营信条、企业精神、座右铭、企业标语、经营策略传播出去，着重塑造企业员工的理念和意识。这样，CIS 的实施增强了企业员工对本企业的认同感，培养了企业员工的集体主义精神，并加强了企业内部的凝聚力和存在价值。

4. 社会公众明确该企业的个性和同一性

一个企业通过 CIS 的实施要建立企业内部的同一性，这种同一性具有明显区别于其他企业的独特个性。企业的个性包括了企业精神、企业文化、管理风格、经营理念和员工的行为规范，只有企业内部本质与企业形象一致的企业，才有可能在市场竞争中取胜。如果一个企业没有自己的同一性，公众就无法识别。同样，企业没有自己的独特个性，公众也无法将其与其他企业区别开来，也就不能树立良好的企业形象。CIS 通过把现代企业的物质环境、时空环境、信息环境及视觉识别的同一性、独特个性信息传达给社会公众，使社会公众能够了解、识别，进而接受该企业所生产的商品。

5. 招徕优秀人才，增加投资者的信心

企业有了统一的理念，有了良好的人际环境和工作环境，一方面能稳定员工队伍，调动现有员工的积极性，增强他们的进取心，使他们不断开拓和创新；另一方面能够吸引大量的优秀人才，使企业保持青春活力。一个企业要想扩大再生产，获得规模效益，资金来源是个关键问题。如果企业形象好，就可以增加投资者的安全感和信任感，从而扩大其融资渠道。当今股票市场行情有力地说明了这一点，股票投资者一般比较愿意把资金投在他们熟悉并认为有良好发展势头的企业上。

18.2 企业形象与广告

18.2.1 企业形象与广告的关系

随着科学技术不断进步，报纸、杂志和广播等大众传播技术日益发达，专业广告的普及

与发展，广告作为一种极其重要的社会产业，已日益在社会经济及文化生活中产生重要影响。根据美国现代广告之父大卫·奥格威的观点，现代广告发展经历了以下3个时期。

首先是"商品时代"。在20世纪30年代，只要有优质商品，再与一定营销手段相配合，就能顺利将商品推销出去。因此，这一时期的广告，基本上以突出商品特点和消费者利益为指导思想，以达到促销商品的目的。

其次是"印象时代"。到了50年代，由于生产力迅速发展，新商品不断涌现，同类商品市场竞争日趋激烈。因此，企业开始运用各种广告进行宣传和促销，以求提高自己的声誉，创造名牌产品，从而使消费者根据企业"名誉"和"印象"来选择商品。于是，广告就成为塑造企业形象和品牌形象的一种长期投资。

再次是"定位时代"。进入70年代以后，由于生产力进一步发展，市场竞争更加激烈，广告竞争也进一步加剧。这时，以强调商品的性能特点、顾客利益和企业特点的广告设计，已无法吸引和刺激消费者，于是大卫·奥格威提出了广告定位理论。这种理论认为，广告活动的效果不在于广告如何规划，而取决于把广告中的商品放在什么位置上。由于最先进入大脑的事物对人的思维和行为有重要影响，因此要在广告竞争中取胜，只有突出广告商品的特性，使用定位的方法，才能使商品品牌在人们心目中占有稳定的位置。也就是说，如果你能使你的商品成为进入人们心目中的"第一个"，那么你所宣传的商品市场销售量就会成倍增加。

CIS理论以广告定位理论为基础，强调企业在理念、行为与视觉识别的统一、鲜明的个性特征。CIS实施的目的就在于，企业要在商品信息大量充斥的现代环境中，使消费者更易识别和领会企业所传达的信息，进而在消费者心目中建立起稳固而鲜明的企业形象。

进入90年代以后，世界经济日益趋向全球一体化，加之大众传播技术进一步发展，企业间竞争开始从局部的产品竞争、价格竞争、资源竞争、人才竞争、资料竞争、技术及信息竞争发展到企业形象的竞争。因而人们又提出了"系统形象广告"的新理念。实际上，这种企业系统形象的竞争及系统形象广告，其基本技术和方法就是CIS系统。总之，CIS的成熟与发展在一定程度上有赖于广告理论及其传播技术手段的发展和进步，而现代广告的魅力也恰恰在于CI战略的引入和CIS技术的广泛应用。

消费者与企业的相互关系，通常以品牌为媒介，由品牌或广告积累起的对企业的总体印象（态度），直接影响着消费者的购买行为。

从消费者心理过程来讲，树立企业形象与广告宣传几乎已融为一体。但在实际经济生活中，企业形象与广告的关系又是相辅相成的。一方面企业可以通过广告来塑造自身形象；另一方面企业形象反过来又会影响到广告效果。

18.2.2　通过广告塑造企业形象

通过广告塑造企业形象一般有两条途径：第一是经由广告宣传个别品牌而间接形成企业

形象；第二可以通过广告直接宣传企业特质而形成企业形象。后者多用于品牌较多而商品特性又难以区分的企业。

美国广告学家沃特弗在《测量广告结果》一书中，把企业广告所表达的内容归纳如下。

（1）要表现出企业是理想的雇用者或市民、邻居。
（2）要大力宣传企业乐意将盈利回馈社会，愿意为社会公众服务。
（3）要全面地表现出企业员工的作风。
（4）在业务内容上，介绍令人感兴趣的，与众不同的事实。
（5）要表现出企业所从事产业的重要性，以及企业为发展这一产业所作的努力。
（6）表明企业在同行业的领导地位（或独特性）。
（7）表明企业在科研、新产品开发方面的业绩（技术上的优势）。
（8）表明业务的内容：① 关于产品与服务；② 关于企业规模大小及领域，多方面的活动内容。
（9）把产品的特殊优点与企业联系起来。
（10）说明对各销售店的援助。
（11）要表现出企业是值得信赖的投资对象。
（12）说明在劳资争议中企业的立场。
（13）要批驳诋毁企业形象的反面宣传。
（14）改善企业的经营环境。
（15）表现企业的进步。
（16）要表现出企业是高度成长的企业。

18.2.3 企业形象对广告效果的影响

通过广告可以树立良好的企业形象，反过来，企业形象也会对广告效果产生正面或负面影响。良好的企业形象不仅会对其商品品牌产生良好影响，而且对广告作品也能产生良好效应。从心理学的角度来讲，这是一种光环作用。如果消费者对某个企业有好感，就会在购物过程中尽量发现该企业品牌的商品，并迅速作出购买决策。即使企业广告有些宣传过火的地方，消费者也会找一些积极的词句来解释。反过来，如果消费者对某个企业没有好感，那么对该企业的广告就会很反感，总想方设法进行挑剔和贬低广告所宣传的内容。所以，广告创作者必须对这种光环作用加以重视。以麦当劳为例，它不是单纯意义上的"快餐店"，而是一个罩着一层"美丽光环"的美女，这便是麦当劳的形象，它是企业理念、文化背景、企业行为、店铺氛围、视觉形象所构成的企业形象与产品形象、品牌形象的综合体。消费者在餐厅里所消费的不仅仅是炸薯条、汉堡包，而是消费一种文化，一种理念，一种美感。

18.2.4 广告创意与CIS

广告创意要服务于企业形象塑造,这是现代企业做广告的主要目的。现代广告注重企业形象设计的趋向,已不仅表现在广告构思上,而且更突出地表现在企业的整个经营计划中。因此,广告创意要塑造企业形象,首先就要设计一个企业形象的构想:包括企业名称、产品商标、企业识别标志、企业理念等。

CIS的目标是塑造企业形象,它通过企业理念、行为和统一的视觉识别标志形成统一的认同感和价值观。企业形象的不断改进和完善,有利于在社会公众心目中建立更好印象,有利于提高企业知名度。所以,CIS设计在提高企业社会效益和经济效益方面有着十分重要的作用。

日本马自达汽车公司在导入CIS计划之前,在人们印象中只是一个制造三轮摩托车的企业。为了创造一个全新的国际化现代企业形象,公司领导层毅然决定导入CI计划。他们将原有企业名称"东洋物产"改名为"MAZDA(马自达)",重新塑造了企业形象,成为日本第一个导入CIS计划的企业。马自达公司导入CIS计划后获得了良好的经济效益和社会效益。多年来,马自达公司在国内汽车销售量中稳居第3位。

在美国,万宝路、可口可乐、麦当劳快餐、柯达胶片等企业,无一不是在刻意塑造并强化自身的企业形象。在各自全新的企业理念指导下,这些企业大力改进自身经营活动,塑造出统一的企业精神和企业风格,并将其转化为醒目、鲜明的视觉形象。然后,通过公共关系和广告宣传活动,他们将自己的视觉形象在市场中反复宣传,使社会公众和消费者在潜移默化中,接受企业的产品信息并导致主动购买。借助于CIS计划,现代企业极大地提高了自身的市场形象,保持和增强了自己的领导地位,使自身在市场竞争中立于不败之地。

18.3 如何树立良好的企业形象

18.3.1 企业形象的内容

1. 产品形象

企业产品是消费者的第一印象。用户关心企业,不是真正关心企业人员及其生产管理,而是关心企业的产品。因为只有产品才是消费者渴求的对象。企业对新产品的开发设计,产品质量、品种、规格、数量及产品商标、包装、装饰等,无一不是企业产品形象的重要体现。产品是企业的生命线,是企业形象的重要组成部分。一个重视产品形象的企业,其企业组织形象也必定为公众所称道。

例如，有一位名叫凯瑟琳的美国女企业家，用了短短的十几年时间，把一个家庭式的小面包店发展成为一家现代化企业，营业额从二三万美元猛增到 4 000 万美元。因为她深知，要想在激烈竞争中名列前茅、赢得信誉，必然要具有过硬的产品和优质的服务。因此，她把产品质量当作自己的生命，要求员工人人把关，不能有丝毫马虎。为了取信于消费者，她在包装上注明烘烤日期，标明成本与利润，使消费者知道面包的新鲜程度和定价标准。她还十分重视运用公关广告做宣传。为了让消费者充分注意到她的公司重视面包的新鲜度，她还特意在报刊上登载大量图文并茂的广告，词句有时由她亲自撰写，读来朴实无华，生动有趣。例如，"我是个家庭主妇，不会做生意，但我抱着维护家里人健康的心理来做面包，最起码让它保持新鲜和清洁卫生！"然而，最成功的一次公关宣传，却是偶然发生的，但它又是必然的结果。一年秋天，凯瑟琳所在的州发大水，面包很畅销，到处缺货，而凯瑟琳照样派人把过期 3 天的面包进行回收。车到人路上，被饥饿的抢购者团团围住，他们一定要购买过期面包，但押车的运货员说什么也不肯卖。并解释："不是我不肯卖，公司有关规定实在太严了，如果有人把过期的面包卖给顾客就会被开除。"但饥饿的人们却并非几句话就能打发的。这时正巧碰到几位记者，知道情况后，又代表群众提出抗议："现在是非常时期，总不能让人看着满车的面包忍饥挨饿吧？"无奈中运货员灵机一动，凑到记者耳边说："我倒有个办法，卖，我是无论如何也不肯的，但是抢，我就没有责任了，大家把面包拿走，凭良心扔下几个钱意思一下就可以了，反正公司也不会可惜一车过期的面包。"话一经点透，一车面包很快就被买光了。运货员还特意让记者拍了一个阻止群众拿面包的照片，以证明这件事不是他的责任。这件真实的故事经记者渲染，在各报刊登载，凯瑟琳的面包质量给消费者留下了深刻印象。

2. 员工形象

人员是企业生产和经营管理的主体，是技术设备的使用者，是企业产品创造者，是构成企业各种要素中最积极、最活跃的要素。人员形象包括管理者形象和员工形象。

关于管理者的定义，至今尚无明确表述。美国著名的管理学家彼得杜拉克认为，管理者是为谋取利润，并为企业承担风险的人。他们是能开拓新的市场，引导新的需求，创造新顾客的人。管理者形象是企业中领导班子能力、素质、魄力、气度、经营业绩等给企业员工、同行和社会公众留下的印象。良好的管理者形象对企业员工是无声的命令，良好的表率，它可以增强企业员工的凝聚力，激励员工的积极性。管理者形象的树立，关键在于提高管理者的素质。作为管理者个人，必须德才兼备，具有决策、用人和组织指挥的能力。一个优秀的管理者给员工和外界的印象是：具有卓越的管理才能，良好的品德素养，大公无私、豁达坦荡、热情厚道等优秀品质，能像磁铁一样把全体员工吸引在自己的周围。另外，除了管理者个人素质以外，领导班子的群体素质也是影响企业形象的重要方面。

人是第一生产力，企业中员工是第一位因素。人的因素抓好了，生产、经营、管理等各方面的工作才有可能搞好。加强以员工为本的管理，树立良好的员工形象是企业形象的根本所在。重视人的因素，树立良好的员工形象。具体到企业来说，就是指员工应合乎企业需要，而且具有一定的政治文化素养。员工形象不仅指员工的服饰外表，还包括服务态度和敬业精神。很多企业老板在招聘员工时，对员工的外貌身高十分重视，因为它在一定程度上反映着企业的形象。从心理学角度上讲，爱美之心人皆有之，漂亮潇洒的外表一般能够赢得他人的好感，从而达到自己的目的。那些身材高大、形体健美而又着装得体的人，容易给人留下深刻的第一印象。而第一印象的优劣，往往决定着未来交往的程度和效果。在美国，漂亮高大的人员总是会受到招聘者的青睐，而且他们的薪金也往往高于相貌平平的同事。由此看来，人类的天性都是相同的。例如，IBM 在员工形象方面为突出企业形象，公司要求员工穿清一色的白衬衫，象征着成功的生意人形象。因此，IBM 公司赢得了"白衬衫公司"的称号。

3. 环境形象

"红花还需绿叶陪衬"。优良的产品形象，热情的微笑服务，还必须依靠企业厂容厂貌、店容店貌等环境的扶持，才能取得满意的整体效果，给人以现代企业形象的感受。所以，企业环境形象对企业形象的塑造起着重要的作用。人是社会的产物，人的生存离不开周围的环境。行为科学家发现，当工厂厂房颜色涂成深灰色时，工人情绪低落，心情烦躁，效率低下，如果粉刷成淡蓝色或果绿色，并适时播放轻柔的音乐时，那么工人就会轻松愉快，热情饱满地从事手中的工作，劳动效率也会得到很大提高。

优美舒适的环境会使员工主动产生奋发向上、开拓进取的激情，并能产生一种热爱企业，以企业的业绩为骄傲的主人翁责任感和亲和力。同时，整洁优雅的工作环境，也能使顾客或客户对企业产生一种目标明确、重视信誉的良好印象。走进每一家麦当劳分店，顾客的第一个感觉就是店内环境清洁、幽雅，简单明快的店内装饰，方便洁净的各种摆设，虽不豪华但窗明几净，充分体现了企业的经营宗旨和管理文化。

单从餐桌的摆放上也能看出麦当劳在"周到"上下的功夫，有靠窗的，有靠墙的，有单人的，有双人的、多人的，无论是喜欢宁静的，喜欢热闹的，单身汉，全家福，都能找到自己的就餐位置。为了吸引小顾客，甚至还预备了量身高的标尺，专门为更小的顾客准备的就餐椅。麦当劳餐厅内的布置也很有意思。一张张小小的餐桌，被分割在许多小的空间内，最多是四五个人共用一张餐桌，给人营造了一种适于私人交谈的气氛。

商业企业，更要创造良好的购物环境来强化独特的自我形象。当顾客驻足于店内，商店内部的装饰设计、商品陈列、灯光照明、声响气味、温度湿度等，都会直接刺激消费者的视觉、听觉、触觉而留下良好或者不良印象。设施先进、格调高雅、光线柔和、空气清新，会给消费者以舒适的感受，使人乐于逗留参观选购。例如，正佳广场等许多大型商场内部都采用自动滚梯、中央空调、烟感报警、自动喷洒、闭路电视，以及双色玻璃幕墙等现代化设备，给顾客提供了一个艺术、典雅、明快、舒适的购物环境。

4. 服务形象

著名的营销专家菲利普·科特勒认为："服务是一方能够向另一方提供基本上是无形的功能或利益，并且不导致任何所有权的产生。它的生产可能与某种有形产品密切联系在一起,也可能毫无联系。"根据上述定义,我们认为,市场营销中的服务是以劳务的形式为用户提供有价值的活动,使顾客得到利益和满足。也有一位成功的企业家曾经说过:"企业要推销自己的产品,只有两条路。第一条路是你的产品特别优异,有许多特点非同寻常;第二条路是不削减价格,而以售后服务来争取消费者的信心。"实际上,许多企业对售前、售中服务一般都比较重视,但对售后服务则漫不经心,有些小型企业还会以实力不足为托辞,令不少消费者产生"过河拆桥,卸磨杀驴"的感觉。岂不知在经营中,服务是经营的第一步。

由于愈来愈多的企业进入服务行业,除纯服务业不断增加外,许多生产和销售有形产品的企业也竞相增加服务部门,或把服务部门扩展成为服务企业,这就导致服务性行业竞争加剧。要想在竞争中占有优势并取得成功,其服务工作必须有创造性和时效性。美国有一家由杂货店发展起来的百年老店"西尔斯",虽然经历了几代人,但生意依然兴隆。迄今为止,西尔斯在美国50个州有8 000多家分店,39万个美国家庭是其老主顾。因此,被誉为"美国第一店"。西尔斯之所以生意兴隆,其实并没有什么诀窍,用其老板的话说,他只不过把大家公认的经营准则"货物出门,概不退换",改为"货物出门,保证满意,否则退款、退货"罢了。对西尔斯来说,这并不是戏言,无论哪一种商品,无论顾客提出了什么理由,只要顾客想退或想换时,西尔斯都是照退不误。对此有人困惑不解,但老板西尔斯说:"即使偶尔被少数人钻了空子,这也没什么关系。我们正是指望那些来退货的顾客,再买一些以后不再退货的商品呢!"广大顾客也正是看中了西尔斯良好的服务形象,才成为他忠实的"上帝"。塑造良好的企业形象,除了要保持和发扬企业的优良传统之外,还要坚持不断创新的原则。特别是对于中小服务性企业,没有创新就没有发展。

18.3.2 如何设计企业形象

企业的总体形象设计应该在科学、充分调查研究的基础上,具体确定企业形象的总体框架和内涵。要塑造良好的企业形象,首先应通过企业实态调查,了解企业现状,发现存在问题,才能明确所要塑造企业形象的重点。所以,要塑造真正具有自己特点的企业形象,应该做好以下几个方面的工作。

1. 企业实态调查

企业实态调查是一项艰辛而复杂的工作,主要包括以下3个方面。

1)企业高层决策者调查

企业形象的确立和发展,应该说是企业经营者和决策者自身的课题,因为企业发展的模式、形象导向应该体现企业经营者和决策者的意志。所以,企业形象设计应该充分反映企业最高决策者的思想和意见。在调查之前,要做到以下几点:① 调查访问者的确定;② 确定访问的时机;③ 调查访问的重点;④ 设计调查问卷。

2)企业内部员工调查

员工是企业的主人,是企业物质财富和精神财富的直接创造者,也是企业树立全新形象的主体。因此,对企业内部员工进行访谈调查,是整个实态调查过程中的重要组成部分。通过内部员工调查,不仅可以熟悉企业的历史和现状,还可以直接收集到员工对企业形象塑造的意见和看法。在具体工作实践中,应考虑到以下两个问题:① 选择所要调查对象时,必须充分考虑到各个层次结构员工的组合及代表性。② 调查访谈的形式可以采用个别访谈、群体访谈及现场实地考察3种方式。

3)企业现有形象调查

对企业现有综合形象和实态进行有效、直接的考察,可以通过以下3个指标来体现。

(1)企业知名度调查。包括企业经营管理、产品质量、经营特色、新产品开发、科技进步、环境保护、人才培养和回报社会等方面。还包括国内外新闻传播媒体对企业所作的各类报道及所产生的社会效应等方面。

(2)企业产品印象调查。可以通过个案分析和抽样调查来测定。

(3)企业美誉度调查。主要体现在企业为社会开发了技术含量高、功能齐全的新产品,填补了国内或国际空白;企业通过赞助社会公共事业和公益活动,显示了企业的社会责任感和使命感等。

4)企业外部环境调查

企业外部环境调查包括市场走势、宏观经济形势、消费者需求、金融行情变化等方面。实施企业外部环境调查主要包括市场调查、市场预测、竞争对手调查3个方面。

2. 企业形象定位

企业形象设计的第二步是为企业准确定位,即确定企业在市场中的位置、在公众中的位置、在同行中的位置和社会中的位置。现代企业只有准确定位,才能进一步突出其形象。例如,索尼电器、奔驰汽车、麦当劳快餐、英特尔、微软、宝洁公司等形象渐趋完善的企业,之所以能在各自的领域中所向披靡、无往不胜,就在于他们在遵循企业形象设计中共性原则的同时,又鲜明地突出了各自的企业个性。这种企业形象的确立,与他们对自身企业形象的准确定位密不可分。因此,准确定位是企业形象设计中十分重要的基础步骤。各种定位方法分述如下。

1)市场定位

市场定位即确定企业在市场的最佳位置。企业要根据自己已有市场、潜在市场、竞争对手、公众需求和自身实力等情况,权衡利弊与得失,确定自己在市场竞争中的最佳位置。具体来说,需要进行以下定位。

(1)商品定位:确定企业在近期、中期、长期将向市场提供何种类型、何种特色、何种规模的产品和服务。这些商品是人无我有,还是人有我优?

(2)质量定位:确定企业提供商品和服务的质量和档次。是提供高档豪华的商品还是美观实用的商品,或者是耐用消费品?是3种质量档次的商品平分天下,还是有所侧重?

(3)价格定位:确定企业提供商品和服务的价格档次。价格定位应该是质量档次和价格档次的结合,可以有多种定位组合。例如,是优质优价还是优质平价,是平质平价还是低质低价?

（4）空间定位：确定企业提供商品和服务的主要市场空间位置。是在国际市场还是国内市场？如果主要是国际市场，那么是在欧洲，还是在美洲，或是在东南亚？如果主要是国内市场，那么是在南方还是在北方，是在沿海还是在内地，是在城市还是在农村？

（5）时间定位：确定企业提供商品和服务的主要季节特点。例如，服装产品的季节性，餐饮行业的时令性，旅游服务业的淡旺季节等。

2) 市场形象定位

在市场定位中，企业可以根据自身实力、竞争对手和潜在市场的情况，确定自身要采取领先者形象，还是挑战者形象，或是补充者形象。

（1）领先者形象定位：企业凭借自身雄厚的科研开发实力和强劲的市场开拓能力，摸准公众潜在需要，瞄准市场空白，率先进入市场，塑造领先市场新潮流的企业形象。

（2）挑战者形象定位：在目标市场，企业与已经存在的竞争对手挑战的形象。例如，在相同市场范围内，人无我有、人有我优、或人贵我廉等。

（3）补充者形象定位：企业把市场空缺作为自己目标市场的形象。凡属于市场中商品空缺、品种空缺、对象空缺、地理空缺和服务空缺等，都可以纳入到企业目标市场中。

3) 公众定位

所谓公众定位就是确定企业在公众中的最佳位置。换句话说，就是确定企业服务的目标公众和重点公众。公众定位主要有性别定位、年龄定位、职业定位、文化定位、民族定位、收入定位、兴趣定位等。准确的公众定位有利于设计鲜明、具体、有针对性的企业形象。

4) 行业定位

行业定位就是确定企业在同行业中的位置。例如，确定本企业在同行业中是处于遥遥领先地位，还是处于激烈竞争地位，或者处于奋起直追的地位。在具体条件上，本企业在同行业中是技术领先还是质量上乘，是价格适宜还是服务周到。

5) 社会定位

社会定位就是确定企业在社会中的特定位置或角色。企业除了要以优质产品和上乘服务来履行自身职责外，还要在力所能及的范围内，积极主动地为社会作出应有贡献。这就要求企业要根据自身经营特点、战略目标和市场定位、公众定位、行业定位等，来确定自己在社会活动中所要扮演的角色和承担的责任。

3. 企业形象目标设定

定位置是从客观环境的角度来考虑企业形象框架，而定目标则是从主观角度来确定所期望树立的企业形象框架。企业形象目标设定的主要内容包括以下方面。

（1）企业的长远战略目标，例如，美国的 AT&T 公司"条条电缆通世界"。

（2）企业的市场发展目标，例如，日本资生堂公司的"美化全人类"。

（3）企业的技术发展目标，例如，"扬声科技，首选索尼"。

（4）企业的质量保证目标，例如，"施乐公司，质量公司"。

4. 企业形象理念的确定

企业理念就是企业经营管理的观念，也可以称为指导思想，其基本要素包括企业的精神、文化内涵、经营哲学、企业发展目标、经营策略等，企业理念的应用要素包括企业的行动纲领、经营信条、精神标语、口号、座右铭及歌曲等。企业只有在正确的理念指导下，才有奋斗的目标和方向。严格来说，有什么样的企业理念，就会有什么样的企业形象和企业行为。

1）经营宗旨

经营宗旨是企业一切经营活动的主要目标和意图。它是企业经营活动的旗帜。企业的一切经营活动，无论其形式、内容如何变化，都应该体现其经营宗旨。例如，IBM公司经营的宗旨是"尊重人、信任人，为用户提供最优服务及追求卓越的工作"。科龙集团的经营宗旨是"做世界知名品牌，创国际一流企业"。美的集团一直以来秉承"科技创新、品质制胜"的经营宗旨，为消费者提供完美的产品与服务，引领世界风扇消费的潮流。

2）经营理念

经营理念是企业在经营实践中为体现经营宗旨而形成的一整套经营理论和原则。经营理念是企业一切经营活动的指导思想。任何企业在经营观念上既有相同之处又有不同之处。相同之处在于，任何企业的经营活动基本规律都相同；相异之处在于，由于企业的经营风格不同，因而形成了不同的经营理念。例如，松下公司的经营理念是：认清我们身为企业家的责任，追求进步，促进社会大众的福利，致力于世界文化的长远发展。TCL倡导企业文化也是生产力的经营理念，强调"今日的文化就是明日的经济"，系统提炼了"创中国名牌，建一流企业"，"为顾客创造价值，为员工创造机会，为社会创造效益"和"敬业、团队、创新"的核心价值观。

3）经营信条

经营信条是企业经营活动中信守的准则。它是企业在经营活动中反复实践之后提炼、升华和凝结出来的，具有高度概括性和感染力。它们往往以简洁、凝练的短句表现出来，成为生动、形象、易懂、好记、朗朗上口的"口号"，有的甚至可以成为企业形象的言语化身。因此，在企业形象理念定位中，最后形成一条或数条可以争相传诵的经营信条，是一项不可缺少而又具有难度的工作。例如，松下公司的经营信条是：产业报国、光明正大、和亲一致、奋斗向上、礼貌谦让、顺应同化、感恩报德。

5. 确定企业形象标识

企业标识就是CI，是一个企业区别于其他企业的识别标志。提到CI，一般都会说到理念识别（MI）、行为标识（BI）和视觉标识（VI）。在一般情况下，企业标识，实际上主要还是指视觉标识、听觉标识等感觉标识。

1）视觉标识的确定

制定企业标识最主要的工作是确定视觉标识，即根据企业的市场定位、发展战略和经营理念，精心确定和设计最能代表企业形象的视觉标识。视觉标识就是运用文字、符号、图案、色彩甚至模型等一切视觉手段，把企业形象、企业文化信息尽可能集中地、概括地、形象地、鲜明地表现出来，使人过目不忘、印象深刻。由于人们在日常生活中获得信息总量的80%来自于视觉，因此，视觉标识是传递企业形象最直接、最集中的手段。其中主要包括：① 标准文字的确定与设计；② 标准符号的确定与设计；③ 标准图案的确定与设计；④ 标准色彩的确定与设计。

2）听觉标识的确定

因为人们获取信息的另外20%主要来自于听觉，再加上少量嗅觉和触觉。所以，听觉标识是传递企业信息的另一个重要手段。听觉标识主要是运用音符、音节、音调和音乐等音响手段，传递特定企业形象。如麦当劳的广告音乐"更多的选择、更多的欢笑，就在麦当劳"这轻快的音乐，伴随着麦当劳鲜艳的黄色"M"标志特写的镜头出现在广大观众面前，一个鲜活的企业形象和品牌形象就给观众留下深刻的印象。在确定设计听觉标识时，需要着重注意以下几个方面：

（1）企业的名称与品牌：听觉标识首先应该注意要朗朗上口，或者是抑扬顿挫。例如，可口可乐、TCL王牌彩电等。其次要注意谐音，以便引起联想。例如，金利来、荣升、荣事达、小天鹅等。第三要兼顾外语译名的发音，其中有单纯音译的名称，例如，索尼（Sony）、夏普（Sharp）、雅戈尔（Younger）等；也有直接翻译的名称，例如，"鳄鱼"牌服装等。

（2）企业的主题曲、主旋律等：企业的主旋律应该根据企业形象定位，聘请专业作曲家精心设计。然后在主旋律的基础上，谱写企业主题曲，并配上与企业有关的主题词，让员工歌唱。企业的主旋律，可在广播、电视上配合广告、新闻、专题片、企业标识反复播放，以求在社会公众的心目中留下深刻印象。

综上所述，企业标识，在方寸之间凝聚了企业文化的大量信息，使企业形象具有极大的吸引力、穿透力和可忆记忆性，精心确定和设计企业标识，是完善企业形象的重要步骤。企业形象一旦被确定以后，就要标准化、系列化、规范化，并广泛地应用于企业的产品设计、宣传用品设计、运输工具装饰、室内装饰等，使企业形象以标识的形式做到无处不在、无处不有。

18.3.3 传播企业形象的手段

企业形象信息要通过广泛而有效的传播，让社会公众对企业产生理解、信任和好感，并及时反馈公众的意见，达到相互沟通和默契，从而形成对企业深刻的印象。企业形象的传播主要有以下6种形式。

1. 标志符号传播

这是传递企业形象的重要载体。它除了文字、语言外，还包括CI设计中的VI部分，即名称、标志、颜色、字体等视觉识别系统。标志符号产生较强的视觉冲击力，并准确、形象地传播企业各种信息。可口可乐商标的设计的独到之处，就是用斯宾瑟字体书写的白色英文商标弧形瓶及波浪形飘带图案等，基本元素清晰、醒目，流线型中文字体与英文字体和商标整体风格相当协调，也更加富有动感效果。再加上视觉商标中的专有红色，具有强烈的中国本土文化特色以及现代气息，塑造了一个充满信心积极向上的企业形象。标志在红色背景中加入了暗红色弧形线，增加了红色的深度和动感，并产生了多维的透视效果。它的包装瓶腰身细、上下大的流线型瓶身与其标志、色彩也相得益彰。

2. 行为信念传播

借助企业总裁的人格和形象，借助企业全体员工的整洁服饰、行为规范、良好素质和对价值信念的追求，使公众了解企业对社会的责任和义务，这在无形中影响了公众对企业的态度。

3. 实物象征物传播

实物上包含有大量的企业形象信息，成为传播信息的一种有效渠道。实物包括产品、象征物、公共关系礼品、办公和事务用品等。产品运载的信息有品牌、商标、包装、形状、颜色、内在价值、售后服务及广告设计等。公共关系礼品通常应用于公共关系活动，其中既有信息价值，又含有感情价值。象征物作为企业特有的标记，一般都有美好的寓意。办公和事务用品让人时时处处接触企业信息，令人过目不忘。

4. 新闻报道传播

塑造企业形象离不开新闻界的努力与支持。要利用新闻媒体在公众中的强大影响力，及时把企业新情况、新动向传播出去。在与新闻界的合作中，要注意提供的信息要真实、准确，时效性强，并具有新闻价值；要有新闻的敏感性，善于挖掘和"制造"新闻，以达到更好的传播效应。

5. 广告传播

广告是企业形象信息传播的最直接、最有效也是最常用的传播方式。广告在传播商品、服务信息的同时，更重要的目的实际上是为了树立企业形象。因为直接促销的目的只是暂时的，只有树立了良好的企业形象，才能真正达到长期促销的目的。

6. 公共关系传播

公共关系活动是树立企业良好形象的重要手段之一。企业形象的树立要开展各类相互沟通的活动，使公众对企业能产生好感。而公共关系活动正是企业与公众之间的润滑剂，使企业与公众之间不仅能减少摩擦，而且能促进和谐。企业形象的树立要善于借用公共关系手段，随时守望和监视企业内外部环境，联络、协调与公众的关系，并通过公共关系组织开展各种社会活动，以提高企业的知名度，并塑造良好的企业形象。

18.3.4 危机处理——企业形象的保卫战

伴随着现代商品社会的发展和企业经营环境的变化，企业无法避免随时都可能发生的危机。美国《危机管理》一书的作者菲克普曾经对《财富》杂志排名前500强的大企业的董事长和总经理进行过一次专门调查。调查显示，80%的被调查者认为，现代企业面对危机，就如同人们必然面对死亡一样，已成为不可避免的事情。危机处理是指当企业面对与社会大众或顾客有关的重大事故，在处理这些重大事故时所采取的态度和过程。由于这些重大事故的发生，对社会公众或顾客产生了损害，若处理不当，最终会影响企业形象。所以，企业的危机处理基本上是一场企业形象保卫战。企业形象的塑造，一靠平时所下的工夫，二靠危机当时的处理。在大多数情况下，企业面对危机所采取的处理方式，对企业形象有着更为重要而深远的影响。换言之，企业在面对危机时所采取的不同的态度和方法，对塑造良好的企业形象将会产生"差之毫厘，谬以千里"的效果。

中美史克公司和罗氏制药公司恰好为我们提供了正反两方面的例子。2000年11月，美国FDA（食品药品检验局）向全世界发出通知：PPA可能引发一系列不良反应。2000年11月16日，中国药品监督管理局决定：暂停生产、销售含有PPA成分的药品。中美史克公司得知消息后，立即组织危机管理小组，统一对内对外口径，加快新产品的开发，组织调整生产并处理正在生产线上的中间产品。危机管理小组由包括总经理杨伟强在内的10位公司高层负责人组成。2000年11月16日上午，危机管理小组发布了危机公关纲领：执行政府暂停令，暂停生产和销售；通知经销商和客户立即停止康泰克和康得的销售，取消相关合同；停止广告宣传和市场推广活动。17日中午，全体员工大会召开，总经理表示公司1年内不会裁员，赢得了员工的信任和支持，这是内部公关的胜利。同口，全国各地的50多位销售经理被迅速召回天津总部，危机管理小组面授机宜，加强其信心。2000年11月18日，他们带着中美史克给医院的信、给客户的信回归本部，应急行动在全国各地按部就班地展开。2000年11月21日，15条消费者热线全面开通，架起了公司与客户、消费者的一道桥梁，建立了极为有效的沟通渠道。2000年11月20日，中美史克公司在北京召开了新闻媒体恳谈会，作出了"不停投资"和"维护广大群众的健康"的表态。至此，局势基本得以控制。中美史克因为对这场危机处理及时，态度诚恳，使得"康泰克"的品牌美誉度更高，为"新康泰克"的上市打下了基础；同时，公司没有因为这一事件造成人才的流失，公司基础没有被动摇。

罗氏制药公司却适得其反。2003年2月8日，一条令人惊惧的消息在广东以各种形式迅速蔓延——广州出现流行疾病，几家医院有数位患者死亡，而且受感染者多是医生。"死亡"让不明真相的人们大为恐慌，谣言四起。2000年2月9日，罗氏制药公司召开媒体见面会，声称广东发生的流行疾病可能是禽流感，并告之其产品"达菲"治疗该病疗效明显。罗氏公司的医药代表也以"达菲"能治疗该病而敦促各大医院和分销商进货。媒体见面会的直接后果是为谣言推波助澜，广东、福建、海南等周边省份的食醋、板蓝根及其他抗毒药品脱销，价格上涨几倍至十几倍，投机商大发"国难财"，"达菲"在广东省内的销量伴随谣言的传播也扶摇直上。8日前广东省内每天仅售1 000盒，2000年2月9日后飙升到10万盒。曾有顾客以5 900元买下100盒"达菲"！2000年2月15日，《南方都市报》发表《质疑"达菲"："禽流感"恐慌与销量剧增有何关系?》的署名文章,指责罗氏制药蓄意制造谣言以促进其药品的销售,并向广东省公安厅举报。罗氏公司的商业诚信和社会良知受到公众质疑,其形象一落千丈。直接的后果是"达菲"销量的直线下跌。《南方都市报》的消息发出后第二天,广州某医院"达菲"的销量就下降到不到10粒（以前每天要售出100多粒）。更有消费者提出退货和索赔要求。

试想,如果罗氏不是开媒体见面会,而是向广大市民赠药呢？危难之中见真情。如果罗氏宣称的是"现在病因尚未查明的情况下,请广大市民不用惊慌,"达菲"对抗病毒有很好的效果,罗氏将免费向广大市民赠药。"而10万盒药的成本充其量最多几十万元而已。

对于罗氏这样一个跨国公司来说,诚信是企业的根本,是企业长久发展的基础,必须谨守。危机发生后,罗氏更应该充分依靠政府的力量,制定一系列改进措施；应加强社会公益性的公关活动,比如为病人提供一些免费服务,开展一些针对性的医药研究、赞助活动,免费向社会提供此类疫情的治疗方案,并得到专家的认可等,措施都可以积极改善自身的形象,等等。总之,要让公众相信罗氏在以实际行动证明其为公众健康服务的宗旨没有变。

从上述两个案例可以看出,企业在处理危机时的不同态度和行动将会带来不同的后果。那么,企业在面对危机时,如何应对才能转危为安,战胜危机呢？

(1) 企业在遇到危机时,不能听之任之,而要立即调查情况、制订计划以控制事态的发展。在危机处理时,首先应组织有关人员,尤其是专家参与,成立危机处理小组,对危机的状况作一个全面的分析：危机产生的原因是什么,内因还是外因？危机发展的状况及趋势如何？受影响的公众有哪些,谁是危机的直接受害者,谁是间接受害者和潜在受影响者,具体受影响的程度如何,分别是什么形式的,他们可能希望通过什么方式予以解决？危机信息对外扩散的发布渠道和范围是怎样的？这些问题必须弄清楚,因为这将是企业采取补救措施的直接依据。在找到这些依据之后,就可以根据这些依据来制定相应的对策。

(2) 把危机真相尽快告诉新闻媒体和社会公众。危机发生后,最关心此事的人,除了企业之外,还有新闻界、受害者和竞争对手。对于新闻界来说,又多了一个宣传热点,有利于吸引社会的关注,同时易于同情弱者,更多地为受害者说话,处于企业的对立面；对受害者而言,力争企业对危机事件给予圆满的答复；至于竞争者,则多了一个竞争的有利砝码。因此,危机发生后,应尽快调查事情原因,弄清真相,尽可能地把完整情况告诉新闻媒体,由其广而告之。只有公布真相后,才有可能避免公众的各种无端猜疑和流言的产生。诚心诚意才是企业面对危机最好的策略。如果一再文过饰非,则终将自食其果。强生公司面对危机,开诚布公的解释症结所在,顺利平息风波,解决了信誉危机。

(3) 在某些特殊的危机处理中,企业与公众的看法不一致。难以调解时,必须靠权威发表意见。企业要善于借助公正性和权威性的机构来帮助解决危机。雀巢公司在"雀巢风波"恶化后,开始采取补救措施。其中最有效的就是成立了一个10人专门小组来监督该公司执行世界卫生组织规定的情况。小组成员中有身负众望的医学家、教授、群众领袖和国际政策专家,并由前任美国国务卿缅因州民主党参议员埃德蒙任主席。这一举措大大增加了公司在公众心目中的可信度。由于在很多情况下,权威意见往往对企业危机的处理能够起到决定性的作用,因此,企业在处理危机时,一方面要作到谦虚自责,勇于承担责任,始终把社会公众的利益放在首位;另一方面也要做到坚持原则。只有这样才能使企业既能控制事态发展,转危为安,又能由此迈上一个新台阶。

(4) 做好善后处理工作。企业出现危机时,特别是出现重大责任事故,导致社会公众利益受损时,企业必须承担起责任,给予公众一定的精神补偿和物质补偿。在进行善后处理工作的过程中,企业也必须做到一个"诚"字。只要顾客或社会公众是由于使用了本企业的产品而受到了伤害,企业就应该在第一时间向社会公众公开道歉以示诚意,并且给受害者相应的物质补偿。对于那些确实存在问题的产品应该不惜代价迅速收回,立即改进企业的产品或服务,以表明企业解决危机的决心。只有以诚相待,才能取信于民。

总之,当企业面对危机时,应该以社会公众和消费者利益为重,迅速作出适当反应,及时采取补救措施,并主动的、有意识的以该事件为契机,变坏事为好事,因势利导,借题发挥。不但可以恢复企业的信誉,而且可以扩大企业的知名度和美誉度。一个优秀的企业越是在危机的时刻,越能显示出它的综合实力和整体素质。一个成熟的、健康的企业与其他企业的区别就在于此。

18.3.5 企业文化与企业形象识别系统的关系

企业文化的实质是以人为中心,以文化诱导为手段,以激发职工自觉行为为目的的一种管理思想和管理方法,其核心是企业的价值观。企业形象识别系统是企业的创业精神、经营理念、管理政策、公共关系、产销战略、广告运作、服务品质和文化模式的统一性、代表性、权威性的法则,亦是这个法则视觉化、感性化的交流识别系统。企业形象识别系统以创造企业良好形象为目标,最终达到传播企业文化和促进市场销售的目的。

企业文化的核心是企业价值观。企业价值观是通过企业形象识别系统中策划的关键语辞、凝练口号来表达和推广的。当一个企业在策划企业形象识别系统时,它所做的最重要的事情之一就是通过深思熟虑来总结和提炼出属于自己企业的经营理念和文化精髓的核心——价值观。再通过策划机构创制成关键语辞和凝练口号,成为统领整个企业形象识别系统的思想。所以,企业导入企业形象识别系统的过程,实际上就是以企业形象识别系统为手段,传播和强化企业文化的过程。

策划企业形象识别系统强化了企业文化,它使企业文化客观化、感性化、视觉化,它将企业的精神变成企业的行动,使企业文化成为每个员工共享的传统方式和追求目标,从而增强了企业内部的凝聚力。从这个角度看,企业形象识别系统本身就构成了企业文化的内容,成了组织企业、管理企业的方法和手段。

1. CIS 由哪些内容组成？其作用是什么？
2. 通过广告塑造企业形象的方法有哪些？
3. 企业形象包括哪些内容？设计企业形象的方法有哪些？
4. 企业面临突发性危机事件时，该怎样进行危机处理以继续维护企业形象？

案例分析

从刘翔退赛看企业危机公关处理

刘翔，这个自 2004 年雅典奥运会 110 米栏决赛的一枪后被载入史册的人，4 年来一直被聚焦于闪光灯之下。2008 年的奥运会在北京举行，这一切都注定了在 2008 年的北京奥运会上，刘翔将是最受关注的焦点人物。于是，国内外的知名企业纷纷启用刘翔为其品牌形象代言人。据相关信息显示，2007 年以来，刘翔代言的 14 家企业品牌或产品，分别是安利纽崔莱、VISA、伊利、耐克、交通银行、联想、中国邮政、元太、奥康、杉杉、双钱、升达、白沙及中国移动通信。2008 年，刘翔的代言对象中又增加了平安保险、凯迪拉克等重量级的企业和品牌。从 IT 到医疗保健，从金融到乳品，从服装到邮电通信，飞人的身影出现在各个领域。他们都希望借着刘翔的再次腾飞将品牌的知名度再推上一个更高台阶。然而，谁也没想到，刘翔在本届奥运会上因伤退出了比赛。刘翔的退赛不但影响到他个人的人气，而且也严重损害了其所代言企业的利益。刘翔退赛后，网民已经快速总结出了压在刘翔身上的"三座大山"。他们主观地认为，正是因为刘翔参加了大量赞助商的商业活动，而不能系统地接受训练和调养。更有网友猜测刘翔是迫于其赞助商 NIKE 的压力，才不得已退赛。与此同时，赞助商一般会在刘翔参加比赛期间，甚至决赛前投放大量广告。刘翔退赛后，这些广告费用和广告物料都会受到损失。

就在比赛的前 4 天，有刘翔出现的广告还在以铺天盖地的攻势占据荧屏。然而刘翔退赛后，刘翔代言的广告却纷纷大变脸。虽然许多赞助商发表声明表示会继续支持刘翔，然而他们却在针对刘翔退赛各自改变了广告投放计划。无论是撤掉刘翔，改用其他代言人，还是干脆在广告中取消运动员画面，商家已经通过行动对刘翔退赛作出了更真实的表态。

可口可乐很有先见之明，它第一时间出来说会支持刘翔也会继续期盼刘翔再创佳绩。尽管只是短短几句话语，但从侧面可以看出，可口可乐无论失败还是成功，始终和刘翔站在一起，跨国公司在应对突发事件的处理方式的确与众不同。

耐克的动作最为迅速。在刘翔退赛的第二天，南方都市报报纸封面有两张大图：一张是刘翔退赛后失落的背景；另一张是刘翔坚毅的正面特写，左侧是广告词"爱比赛，爱拼上所有的尊严，爱把它再赢回来；爱付出一切，爱荣耀，爱挫折；爱运动，即使它伤了你的心"。耐克火速换上新广告并且在北京、上海、成都等地媒体显著位置上投放。同时耐克在各家报纸、门户网站和耐克自己的网站上刊发。

凯迪拉克在刘翔退赛后第二天，在其官网上出现了广告语"选择拼搏，就得面对伤痛；选择荣耀，就得面临挑战"。将以往人们没有关注到的刘翔另一面——伤痛呈现出来。

奥康皮鞋早做好两手准备，如果刘翔夺得冠军，奥康还会继续使用目前的广告版本——让全世界听中国脚步。一旦刘翔没有夺得冠军，奥康也会一如既往地支持刘翔，广告版本则会改成——只要心中还有梦，只要脚步没有停下，你就是冠军。

安利新版本的刘翔广告，同样迅速，"今天，风雨洗礼出我们的坚韧，明天，信念历练出璀璨的将来"的广告词同样给人共鸣。

中国平安发表声明称："退出也是一种勇敢，我们不要舍命的一搏，平安就好。"

伊利将以"有我中国强"为口号的系列广告的主角位置由刘翔，换成了已经在北京奥运会夺得两枚金牌的跳水冠军郭晶晶，而刘翔的形象则不见踪影。

VISA在刘翔退赛后，大幅降低了由刘翔代言的广告的播放频度。但VISA表示刘翔依然是中国最具影响力的明星，他依然是VISA的合作伙伴；交通银行信用卡也表示刘翔信用卡会继续发行，等等。联想则在刘翔退赛当晚便迅速撤下了刘翔代言的一款笔记本电脑广告。

运动明星的核心价值是运动成绩，只有成绩好了，他的核心价值才能转化为商业价值。但是，只有好成绩还不够。中国取得过优异成绩的运动员不在少数，但商业价值达到刘翔这个水平的屈指可数。除了运动成绩外，运动员所从事的项目影响力、个人魅力和团队的支持成为左右商业价值的另3大原因。刘翔形象很好，具有阳光、健康、孝顺、调皮和富有爱心等特点，他和很多企业的理念和品牌特点很吻合，所以才能被广泛接受。

名人危机发生后，要争取各利益集团的支持和理解。因为此时，名人的名誉或者形象受到影响，其实他是和利益集团共坐一条船上。所以，名人必须和企业共同携手，共渡难关。据相关人士统计，刘翔退赛约为代言企业损失38亿元。在商业利润上，企业不愿意看到刘翔在110米栏的退出；但在情感的问题上，代言企业的理解和宽容，帮助刘翔重塑信心，维护形象。这可以让公众感觉到企业"人性化"的一面，无形中增加了对企业的美誉度。而另一方面，对刘翔而言，代言企业的力挺让刘翔没有后顾之忧，可以安心养伤，来日再战江湖。

张心宏说道："竞技体育是十分残酷的，任何细微的小失误都可能产生严重影响。国外商家有人押宝菲尔普斯8金梦，也有人押宝到其他运动新星上，今天看来有成功有失败。商家选择代言人应该有非常专业的眼光，刘翔本身有伤，这在奥运之前并不是秘密。刘翔的这次退赛，假如未来会造成部分品牌宣传效果减弱，那也应该是商家自己的责任。"

张心宏认为，跟风是国内商家寻找代言人的一个通病。在刘翔所代言的品牌中，可口可乐、VISA可以算有着非常成熟的公关，但也有一些赞助商并没有很强的商业赞助运作专长，这次刘翔的退赛，对他们来说是一个考验。国外商家在甄选代言人时，会有一个非常全面的指标，包括身体素质、意志、性格、情感等诸多因素。

思考题：
1. 以上企业所采取的广告策略可以分为哪几类？分别是什么？
2. 如何评价这几类广告策略？
3. 如果你是上述公司的公共经理，你会采取什么广告策略来应对企业所面临的危机？

第 19 章

品牌战略

> **本章要点**
> - 掌握品牌战略的内涵和意义
> - 掌握创建品牌的基本步骤
> - 掌握品牌定位的原则和要点
> - 掌握广告在品牌塑造中的作用
> - 掌握品牌建设的广告策略

现代商战中,随着市场发育的高度成熟,企业之间的市场竞争日趋激烈,竞争的内容和方式也由传统的质量、价格、性能或服务等有形要素的单项竞争上升为产品品牌、企业形象等无形要素为主的整体竞争。品牌作为企业产品形象及经济实力的集中体现和象征,已成为竞争中最具威力的新式武器;品牌战略也成为企业谋求生存和发展,获取竞争优势的重要战略。

19.1 品牌战略内涵及意义

品牌是同类商品中用以区别个性和功能特点的商品名称及其牌号。对于企业来讲,品牌是参与市场竞争的标签。任何一种商品,如果没有一个好的品牌及与之相应的商标,在激烈的市场竞争中很难站住脚。特定品牌商品,必须首先依靠广告宣传与其他品牌商品进行竞争,才能维护自己的市场地位。品牌战略是指以单个商品品牌为主的营销战略。一个企业的品牌战略决策,是该企业在一段时间内广告活动的总纲领。它要求突出商品的形象与特征,进行反复宣传，以达到吸引消费者注意和购买的目的。

19.1.1 品牌的心理功能

一般认为，品牌就是产品的别名。然而仅仅作为进行销售的实体产品是不会成为名扬四海的传奇品牌。品牌更多的是一些无形的东西，即价值或情感效应，使产品与众不同。当人们想到一个产品或一种服务时，他们往往会想到这种产品或服务的属性、特点及它给消费者带来的实际效用。但是当人们想到品牌时，他们想到的就不止这些，而且想的方式也不同，因为品牌给产品与顾客关系增添一层情感色彩。使品牌与众不同的关键是其个性化方面。

但是从产品到品牌却不是一个简单的、必然的过程。或者说，每个品牌之下都有一个产品，却不是每个产品都能架构起一个品牌。从产品到品牌的过程，是消费者使用产品经验形成品牌体验的过程；是品牌信息长时间保持一致性传播的过程；是品牌始终张扬个性、昭显形象的过程；是企业、营销人员、广告人时时刻刻关注消费者的过程；是品牌与消费者持续对话的过程。

从根本上讲，建立品牌的出发点是满足消费者的需求。但是，人们的需求是多种多样的，有些需求是感情化的，因为人们的行为并非总是理性的。要决定如何建立品牌，我们必须先建立起能包容这些不同需求的框架——包括功能型需求和情感型需求。相应地，具有成功品牌的产品，也包括两个基本组成方面即特点属性和情感效用。前者是所有产品共有的，而后者是与品牌相联系的。

品牌使企业有了自己独特的名称和标识。围绕着品牌名展开的营销活动培育了消费者的品牌意识，刺激了消费者的品牌心理，使品牌具有了更多的心理功能。在品牌时代，消费者都有或强或弱的品牌意识。人们认为品牌之间一般存在差异，而且这些差异通常与企业形象结合在一起，在多数情况下，消费者认为有必要选择和讲究品牌。

但是围绕着品牌名展开的营销活动使品牌的内涵、要素复杂化，大大超过了产品基本特性的范围，从而使品牌衍生多种心理功能，影响消费者从搜集信息、评选、购买到购后评价的全过程。品牌的心理功能有的能被人们明确意识到并发生作用，有的则是潜移默化地发生作用。品牌的主要心理功能有以下方面。

1. 限制功能

知晓品牌或经验品牌能制约消费者进一步的信息搜集范围乃至选择范围。虽然在更广泛的范围选择可能作出更优决策，但搜集信息、扩大选择范围需要增加成本，而且从未听说过的品牌缺乏可信度和亲近感。因此，消费者在购买时往往宁可在已知品牌中深入了解和进行选择，即使他们也会留意其他品牌，但对已知品牌的某些心理定势会削弱他们对未知品牌关注和探究的程度。品牌的知名度或使用经验使品牌具有限制功能的基础。但是，不同产品的品牌、品牌知名度和使用经验的差异及品牌信息的来源等，都会影响到限制功能的强弱。

2. 信息集合功能和联想功能

一个没有品牌的产品，人们或许要费力地记住它更多的特征才能在不同场合重新识别它。由于品牌首先是一个名称和符号，可以直接与其他企业的产品相区别，这就能减轻人们记忆和识别的负担。此时，品牌名作为最抽象的信息主体具有信息集合功能。消费者会从多个方面了解、感受与该品牌有关的信息，并逐步抽象、归纳为若干基本特征，最终仍主要以品牌名留存在记忆中。反之，当提起该品牌时，人们就能迅速回忆起该品牌的基本特征甚至细节。由于品牌信息的丰富性，品牌还能促使人们去联想，从而使品牌具有丰富的形象。如果品牌名合适、定位明确并运用 CIS 的整体传达系统，那么就能强化品牌的信息集合功能，并能促进人们比较统一而有益的联想。不过，如果消费者并不重视品牌之间的差异，则这两种功能的用处就不大。

3. 增值功能

在有品牌的情况下，人们对产品品牌的评价对象会有意无意地增加，在购买时不仅会追求产品的基础利益，而且可能关注和追求因建立品牌而产生的附加心理感受和利益，从而为品牌增加心理性附加价值，甚至为市场价值提供了基础。好的品牌名能令人产生愉快的联想，品牌名气不仅能产生熟悉效应和暗示作用，而且本身就可以炫耀。有吸引力的文化和情感内涵还能满足人们更多的心理需要。品牌的增值功能意味着品牌具有炫耀功能、文化功能和情感功能等。

4. 整体形象力功能

与品牌相关的所有营销要素，甚至企业的非营销要素都影响着品牌形象。品牌形象将汇集品牌的所有心理功能，发挥着整体形象力的功能作用。这里形象力的具体功能还进一步表现为：

（1）象征功能，无论是品牌的质量、价格，还是品牌的文化内涵，都有某些象征意义；

（2）整合功能，人们对品牌个别要素的认知会受到其他要素的影响，其意义只有在与所有要素组合中才会被确定，高价能与驰名品牌相得益彰，在另一场合则会有完全不同意义；

（3）提示功能，品牌一旦形成某种公认的形象，就会影响人们对该产品特性的客观评价，这是因为期望这一心理定势会对人们的知觉起作用；

（4）缓和功能，在品牌形象塑造成功后，品牌质量等个别要素如稍有波动，消费者的品牌信念暂时不会随之变化；

（5）扩张功能，由于光环效应和移情效应，品牌名还可以扩张到其他产品上去，以获得人们的消费信心和好感；

（6）简化功能，品牌形象、品牌信誉一旦建立起来，就会简化消费者在选择品牌时的细致和深入程度，这是因为消费者并不总是能对品牌特性作出正确判断，同时也总是会设法降低购买时的精力和时间成本，所以消费者可能会对品牌产生依赖性。极端地说，品牌在消费者心目中的原有形象往往能替代消费者实际的选择努力。

19.1.2　品牌构成的6层含义

品牌是具有一定品位的牌子，是由诸多因素构成。营销大师科特勒认为，成功的品牌具有以下6层含义。

1. 属性

品牌首先使人们想到和带来某种属性，设计高超，做工考究，质量上乘，如"奔驰"牌意味着昂贵、做工精湛、马力强大、高贵等。

2. 利益

品牌不只意味着一整套属性。顾客不是在买属性，他们买的是利益。属性要转化为功能就要与情感性利益结合起来。如 DE BEERS 钻石，由于钻石选料精良，打磨加工精致，所以成为象征永恒情感的代言品牌。

3. 价值

奔驰品牌代表着高效、安全、声望等，品牌的营销人员必须分辨并寻找出对这些价值感兴趣的消费者群体，以便为广告策划作出选择。

4. 文化

品牌可能附加了一定的文化。如奔驰汽车代表或附加德国文化，严密的组织、高效率和高质量。可口可乐象征着美国文化，是一种奔放热烈的文化。

5. 个性

每一个人都有自我概念或个性，商品也一样。品牌也可以代表个性和风格。"宝马"车的个性是"尊贵、年轻和活力"，"奔驰"可能会让人想到一个严谨的老板，一只凶猛的狮子或一座庄严的建筑。

6. 用户或使用者

品牌体现或暗示了购买或使用产品的消费者类型。包括年龄、性别、身份、地位、阶层等。这就好像我们看到一位20多岁的秘书开着一辆奔驰车时会感到吃惊，而更愿意看到开车的是一位50多岁的高级经理。

19.2　从广告心理学角度谈创建强势品牌

史蒂芬金说过："产品是工厂所生产的东西，品牌是消费者要购买的东西。产品可以被竞争者模仿，品牌却是独一无二的。产品极易过时，但成功的品牌却能长久不衰。"这就是品牌建设的意义所在。

19.2.1 创建品牌的基本步骤

1. 了解产业环境，认清自己，决定本企业的"核心"产品或生意

所谓了解产业环境，一是要了解目前的产业竞争者，二是要了解潜在的竞争者，三是了解消费者的评价，四是了解供应商的评价，五是了解市场上新出现的同类产品。在此基础上企业要明确、洞察自己的位置，发挥自己的强势。

2. 要形成企业长远发展目标、价值观和发展策略

企业本身需要有一个目标，这个目标至少是 5 年到 10 年，在中国市场至少要 5 年。

这有一个前提，就是目标必须是大胆的而且是成熟的战略性目标，而不是停留在利润、销售额等"数字层面"的低级目标。迪斯尼建立的时候，它的目标就是要把欢乐带给世界；索尼在刚开创时的目标是要把产品卖到世界各地去，改变西方对自己产品品质的印象；耐克刚创建时的目标也非常清楚，就是"我要打败阿迪达斯"，而实际上它真的在 10 年之内超过了阿迪达斯。

3. 形成完整的企业识别的维护管理系统

应该经常思索的问题有：有多少员工知道企业的长远目标，企业的价值观是什么，又有多少人能作出来，主管单位是否知道企业的意图，顾客怎么看待本企业，如何系统地维护企业形象等。

4. 确认品牌与消费者的关系

有两个问题需要经常思考：品牌提供的价值是什么，是否具有品牌资产。

5. 品牌策略设计

从大平台角度看，你这个品牌是要走向世界的品牌，还是国内的品牌，或是地区性的品牌，是多品牌还是单一品牌，商标应是怎样的，是母体品牌还是副品牌，是企业品牌还是产品品牌，品牌识别系统是否完整。

6. 品牌责任归属和组织运作

创建品牌的一个严重问题就是组织的运作不清楚。到底品牌责任在哪里？很多公司的品牌责任放在新闻中心或者广告公司，其实这都是不合理的现象。营销应与传播功能联系在一起，企业的各作业环节语言要统一，行销、业务、传播功能要有机地结合在一起，要有清楚的决策流程，要有信息科技手段的协助，要有强有力的培训系统。

7. 要建立整合营销传播计划

要确保品牌与消费者的每个接触点都传达一致、有效的信息，其中包括产品的使用、店内陈列、广告、经销商会议、赞助活动、记者采访、电话、展览会等多个层面和渠道。特别值得一提的是，与代理商要建立长期的伙伴关系。

8. 直接接触消费者，要有持续的记录，要建立客户资料库，不断培养品牌的忠诚度

对于大多数产品是 20% 的顾客占有 80% 的销量，所以我们的挑战就是你如何去取得这

20%的顾客的资料。越来越多的数据证明，开发新客户的成本比维持老客户的成本高很多，当你去开发新客户的时候，整个公司的营运利润必然会下降，这些都是很重要的事实。所以一对一的传播会越来越重要。

9. 建立评估系统，追踪品牌资产价值

要精心确立调查方法和评估时间，了解品牌资产的变化，检查行销传播计划的执行情况。

10. 在品牌建设上要不断投资，保持品牌个性持续一致性

即使在企业财务或经营发生困难时，也要在品牌的建立上持续投资。建立品牌实际上是不容易的，需要很长时间，在这个过程中需要的是坚持。

19.2.2 品牌定位的原则

1. 消费者导向原则

品牌定位要与消费者接受信息的思维方式和心理需求相适应，突破信息沟通中的障碍，广告的"新定位"理论认为，定位的重心在于消费者的心灵，对消费者的心理把握。只有这样才能将定位信息进驻于消费者的心灵。

2. 差异化原则

品牌定位必须与众不同，才能将你的产品与其他品牌区别开来，才能将你的品牌信息传递给消费者，从而引起消费者注意，并使其产生品牌联想。

3. 个性化原则

赋予品牌独特的个性，以迎合相应的顾客需求。产品与产品之间的某种差别，是可以通过调整经营策略和不断努力来缩小或同化的，产品之间真正无法接近的只有产品的个性。这种个性可能与产品的物理特性和功能利益毫无关系，是通过定位赋予这个产品的。特别是要注意产品品牌所表现的个性与消费者的自我价值相吻合，要得到消费者的认同，否则不能为消费者所接受，定位也不会成功。

4. 动态调整原则

品牌定位不是一成不变，一劳永逸的，因为整个市场都在不断发生变化。产品在不断地更新换代，消费者的需要在不断发生变化，市场上不断有新的同类产品加入竞争，产品在自身生命周期中所处的阶段也在不断演进。因此，产品品牌定位要根据市场情况的变化不断作出调整，使品牌永远具有市场活力。任何以不变应万变的静态定位思想都将使品牌失去活力，最终被市场淘汰。

19.2.3 品牌定位的要点

1. 品牌定位应是战略性的

品牌定位不是一种短期的战术行为。要进行品牌定位，就要对自己的品牌和竞争对手的品牌的当前形象和目标形象有透彻的了解，从而精心作出一个独一无二的定位。

2. 品牌定位追求长期的竞争优势

品牌定位是一项坚持不懈的战略任务，一旦着手进行就要实现定位目标，并且改变市场认识，广告宣传也必须持之以恒，前后一致。

3. 品牌定位是对消费者认识的管理

品牌定位很重要的一点是确立一个尽可能远离其他品牌的定位，否则，就难以做到与众不同。要做到这一点，公司必须深入了解与分析相近品牌的全部属性，了解满足消费者哪些需要能吸引他们。

19.2.4 树立品牌形象

品牌战略的目标是要打响一个品牌，这就要求广告工作者对某种品牌商品的历史、功能与特性，以及该商品在市场中的位置、其他品牌商品的位置等要有很好的了解和研究。了解消费者的各种心理状态，明确商品的定位。从心理影响的角度来说，树立品牌形象的过程中，必须重视以下3个方面的工作。

1. 品牌取名

这是一项看似容易而实际上却不容易的工作。取名容易，取个好名却不容易。所以，有"千金沽名，万金沽誉"的说法。一个优秀的品牌，对营销策略的实施会起到不可估量的巨大作用，可以起到强大的促销作用，使企业的利润滚滚而来。品牌名称，往往决定了该商品的命运。例如，"松"、"竹"、"梅"是日本人心目中的吉祥之物，由此，日本的"松竹梅"清酒得以在本国众多的清酒品牌中脱颖而出，获得了巨大成功。

给品牌取名时一定要突出品牌的个性，体现品牌的内在品质，同时要符合消费者的心理，如"飘柔"、"护舒宝"、"威力"、"荣声"等品牌突出了品牌个性，迎合了消费者的心态，一上市就为人们所青睐。

2. 刚柔并举

刚柔并举是广告行销策略的一种方针。即企业广告不仅要在短期内集中攻势，用大型化、高频率广告形式进行宣传，给消费者留下深刻印象，而且还要在重点突破的基础上，再选用低频率的广告形式进行持续宣传，以达到潜移默化地影响消费者的心理。

3. 全方位渗透

一个企业要树立品牌形象，实施品牌战略，就要求在广告手段的选用上不局限于单一媒体。由于在大多数情况下，市场中都存在着同类商品的竞争，因而必须充分考虑到竞争对手的情况，有针对性地采用多种媒体进行广告品牌宣传，使不同层次消费者均能获得商品信息，从而扩大广告效应。这里强调的也就是品牌的全方位心理渗透策略。

19.3　品牌战略与广告策略

在广告战略中，品牌战略是其中的一项重要内容。产品的命名，实际上就是选定适当语言和文字来标识该产品。因为产品的名称作为特定产品的条件刺激，它能直接或间接地概括反映产品的最主要特征、优点、功能、成分乃至产地、生产厂家等。因此，在广告策略中首先要突出品牌，因为品牌是一个产品的标记，突出品牌，使之显得醒目，就是让消费者一看广告就知道它是谁的产品或宣传的是什么。

19.3.1　品牌建设的心理机制

1. 广告在品牌塑造中的作用

广告在品牌塑造中有4大基础功能：品牌忠诚度、品牌知名度、品质认知度、品牌联想。它们共同构成品牌资产、品牌价值。

1）品牌忠诚是品牌资产中最重要的资产

广告在建立品牌忠诚中向来扮演了重要角色。研究表明，大多成功广告的效果是增加了品牌忠诚。那些忠诚顾客的特点是：经常性重复购买、惠顾公司提供的各种产品或服务系列，建立口碑，对其他竞争者的促销活动有免疫力。

上述的每一种行为，不论是直接或间接，都会促进销售额的增长。消费者反复购买同一品牌，即使是面对更好的产品特点、更多的方便、更低的价钱也会如此。

广告对品牌忠诚的影响，国内外营销学者的研究很多，结论也基本上差不多，即好广告不但能产生作用，而且会强化品牌忠诚。对成功的品牌来说，由较高的广告量引起的销售量的增加中，只有30%来自于新的消费者，剩下的70%的销售量是来自于现有的消费者，这是由于广告使他们对品牌变得更忠诚。因此，现在较公认的一种看法是：广告一个重要的目标是加强已存在的消费者与品牌的联系，并使他们变得更加忠诚。对品牌来说，大部分广告的目的是使已经存在的消费者更加忠诚，而不是说服非消费者从其他品牌转移过来。

2）广告可以使产品/品牌在短时间内建立高知名度

品牌知名度的真正内涵包括品牌认知度、品牌回忆度，而广告是提高知名度最好的方法之一，有了知名度则是广告最明显的结果。但广告相对来说成本是最贵的。面对众多的广告信息干扰，要脱颖而出也非常困难。这要求广告创意独特，有足够多的重复到达率，选用最佳的媒体，等等。一般来说，知名度与销售呈正相关的关系。但是，高知名度并不一定意味着就是名牌，更不等于高销售量。但对低关心度的商品而言，知名度只要提高，销量一般就会增加。

3）广告有助于建立正面的品质认知度

产品品质指产品的功能、特点、可信赖度、服务水准及外观。品质认知度是指消费者对某一品牌在品质上形成的整体印象。广告对消费者在品质认知过程中的作用如下。

（1）使用者更多地关心他们使用过或已在使用的产品的广告。他们已有的关于品质认知的经验和体会与广告中对品质的表现进行对比和联系。如果相符合，则原有的好感将会加深，更加信任这一品牌，对产品和自己的判断都很满意，成为品牌忠诚的拥护者。如果相反，一般是使用者认为品质差而广告却宣传品质优良，消费者会认为广告是欺骗，原有的恶感进一步加深，变成极度的反感和不信任。

（2）广告诉求通常是产品品质上的特点，也是产品提供给消费者的利益点，是消费者最关心，最喜爱的特点，是产品最具竞争力的特点。产品的品质在广告中表现出与其他产品的相差别并得到了突出，竞争力增强。

（3）新产品上市，人们对品质一无所知。而高品质、定位准确的广告，通常使消费者对产品有了好感并愿意去购买。广告的品质一定程度上反映了产品的品质。

（4）产品线延伸时，广告帮助消费者将原有的品质印象转嫁到新的产品上，这对新的产品线而言，无疑是一块打开市场的敲门砖，受益匪浅。

4）广告为品牌联想提供了空间

品牌联想是指消费者想到某一个品牌的时候联想到的所有内容。如果这些联想又能组合出一些意义，这个有意义的东西就叫作"品牌形象"。如对麦当劳的品牌印象可以是最大、品质最好的国际性连锁食品公司。品牌形象是品牌定位沟通的结果。品牌定位通过广告传播之后，在消费者脑海中形成许多的品牌联想，最后就构成一个具有销售意义的品牌印象。

2. 广告促进品牌形象塑造的条件

广告要发挥塑造品牌的作用，也需要客观条件作基础。

首先，产品本身要过硬。产品是品牌的物质基础，只有杰出的产品才可能成为杰出的品牌。当广告是为了销售比竞争品牌更优异的产品或服务而做时，它发挥的功能最大。任何成功的广告都依赖了卓越不凡的产品功效。倘若消费者无法认知品牌真正的利益点，那么就是再大量的精心设计的广告也无法挽回品牌的厄运。广告大师伯恩巴克曾说："为拙劣的产品做广告，只会加速它的一败涂地。"成功的品牌从来就是内涵与外表的协调统一体。这就要管理好所有与消费者密切相关的产品要素。其中，产品质量是最重要的，它是消费者考虑的最主要的因素。产品质量好，消费者自然买得高兴，用得放心，进一步印证强化了广告所宣传的产品形象。反之，失去了可靠的质量保证，不但产品失去了特质基础，广告也成了空中楼阁，只能给消费者留下更坏的印象。

其次，要有成功的广告。人们只要想到任何一个著名品牌，脑海中几乎都会浮现出该品牌相应的广告。这些广告的共同特点是以一种独特的源于产品的营销创意为基础。正如广告大师奥格威所说："除非你的广告源自于一个大创意，否则将如夜晚航行的船只无人知晓。"真正的大创意不仅能够建立含有持久价值的品牌形象，而且还能驱使人们采取行动，而这些正是成功广告的标志。除了创意上的要求外，成功的广告还要求有准确的品牌定位。广告要展现产品的品质个性，离开准确的品牌定位，很可能成为一个徒有创意而没有销售力的牺牲品。

最后，要求管理者具有全面的品牌意识。品牌塑造是一项长期的系统性工程，需要企业有一整套计划、行动纲领和前后一贯、坚持不懈的奋斗。对塑造品牌而言，营销的环境也很重要。企业内部和外部沟通都须营造一个适于品牌形象塑造的文化圈。只重视广告而不重视其他方面的品牌管理的做法是行不通的。管理者必须克服短视行为，既要创造品牌，又要发展品牌、保护品牌。

19.3.2　品牌经营策略

1. 品牌形象策略

品牌形象策略是确定企业品牌经营发展方向与品牌市场形象的策略。品牌形象策略包括企业品牌发展对企业的品牌知名度、品牌美誉度、品牌忠诚度等多方面内容的决策。这些决策内容涵盖了企业品牌经营的目标。

2. 品牌个性定位策略

品牌个性定位是指品牌在消费者心目中的个性风格与市场定位。如果说品牌是具体的，而品牌形象则是个性化的，在品牌战略中，这是一对矛盾，即个性化与适应性。只有品牌个性与顾客，或消费者个性，或其理想中的个性一致时，消费者才会购买该品牌商品。品牌个性定位可以增强顾客的偏爱，能激起顾客的感情，并增强对品牌的信任感和忠诚度。

在当今产品同质化的条件下，产品差别化的唯一途径是品牌个性战略。当企业为自己的品牌创造出独特而富有魅力的品牌个性时，就可以收取比竞争者更高的价格，拥有更稳定的市场份额和品牌忠诚度。还可以更快导入新产品，节约营销费用，提高品牌资产。

品牌个性定位首先包括市场定位，即消费群定位、价格档次定位、区域市场定位等，这是品牌个性定位的基础。同时，还包括品牌形象的定位，即形象风格取向。品牌所具有的象征社会文化消费层次的特点，特别是品牌对于顾客所展示的某种"社会价值观"极为重要，它影响着消费者的消费观念和消费行为的变化发展。品牌个性化策略的基础是目标消费群体的个性或其向往的理想个性。利用品牌个性定位成功的例子很多：金利来的成功男人形象；飘柔的大自然的气息与青春活力等。

从经营战略的角度讲，实施品牌个性策略关键是需要营销沟通，这也就是说企业要将产品的品牌个性通过各种媒体和渠道传播给顾客。在传播过程中要注意品牌个性信息传播的整合性和双向沟通性，企业应根据实际情况制定具体的营销目标，在品牌个性战略和整合营销规则的指导下，认真安排各营销工具和营销战术，使其系统地、全面地、一致性地传播品牌信息。品牌命名、标志、包装、促销组合（直效营销、广告、销售促进、人员销售等）以及顾客服务等都是企业必须重视的品牌沟通工具。

3. 品牌延伸策略

品牌延伸是指原品牌在生产原产品之外，再生产其他产品或其他行业的产品，将产品品牌延伸到其他产品或市场上去的营销决策。品牌延伸与企业的行业选择密切相关。

品牌延伸策略的成败取决于原品牌自身的优势、原品牌产品与延伸产品的关联程度，品牌延伸区域的市场竞争情况3个因素。第一个因素决定品牌能不能延伸，如果品牌优势不足，不如为新的产品创建一个品牌，没有必要将原有品牌向其他产品延伸。第二个因素决定品牌延伸的领域，如果向一个相同的行业产品或相近的行业延伸，则有助于品牌的扩张，而且可以利用企业对相关行业的熟悉和了解，以原有品牌进入一个新的市场空间，获得新的经济增长。第三个因素决定品牌延伸需要的资源支持和市场进入的难易程度。品牌延伸成功，不但能使新产品的入市成本大大降低，而且能丰富和强化原来品牌的内涵，使品牌价值与市场空间都得到提升。因此，企业品牌战略确定时，必须对品牌延伸问题作出明确而周到的规划。

19.3.3 品牌建设的广告策略

1. 品牌与广告的协调

为了使商品品牌能够深入人心，广告必须与品牌本身的影响力结合起来。一般有以下3种方法。

（1）突出商品特性。当商品品牌还鲜为人知的时候，宣传品牌的效果一般很难令人满意。这时候，就要突出商品特性，满足消费者的需求。只有这样，才能让消费者认识这一品牌，继而实现购买所宣传品牌商品的目标。

（2）宣传商品品牌。为了能使某一商品品牌脱颖而出，必须在消费者刚开始熟悉某种商品的各种品牌时，就强化该品牌商品的宣传攻势。广告的重点可以放在宣传商品独特功能及经济性，以刺激消费者的购买欲望。

（3）质量胜于雄辩。一个品牌要想成为名牌，仅靠广告是不行的。在这一目标的实现过程中，广告的作用是辅助性的，而商品质量是决定性的。质量是品牌的生命。所有的世界名牌产品，都是以上乘的质量作为坚实的基础和后盾的。虽然产品的竞争表现为品牌的竞争，但品牌竞争所依靠的则是产品的内在质量。持续稳定的优良品质可以使一个品牌顺利成长为名牌，而一次严重的质量事故可以使一个名牌很快就倒了牌子。

2. 广告策略

一个品牌要想得到消费者的承认，特别是要得到全球消费者的认可，必须在优质产品的基础上，运用大量的人力、物力、财力进行广告宣传，而且广告宣传也要讲究战术。针对目前市场竞争激烈的情况，一个企业要想推行全面广告策略，必须注意以下5个战术。

1）必须明确品牌是全球统一还是因地制宜

品牌的声誉来自于高质量的产品和服务，它是广大消费者对品牌信任的反映。质量是名牌之母，没有质量，就不可能赢得声誉，也不可能成为名牌。所以，广告策略应在广告语上下工夫，在明确突出品牌的同时，也要说明该品牌商品是全球性的还是因地制宜的。例如，美国可口可乐公司的产品，不管在世界上哪个国家生产的，其风格、品味、成分、标准都一样，产品毫无差别。但是，日本丰田汽车公司却不同，他们生产的汽车所用的品牌都相同，但根据世界各地环境特点又分别推出适合当地环境特点的汽车系列。例如，对欧美国家推出快速而耐用的车型，对发展中国家推出耗油少的廉价车型，同时在广告中采用了差别化宣传策略。但是，在实践中究竟是采取一致化还是采用差别化的广告策略，要根据市场细分需求和企业自身生产条件而定，切勿强求一致性而不考虑各种条件。

2）必须明确广告主体及特征

品牌广告的主体可以是人，也可以是人格化的动物或植物，也可以是语言、文字图形等。例如，畅销美国的美乐牌啤酒的广告主体是国际著名足球、棒球明星。在广告中他们手持啤酒瓶，以一句"美乐啤酒味道好极了"的广告语，使该品牌啤酒风靡全美。再例如，广东省太阳神集团公司的"太阳神"标志，就十分成功地传达了"太阳神"的企业理念。太阳神的标志设计，以圆形和三角形为基本单位。圆形象征太阳，代表生机、温暖和希望的企业经营宗旨；三角形呈向上趋势，即是APPLLO（太阳神）的第一个字母，又象征"人"字的造型，显现出企业向上升腾的气势和以"人"为本的经营管理宗旨；其中，以红、黑、白3种代表色组成的强烈色彩反差，隐喻企业不甘现状、奋力创新的心态和风格。太阳神的标志、标准字、标准色的有机结合，简洁、明快地表现出企业精神、经营意识和产品属性。这种极富感染力和冲击力的VI设计与传播，不仅使公众熟知企业名称和产品，同时也得到了艺术陶冶，留下了深刻的印象。

3）必须明确品牌当前地位和广告目的

品牌战略广告的最终目的是让各国消费者都乐于选择所宣传品牌的商品。广告策划目标一旦确定之后，广告策划者就要做到知己知彼。即首先要明确自己的品牌目前处于什么地位，竞争者的品牌又处于何种地位，知己知彼后，分步实施自己的广告战略，这样才能做到有的放矢，不至于被竞争对手挤垮。企业的品牌地位一般会有以下3种情况：① 本品牌的声誉不佳或日趋下降，这时应采取措施努力恢复原来的地位或开拓新市场，在新市场取得成功之后，再恢复原来的市场；② 本品牌已取得了局部市场成功，这时宜以扩大市场为目的，在新市场中推出本品牌产品，让更多的消费者了解本品牌；③ 本品牌在市场中已有了一定声誉，但是由于竞争激烈或者其他原因，产品销售量逐渐停滞不前，这时的广告策略应以突出本品牌的特色，再辅之价格竞争和非价格竞争的促销办法，争取更多的消费者。

4）必须处理好广告的标准化和差异化的关系

广告标准化或差异化的采用，取决于消费者的动机而不是地理条件。如果不同的市场人们购买一种产品的动机是相同的，如饮料为了解渴，可采用标准化的广告策略进行宣传。最典型的莫过于可口可乐公司，它在全球200多个国家和地区推出的广告宣传，都是按相同的标准化形式。如果在人们购买动机各异的市场，则应采取差异化广告形式宣传。美国

"Lee"牌牛仔裤风行全球100多个国家和地区，与该品牌实行差异化广告策略有密切关系。它在美洲和欧洲的广告，是强化该产品穿起来很性感完美；在亚洲地区的广告宣传，则突出的是美国的品牌货；在非洲的广告，则以易洗耐用并且价格便宜作为宣传重点；在南美、英国、日本等特定市场的广告，则以牛仔的粗犷豪情形象宣传。正是使用了这些不同的差异化广告策略，其品牌在各个国家和地区长盛不衰。

5）注重文字效果，突出企业形象

强化广告创意的品牌意识，不管从什么方面入手，最终都要落实到语言文字的表达上。因此，一定要注重广告语言的设计。广告语言不仅要富有情感和人情味，而且文字的表达还要漂亮，雅致，这样的广告语言才会优美动人，留给消费者的印象才会更加深刻。同时，产品是企业生产出来的，名牌产品来自于名牌企业。所以在广告语创意中，应当突出企业形象，这实际上就是要突出企业的品牌形象。总而言之，产品品牌与广告语策划的关系极为密切，品牌意识是企业经营观念和与品牌有关的一系列观念的总和。所以，在实施品牌战略的实践过程中，企业不仅要有很强的品牌意识，而且还要利用广告语来强化品牌的宣传。同时，广告语的策划者也要有品牌意识，深入了解企业的品牌与品牌战略，彻底领悟企业广告策划的意图，使广告语创意能更好地符合企业品牌战略实施的要求。

思考题

1. 品牌战略的内涵是什么？有什么意义？
2. 创建品牌的基本步骤有哪些？
3. 品牌定位的原则有哪些？包括哪些要点？
4. 广告在品牌塑造中的作用是什么？需要哪些条件？
5. 企业推行广告策略时，可采取哪些战术？

案例分析

塑造跨越三个世纪历史的品牌之路

作为一个具有多个世纪历史的品牌，雀巢的广告发展过程也同历史一样，打上了鲜明的时代烙印。

广告三部曲

成立于1867年的瑞士雀巢集团，以创始人亨利·雀巢（Nestle）的名字命名，德语意思是小小雀巢。如今，小小雀巢已经成为世界上最大食品公司的代名词。1994年，雀巢被美国《金融世界》杂志评选为仅次于可口可乐和万宝路的全球第3大价值最高品牌。2000年，雀巢集团净利润超过30亿美元。雀巢在81个国家建立了479家工厂，全球员工总数约为22.5万名，是世界著名的跨国公司之一。

雀巢产品主要涉及咖啡、矿泉水、猫狗食品、冰淇淋，在同行业中均处于领先地位。此外在奶粉、调味品、巧克力糖果、眼科医疗用品等产业也享有较高声誉。尽管生产线很广，涵盖各类食品，但在消费者眼中，雀巢就是速溶咖啡的代名词。雀巢公司是如何让雀巢咖啡深入人心的。

除了保证产品品质外，成功的广告策略是关键——让消费者在记住生动广告的同时，记住了雀巢咖啡。

塑造品牌的广告三部曲

雀巢产品线广告主要以雀巢咖啡广告为主，它代表着雀巢产品广告的整体特性。纵观它的广告发展历程，雀巢咖啡的广告经历了3个时期的演变。

20世纪三四十年代，速溶咖啡刚刚面世时，雀巢在工艺上的突破给传统喝咖啡的方式所带来的革命成为卖点，在广告中突出速溶咖啡与传统咖啡相比的便利性。但这一广告创意与当时的社会环境不相符。三四十年代是一个男尊女卑的时代，相夫教子是妇女生活的要务，女性很少外出工作。买速溶咖啡图方便，导致了广告主题与许多家庭妇女的购买心理相悖，因为女性消费者认为，购买速溶咖啡给人不够贤惠的感觉，这可不是男人期望的妻子形象。因此，速溶咖啡的销售不太好。可雀巢着眼长期效果，坚持用这个广告。随着时代的进步，步入社会职场的女性日益增多，速溶咖啡这种既方便又能保持原味的优势终于大放光彩，速溶咖啡的优势被消费者认可，销售稳步上升。

五六十年代，随着产品导向型广告的流行，以及速溶咖啡被消费者广泛接受，雀巢开始转换宣传的重点。这一时期的广告着重强调雀巢咖啡的纯度、良好的口感和浓郁的芳香。世界各地分支机构都采用了产品导向的广告，强调雀巢咖啡是真正的咖啡。雀巢咖啡1961年进入日本市场时，电视广告首先打出"我就是雀巢咖啡"的口号，朴素明了，反复在电视上出现，迅速赢得了知名度。1962年，根据日本消费者以多少粒咖啡豆煮一杯咖啡来表示咖啡浓度的习惯，雀巢开展了43粒广告运动，可谓典型的USP（独特的销售主张）策略。广告片中唱着"雀巢咖啡，集43粒咖啡豆于一匙中，香醇的雀巢咖啡，大家的雀巢咖啡"，优美的旋律一时间传遍了大街小巷。

在第3个阶段，随着雀巢咖啡知名度越来越高，雀巢咖啡广告的导向转变为与年轻人生活息息相关的内容，广告尤其注重与当地年轻人的生活形态相吻合。雀巢咖啡（Nescaef）这个名称，用世界各种不同的语言来看，都给人一种明朗的印象，和消除紧张、压力的形象结合在一起。在英国广告中，雀巢金牌咖啡扮演了在一对恋人浪漫的爱情故事中一个促进他们感情发展的角色。70年代，雀巢在日本的广告至今仍让许多人印象深刻，"了解差异性的男人"的广告运动表达这样的概念：雀巢金牌咖啡所具有的高格调形象，是经过磨炼后的了解差异性的男人所创造出来的。广告营造了雀巢咖啡让忙于工作的日本男人享受到刹那的丰富感的气氛，雀巢咖啡所具有的高格调，正好表现了勤勉的公司职员的形象。

雀巢广告在中国的本土化

在中国，雀巢一直强调要提供适合中国人口味的优质食品。从20世纪80年代雀巢进入中国到现在，产品已经从奶粉、咖啡，拓展到了饮用水、冰淇淋等领域。雀巢在中国家喻户晓，"雀巢，味道好极了"这句绝佳的广告词深入人心，一提起雀巢食品，那甜美芳香的味道马上会浮现于脑海。

思考题：

1. "雀巢"品牌的建立案例给你最大的启示是什么？
2. 在"雀巢"品牌建立的过程中，你认为最成功之处是什么？